舰船现代化丛书

朱光亚

中国工程院首任院长、总装备部科学技术委员会
主任朱光亚先生为本丛书题写书名

舰船现代化丛书

舰船设计可视化技术

主　编　应文烨

副主编　王树立

哈尔滨工程大学出版社

图书在版编目(CIP)数据

舰船设计可视化技术/应文烨主编.—哈尔滨:哈尔滨工程大学出版社,2003.7
ISBN 7-81073-491-1

Ⅰ.舰…　Ⅱ.应…　Ⅲ.船舶-计算机辅助设计
Ⅳ.U662.9

中国版本图书馆CIP数据核字(2003)第056478号

内 容 简 介

科学计算可视化是近20年来发展起来的一个新的研究领域,它综合运用计算机图形学和图像处理技术,将科学计算过程中的数据以及计算结果的数据转换为图像,在屏幕上显示出来并进行交互处理。在舰船总体设计过程中,各个阶段都涉及到可视化技术的应用,而且将可视化技术应用于舰船设计中,无疑对提高产品的设计质量,缩短设计周期,节约设计成本具有重要的意义。本书介绍了科学计算可视化技术的一些基本概念、实现方法、应用领域,以及在舰船总体设计过程中船型生成、结构分析、舰船CFD、虚拟设计制造等几个方面的应用。

本书可作为高等学校船舶工程专业研究生舰船设计可视化课程的教材,也可作为从事舰船科学计算可视化技术的研究或开发人员的参考书。

哈 尔 滨 工 程 大 学 出 版 社 出 版 发 行
哈尔滨市南通大街145号　哈工程大学11号楼
发行部电话:(0451)82519328　邮编:150001
新　华　书　店　经　销
黑 龙 江 省 教 育 厅 印 刷 厂 印 刷

*

开本787mm×1 092mm　1/16　印张15.5　插页9　字数392千字
2003年8月第1版　2005年1月第2次印刷
印数:1 501—2 500册
定价:30.00元

前　言

科学计算可视化(Visualization in Scientific Computing)是近20年来发展起来的一个新的研究领域。科学计算可视化技术的出现,提高了研究人员处理科学数据和解释科学数据的能力,丰富了信息交流的手段,实现对计算过程的驾驭与控制。它的应用遍及所有应用计算机从事计算的科学与工程学科,并且获得了巨大效益。

科学计算可视化的实质是,运用计算机图形学和图像处理技术,将科学计算过程中的数据以及计算结果的数据转换为图像,在屏幕上显示出来并进行交互处理。它涉及到许多理论和技术,如三维数据场的可视化、计算过程的交互控制和引导、图形生成和图像处理算法、虚拟现实技术等,其核心是三维数据场的可视化。

舰船工程领域是最早应用计算机的领域之一。计算机技术的开发与应用彻底改变了传统的船舶设计和建造方式,是衡量一个国家造船现代化水平的重要标志之一。随着世界新技术革命的迅猛发展,各种新船型和各种高技术、高附加值船舶不断出现。面对激烈的市场竞争及各种新船型的出现,舰船复杂程度的不断增加,提高舰船设计建造质量、缩短周期、减少成本是当前造船技术先进国家面临的共同问题。从世界各造船强国先进设计技术的现状和发展来看,采用可视化技术用于舰船设计的各个阶段,已成为代表先进技术的主流和发展方向,由此来提高舰船设计产品成功率,降低耗费,提高船舶产品的市场竞争力。

我们编写本书的目的是围绕舰船设计可视化,结合舰船总体设计过程中船型生成、结构分析、舰船CFD、虚拟设计制造,介绍本领域国内外的先进研究成果。

本书共分七章。第一章为绪论,介绍了科学计算可视化技术的基本概念、基本原理,以及在舰船设计中的应用;第二章介绍了空间数据场可视化技术的一些常用理论和方法,包括规则数据场等值面的抽取与绘制、规则数据场的直接体绘制、不规则数据场的可视化、矢量场的可视化等;第三章是舰船船型设计中的可视化技术,重点介绍了船型设计方法、船型描述中的样条曲线和曲面、由二维轮廓线重构三维形体、能量优化法曲面造型、船体曲面的光顺方法;第四章是舰船CFD的可视化方法,包括舰船CFD中的几何造型、舰船CFD中标量场的可视化方法、舰船CFD中矢量场的可视化方法;第五章是舰船结构有限元分析中的可视化,在简介有限元方法的基础上,介绍了舰船有限元分析中的前处理及其可视化、后处理的可视化;第六章是虚拟现实及其在舰船设计中的应用,介绍了虚拟现实技术的概念、虚拟设计及系统结构、三维立体图像实时动态显示技术、舰船虚拟设计/制造技术;第七章是可视化系统和工具,介绍了科学计算可视化硬件和软件平台及可视化系统分类,并结合舰船设计领域的一些常用可视化设计,计算系统介绍了其功能及特点。

本书的第一章、第七章由武汉船舶设计研究所应文烨研究员编写;第二章、第六章由武汉理工大学李俊华博士编写;第三章由武汉船舶设计研究所王树立研究员编写;第四章由华南理工大学赵成璧博士编写;第五章由武汉理工大学张少雄博士编写,全书由应文烨统稿成文。本书可作为船舶工程专业研究生舰船设计可视化课程的教材,也可作为从事舰船科学计算可视化技术的研究或应用人员的参考书。

在本书的编写过程中,得到了很多同志的帮助。701研究所所长邵开文研究员、701研究所科技主任朱英富研究员及701研究所研究生部王允明主任为本书的编写出版提供了大力的支持与帮助、浙江大学潘志庚教授为本书的编写提供了许多好的意见和建议、美国PTC公司北京办事处的朱霞云工程师、MSC公司上海办事处的范淑红工程师、FLUENT公司上海办事处的尤迎玖博士等为本书的编写提供了相关的材料,在此向他们表示感谢。

本书最后由武汉理工大学博士生导师陈定方教授主审,陈教授为本书提出了许多好的建议,在此表示衷心的感谢。

由于编者水平有限,书中难免有错误及不当之处,请读者批评指正。

编者

2003.5

目　录

第1章　绪　　论

1.1　可视化概述

科学计算可视化(Visualization in Scientific Computing,简称为VISC)是当前计算机学科的一个重要研究方向,这一科学术语正式出现于1987年2月美国国家科学基金会召开的一个研讨会上,研讨会发表的总报告给出了科学计算可视化的定义、覆盖的领域以及近期与长期的研究方向。这次会议之后,美国、西欧、日本各著名大学、研究所、超级计算机中心、各大公司纷纷进行科学计算可视化理论和方法的研究,在重要的国际计算机图形学会议上发表论文,科学计算可视化成为近年来国际学会会议讨论的一个热点问题。从1990年起,美国IEEE计算机学会计算机图形学技术委员会开始举办一年一度的可视化国际学术会议。自1995年开始,美国IEEE汇刊中又增加了一种刊物"IEEE Transactions on Visualization and Computer Graphics"。与此同时,国外的许多研究所及大公司着手开发用于科学计算可视化的软件系统,并形成商品推向市场。如美国Stardent计算机公司推出的AVS系统,美国俄亥俄超级计算机中心开发的apE系统,德国达姆斯达特FHG－AGD研究中心开发的VIS－AIS系统等。经过十几年,科学计算可视化理论和方法的研究已经在国际上蓬勃开展起来并开始走向应用。这标志着"科学计算可视化"作为一个学科已经成熟,它的应用遍及所有应用计算机从事计算的科学与工程学科,并且获得了巨大效益。

船舶工程领域是最早应用计算机的领域之一,计算机技术的开发与应用彻底改变了传统的船舶设计和建造方式,它是当前国际造船市场激烈竞争的主要关键技术,是衡量一个国家造船现代化水平的重要标志之一。世界新技术革命的迅猛发展,对交通航运事业产生了重大的推动作用,各种新船型和各种高技术、高附加值船舶不断出现,面对激烈的市场竞争及各种新船型的出现和船舶复杂程度的提高,提高船舶设计建造质量、缩短周期、减少成本是当前造船技术先进国家面临的共同问题。从世界各造船强国先进设计技术的现状和发展来看,采用可视化技术用于舰船设计的各个阶段已成为代表先进技术的主流和发展方向,由此来提高船舶设计产品成功率,降低耗费,提高船舶产品的生产竞争力。

1.1.1　科学计算可视化的含义

所谓"科学计算可视化"是指运用计算机图形学和图像处理技术,将科学计算过程中及计算结果的数据转换为图形及图像在屏幕上显示出来并进行交互处理的理论、方法和技术。它的基本思想是从准备数据、实施计算到表达结果都用图形或图像来完成或表现,最后结果还可以用具有真实感的动态图形模拟来描述。

科学计算可视化将图形生成技术、图像处理技术和人机交互技术结合在一起,其主要功能是从复杂的多维数据中产生图形,也可以分析和理解送入计算机的图像数据。它涉及到计算机图形学、图像处理、计算机辅助设计、计算机视觉及人机交互技术等几个领域。图1－1

说明了科学可视化中各相关技术的关系。

图中上部圆圈表示符号和结构信息，它可以用交互手段输入，也可从存储介质中取出。当然，也可以从其他的符号、结构信息变换而来，这就是科学计算本身。图中下部圆圈表示图像和信号，它可以用摄像机录入，也可以由其他的传感器输入，并以多种硬、软拷贝的形式输出。当然，也可以由其他的图像和信号变换而来，这就是图像处理本身。符号和结构信息通过图像生成技术，也就是计算机图形学，转换为图像；另一方面，图像和信号也可以通过计算机视觉转换为符号和结构。从图1－1可以看出科学计算可视化是一门与多个技术领域有关的交叉学科。

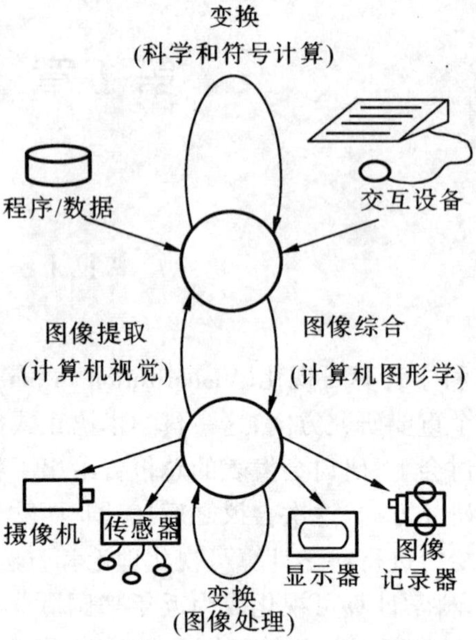

图1－1　科学计算可视化学科分类图

1.1.2　科学计算可视化的重要意义

科学计算可视化的形成是当代科学技术飞速发展的结果。它的出现首先是为了高效地处理科学数据和解释科学数据而提出并形成的。如，随着计算流体力学（CFD）的出现，人们可通过求解流场中的一些基本方程（如NS方程、Euler方程）的数值解来了解流场的运动规律。由于计算机技术不断发展，CFD研究中数值算法的改进和网格划分技术的提高，CFD产生的解越来越庞大，它常常由定义于十万甚至百万个点的若干物理量组成。面对这样大量的数据，只有借助于科学计算可视化技术这样的有效工具，才能发现其中的内在规律。

其次，科学计算可视化是为了解决目前信息交流手段贫乏而提出的。人类一直缺乏有效的交流视觉信息的手段，现代科学提供的很多信息如分子模型、流体流动仿真、飞行仿真、舰船运动仿真等，必须借助于可视图像才能进行交流，这种交流不仅包括科研人员之间进行可视信息的交流，而且还包括人们与数据之间进行可视信息的交互操作。

科学计算可视化是帮助科研人员实现其驾驭计算过程的一种十分有用的工具。人们在利用计算机进行计算时，不仅仅要对最终结果数据进行分析，而且希望能对计算的中间结果进行解释，希望能对整个计算过程进行近实时的控制，例如改变其参数、调整其表示的分辨率及视觉效果等等。通常可以采用两种技术：一种称为交互视觉计算，它是一种允许研究人员在计算过程中通过调整结果的可视表示与计算数据进行交互的计算过程，进而实现导向计算，即研究人员能驾驭（动态调整）计算过程。另一种称为即时视觉反馈，它可以帮助研究人员及时获取科学计算内在的本质关系，及时发现非正常现象与错误等。

推动科学计算可视化这一新的研究方向发展的因素，除了上述基于科学研究与计算的本身因素之外，另外一个非常重要的因素是为了提高工业界的竞争能力。科学计算可视化为从事大规模科学计算提供了极为有效的工具，这种先进的科学计算工具对促进基础领域研究和工业技术发展提供了强劲的技术手段。工业发达国家或地区，如美国、日本及欧洲的一些国家都非常重视科学计算可视化技术的研究，美国从1992年开始实施为期5年的开发超级计算机的国家计划（HPCC），研制出每秒运行万亿次操作的超级计算机，以解决一系列目前无法解决的难题，如气象模型、湍流、大气污染的扩散、人类基因、海洋环流、半导体模型、超导体模型、视觉与认知科学等等。

由于科学计算可视化可以将计算结果用图形或图像形象、直观地显示出来，许多抽象的，难以理解的原理和规律变得容易理解，许多冗繁而枯燥的数据变得生动有趣，因而科学计算可视化的实现将极大地促进教育手段的现代化，有利于教育质量的提高。

总之，科学计算可视化技术将极大地提高科学计算的速度和质量，使科学研究工作的面貌发生根本性的变化。随着计算机硬件技术的发展，在 CPU 速度、内存容量、磁盘空间等方面不断加强，许多重要图形生成及图像处理算法均可用硬件实现，速度大大加快。这为形象直观地显示科学计算的中间结果及最终结果并进行交互处理已经成为可能。

在舰船总体设计中，包括了总体布置、船型生成、结构设计、性能计算等几个方面的工作，这些方面的工作根本性地决定了舰船的技术经济性能和战术性能，必须考虑保证舰船在满足使用要求的前提下具有良好的航行性能和安全性能。如何提高这些方面工作内容的设计水平，随时对其进行有效的评估与控制，是一项非常重要的研究内容。而采用可视化设计方法对解决这类问题提供了有效工具。如，在船型设计中，通过采用可视化的三维设计技术，能够很快生成满足技术要求的船体外形曲面，并进行曲面光顺检查。在船舶流体动力性能评估中，通常的作法是将设计的船舶模型放在各种实验水池进行物理模拟实验，根据实验结果，修改设计，而通过采用可视化技术可以在计算机上建立船舶的几何模型，进行流体动力学的模拟计算（CFD），将计算结果在屏幕上动态地显示出来，例如，可以表示出流速、流向、涡流、冲击波、尾流及湍流、压力分布等。在舰船结构设计中，有限元分析方法已经被广泛应用，而在有限元分析中，需要应用可视化技术实现形体的网格剖分及有限元结果数据的图形显示，并根据分析结构实现网格剖分的优化，使得计算结果更加可靠和精确。在舰船总体布置设计中，通过采用可视化的三维设计技术和虚拟现实技术，能够进行布置方案的优化设计。因此，在舰船设计过程中，各个阶段都涉及到可视化技术的应用，而且将可视化技术应用于舰船设计中，无疑对提高产品的设计质量，缩短设计周期，节约设计成本具有重要的意义。

1.2 可视化模型及研究内容

1.2.1 可视化模型

科学计算可视化实质上是科学研究过程中关于计算机辅助后置数据处理部分，其目的是为研究人员提供一种可视的分析手段。通常，研究一种物理现象时首先要建立一个物理模型，然后将其转换为数学模型，据此提出计算模型送计算机计算（计算机模拟），计算机模拟结果数据经可视化处理转换为可视图形（图像）信息提供给科研人员作分析研究，验证物理模型的正确性，总结出物理现象的内在规律。这种基于可视分析的研究模型可用图 1－2 表示。

由图 1－2 可见，可视化过程包含两类输入，其一是来自模拟阶段（计算或实验）的数据，其二是来自分析阶段中产生的控制可视化过程的指令。可视化过程的输出为可视的图形（图像）信息，以供分析使用。我们可以将可视化过程，即将来自模拟阶段的数据转换为图形（图像）可视信息的过程，进一步细化为“数据预处理”、“映射”、“绘制”和“显示”四步。

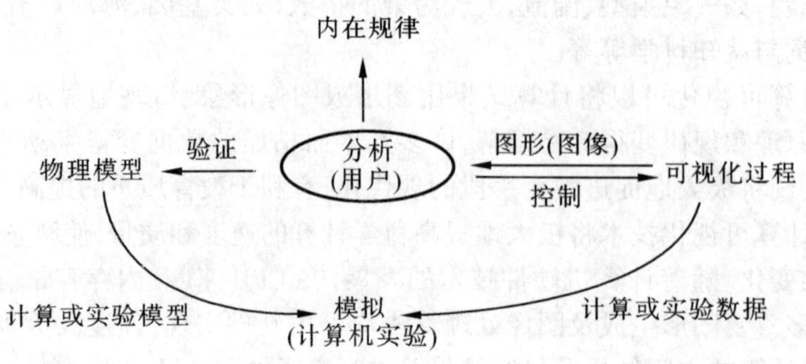

图 1－2　基于可视分析的研究模型

第一步数据预处理的功能是将模拟(计算或实验) 所产生的原始数据作规范化处理等操作,包括数据生成和数据的精炼与处理以便形成可用的应用数据。其中数据生成是指由计算机数值模拟和实验／测量仪器产生数据。计算机数值模拟的结果形成数据文件。计算机模拟可产生的数据包括数值数据、几何数据(几何造型) 与图像数据(位图);科学实验／测量数据包括数值数据和图像数据(照片、扫描仪输入点阵数据)。数值数据又称属性数据,用来表示温度、速度、强度等,属性数据通常可划分为标量、矢量和张量形式,是可视化技术应用研究人员最关心的数据。属性数据有时也可能与几何数据有联系。几何数据用来表示对象的形状,包括点、线、多边形、曲面等,通常由几何造型软件定义或生成。几何数据是一类独立变量,有时与其表示对象的属性联系在一起,如飞机机翼及其表面温度分布,温度分布通常用不同深浅的各种颜色来表示。图像数据通常以点阵数据(位图) 形式表示,例如卫星遥感图像数据、医学图像数据或者计算机生成的光栅扫描图像数据等等。

由计算机模拟或科学实验获得的原始数据,一般不能直接输入到可视化功能处理模块,通常需对其进行必要的变换处理。对原始数据进行变换处理的功能包括:1) 数据规范化处理;2) 滤波处理;3) 平滑处理;4) 网格重新划分;5) 坐标变换;6) 几何变换;7) 线性变换;8) 分割与边缘检测;9) 特征检测、增强和提取;10) 查色表操纵和特征映射等等。

待处理的数据量大是可视化技术的特点之一,采用数据压缩技术是解决这一问题的技术途径之一。近几年来,数据压缩算法与标准化,以及数据压缩专用集成电路与专用硬件等方面的发展十分迅速,已成为目前的研究热点。

数据的精炼与处理主要是指对于数据量过大的原始数据需要加以精炼和选择,以适当减少数据量。对原始数据的精炼和选择,既要减少数据量,又要最大限度地减少有用信息的丢失。相反地,当数据分布过分稀疏而有可能影响可视化的效果时,需要进行有效的插值处理。这一步中最常见的处理方法是消除噪声、参数域变换以及法向计算等。因为原始数据中一般不会包括数据点所在处的法向,而这又是在后续步骤中需要用到的,因而需要预先计算出来。

第二步是可视化映射。它是整个流程的核心。其含义是,将经过处理的原始数据转换为可供绘制的几何因素和属性。这里,“映射”的含义包括可视化方案的设计,即需要决定在最后的图像中应该看到什么,又如何将其表现出来,也就是说,如何用形状、光亮度、颜色以及其他属性表示出原始数据中人们感兴趣的性质和特点。

第三步绘制功能是将几何数据变换成图像数据,将第二步产生的几何因素和属性转换为可供显示的图像，所用的方法是计算机图形学中的基本技术。众所周知，成熟的计算机图形学理论和方法提供了丰富的绘制算法可供可视化技术利用，包括扫描转换、隐藏面的消除、光照模型、明暗处理、透明与阴影、纹理映射和反走样技术等等。在图形工作站上，可以借助已有图形软件包及图形硬件完成以上功能。一般讲，计算机图形学提供的绘制方法基本上可满足可视化技术中绘制模块的需要，因此绘制功能的研究不是可视化技术的核心问题。然而，如前所述，在一些新的可视化研究方向上，绘制技术也有可能成为研究的关键技术，如体绘制技术，体绘制技术提供的直接体绘算法丰富了图形学绘制技术的内容。

第四步是显示图像，包括图像的几何变换、图像压缩、颜色量化、图像格式转换以及图像的动态输出等。

图 1－3 给出了可视化过程的流程图。图中矩形框表示数据交换语义层，椭圆框表示数据变换模块类。其中，数据变换模块分为两类，即"滤波" 模块和"映射" 模块。滤波模块的功能是完成数据在同一语义层内的变换，如数据的插值或几何数据的分格等，映射模块是完成数据在不同语义层之间的变换，如将温度数据变换成为颜色等。

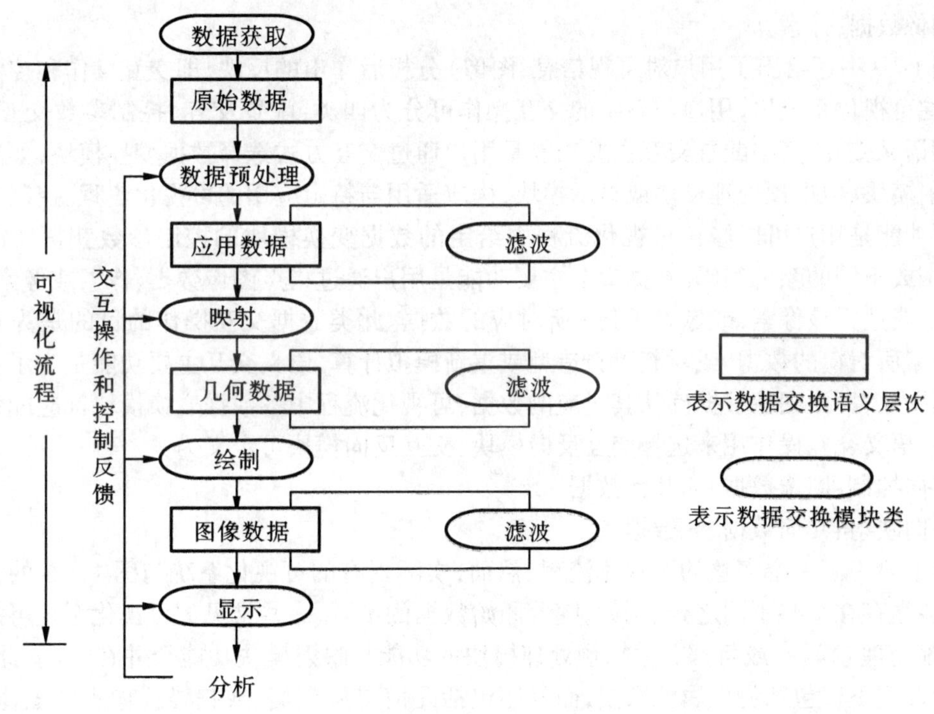

图 1－3　可视化流程图

数据变换模块可按其输入口和输出口所对应的数据语义层来描述。采用如下表示方法来描述数据变换模块，即

< 模块类 >：< 输入数据 >→< 输出数据 >

图 1－3 中所示的可视化流程图中包含下列模块类：

数据获取模块：

应用数据：→< 创建 > 数据

几何造型：→< 创建 > 几何数据

扫描仪:→< 创建 > 图像数据

可视化滤波模块:

数据滤波:数据→数据

几何滤波:几何数据→几何数据

图像滤波:图像数据→图像数据

可视化映射和绘制模块:

映射:数据→几何数据

绘制:几何数据→图像数据

显示模块:

显示:图像数据→显示空间/视频格式/文件格式

图1-3中所示的数据交换语义层包含以下四层:

原始数据:通常为物理属性数据,如标量(温度)、矢量(速度)、张量(力)等;

应用数据:已规范化的原始数据;

几何数据:点、线段、多边形、曲面、体等几何元素数据;

图像数据:像素。

图1-3中还给出了用户对可视信息(图像)分析后作出的反映,即交互操作和控制反馈命令。在可视化系统里,用户与系统的交互操作可分为四类:配置交互、控制参数交互、数据交互和语义交互。其中配置交互主要功能是用户通过交互方式选择数据变换模块,如滤波模块、映射模块、数据预处理模块或显示模块,构成适用与特定应用的可视化流程。控制参数交互主要功能是用户可以修正可视化流程中给定的数据变换模块的控制参数获得所需的数据、视图或不同的颜色编码。数据交互主要功能是用户通过指点图像数据(像素或像素子集)来标识,或选择该像素(或像素子集)所对应的数据。此类数据交互操作的目的是为了详细检查像素所对应的数据,或对其重新造型或重新模拟计算。语义交互主要功能是为了实现上述数据交互,即由图像数据确认其对应的数据,可视化流程中各数据变换模块都应配备其反向模块。语义交互操作用来选择交互反向模块。交互反向模块可定义为:

反向控制:图像数据→几何数据

反向映射:几何数据→数据

以上给出了一个完整的可视化流程。然而,实际现有的可视化系统与图1-3的流程相比较,往往存在一些不同之处。例如,随着原始数据的不同,一些常见的可视化系统可能省略"数据预处理"模块,或将部分数据预处理模块的功能与映射模块功能合并在一起。此外,如果原始数据不仅包括物理属性数据,而且还包括几何造型数据,或扫描仪输入的图像数据,那么,一种可能的可视化流程是将图1-3中的"映射"和"绘制"模块合并成为一个"映射与绘制"模块。

1.2.2 可视化技术的研究内容

如前所述,科学计算可视化是一门交叉学科,它的研究内容可分为两大部分,即研究可视化工具和将可视化工具应用各个学科的应用研究。表1-1列举了科学计算可视化的研究内容。

表 1－1　科学计算可视化研究内容汇总表

<table>
<tr><td rowspan="5">科学计算可视化研究内容</td><td rowspan="3">可视化工具研究</td><td>硬件平台研究</td><td>可视化计算机体系结构、可视化输入／输出设备(包括人－机交互设备)、高速网络应用</td></tr>
<tr><td>参考模型研究</td><td>数据处理模块、映射模块、绘制模块、显示模块</td></tr>
<tr><td>软件系统研究</td><td>可视化软件系统结构、函数库与标准化、人－机交互功能、远程可视化支撑软件</td></tr>
<tr><td rowspan="2">可视化应用研究</td><td>自然科学领域</td><td>分子构模、医学图像、脑结构与功能、地球科学、空间探索、天体物理</td></tr>
<tr><td>工程技术领域</td><td>计算流体动力学、有限元分析、CAD/CAM 等</td></tr>
</table>

科学计算可视化可按其功能分为三个层次。

(1) 科学计算结果数据的后处理

将计算过程和可视化过程分开,在脱机状态下对计算的结果数据或测量数据实现可视化。由于不要求实时地用图形、图像显示数据,因而这一层次的可视化的功能对计算能力的需求较之下面两个层次要低一些。

(2) 科学计算结果数据的实时处理及显示

即在进行科学计算的同时,实时地对计算的结果数据或测量数据实现可视化。这一层次的功能较之上一层次需要更强的计算能力。

(3) 科学计算结果数据的实时绘制及交互处理

在这里,绘制(rendering) 指的是由物体的几何模型生成屏幕图像的过程。这一层次的功能不仅能对数据进行实时处理及显示,而且如有必要,还可以通过交互方式修改原始数据、边界条件或其他参数,使计算结果更为满意,实现用户对科学计算过程的交互控制和引导。很显然,这一层次的功能不仅要求计算机硬件具有很强的计算能力,而且要求可视化软件具有很强的交互功能。

为了实现这三个层次的功能,科学计算可视化所涉及的主要技术问题有:

(1) 标量、矢量和张量场的显示;(2) 数据场和流场的动态显示;(3) 多参量数据场的显示;(4) 模拟和计算过程的交互控制和引导;(5) 面向图形的程序设计环境;(6) 工作站与超级计算机联网使用;(7) 用于图形生成和图像处理的并行算法;(8) 用于图形生成和图像处理的特殊硬件结构;(9) 传输图像的高带宽网络和协议;(10) 虚拟现实技术在科学计算可视化中的应用等。

很显然,在上述问题上,数据场的可视化是科学计算可视化的核心问题。而科学计算结果所形成的数据场往往是三维空间数据场,即数据值均一一定义于空间某几何位置。工程计算的结果数据及测量数据也具有这一性质。因而,科学计算可视化的核心问题是三维空间数据场的可视化问题。这与新近提出的信息可视化(Information Visualization) 的概念具有完全不同的内涵。

1.3 科学计算可视化中的数据类型及可视化技术分类

1.3.1 数据类型

由于可视化技术的应用领域非常广泛,在不同的应用领域,数据的来源的不同(如来自计算机模拟或测量仪器),所需要观察的数据也不相同。而不同的数据类型需要采用不同的可视化算法。因此,有必要先介绍一下数据类型。

这里的数据类型有两层含义,一是数据本身的类型,二是数据分布及连接关系的类型。

1.3.1.1 数据本身的类型

在科学计算可视化中,有三种不同类型的数据需要实行可视化,分别是标量、矢量和张量。

(1) 标量

标量是指可以用一个不依赖于坐标系的数字表征其性质的量。例如,密度、温度、质量等。标量没有方向。

在某一坐标系中,一个标量可以表示为 $f(x,y,z)$,而在一个新的坐标系中,该标量将表示为 $f'(x',y',z')$。由于标量的数值不依赖于坐标系,于是有

$$f(x,y,z) = f'(x',y',z') \tag{1-1}$$

这样就给出标量的另一个定义:若对每一个直角坐标系 $oxyz$ 有一个量,它在坐标变换时满足(1-1)式,即保持其值不变,则此量定义了一个标量。

(2) 矢量

矢量是指需要用不依赖于坐标系的数字及方向表征其性质的量。例如,位移、速度、加速度等。

设 $\boldsymbol{X}$ 表示某一矢量。x_1,x_2,x_3 与 x'_1,x'_2,x'_3 分别是 $\boldsymbol{X}$ 在旧坐标系和新坐标系中的投影,显然,x'_1,x'_2,x'_3 和 x_1,x_2,x_3 之间有如下关系:

$$\begin{aligned} x'_1 &= a_{11}x_1 + a_{12}x_2 + a_{13}x_3 \\ x'_2 &= a_{21}x_1 + a_{22}x_2 + a_{23}x_3 \\ x'_3 &= a_{31}x_1 + a_{32}x_2 + a_{33}x_3 \end{aligned} \tag{1-2}$$

或简写为 $\boldsymbol{X}' = a_{ij}\boldsymbol{X}$。

这样就给出了矢量的另一种定义:对于每一个直角坐标系 $ox_1x_2x_3$ 来说有三个量 x_1,x_2,x_3,它们可根据(1-2)式变换到另一个坐标系 $o'x'_1x'_2x'_3$ 中的三个量 x'_1,x'_2,x'_3,则此三个量定义了一个矢量。

(3) 张量

将矢量按以坐标变换为基础的定义加以推广,即可得到张量定义。如果对每一个直角坐标系 $ox_1x_2x_3$,有 9 个量 $\boldsymbol{X}'_{ij}$($i=1,2,3;j=1,2,3$),则这 9 个量定义了一个二阶张量。

$$\boldsymbol{X}'_{ij} = a_{il}a_{jm}\boldsymbol{X}_{ij} \quad (l=1,2,3;m=1,2,3)$$

显然,二阶张量可以表示为一个 3×3 矩阵。

$$
\boldsymbol{X}_{ij} = \begin{bmatrix} x_{11} & x_{12} & x_{13} \\ x_{21} & x_{22} & x_{23} \\ x_{31} & x_{32} & x_{33} \end{bmatrix}
$$

矩阵中的每一项 x_{ij} 称为二阶张量的分量。

二阶张量的定义可以推广到 n 阶张量中去。当 $n = 0$时，张量的分量只有1个，它是一个标量。因此，可将标量视为零阶张量。当 $n = 1$时，张量的分量有3个，它是一个矢量。因此，矢量可视为一阶张量。

1.3.1.2　数据分布及连接关系的类型

三维空间数据可视化的对象既包括计算机的科学计算结果，也包括测量仪器的测量数据。在科学计算中，所研究对象的特性往往是用一组方程式来描述的。它们通常为常微分方程、偏微分方程、积分方程、线性或非线性方程。如果能求出这些方程的解析解，那么就可以在这些方程组所定义的空间内的任意位置上得到所需要的解。但是，只有当方程组非常简单时才具有这种可能性。一般情况下，我们只能求出这些方程组的数值解。为此，需要将所定义的空间离散化，离散成体单元、面单元、线段或者网格点，再用数值求解方法求出这些离散单元处的函数值。因此，科学计算(包括工程计算)的结果数据往往是离散的，而不是连续的。

至于空间上的测量数据，人们很难在空间上取得连续的测量数据，通常也是离散的。因此，可视化的对象一般是指空间上离散的三维数据。

下面我们将介绍三维空间上离散数据之间连接关系的类型。

(1) 结构化数据

结构化数据是指，在逻辑上组织成三维数组的空间离散数据。也就是说，这些空间离散数据的各个元素具有三维数组各元素之间的逻辑关系，每个元素都可以有它自己所在的层号、行号和列号。符合这一条件的三维空间数据就称为结构化数据。

根据结构化数据中各元素不同的物理分布，又可将其分为以下几类。

1) 均匀网格结构化数据

这类数据均匀地分布在三维网格点上，即在 x, y, z 三个方向上，网格点之间的距离均相等。其二维示意图如图 1 - 4(a) 所示。在这类数据中，无需给出各数据点的空间位置，只要给出三维网格某一角点的空间位置和某一数据点的序号，即可根据网格间距所对应的距离求出该点的空间位置。

2) 规则网格结构化数据

这类数据分布在由长方体组成的三维网格点上，即在 x, y, z 三个方向上，网格点之间的距离互不相等，但在同一方向上则是相等的。其二维示意图如图 1 - 4(b) 所示。与上述均匀网格一样，在这类数据中，也无需给出每个数据点的空间位置，可根据起点的坐标、某一数据点的序号以及 x, y, z 三个方向的增量求出该点的空间位置。这一类型的网格也可以用于圆柱形坐标系及球形坐标系。当然，这时的网格一般不再是长方体，而是具有圆柱面或球面的曲面体。

3) 矩形网格结构化数据

这类数据同样也分布在由长方体组成的三维网格点上。但是，长方体的大小可以各不相同，并无规则可循。其二维示意图如图 1 - 4(c) 所示。这一类型的网格也可以用于圆柱形坐标系及球形坐标系。

与以上两类网格数据不同，在这类网格数据中，对于每个数据点，除了给出它在三维数组中的下标以外，还必须给出它所在的空间坐标。这样，才能进行可视化计算。

.4) 不规则网格结构化数据

这类数据尽管在逻辑上仍然被组织成三维数组，但是在空间位置的分布上却无规则可循，因此被称为不规则网格结构化数据。其二维示意图如图 1 – 4(d) 所示。在这类网格数据中，对于每个数据点，除了给出它在三维数组中的下标以外，同样，也必须给出它所在的空间坐标。三维复杂形体经过有限元分析后所产生的数据常常属于这一类型。

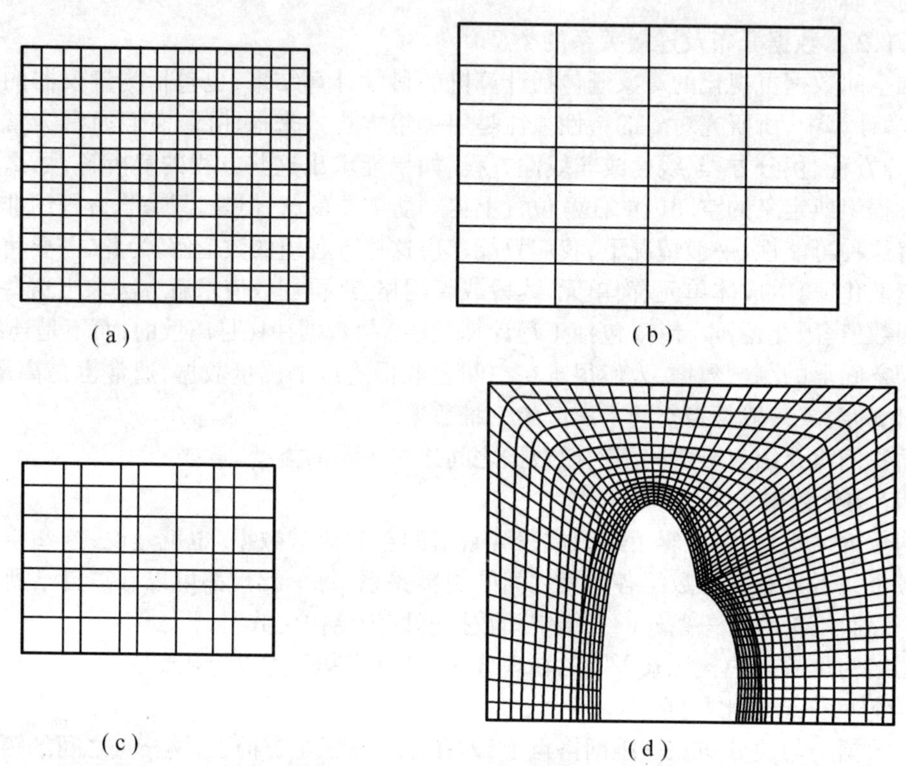

图 1 – 4　不同类型的结构化网格

(2) 非结构化数据

这一类型的空间数据是由一系列的单元构成的，但是，它不能组织成三维数组。这些单元可以是四面体、六面体、三棱柱或者四棱锥等。这些单元的面可以是平面，也可以是曲面；其边可以是直线段，也可以是曲线段。这种数据类型常常出现在有限元分析和计算流体力学中。在它的数据结构里，必须给出每个数据点的空间位置及其相互间的连接关系(如图 1 – 5 所示)。

(3) 结构化和非结构化混合型数据

在某些应用场合，有时需要将结构化数据和非结构化数据结合起来使用，从而形成了混合型数据类型(如图 1 – 6 所示)，以使得数据的表示最为方便，所需的计算量也较小。

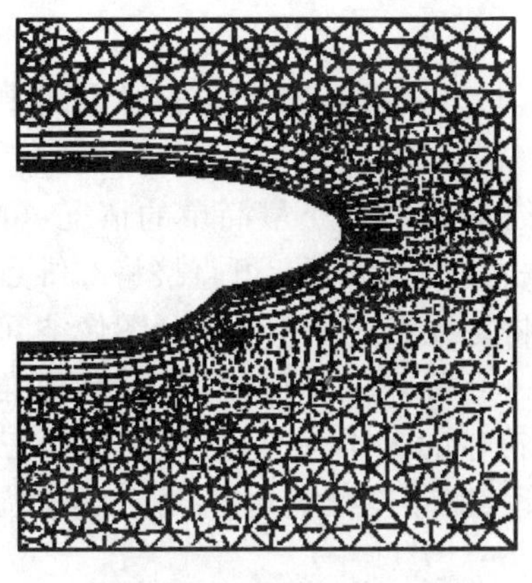

图 1－5　非结构化网格

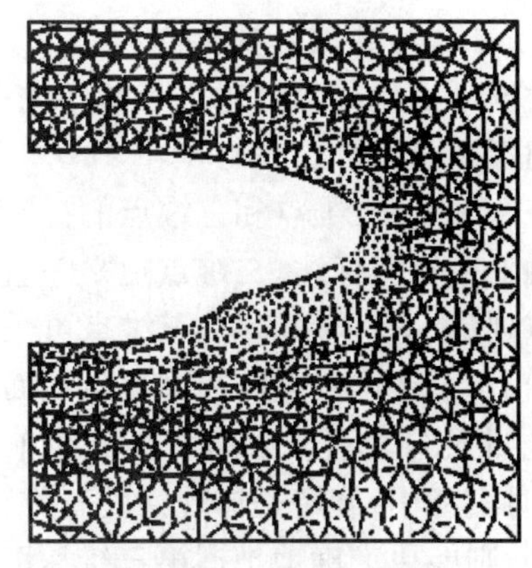

图 1－6　混合型网格

1.3.2　可视化技术分类

1.3.2.1　可视化技术分类

可视化系统处理的数据类型应随着应用领域的不同而不同，从而对不同类型的应用数据采用不同的可视化技术。这一观点为不同可视化技术的分类奠定了基础，即对可视化技术的分类实质上是对可视化数据集的一种分类技术。表 1－2 描述了基于数据类型和维数的可视化技术分类情况。

表 1－2　基于数据类型和维数的可视化技术分类表

维数	点	标量	2D 矢量	3D 矢量
1 [1] {1}	1 维散乱点标绘图	线画图 直方图 柱形图		
2 [2] {2}	2 维散乱点标绘图	等值线抽取 造型法 图像映射 约束区域图 2 维直方图 2 维柱形图	2 维场箭头 2 维场线 2 维质点轨迹 2 维场拓扑	平面箭头
3	3 维散乱点标绘图	等值面抽取 Cuberille 方法 体绘制		3 维箭头 3 维场线 3 维质点轨迹 3 维场拓扑
n	n 维散乱点标绘图			

在表 1－2 中，要说明的是并非只有空间位置才能作为独立变量，其它物理量也能作为独立变量，如考虑不同材料的应力分布，材料类型就作为独立变量处理了。另外一点是在一般物理现象中，往往把时间 t 作为另一独立变量，在上述讨论中，没有把时间 t 放入讨论。这是因为时间 t 作为独立变量时，往往采用动画技术，用图像序列表示随时间变化的物理现

象。

1.3.2.2　点数据可视化技术

点数据可视化技术是对定义域中的一些点进行映射，其关键是如何将 n 维空间中的点向二维图像平面投影。

对于一维点、二维点和三维点的投影方法是较直接的。一维点是最简单的情况，可直接在坐标轴上用符号标注。二维点也是一直接的显示方法，在显示平面上可直接将二维点的两个值对应到 (x, y) 坐标值上。三维点可采用投影方法，将三维点三个值对应到图像空间的三个坐标轴上，再将这些点向二维显示平面投影。可采用一些简单的光照模型，将第三维深度信息用光照强弱表示或采用一些更简单的方法，如用符号的大小、颜色直接表示第三维信息。在平时实践中，旋转是体现空间三维特性的最好手段，对于三维空间中的点，通过旋转等交互控制，则能更准确地把握第三维深度信息。

高维点的显示是可视化研究中的一个热门话题，许多研究者都提出了各自显示高维点的方法和技术，比较有代表性的是 Chernoff 脸方法和 Andrews 绘图法。

1.3.2.3　标量场可视化

标量场可视化是目前可视化技术研究较多的领域，特别是三维标量场可视化技术。

最简单的标量场是一维标量场，如同表示函数 $y = f(x)$ 一样，一维标量场可直接用线画图表示，其基本方法是在 $x - y$ 平面内，根据采样点的值，构造插值函数 $F(x_1)$，根据 $F(x_1)$ 生成采样点之间的线段。插值函数的选择要求能保持原数据集中的隐含属性，如单调性、正值性、凸包性等。常用的有线性插值，埃尔米特插值，以及三次或高次样条插值。在采样数据本身精度较低的情况下，更多的是采用逼近的方法，它可能反映出原函数的特性，常用的是最小二乘法逼近。

二维标量场可看成是二维平面网格点或散乱点上的数据分布，其关键还是如何构造其插值函数或逼近函数。对于网格数据，最简单的方法是采用双线性插值，仅依赖四个网格点构造其插值函数。形式为

$$F(x, y) = a_1 + a_2 x + a_3 y + a_4 xy$$

要获得较好的连续性，可采用双三次插值，它要计算一阶导和二阶导，其形式为

$$F(x, y) = \sum_{i=0}^{3} \sum_{j=0}^{3} a_{ij} x^i y^j, 0 \leqslant x, y \leqslant 1$$

它很容易映射到一个单元上，常见的有双三次 Hermite 函数和双三次 Bezier 函数。

散乱数据插值方法就更多了，如进行三角划分后，对三角片上的点采用双线性插值或双三次插值。Renka 和 Cline 讨论了三角片上双三次插值，Renka 还提出了一种非三角化的插值函数形式。

二维标量场的等值线绘制是二维标量场可视化的主要技术，如气象中的等压线、地理上的等高线都是其具体实例。

二维标量场可视化的另一技术是曲面造型法，将函数值 $F(x_1, x_2)$ 作为空间第三维，采用造型技术对空间中的一系列点 $(x_1, x_2, F(x_1, x_2))$ 构造一张曲面，将该空间曲面投影到显示平面上。同时，采用旋转、消隐、明暗处理以增强三维属性。

曲面的构造可直接采用三角片连接。较好的方法应是采用 Hermite 多项式或 Bezier 多项式，这样能保证曲面的一阶导、二阶导的连续性。Powell，Sibson 都提出了类似的方法，两种方法分别将网格单元分成 8 个和 16 个三角片，每一三角片用一张二次曲面表示。

对于网格点较密的标量场，如卫星云图、扫描图等，整个定义或被分割成较密的网格，典型的情况是每一像素对应一个网格点，单元上的每一点对应于某一颜色值或灰度值，单元内的值可采用插值计算。有两种常用的图像映射方法，一是采用连续的颜色变化；另一是采用离散的若干种颜色。前者覆盖了整个颜色空间，适合于观察整个区域的分布轮廓，后者可用每种颜色值表示一定范围的值，用于观察在每点的各范围值的分布情况。

图像处理中的许多技术可应用到这一方法中，如锐化、直方图调整、滤波，特别是特征抽取和分割技术。

要在二维区域内显示两个或多个标量场，可采用与高维点相类似的组合方法。对于两个标量场，最常用的是高度填充(height - filled) 技术，将一个标量场作为高度用于构造曲面，另一标量场作为纹理映射到该曲面上。常见的如地理上矿藏分布图。

对于更多个标量的显示，Bergeron 和 Grinstein 介绍了一种与高维点类似的方法，该方法不是将标量场映射到颜色，而是映射到图标(icon) 上，采用颜色、形状、甚至声音来表示其它标量，该方法成功地显示了五个标量场的分布。

上面讨论了网格平面上的二维标量场分布，对于一些其它几何表面，如球表面、飞机机翼表面上标量场的分布，其基本技术是相同的。这些几何表面可表示为多边形集合或参数曲面。Foley 介绍了其球面上等值线的绘制技术，指出了常用的经纬线分割所导致的赤道大，两极小的不均匀三角片划分，采用了一种改进的 Renka 划分方法。划分出均匀大小的三角片，在三角片内构造等值线，该技术可用于地球表面数据的可视化处理。

对于分布于连续空间区域上的标量场，常用的方法是采用直方图表示。而对于定义于枚举类型上的标量场，常用柱形图表示。这两类图主要是用于统计数据的表示。

三维标量场是目前可视化研究最热门的方向，常用的方法见本书第二章各节的介绍内容。

1.3.2.4 矢量场可视化

矢量场可视化要求显示每一矢量的大小和方向，一种方法是采用标量显示技术显示矢量第一分量的分布，另一种方法就是对大小和方向同时进行显示。后者更直接更易被人们接受。

矢量场的几何表示一般有点表示、线表示和面表示三种方法。

点表示是最直接的方法，对采样点上每点数据的大小和方向采用能表示大小和方向的图标来表示，如箭头、锥体、有向线段等。这种方法适用于较小的简单矢量场，对于大型复杂的矢量场不太适用，众多的箭头只能让观察者觉得繁乱，无法清晰地解释原数据场的分布。

线表示是用得较多的一种方法，主要有场线和质点轨迹两种。场线是在某一时刻，连接各点矢量的一条有向曲线，如 CFD 中的流线、电磁场中的磁力线等。质点轨迹是某一质点经过该矢量场时的一条轨迹，主要是 CFD 中的质点运动轨迹，对于线表示主要是要选择合适的起始点。

如果场线可看作是一点的运动轨迹，那么场面就是一条非场线曲线经过矢量场的运动轨迹。场面比场线更能抽取出矢量场内部的矢量分布，它的构造主要有两种方法，一种是采用场线连接生成场面，另一种是对矢量场采用拓扑结构的分解，抽取出矢量场内部的几种拓扑结构，后者更能对整个场的分布有全局的把握。

1.3.2.5 张量场可视化

张量在 CFD 和有限元分析中经常使用，三维空间的一个二阶张量表示为一个 3×3 矩阵,一个张量场是由二维或三维场中一系列这样的矩阵组成,要直接对张量进行可视化操作是十分困难的,这也是目前研究者正在探索的一个方向。

对于三维空间二阶张量分布,Haber 提出了一个方法。该方法首先求出张量的特征值、特征向量。根据特征值的大小分出主特征方向、次特征方向和最小特征方向,用一带有箭头的圆柱体表示主方向,用色彩表示该方向特征值的大小,用包围该柱体椭圆的两个轴分别表示次方向和最小方向上的分布,用类似方法表示出次方向和最小方向上的特征值大小。

Delmarcells 和 Hesselink 提出了二阶实对称张量场的超流线表示方法,对于任意实非对称张量场和复非对称张量场,提出了分解成实对称张量场和矢量场的方法,以及相应的组合方法。张量场可视化技术是一正待大力研究的新方向。

1.3.2.6　其它可视化技术

与可视化相关的其它技术包括:图像处理技术、动画技术和交互技术。

图像处理技术主要用于高密度点的标量场分布,如 CT,MRI 等数据场,相关的技术包括图像增强技术和特征抽取与分割技术。

图像增强技术主要是为了加强和突出图像的特征,常用的方法有直接对像素进行的点操作,对像素周围区域进行的局部区域操作以及伪彩色技术。点操作包括灰度变换法、直方图修正法和局部统计法。局部区域操作主要是图像的平滑和锐化,包括中值滤波、低通滤波和高通滤波,其操作既可直接在空间域也可在频域上进行。伪彩色计算是将灰度映射到彩色空间上,以突出数据特点。

特征抽取技术主要包括采用灰度振幅的空间特征抽取,采用梯度法的边界识别,采用边界跟踪的边界抽取以及采用几何表示的形状识别等。分割技术主要包括阈值、种子填充、模板匹配及其它边界算子。

动画技术对于表示随时间变化的物理场非常有效,通过一图像序列来显示出连续的物理场变化,常用的技术是关键帧方法。动画技术最理想的情况是希望在用户控制下,实时地生成和显示动画序列。动画技术作为一种表达第四维信息的技术,不仅可以用来表达时间的变化,也可以用于表示其它参数的变化。

交互技术在可视化中占据着非常重要的地位。许多数据的特点只有通过交互才能感知到。交互技术包括了与数据的交互,与图形的交互和与可视化参数的交互。与数据的交互包括数据集的交互分割,断面的选取,数据范围的设置等技术。与图形数据的交互包括了传统图形学中的交互,如平移、放大、旋转等交互操作,光源、视点、投影面、表面属性及明暗处理等技术。与可视化数据的交互包括与显示技术的交互,如选择或组合合适的显示技术;与参数的交互,如在质点跟踪时可与质点数、步长、质点分布方式等参数进行交互,在显示标量分布时,能与调色板进行交互。其它交互技术还有立体图绘制,立体图能真实地展现三维空间中的数据场分布,它让观察者感知到三维空间的存在,对于表达三维特性有很强的作用。

1.4　可视化技术现状及在舰船设计中的应用

1.4.1　国外科学计算可视化现状

1.4.1.1　发达国家科学计算可视化的研究工作十分活跃

近10年来，在美国、德国、日本等发达国家的著名大学、国家实验室及大公司中，科学计算可视化的研究工作及应用实验十分活跃，其技术水平正在从后处理向实时跟踪和交互控制发展，并且已经将超级计算机、光纤高速网、高性能图形工作站及虚拟现实四者结合起来，体现出这一领域技术发展的重要方向。下面介绍两项在科学计算可视化方面比较著名的成果。

(1) 分布式虚拟风洞(Distributed Virtual Wind Tunnel)

这是美国国家宇航局 *Ames* 研究中心的研究成果。该项目用一台超级计算机进行飞行器的流体力学模拟计算。计算结构的可视化则在两个虚拟现实(Virtual Reality)环境中实现。每个虚拟环境包括一台工作站、一个头盔显示器、一付数据手套及一个投影屏幕，并与超级计算机相连。这一分布式虚拟环境可用来观察飞行器的流体力学模拟计算结果，如三维不稳定流场等。两个人在这一环境中协同工作，每人可在一个环境中从不同视点和不同方向观察同一个流场数据。而其他人则可以在两个投影屏幕上分别看到这两人在各自的虚拟环境中看到的图像。

(2) 大气及流体可视化软件(Pathfinder)

这是美国国家超级计算机应用中心(NCSA, National Center of Supercomputer Application)的研究成果。Pathfinder通过多个相联系的模型，在交互及分布环境下研究暴风雨的形成规律。安装在NCSA的超级计算机CRAY Y－MP进行模型计算，位于200英里外的SGI公司的VGX工作站则用来实现二、三维图形显示，提供用户接口，二者之间用网络连接。

1.4.1.2　科学计算可视化的应用正在兴起

在发达国家，科学计算可视化的应用正在兴起。一方面，已经有了商品化的通用的科学计算可视化软件系统；另一方面，也有不少专用的科学计算可视化软件。

(1) 通用的科学计算可视化软件系统

比较著名的有美国Stardent计算机公司开发的AVS(Application Visualization System)，SGI公司开发的IRIS Explorer以及俄亥俄超级计算中心开发的apE系统等。

由于科学计算可视化的应用领域非常广泛，输入数据的大小和格式各不相同，对输出图像的要求也千差万别，而且科学计算工作者往往不熟悉计算机软件的开发，因此，这些通用的可视化软件一般采用开放式体系结构，使系统功能很容易扩展，以满足各种不同的可视化应用领域的需求。

以SGI公司的IRIS Explorer系统为例，该系统提供了功能丰富的模块库，共有102个标准模块，包括：读入／生成数据模块、数据转换模块、几何图形生成模块、图像绘制模块、图像处理模块及输出模块等。每个模块都有相应的参数控制板，供用户调节模块的运行参数。用户可以从模块库中选取自己所需要的模块，用系统提供的流图编辑器(Map Editor)将这些模块在屏幕上连接成流图。由于系统采用的是数据驱动模式，流图规定了各模块之间的输入输出关系及数据的流向，因而形成一个可执行文件，即可对输入数据进行可视化处理。如果现有的模块库尚不能满足用户的要求，用户可根据自己的特殊需要用高级语言编写新的模式，通过系统提供的模块包装工具将其转换成具有IRIS Explorer标准格式的库模块，放入模块库中使用，因而该系统具有良好的可扩展性。

AVS系统的基本原理与IRIS Explorer相似，但是它可以运行在从超级计算机、多种类型的图形工作站以至微型计算机等多种不同的硬件平台上，因而具有更强的通用性，但价格也较昂贵。IRIS Explorer只能运行在SGI公司的图形工作站上。

(2) 专用的科学计算可视化软件

专用的科学计算可视化软件很多,在此仅举两例予以介绍。

1) 医学图像可视化系统

在国外,已经有了可以显示三维医学图像的商品化系统。有的是一个独立的系统。例如,加拿大的Allegro系统,它可根据用户需要,与不同厂家的CT扫描设备或核磁共振仪相连接。有的则是这类医疗设备的一个组成部分。例如,以色列爱尔新特公司(Elscint Ltd)、美国通用电器公司(GE)出产的螺旋CT扫描设备均附有基于图形工作站的医学图像可视化系统。在将多层CT扫描图像和MRI图像输入计算机以后,该系统可以沿三个方向逐帧显示输入的图像,可以用不同方法构造三维形体,可以对三维图像由外向内按层剥离或作任意位置的剖切以观看内部结构。也可以随着鼠标器的移动作实时的平移、旋转、放大或缩小。此外,还有测量距离、计算体积等功能。很显然,具有如此强大功能的三维医学图像系统将给诊断和治疗提供极大的方便。

2) 气象数据可视化软件TRITON

这是德国科学院计算机图形学研究所(FHG - IGD)与德国气象局合作开发的一个软件,它已用于日常的天气预报。

这个软件具有观察当前的气象状态,分析过去的气象现象,根据模拟计算数据产生预报气象的录像带等功能。这些录像带已用于德国几个电视台日常的气象预报。这一软件可以用几种不同的插值方法对稀疏的原始数据进行插值;可以对数据作交互编辑以改正模型中的错误;当显示气象数据时,可显示出相应的陆地和海洋信息。这一软件中的动画模块可以生成图像序列,显示动态图像并记录在录像带上。这一软件在技术上的最大特点在于用分形技术生成云雾。气象工作者可以用交互方式定义诸如对比度、平均密度、粗糙度、粒度等关于分形的参数,使得所生成的云雾图像与自然界的云雾看起来非常接近。

1.4.2 可视化技术在舰船设计中的应用

(1) 造型设计:舰船设计是比较典型的三维设计问题,随着计算机硬件技术发展,运行速度成倍提高,在舰船CAD中采用可视化三维设计的比重正在逐步增加,其优越性也在逐步得到体现。据1991年6月报道,美国波音公司在777新型客机研制中有一半零件采用了三维实体设计,由此可以将工程中的图面错误预先排除一半。世界上著名的船舶CAD软件,如CADDS5、INTERGRAPH、TRIBON、FORAN等都在不同程度上采用了三维设计。为适应产品设计和生产一体化、生产组织集成化的要求,新一代的造型设计方法——特征造型方法应运而生。它具有形状和功能两种属性,不仅包含传统的几何造型方法所具备的较完善的产品几何描述能力,还着眼于表达产品的完整技术和生产管理信息,着眼于产品的集成模型。运用特征造型设计的思路与传统的CAD完全不同,设计一开始就是在三维环境下进行的,首先是建立三维模型,然后进行装配或布置,二维图形可以通过三维模型的特征置换或通过投影视图的方式获得。这种设计的优点是:形象、直观,方便与用户交流;有利于减少设计与图面错误;直接包含厂设备、构件的重量与位置信息,设计过程中可以随时统计出重量、设备和材料信息,提高了设计的精确性。

舰船造型设计包括总体外观造型、船体曲面造型、船体结构造型和船舶设备造型,是一个集线框造型、曲面造型、实体造型于一体的特征造型系统。

1) 总体外观造型:主要用于舰船方案设计的方案构思阶段,用三维实体形象地描述舰船总体布局及外观形状、协调感与时代感，这是手工设计或二维设计所难以做到的。总体外观造型主要包括甲板面、甲板室、桅杆、烟囱、设计水线以上船体、舱口等船体主要部分造型。总体外观造型设计是船舶总布置、内外舾装设计的基础。

2) 船体曲面造型：是舰船结构设计与机舱设计的基础。采用曲线曲面设计技术根据已有船体型值表构造船体曲面或采用交互方式重新设计船体曲面，并进行光顺，可完成船体曲面实体的造型。利用该船体实体，可方便、准确地进行船舶静水力性能计算及作为水动力性能计算的基础，通过分舱进行舱容计算。船体曲面也是船体结构和机舱设计的周界。

3) 船体结构造型：包含了结构布置和结构件造型两类功能。结构布置是以船体曲面为基础，通过建立布置构件的基准面同船体曲面相交的方式生成构件布置基准线，并可用式样复制功能进行批处理，方便、快捷，再根据强构件、普通构件、可见与不可见构件在图纸中表达方式的不同，进行型线(Style) 设计，即可绘制构件布置图。结构件造型通常是以构件布置基准线为基准，通过调用型材截面库，进行肋骨、横梁、纵桁等构件的造型。一旦完成构件布置与造型，即可迅速地计算出重量、重心及骨材的材料清单。

4) 舰船设备造型：包括船舶内外舾装、轮机、电气等专业的设备造型。常用的设备造型方法有两种。一种是专用特征组方法，另一种是设备系列表方法。两种方法都要先建立母型设备。专用特征组方法是将母型设备定义为专用特征组，存放在专用设备库中，供设备布置时调用。设备系列表方法是将母型设备的各可变参数和特征在系列表中定义，将设备系列存放在设备库中，在布置时调用。

(2) 布置设计：布置与装配功能是计算机辅助舰船设计基本功能之一，舰船总体布置、内外舾装、结构、轮机、电气的设计都要进行相应的布置设计。在船舶布置设计中需要有使用方便、易于修改、易于体现设计人员的设计意图、能快速地进行布置方案的设计工具。在船舶设计中，布置与装配是密不可分的。二者设计思想相同，但在使用中也有所区别。一般意义上的船舶布置设计是指在船舶设计中根据任务书的要求，以规范为准则进行布局设计、各类设备和结构件的布置定位，并以此确定系统设备、结构与船体间的相对关系。装配设计的概念最初形成于机械设计中，就是指将一组待装配零件拼装成一个完整设备的过程。在船舶系统中某些相对独立的子系统、子结构模块的拼装就是这类设计思想的应用。当然在拼装过程中仍需要考虑各装配件合理的安装布置，所以说这些相对独立模块的装配同时也是模块内各种系统设备的布置安装过程。船舶设计中的布置与装配有其自身的特点，同一般的机械设计CAD的零部件装配相比较是有区别的。比如船舶设备在布置上有自己的独立性，需要根据规范的要求，在设备与设备之间保持一定的间距。而与机械零部件装配主要考虑的是各个零部件之间的相互配合。船舶设计中的布置与装配强调船体、结构、机电各专业之间的相互配合，强调设备布置后对干涉的检查校验等等。将三维设计技术和虚拟现实技术应用于船舶布置设计中可有效的提高布置设计的质量和效率。

(3) 结构设计与计算：舰船结构设计的任务是在满足使用要求、设计规范前提下，选择结构材料，确定构件的布置和尺寸，使船舶结构安全而经济。目前，采用可视化的计算机辅助工程技术已广泛应用于船舶结构各阶段设计，提高了船舶规范制定技术、规范水平，改进了船舶结构设计手段、结构分析方法。基于计算机技术的有限元分析法，已广泛应用于船舶结构动力、静力分析计算，有限元法与可靠性理论相结合，有望成为船舶结构分析评估的标准方法。与传统设计方法相比，采用可视化的计算机辅助船舶结构设计有多方面的优点：

1) 设计绘图速度快，精度高，设计修改方便，加快设计进程，提高设计人员劳动生产率。

图 1－7　某舰的船体曲面及分舱造型

图 1－8　虚拟环境下某船舱室示例

2) 利用三维实体造型技术，船舶结构设计不再限于一个平面进行，可进行空间全方位的结构设计，设计人员可方便检查各种设计效果。

3) 可实现较大结构范围的直接计算与优化设计，使结构材料使用更合理，结构更安全。

4) 船体结构质量、重心、钢料等都可直接从三维设计模型中计算求得。

5) 利用高效的有限元前后处理技术，极大地方便了船舶结构分析，使船舶各种受力状态、失效模式分析得以实现。

6) 便于多个设计人员分工协作，共享数据，实现船舶结构设计的并行工程；便于形成船舶结构资料库，实现工程数据的重复利用；可与其他 CAD/CAE/CAM 系统交换数据，为 CAM

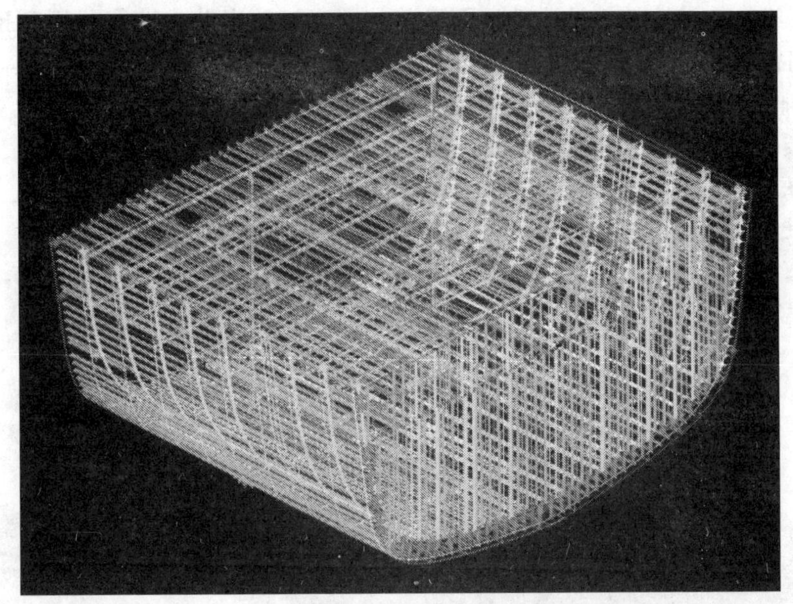

图 1－9　采用三维设计技术的某船舱段结构示例

系统提供大量的生产建造数据。

图 1－10　采用有限元方法的某船结构分析示例

(4) 船舶性能分析与计算：对于船舶总体性能其研究方法有两种：1) 模型实验方法，该方法是当前国内外造船界普遍采用的一种准确有效的方法；2) 数值实验方法，即用理论计算或数值计算方法来开展研究，应用 CFD(研究流体流动和热传输问题的新方法) 进行船舶流动数值模拟，将 CFD 应用于船舶水动力学计算以便从阻力性能、推进性能、适航性能、操纵性能等方面综合评估船舶总体性能，实现对船舶水动力性能的理论预报。目前，各种基于CFD方法的三维数值计算软件被成功地开发并应用于船舶水动力性能分析和预报，在船舶设计建造部门得到愈来愈广泛的使用，已成为船舶水动力性能设计的有效工具。和船模试验方法相比，船舶CFD(数值船池)方法具有以下优点：

1) 不需要进行费时费力的系列船模试验；

2) 可以获取船模试验难于得到的流场细节和方便地重复"试验"；

3) 可以便利地通过改变船型进行水动力性能比较，实现船型优化设计；

4) 可以直接用于实船性能预报，从而避免"尺度效应"的影响。正因为如此，船舶CFD方法正日益取代船模试验方法的地位，成为新船型开发、设计的首要手段。

图1－11　采用CFD的某船艏部流场示例

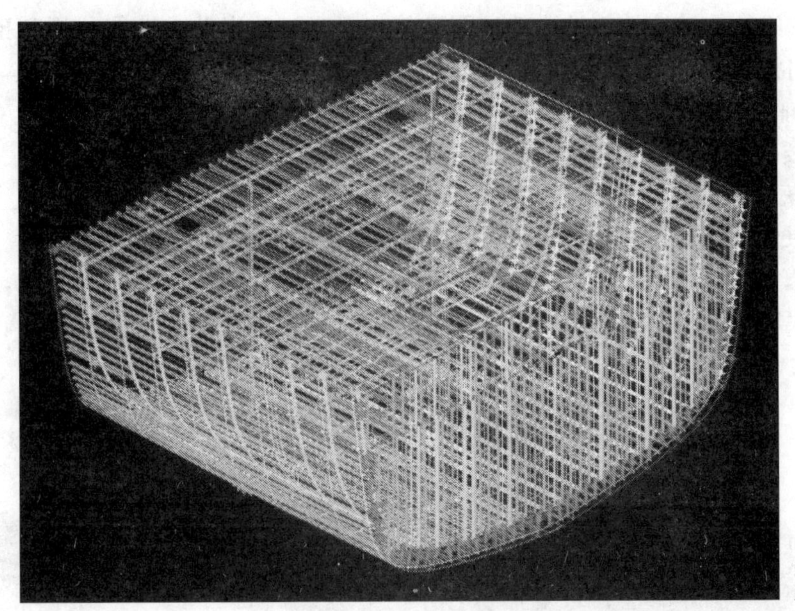

图 1－9　采用三维设计技术的某船舱段结构示例

系统提供大量的生产建造数据。

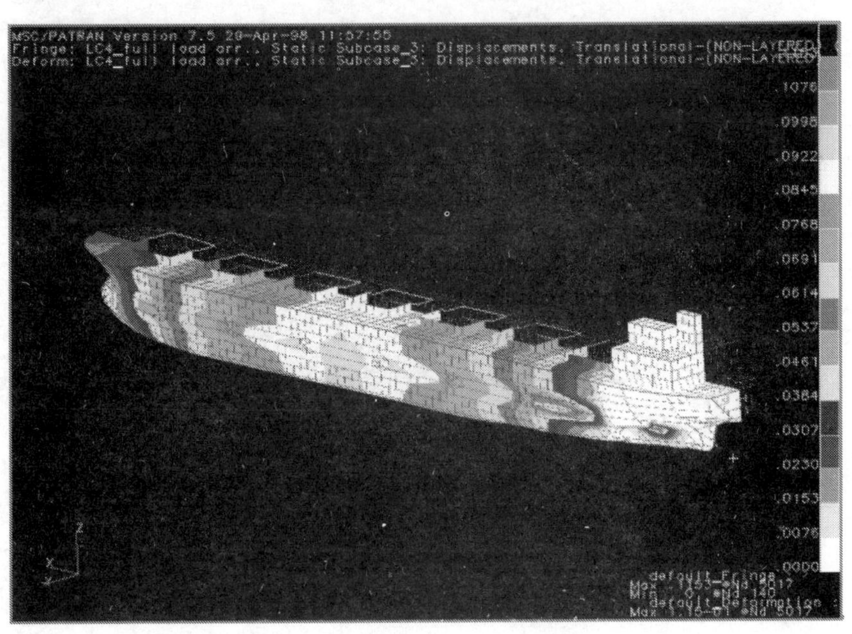

图 1－10　采用有限元方法的某船结构分析示例

(4) 船舶性能分析与计算：对于船舶总体性能其研究方法有两种：1) 模型实验方法，该方法是当前国内外造船界普遍采用的一种准确有效的方法；2) 数值实验方法，即用理论计算或数值计算方法来开展研究，应用 CFD(研究流体流动和热传输问题的新方法) 进行船舶流动数值模拟，将 CFD 应用于船舶水动力学计算以便从阻力性能、推进性能、适航性能、操纵性能等方面综合评估船舶总体性能,实现对船舶水动力性能的理论预报。目前,各种基于CFD方法的三维数值计算软件被成功地开发并应用于船舶水动力性能分析和预报,在船舶设计建造部门得到愈来愈广泛的使用,已成为船舶水动力性能设计的有效工具。和船模试验方法相比,船舶CFD(数值船池)方法具有以下优点:

1) 不需要进行费时费力的系列船模试验;

2) 可以获取船模试验难于得到的流场细节和方便地重复"试验";

3) 可以便利地通过改变船型进行水动力性能比较,实现船型优化设计;

4) 可以直接用于实船性能预报,从而避免"尺度效应"的影响。正因为如此,船舶CFD方法正日益取代船模试验方法的地位,成为新船型开发、设计的首要手段。

图1－11　采用CFD的某船艏部流场示例

第 2 章　空间数据场可视化技术

对于空间数据场来说，有两类不同的可视化算法。第一类算法首先由空间数据场构造出中间几何图元(如曲面、平面等)，然后再由传统的计算机图形学技术实现画面绘制。这种方法虽然不能反映整个原始数据场的全貌及细节，但是所产生的图像比较清晰，而且可利用现有的图形硬件实现绘制功能，使图像生成及变换的速度加快。因而是一类常用的可视化算法。第二类算法称为体绘制算法或称为直接体绘制算法，它并不构造中间几何图元，而是直接由空间数据场产生屏幕上的二维图像。这是近年来迅速发展的一种三维数据场可视化方法。这种算法能产生空间数据场的整体图像，包括每一个细节，并具有图像质量高、便于并行处理等优点。但是，该方法计算量很大，且难于利用传统的图形硬件实现绘制。

本章将简单介绍一些在空间数据场可视化中常用的概念和基本方法，对于一些算法更为详细的介绍，可以参考相关的文献。

2.1　等值面的抽取与绘制

2.1.1　规则数据场等值面绘制的 MC 方法

MC(Marching Cubes)方法是由 W.E Lorenson 和 H.E.Cline 提出用于构造空间规则数据场中的等值面方法，该方法在各种不同的规则数据场等值面构造方法中最有代表性。这一方法原理简单，易于实现，目前已经得到较为广泛的应用。

2.1.1.1　MC 方法及存在的问题

在 MC 方法中，假定原始数据是离散的三维空间规则数据场。为了在这一数据场中构造等值面，用户应先给出所求等值面的值。MC 方法首先找出该等值面经过的体元的位置，求出该体元内的等值面并计算出相关参数，以便由常用的图形软件包或图形硬件提供的面绘制功能绘制出等值面，它的基本思想是逐个体元依次处理。MC 方法的主要步骤如下。

(1) 确定包含等值面的体元

离散的三维空间规则数据场中的一个体元可用图 2－1 表示。8 个数据点位于该体元的 8 个角点上。

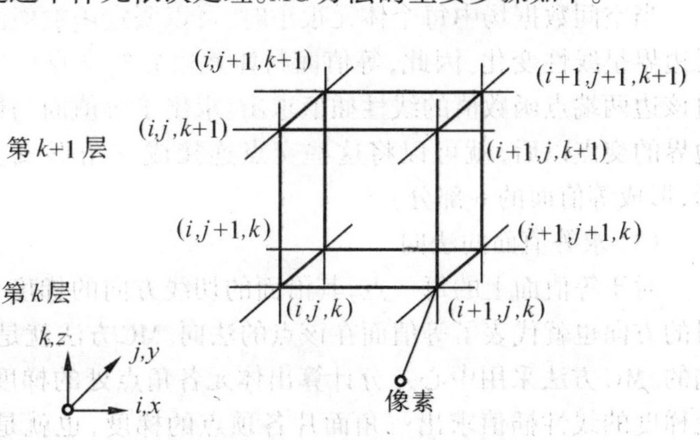

图 2－1　三维空间规则数据场中的一个体元

假定某体元一个角点的函数值大于(或等于)给定的等值面的值 C_0，则将该角点赋值为 1，并称该角点位于等值面之内(或之上)。如果该角点的函数值小于等值面

值 C_0，则将该角点赋值为零，并称该角点位于等值面之外。显然，如果某体元中一条边的一角点在等值面之内，而另一个角点在等值面之外，那么，该边必然与所求等值面交，根据这一原理就可以判断所求等值面将与哪些体元相交，或者说将穿过哪些体元。

由于每个体元有 8 个角点，每个角点可能有 0，1 两种状态，因此每个体元按其 8 个角点的 0，1 分布而言，共有 256 个不同的状态。尽管判断等值面将与哪些体元相交在原理上很容易理解，但是要根据这 256 种不同的情况求出每个体元中的等值面却是很繁琐的，也容易出现错误。但是，利用两种不同的对称性（顶点状态返转对称性、旋转对称性）可以将 256 种不同情况简化为 14 种。如图 2－2 中的 14 种基本组合反映了一个体元中 8 个角点可能存在的全部 256 状态。

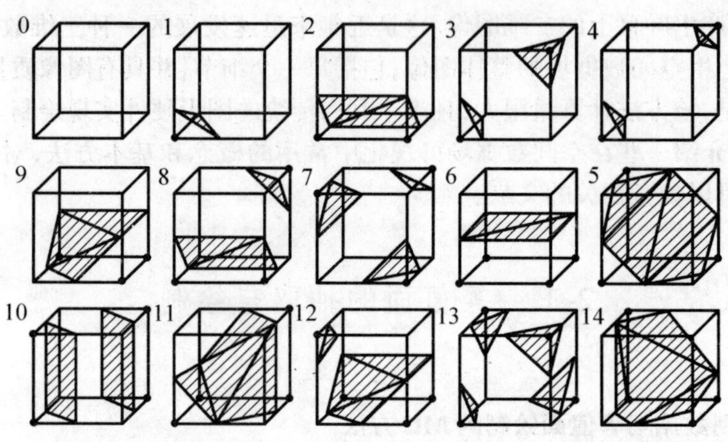

图 2－2　体元角点函数值分布的不同情况

基于上面的分析，MC 方法用一个字节的空间构造了一个体元状态表。如图 2－3 所示，该状态表中的每一位可表示出该体元中一个角点的 0 或 1 的状态。根据这一状态表，就可知道当前体元属于图 2－2 中的哪一种情况，以及等值面将与哪一条边相交。

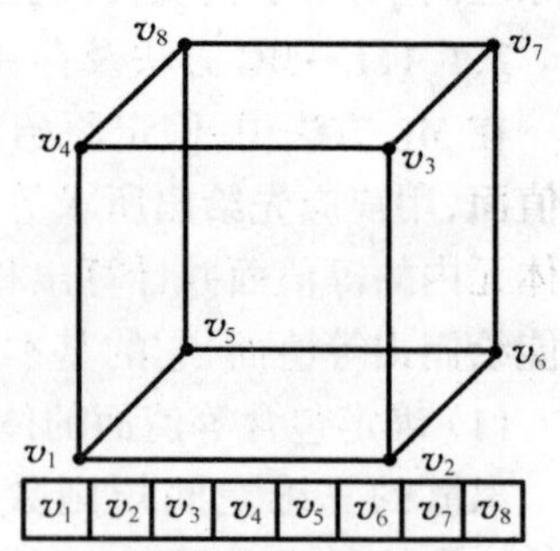

图 2－3　体元角点函数值分布状态表

（2）求等值面与体元边界的交点

当空间数据场中每个体元很小时，可以假定函数值沿体元边界呈线性变化。因此，等值面与体元边界的交点可以通过该边两端点函数值的线性插值求出。求出了等值面与体元边界的交点以后，就可以将这些交点连接成三角形或多边形，形成等值面的一部分。

（3）求等值面的法向

对于等值面上的每一点，其沿面的切线方向的梯度分量应该是零，因此，该点的梯度矢量的方向也就代表了等值面在该点的法向。MC 方法就是利用这一原理来决定三角面片的法向的。MC 方法采用中心差分计算出体元各角点处的梯度，然后再一次通过体元边界两端点处梯度的线性插值求出三角面片各顶点的梯度，也就是各顶点处的法向，从而实现面的绘制。

(4) 用 MC 方法求等值面的算法流程

1) 将三维离散规则数据场分层读入内存;2) 扫描两层数据,逐个构造体元,每个体元中的 8 个角点取自相邻的两层;3) 将体元每个角点的函数值与给定的等值面值 C_0 做比较,根据比较结果,构造该体元的状态表;4) 根据状态表,得出将与等值面有交点的体元边界;5) 通过线性插值方法,计算出体元边界与等值面的交点;6) 利用中心差分方法,求出体元各角点处的法向,再通过线性插值方法,求出三角形各顶点处的法向;7) 根据各三角面片各顶点的坐标值及法向量绘制等值面图像。

(5)MC 方法存在的问题

1)MC 方法构造的三角面片是待求等值面的近似表示

首先,在 MC 方法中,等值面与体元边界的交点是基于函数值在体元边界上作线性变化这一假设而求出来的。当数据场密度高、体元很小时,这一假设接近于实际情况。但是,对于稀疏的数据场,体元较大,如果仍然认为函数值在体元边界上具有线性变化,将会产生较大误差。这里,需要根据不同的应用背景对函数值沿体元边界的变化作其他适当的假设,才能较准确地求出等值面。

其次,即使函数值沿体元边界作线性变化这一假设符合实际,那么,通过线性插值求出的交点位置是准确的。但是,将体元中同一个面上两条相邻边上的交点简单地用直线连接起来也是一种近似。

2) 连接方式上的二义性

在 MC 方法中,在体元的一个面上,如果值为 1 的角点和值为 0 的角点分别位于对角线的两端,那么就会有两种可能的连接方式,因而存在着二义性(如图 2 - 4 所示)。这样的面称为二义性面,包含 1 个以上的二义性面的体元,即为具有二义性的体元。在上述的 14 种情况中,第 3、6、7、10、12、13 等 6 种情况具有二义性。

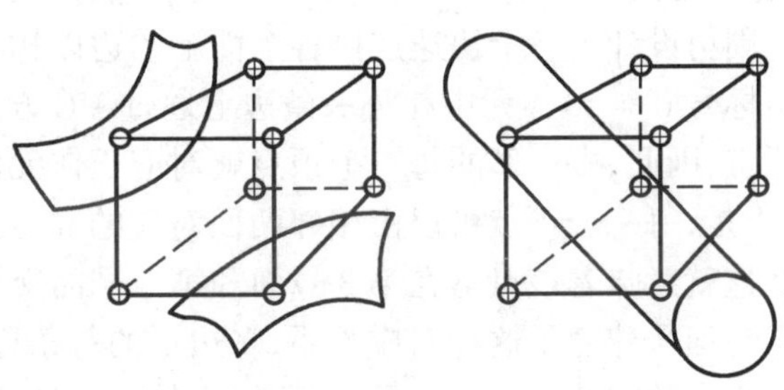

图 2 - 4　MC 方法的连接方式二义性的三维表示

如解决 MC 方法存在着连接方式上的二义性问题,将造成等值面连接上的错误。而且在两个相邻体元的公共面上,可能会出现两种不同的连接方式,从而形成空洞。

2.1.1.2　用渐近线方法判别和消除二义性

判别和消除二义性的方法以 G.M.Nielson 等人提出的渐近线法最为常用。该方法的基本原理是:在一般情况下,等值面与体元边界面所在平面的交线是双曲线。该双曲线的两支及其渐近线与体元的一个边界面的相互位置关系有 4 种状态(边界面与双曲线的两支均相交、均不交、交其一),当双曲线的两支均与某边界面相交时,就产生了连接方式的二义性。当出现二义性时,需要计算双曲线的两条渐近线与体元边界面的交点函数值 $f(x,y,z_0)$,其中 x,y 为渐近线与体元边界面的交点坐标。如果 $f(x,y,z_0) > C_0$,则渐近线的交点应与其函数值大于 C_0 的一对角点落在同一区域内。如果 $f(x,y,z_0) < C_0$,则渐近线的交点应与其函数值小于 C_0 的一对角点落在同一区域内。这就是当出现二义性时,交点之间的连接准则(如图 2 - 5 所示)。在图 2 - 2 所列的情况中,第 0、1、2、4、5、8、9、11、14 这 9 种情况不存在二义性面,

因而它们只存在1种连接方式。第3、6两种情况，各存在一个二义性面及两种连接方式。第10、12两种情况各存在两个二义性面及4种连接方式。第7种有3个二义性面，有8种连接方式。第13种情况有6个二义性面，因而有64种连接方式。以上各种情况共有93种不同的连接方式。对于存在二义性的体元，按上述方法解决二义性问题，虽然增加了计算工作量，但是为了得出完全正确的结果却是十分必要的。

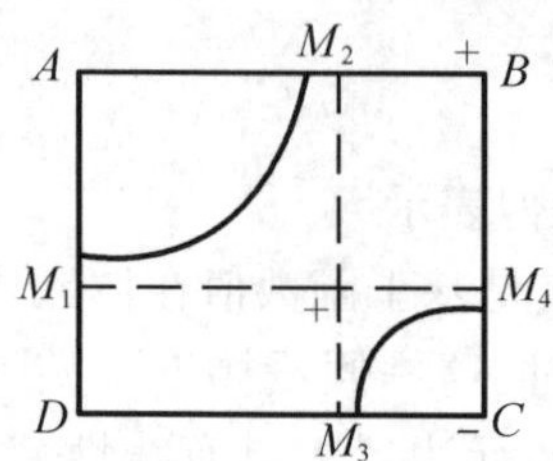

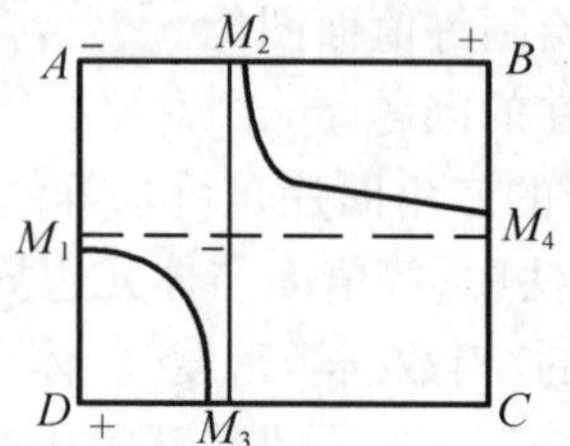

图2－5　二义性出现时，交点之间的连接准则

在对体元边界面的二义性进行判别并将一个面上的交点正确地连接后，如何将体元边界上各交点正确地连接成多边形并予以三角化，是一个需要仔细对待的问题。G.M.Nielson等人采用了一种简便的方法，针对上述93种情况，将各种可能的多边形的连接方式事先存放起来，通过查表方式实现多边形的连接。但是这种方法极为繁琐，且容易出错。

周勇设计了一个快速连接各个面上的边以构成多边形的算法。该算法首先将体元的面给出标号0～5。体元中在每一条边上通过MC方法产生的等值点也就是将要构成的多边形的顶点，因此，多边形的每一个顶点就对应于体元的一条棱，而每一条棱又是相邻两面的交线。于是，每一个顶点可以由相邻两面对应的面号来表示。例如，如果一个点被表示成(3,5)，那么这就意味着该点落在第3号面和第5号面交线上。这一对整数被称为顶点的索引。一旦顶点与面号建立了这种对应关系，多边形的每条边便可以通过两端点的索引值来表示，因为它一定会落在体元的一个面上，所以它的两个端点的索引中必定有一个分量是相同的，即为该边所在的面号。于是，一条边能用一个三元组(N_0，N_1，N_2)来表示，这里(N_0，N_1)和(N_0，N_2)是两端点的索引值。采用这种表示方法后，从MC方法产生的一条边出发，很容易找到与其相连的另一条边。如果一条边用(N_0，N_1，N_2)表示，并且与下一条边在顶点(N_0，N_1)处相连，那么，第2条边一定具有(N_1，N_0，$*$)或(N_1，$*$，N_0)的形式。根据这一规律，在一个体元中，由MC方法及二义性处理后生成的边来构造多边形的策略可描述如下：

从存储边的结构中取出一条边，它已按上述方法标有索引值。根据前面提出的方法搜索下一条边。从结构中将搜索到的边删除，并将搜索到的边与最先取出的边做比较。如果搜索到的边的末端点与第1条边的起点的索引值不同，则继续搜索，寻找下一条边。否则，就形成了一个闭合的多边形，即可输出该多边形。再从存储边的结构中取出另一条边重复上述步骤，直到所有的边处理完为止。

一般说来，用上述方法生成的多边形不是平面多边形。为了处理的方便，需要对它们进行三角化。为了避免出现奇异性或等值面出现裂缝，周勇同时提出了一个将多边形进行三角化的原则，具体方法可参考有关文献。

2.1.2 规则数据场等值面绘制的MT方法

MT(Marching Tetrahedral)方法是在MC方法的基础上发展起来的。该方法的基本思想是将立方体的单元剖分为四面体,然后在其中构造等值面。MT方法提出的直接原因是为了避免MC方法中存在的二义性问题。同时,由于四面体是最简单的多面体,其它类型的多面体都能够剖分为四面体;在将立方体剖分为四面体后,在四面体中构造的等值面的精度较在立方体中高。

2.1.2.1 MT方法的基本原理及存在问题

MT方法将一个立方体剖分为5个四面体(如图2-6所示)。设用户给定的等值面的值为 C_0。如果四面体顶点的函数值大于(或等于)C_0,则将该点赋以"+"号;如果四面体顶点的函数值小于 C_0,则将该点赋以"-"号。在考虑了"+"、"-"号反号造成的对称情况以后,四面体顶点函数值的分布情况可以分为3类(如图2-7所示)。当四面体一条边的两个顶均为"+"(或"-")时,该边无交点存在;当一条边的两个顶点中一个为"+",另一个为"-"时,该边上一个交点存在。将四面体边界上的交点连接起来,即可构成等值面。这就是MT方法的基本原理。

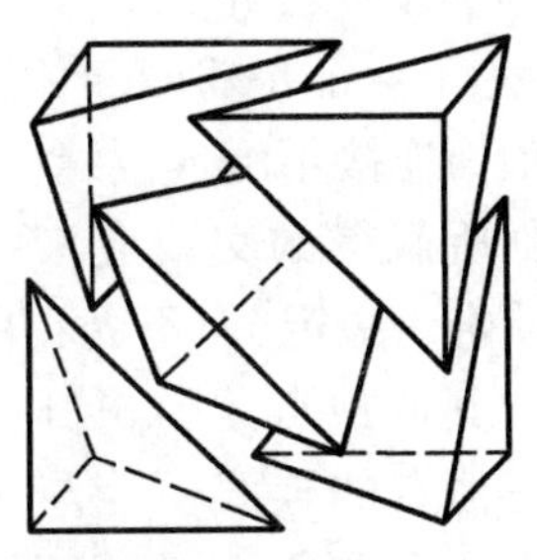

图2-6 一个立方体剖分为5个四面体

由图2-6可以看出,当一个立方体剖分为5个四面体时,在每一个四面体的6条边中,有些是原有立方体的棱,而另一些则是立方体6个面上的对角线。如果统计一下,不难得出,在5个四面体的30条边中,只有12条边是原立方体的棱,而其余18条则均为立方体面上的对角线。

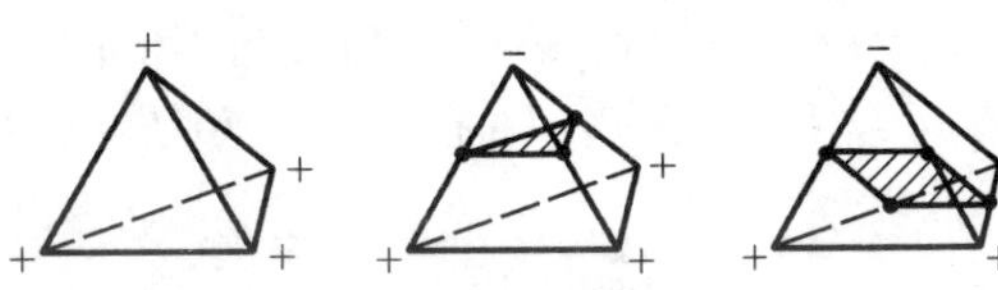

图2-7 四面体顶点函数值的分布情况

虽然在每一个四面体内,等值面的生成是由顶点函数值的分布情况惟一决定的,但是,对于一个立方体来说,却有两种不同的四面体剖分方式。不同的剖分方式将导致不同等值面的生成,即等值面的构造依赖于剖分方式。另一方面,为了在相邻体元的公共面上不出现裂缝,必须保证在这个面上的剖分一致性,也就是说,四面体剖分方式在一系列体元中是交替变化的。这样一来,整个数据场内等值面的构造是与最初一个体元的剖分方式有关的。因此,MT方法并不能消除等值面构造中的二义性。

2.1.2.2 MT方法中的二义性判别和消除

唐泽圣、周勇对MT方法中存在二义性的原因、二义性的判别条件及其消除方法进行了研究,并提出了相关算法。

在MT方法中判断四面体的一条边 E_1E_2 与等值面是否有交点及计算交点的算法可描述如下:

如果 E_1E_2 是原体元的一条边,{如果该边两端点所赋值异号,则通过线性插值计算交点(等值点)并输出;否则,没有交点};否则,{如果两端点函数值同号而相应的判别式非负,则解一元二次方程式计算两个交点,并输出落在两端点间的交点;如果两端点函数值异号,计算两交点,取落在两端点间的点为交点,并输出,舍去另一点}。

在以上算法中，一元二次方程式是指如下方程，判别式是该方程的判别式：

$$C_0 = A + Bt + Ct^2$$

其中 A,B,C 是由体元对角线端点坐标及体元 8 个角点函数值构成的常数。

2.1.2.3　连接等值点构造多边形

在计算出四面体各条边上的交点，即等值点以后，下一步就应该将一个四面体内所有等值点连接成有效的多边形。为此，需要首先考虑四面体中任一三角面片上等值点的连接，为了保证相邻四面体在公共面上等值面连接不出现裂缝，等值面被公共面所截得的交线应该由公共面的性质惟一决定，而不受它所在的四面体中其他顶点的影响。同时，三角形上等值点的连线不能与三角形的任何一条边重合，且连线不能交叉。由于等值点的连线就是等值线，所以这样的假设自然是合理的。

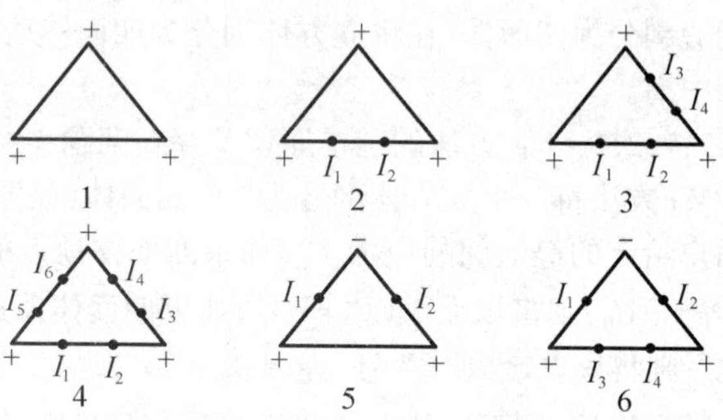

图 2－8　三角形顶点函数值的符号分布及等值点分布 $I_i(i = 1,2,\cdots 6)$ 是等值点

对于一个三角形来说，根据顶点的函数值所赋予的符号及等值点的分布，可以分为如图 2－8 所示的 6 种状态。

状态 1 没有等值点，表明三角形与等值面不相交。在状态 5 中，在不同的两条边上各有一个等值点 I_1 和 I_2。此时，只需连接 I_1 和 I_2 以构成一条等值线。

在状态 2 中，有两个等值点落在一条边界上，这表明有一条等值线与该边有两个交点而与其他边没有交点。因此，将有一段连接 I_1 和 I_2 的等值线落在三角形之内。为此，需要在三角形内找到一等值点 O（称为附加等值点），用 I_1O 和 OI_2 两条线段来逼近等值线。O 点坐标的计算方法如下：

设与等值点 I_1 和 I_2 所在边相对的三角形顶点为 A，I_1，I_2 的中点为 M（如图 2－9 所示），M 点的函数值为负号。可用函数值的线性插值方法求出 O 点坐标，即

$$x_0 = x_M + \frac{C_0 - f(M)}{f(A) - f(M)}(x_A - x_M)$$

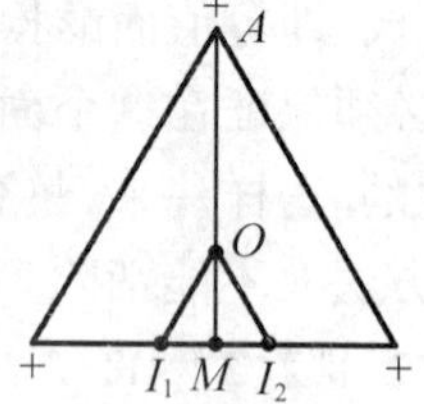

图 2－9　附加等值点的计算

式中，C_0 为等值面的值，$f(A)$，$f(M)$ 为 A 点和 M 点的函数值。同理可求出 y_0，z_0。设 M 点在直线表示中的参数值为 t_M，则 $t_M = \frac{1}{2}(t_{I_1} + t_{I_2})$ 将，将 t_M 的值代入 2.1.2.2 中一元二次方程式的右端，即可求出 $f(M)$。

在状态 2 及状态 5 中，等值线的连接方式是惟一的（等值线的单一连接方式），而在状态 3、4、6 中，则有多种可能的连接方式（等值线的选择连接方式），因而需要作进一步的判断。

状态 3 有两种可能的连接方式（如图 2－10 所示）。首先取 $P = \frac{1}{4}\sum_{i=1}^{4} I_i$，如果 P 点的函数值 $f(P)$ 与三角形顶点的函数值异号，按图 2－10(a) 的方式连接，否则，按图 2－10(b) 的

方式连接，并用类似于状态 2 的方法来计算附加等值点的几何位置。

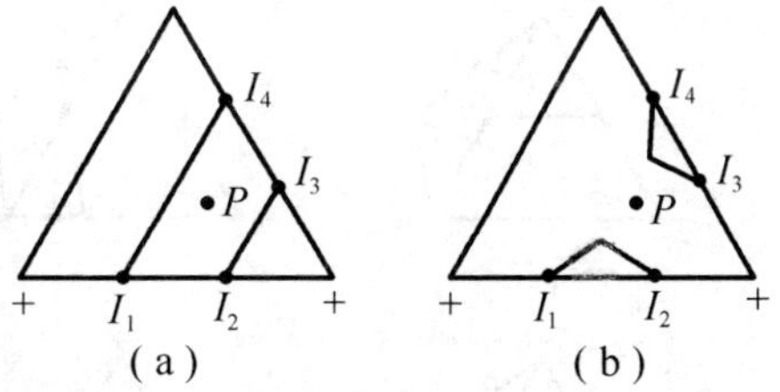

图 2 – 10　状态 3 中附加等值点的计算

状态 4 是最复杂的一种情况，有 5 种可能的连接方式。它需要构造三个中间点，$P_1 = \frac{1}{4}(I_1 + I_2 + I_3 + I_4)$，$P_2 = \frac{1}{4}(I_3 + I_4 + I_5 + I_6)$，$P_3 = \frac{1}{4}(I_5 + I_6 + I_1 + I_2)$，并计算其函数值，根据三点函数值符号的搭配情况具体决定对应的连接方式。在此不详述。

在状态 6 中，取 $P = \frac{1}{4}\sum_{i=1}^{4} I_i$。对应于 $f(P)$ 取负号和正号，相应地有图 2 – 11 中的(a)、(b)两种情况。

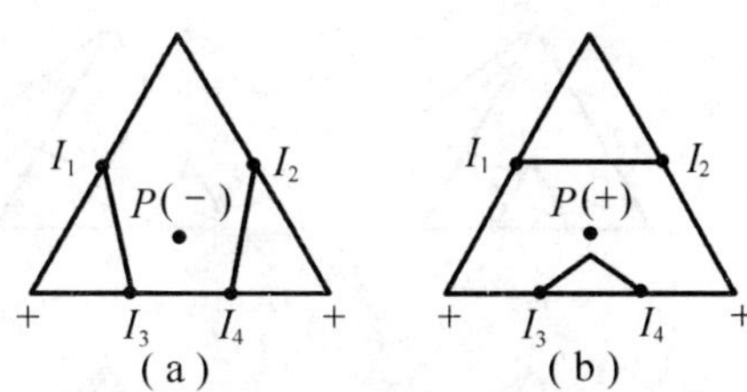

图 2 – 11　状态 6 中附加等值点的计算

在实现了四面体每一个三角形内等值点的连接以后，不同三角形内的连接线在三角形的公共边上首尾相连即可形成多边形。首先从一个三角形内任取一条连线，在该线段末端点所在的另一个三角形内找到以该点为起点的下一条边，并对访问过的线段做上标记，依次找下去，直到与最初的边相遇，即构成一封闭的多边形。接着，判断是否还有未访问过的线段。如果有，从中取出一条重复上述过程，直至所有的多边形都输出为止。

从以上等值点的计算及连接来看，四面体每一个面上的等值点的连线完全由三角形的 3 个顶点来决定。因而，对于任何相邻的四面体，在公共面上的连接必然是一致的，从而保证了在公共面上等值面连接的一致性。

2.1.2.4　多边形的三角化

和 MC 方法一样，在排除了二义性以后的 MT 方法中，不同的连接方式大幅度增加。如果只考虑一个三角形内等值线的单一连接方式及选择连接方式中不含有附加等值点情况，那么四面体内等值点连接成的多边形共有 16 种状态(不考虑含附加等值点的选择连接方式)，如图 2 – 12 所示。这 16 种状态可以分为 3 组，每一组中顶点函数值的符号相同。其中，状态 1 ~ 4 属于第 1 组，5 ~ 7 属于第 2 组，其余为第 3 组。

在 MT 方法中，每一个四面体最多可产生 4 个多边形。多边形的顶点数可能会超过 3 个。对于这类多边形，通常各顶点不落在同一平面上。因此，在显示之前，必须对它们进行三角化。对于有附加等值点的四面体，则只需将多边形的每一个顶点与一个附加等值点连接，可形成 $n-2$ 个三角形(n 为多边形的顶点数)。对于无附加等值点的四面体，可以用常见的“割耳”方法实现多边形的三角化。只有图 2 – 12 中的状态 7 是个例外，此时，无论各点怎样连接，最终都将有一个三角形落在某一个面上，从而违反了多边形三角化的原则，出现奇异性，必须予以特征处理。解决这一问题的办法是，在四面体内增加一个点，将该点与多边形各项点相连即可。附加的点可以取四面体的重心，也可以通过更精确的方法计算出来。

2.1.3　规则数据场等值面绘制的剖分立方体方法

当离散三维数据场的密度很高时，由 MC 方法在体元中产生的小三角面片，与屏幕上的

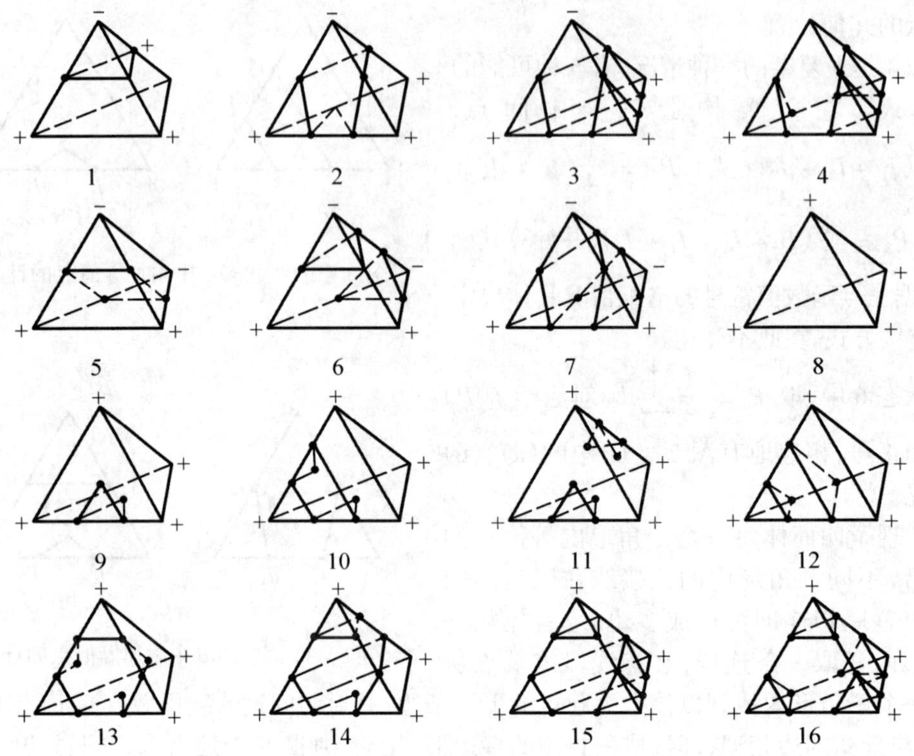

图 2－12　一个四面体内多边形的 16 种形态

像素差不多大，甚至还要小。因此，通过插值来计算小三角面片是不必要的。在这种情况下，常用于三维表面生成的 MC 方法已不适用。于是 W.E Lorenson 和 H.E.Cline 两人又提出了剖分立方体(Dividing Cubes) 方法。

和 MC 方法一样，剖分立方体法对数据场中的体元逐层、逐行、逐列地进行处理。当某一个体元 8 个角点的函数值均大于(或小于) 给定的等值面的数值时，表明等值面不通过该体元，因而不予处理。当某一个体元 8 个角点的函数值中有的大于等值面的值，有的又小于等值面的值，而该体元在屏幕上的投影又大于像素时，则将此体元沿 x,y,z 三个方向进行剖分直至其投影等于或小于像素时，再对所有剖分后的小体元的 8 个角点进行检测。当部分角点的函数值大于等值面的值、部分角点的函数值又小于等值面的值时，将此小体元投影到屏幕上，形成所需要的等值面图像。否则，也不予处理。

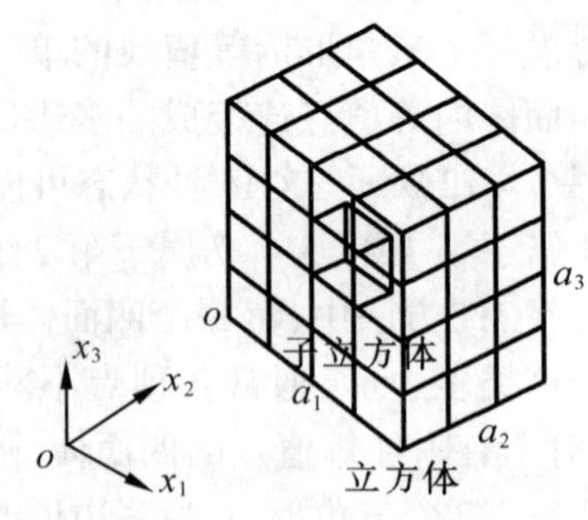

图 2－13　将与等值面相交的体元进行剖分

图 2－13 是一个体元剖分为小体元的示意图，子体元各角点的函数值及法向量是由体元的函数值及法向量通过三次线性插值得到的。

当一个小体元需要投影到屏幕上时，将该小体元处理成通过该体元中心点的一个小面片，一般称为表面点(surface—point)。该小面片含有空间几何位置、等值面的值及法向量等信息。当投影方向确定后，即可利用计算机图形学中的光照模型计算出光强，并利用Z—Buffer算法实现消隐，最后得出相应像素点的光强度值。采用绘制表面点而不是绘制体元内等值面的办法来绘制整个等值面，可以节省大量的计算时间。当然，其结果仅为等值面的近似表示，但对于数据场密度值很高的研究领域来说，其视觉效果是可以接受的。

2.2 规则数据场的直接体绘制

规则数据场是由均匀网格或规则网格组成的结构化数据。每个网格是结构化数据的一个元素，称为体元。并且假定数据场的函数值分布在体元的8个顶点上，也就是说，位于顶点(x_i, y_j, z_k)处的函数值为$f(x_i, y_j, z_k)$（如图2－14所示）。

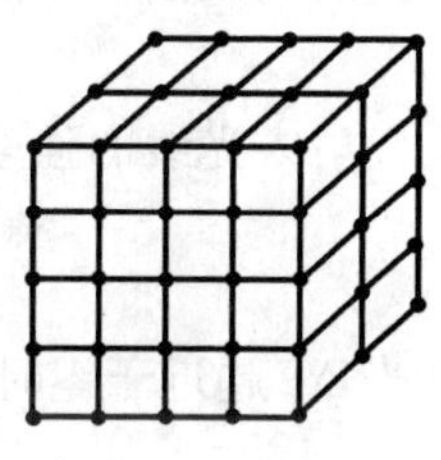

图2－14　规则数据场示意图

图2－15说明了直接体绘制算法的处理过程。三维空间分布在离散网格点上的数据一般是由三维连续的数据场经过断层扫描、有限元分析或随机采样后作插值运算取得的。图形设备屏幕上的二维图像则是由存放在帧缓存中的二维离散信号经图形硬件重构而成。因此，直接体绘制算法的作用就是将离散分布的三维数据场，按照一定的规则转换为图形显示设备帧缓存中的二维离散信号，即生成每个像素点颜色的R、G、B值。

要将一个离散分布的三维数据场转换为二维离散信号，需要进行重新采样。而且，不仅需要计算每一个数据值对二维图像的贡献，还需要将全部数据值对二维图像的贡献都合成起来。因此，尽管有多种不同的直接体绘制算法，但其实质都是重新采样与图像合成。

2.2.1　体绘制中的光学模型

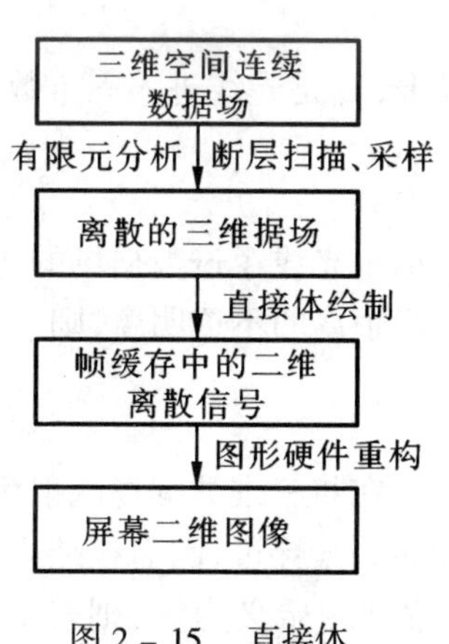

图2－15　直接体绘制概念示意图

三维空间的离散采样点原本是不具有色彩属性的，也不具有灰度值。采样点的颜色值是在物质分类的基础上人为地赋予的，因而是伪彩色。体绘制技术要实现的一个功能就是，在重采样的基础上，计算全部采样点对屏幕像素的贡献，也就是每一个像素的光强度值I。计算机图形学中，在黑白图像中，I表示灰度值（$I=0$时为黑色，$I=1$时为白色）。在彩色图像中，对红、绿、蓝这3个彩色分量会有不同的I值。因此，需要分别计算红、绿、蓝这3个颜色各自的I值。为了实现这一功能，需要给出光学模型，用它来描述三维数据是如何产生、反射、阻挡以及散射光线的，从而计算出全部采样点对屏幕像素的贡献。

由于光学模型是用来描述连续数据场的光学性质的，因此在使用时，需要将三维离散数据场通过插值，转换为连续数据场。插值的方法很多，如四面体中的线性插值和六面体中的三线性插值等。最简单的一种插值方法是让插值点的数值与其最近网格点上的数值相等，因而，以网格点为中心的立方体内具有均匀分布的数据值，这是离散分布的三维数据场进行重采样时一种最简单的重构方法。

Nelson Max在“直接体绘制中的光学模型”一文中假定连续分布的三维数据场中充满着

小粒子，由于这些小粒子的发光、吸收、反射等功能使得光线通过三维数据场时发生了变化，基于这一假设形成了几种不同的光学模型：光线吸收模型、光线发射模型、光线吸收与发射模型。

2.2.1.1　光线吸收模型

光线吸收模型假定三维空间中的小粒子可完全吸收所射入的光线，而无反射和发光功能，它是一种最简单的光学模型。假定所有的粒子均为大小相同的球状体，其半径为 r，投影面积为 $A = \pi r^2$。令 ρ 为单位体积内的粒子数。现假设有一个圆柱形薄板，其剖面面积为 E，厚度为 Δs，则圆柱形薄板的体积为 $E \cdot \Delta s$。于是，此体积内的粒子总数 N 为 $\rho E \cdot \Delta s$。

设光线以垂直于圆柱形薄板的方向射入，当 Δs 很小时，投射到圆柱形薄板上的粒子之间相互覆盖的概率很小，因而其覆盖的总面积近似为

$$NA = \rho AE \cdot \Delta s$$

投射到该圆柱形薄板上的光线被这些粒子吸收掉的部分占全部光线的份额为

$$\rho AE \cdot \Delta s / E = \rho \cdot A \cdot \Delta s$$

设射入光线的强度为 I，被吸收掉的部分为 ΔI，则

$$\frac{\Delta I}{I} = \rho \cdot A \cdot \Delta s$$

当 Δs 趋近于零时，粒子之间相互覆盖的概率也趋近于零，于是有

$$\frac{\mathrm{d}I}{\mathrm{d}s} = -\rho(s) \cdot A \cdot I(s) = -\tau(s) I(s)$$

式中，s 为光线投射方向的长度参数，$I(s)$ 为距离 s 处的光线强度，$\tau(s) = \rho(s) \cdot A$ 是光线强度的衰减系数，它定义了沿光线投射方向 s 处的光线吸收率。

此微分方程的解为

$$I(s) = I_0 \exp\left(-\int_0^s \tau(t)\mathrm{d}t\right)$$

式中，I_0 是光线进入三维数据场时（$s = 0$）的光线强度。

$$T(s) = \exp\left(-\int_0^s \tau(t)\mathrm{d}t\right)$$

表示了光线经过数据场的边缘到达 s 这段距离后的光线强度，也称为透明度。如果定义 α 为这段距离的不透明度，则

$$\alpha = 1 - T(s) = 1 - \exp\left(-\int_0^s \tau(t)\mathrm{d}t\right)$$

在将三维数据场映射为颜色值时，如果将某一数据值的 τ 定义为零，则表示光线不被吸收而完全穿过，因而在结果图像中该数据代表的物质将是透明的。与此相反，如果将某一数据值的 τ 定义为 ∞，则表示光线完全被吸收，在结果图像中该数据代表的物质将是完全不透明的，而在它后面的物质将被完全遮挡。

2.2.1.2　光线发射模型

在火焰、高温气体等的可视化中，可以认为小粒子是很小的，而且是透明的，但是发出的光线却很强。这时，可以认为小粒子仅具有发射光线的功能。

假使小粒子都是透明的发光体。在圆柱形截面的单位投影面积上，小粒子各向均匀地发射出强度为 C 的光线（已知全部投影面积为 $\rho AE\Delta s$），故整个圆柱形截面上将发射出光通量为 $C\rho AE\Delta s$ 的光，单位面积的光通量为 $C\rho A\Delta s$。

因此,当光线通过三维数据场时,描述光线变化的微分方程为

$$\frac{\mathrm{d}I}{\mathrm{d}s} = C(s) \cdot \rho(s) \cdot A = C(s)\tau(s) = g(s)$$

式中,$g(s)$ 为光源项,在此处与反射光无关。以上方程的解为

$$I(s) = I_0 + \int_0^s g(t)\mathrm{d}t$$

式中,I_0 为初始光强值,s 为沿光线射入方向的长度参数。由于上式中的积分无上限值,因而其积分结果可能超过输出设备的极限值,这一点需要加以注意。

2.2.1.3　光线吸收与发射模型

如果将光线吸收模型与发射模型合并一起,可以更好地反映出光线在充满粒子的三维空间中的变化。这时有

$$\frac{\mathrm{d}I}{\mathrm{d}s} = g(s) - \tau(s)I(s)$$

这一模型可以有效地应用于数值计算数据的可视化中。当这些数据根据所代表的物理意义进行分类以后,即可赋予不同的 τ 值和 g 值。

将上式进行变形,并进行由三维体数据的边缘处($s = 0$)到观察点($s = D$)的积分,则有

$$I(D) = I_0\exp\left(-\int_0^D \tau(t)\mathrm{d}t\right) + \int_0^D g(s)\exp\left(-\int_0^D \tau(t)\mathrm{d}t\right)\mathrm{d}s$$

上式中的第 1 项代表从背景处射入的光线经过三维数据的吸收以后(即乘以数据场的透明度),到达观察点的光强。第 2 项表示在各 s 点处的光源对观察点处光强贡献的总和,它是通过乘以由 s 到观察点处的透明度 $T'(s)$ 并对 s 作积分而得到的。这里

$$T'(s) = \exp\left(-\int_s^D \tau(t)\mathrm{d}t\right)$$

于是,上式可简化为

$$I(D) = I_0 T(D) + \int_0^D g(s)T'(s)\mathrm{d}t \qquad (2-1)$$

在特定的条件下,如,假设沿着光线发射的方向,发光强度 C 为常数,或者在同类物质区间,所赋予的颜色值 C 为常数,(2 - 1) 式可以求出解析解。

$$\int_0^D g(s)\exp\left(-\int_s^D \tau(t)\mathrm{d}t\right)\mathrm{d}s = \int_0^D C\tau(s)\exp\left(-\int_s^D \tau(t)\mathrm{d}t\right)\mathrm{d}s = C\left(1 - \exp\left(-\int_0^D \tau(t)\mathrm{d}t\right)\right)$$

将上述代入(2 - 1) 式,得

$$I(D) = I_0 T(D) + C(1 - T(D))$$

上式表示出背景光 I_0 与所赋颜色值 C 在透明度 $T(D)$ 作用下的合成值。$1 - T(D)$ 可表示为不透明度 a。

但是,在一般情况下,很难求出式(2—1) 的解析解,其近似的数值解可按如下方法求得。

将 0 到 D 这个区间等分为 n 个子区间,每个子区间的长度为 $\Delta x = \frac{D}{n}$。每个子区间中应选择一个采样点 x_i 以便得到 $\tau(x_i)$(这里,$(i - 1)\Delta x \leqslant x_i \leqslant i(\Delta x)$)。为简单起见,令 $x_i =$

$i\Delta x$。于是

$$\exp\left(-\int_0^D \tau(x)\mathrm{d}x\right) \approx \exp\left(-\sum_{i=1}^{n} \tau(i \cdot \Delta x) \cdot \Delta x\right) = \prod_{i=1}^{n} t_i$$

这里，$t_i = \exp(-\tau(i \cdot \Delta x) \cdot \Delta x)$ 可以看作是沿视线方向上第 i 个区段的透明度。t_i 不仅决定于 τ，而且也决定于区间长度 Δx。

与此类似，令 $g_i = g(i \cdot \Delta x)$。并且，可将 x_i 到 D 之间的透明度 $T'(s) = \exp\left(-\int_{i\cdot\Delta x}^{D} \tau(x)\mathrm{d}x\right)$ 近似地表示为 $\prod_{j=i+1}^{n} t_j$，于是

$$\int_0^D g(s)\exp\left(-\int_s^D \tau(x)\mathrm{d}x\right)\mathrm{d}s \approx \sum_{i=1}^{n} g_i \prod_{j=i+1}^{n} t_j$$

因而可得(2－1)式的近似表示如下

$$I(D) = I_0 \prod_{i=1}^{n} t_i + \sum_{i=1}^{n} g_i \prod_{j=i+1}^{n} t_j$$

如果我们假设三维数据场具有发光及光线吸收作用，那么，利用上式可以得出光线背景处射入并由后往前计算到达观察点的光强度值，也可采用由前往后计算光强度值。

2.2.2 图像空间扫描的体绘制技术——光线投射体绘制算法

体绘制技术的实现是一个三维离散数据场的重新采样和图像合成的过程。从理论上讲，实现重新采样有如下步骤：首先要选择适当的重构核函数，对离散的三维数据场进行三维卷积运算，重构连续的三维数据场；其次根据给定的观察方向对连续的三维数据场进行几何变换，然后计算出被采样信号的奈魁斯特(Nyquist)频率极限并采用低通滤波函数去掉高于这一极限的频率成分；最后对滤波后的函数进行重新采样。由于三维卷积运算十分费时，因而国外学者提出的体绘制算法大多是以离散方法实现的。其中，M.Levoy 提出的光线投射算法就是一种图像空间扫描的实现体绘制的离散方法。

2.2.2.1 光线投射算法的基本原理

光线投射算法的流程图如图 2－16 所示。该算法假定三维空间数据分布在均匀网格 $f(x_i, y_j, z_k)$ 或规则网格的网格点上。图中的数据预处理包括原始数据的格式转换、剔除冗余数据及导出所需数据等功能。接着，进行数据值分类并根据数据值的不同，正确地给每类数据赋予不同的颜色值和不透明度值，以求正确地表示多种物质的不同分布或单一物质的不同属性。然后是重新采样，即从屏幕上的每一个像素点根据设定的观察方向发出一条穿过三维数据场的射线，沿着这条射线选择 K 个等距的采样点，并由距离某一采样点最近

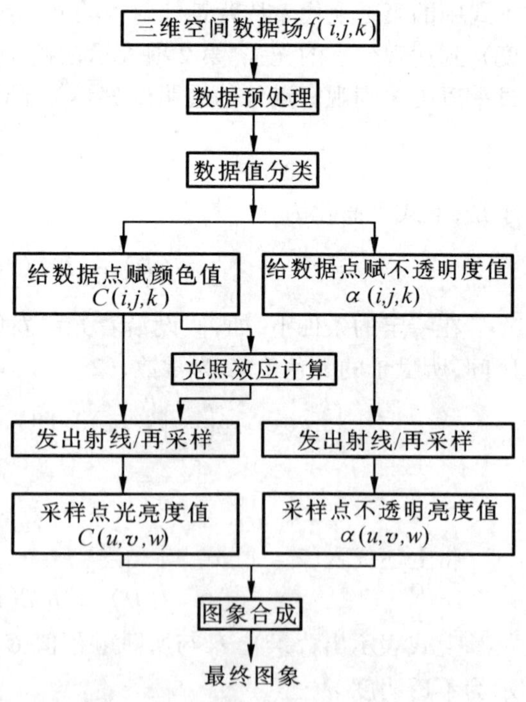

图 2－16 光线投射算法流程图

的 8 个数据点的颜色值和不透明度值作三次线性插值，求出该采样点的不透明度值及颜色值，图 2 - 17(a) 和(b) 是相关的说明。在重新采样前，需要将具有颜色值及不透明度值的三维数据场由物体空间坐标转换为相应的图像空间坐标。算法的最后一步是图像合成，即将每条射线上各采样点的颜色值及不透明度值由前向后或由后向前加以合成，即可得到发出该射线的像素点处的颜色值。重新采样和图像合成是按屏幕上每条扫描线的每个像素逐个进行的，因而这一算法又称为图像空间扫描的体绘制算法。下面介绍这一算法中的数据分类、颜色赋值、图像合成以及明暗计算等 4 个问题。

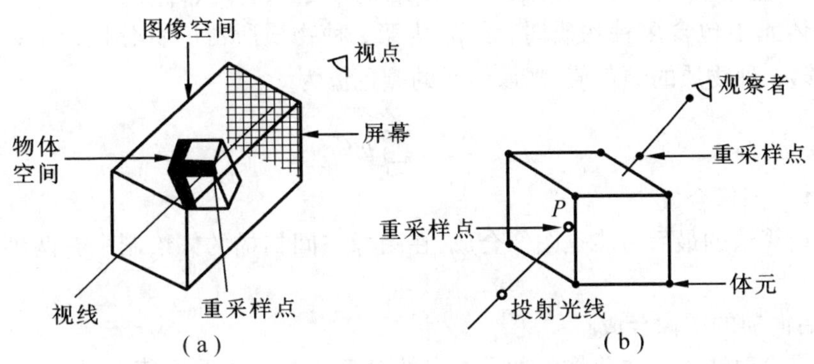

图 2 - 17　光线投射算法中的重采样

2.2.2.2　三维数据场的分类问题

三维数据场的分类是整个可视化算法中非常重要的一步。为了在最终的可视化图像中以不同颜色正确地表示出共存的多种物质的分布，就需要对数据进行分类，找出数据与不同物质之间的对应关系；为了在最终图像中以不同颜色表示单一物质的不同属性，如温度、密度等，也需要对数据进行分类。只有对三维数据值进行准确的分类，才能经过后续处理得出合理的图像。

如果用集合 D 表示数据场的取值范围，数据场的分类就是将集合 D 划分为若干个互不重叠的子集 $D_0, D_1, \cdots, D_{n-1}$，满足

$$\begin{cases} D = \bigcup_{i=0}^{n-1} D_i \\ D_i \cap D_j = \phi(0 \leqslant i < j \leqslant n-1) \end{cases}$$

对于物质构成比较简单的三维数据场来说，目前常用的分类方法有两种。

(1) 阈值法

根据数据场所在应用领域的背景知识，或对全部采样点的取值进行统计后，设定若干阈值 $d_i(i = 1,2,\cdots,n)$。如果各采样点的数值以 $f(x_i, y_j, z_k)$ 表示，则将满足下列条件的采样点归入同一类中，即

$$d_i \leqslant f(x_i, y_j, z_k) < d_j$$

(2) 概率法

在多种物质共存的物体中，每一个体元往往不是由单一物质构成的，如果我们能够估算出每一个体元中不同物质所占的百分比，那么可以得到更精确的分类。据此，也可以更准确地为每个体元赋以颜色值及不透明度值。要准确地求出在每一个体元中不同物质所占的百

分比是不可能的。但是,求出每一个体元中不同物质的概率分布则是可能的。概率分类法正是为这一目的而提出的。详细的介绍可参考相关文献。

2.2.2.3　颜色赋值

在体绘制的结果图像中,需要显示三维数据场的内部结构,因而需要生成具有透明效果的图像。对每一个体元不仅要根据分类结果赋予不同的颜色值(R,G,B),而且还要赋予不透明度值 α。$\alpha = 1$ 表示该体元完全不透明;$\alpha = 0$ 则表示完全透明。由于各体元的颜色值是人为赋予的,因此最终图像中的颜色是伪彩色。当然,对于不同类别的物质赋予什么颜色应遵循人们的习惯或用户的要求,使最终获得的图像看起来合理、自然。

当一个体元中包含多种物质时,设 p_i 为第 i 种物质所占的百分比,$C_i = (\alpha_i B_i, \alpha_i G_i, \alpha_i B_i, \alpha_i)$ 为第 i 种物质的颜色值,则该体元的颜色值为

$$C = \sum_{i=1}^{n} p_i C_i$$

2.2.2.4　图像合成

光线投射算法的最后一步是图像合成,在图像空间扫描的体绘制中有两种不同的图像合成算法。

(1) 由后向前的图像合成

该算法是沿射线由后往前将各种采样点的颜色值及不透明度值合成在一起,以得到最终图像。如图 2 - 18(a) 所示,设第 i 个体元的颜色值为 C_{now},不透明度值为 α_{now},进入第 i 个体元的颜色值为 C_{in},不透明度值为 α_{in},经过第 i 个体元后的颜色值为 C_{out},不透明度值为 α_{out},则有

$$C_{out} = C_{in}(1 - \alpha_{now}) + C_{now}\alpha_{now}$$

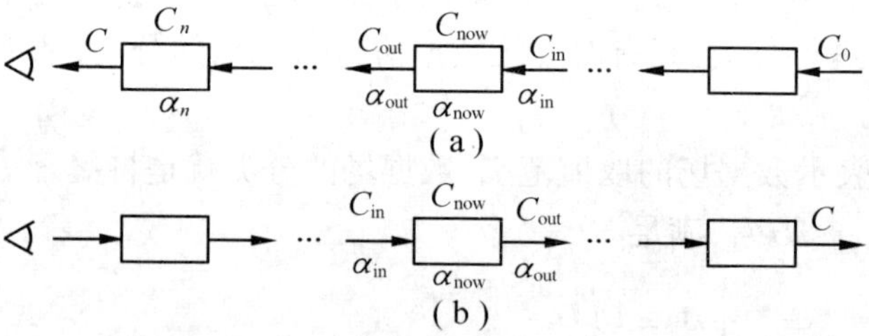

图 2 - 18　图像合成算法示意图

设初始的颜色值为 C_0,最终的颜色值为 C,第 i 个单元的颜色值为 C_i,不透明度值为 α_i,第 i 个单元的透明度值为 β_i,则 $\beta_i = 1 - \alpha_i$。

按上面公式将各单元颜色值累加后可得

$$C = C_0\beta_1\beta_2\cdots\beta_n + C_1\alpha_1\beta_2\beta_3\cdots\beta_n + C_2\alpha_2\beta_3\beta_4\cdots\beta_n + \cdots + C_{n-1}\alpha_{n-1}\beta_n + C_n\alpha_n =$$

$$C_0\prod_{i=1}^{n}\beta_i + \sum_{i=1}^{n} C_i\alpha_i \prod_{j=i+1}^{n}\beta_j$$

从公式可以看出,这种由后往前的图像合成方法是基于光线吸收和发射模型的。

(2) 由前向后的图像合成

如图 2 - 18(b) 所示,由前向后的图像合成公式为:

$$C_{out}\alpha_{out} = C_{in}\alpha_{in} + C_{now}\alpha_{now}(1 - \alpha_{in})$$

$$\alpha_{out} = \alpha_{in} + \alpha_{now}(1 - \alpha_{in})$$

由前向后的图像合成也是基于光线吸收和发射模型的。其优点是，在由前向后进行图像合成的过程中，不透明度值 α 必然逐步增大。当 α 值趋近于1时，说明该像素点的图像已接近于完全不透明，后面的体元不会再对该像素点的图像有所贡献，因而可以不再计算了。因此，可以省去无效的计算，速度较快，因而得到更为广泛的应用。

2.2.2.5　明暗计算

计算机图形学中，明暗计算一般是在面绘制中为了增加图像的真实感而进行的，面绘制中的明暗计算是基于面的法向信息进行。在体绘制中，也可利用明暗计算的效果更加突出地显示出不同物质之间的边界面，但在体绘制中，由于没有面的信息，因而必须求出等价的法向，才能进行明暗计算。采用各数据点的梯度值来代替法向量。

设三维数据场中某数据点的函数值以 $f(x_i, y_j, z_k)$ 表示，则采用中心差分方法可求出该数据点处的梯度值，即

$$G_x = f(x_i + 1, y_j, z_k) - f(x_i - 1, y_j, z_k)/2\Delta x$$

$$G_y = f(x_i, y_j + 1, z_k) - f(x_i, y_j - 1, z_k)/2\Delta y$$

$$G_z = f(x_i, y_j, z_k + 1) - f(x_i, y_j, z_k - 1)/2\Delta z$$

得到各数据点的梯度值以后，即可用光照模型计算出各数据点处的漫反射分量，更加突出地显示出体数据中的边界面。

2.2.3　物体空间扫描的体绘制技术

设三维空间的离散数据分布在三维空间的网格点上。首先假定网格在 x, y, z 三个方向上的间距各自分别相等，但 3 个方向之间不一定相等。与图像空间扫描的体绘制算法不同，物体空间扫描的体绘制算法是对物体空间的数据网格，逐层、逐行、逐个地加以处理，计算每一个数据点对屏幕像素的贡献，并加以合成，形成最后的图像。目前，已经有了多种物体空间扫描的体绘制算法，本节将简单介绍以下 3 种。

2.2.3.1　足迹表法

足迹表法（Footprint Method）是由 L. Westover 提出的。该算法的基本思想是逐层、逐行、逐个地计算每一个数据点对屏幕像素的贡献，并加以合成，形成最后的图像，因而是一种物体空间扫描的体绘制算法。和空间扫描的体绘制算法一样，足迹表法首先也需要对数据进行分类，根据分类结果赋以颜色值及不透明度值，并进行明暗计算，从而得到一个离散的三维光强度场。

如何计算离散的三维光强度场对二维屏幕像素点的贡献是这一算法的关键。根据采样理论，这一采样过程的第 1 步是将离散的三维光强度场重构为连续场，并决定每一个三维采样点对屏幕像素点有所贡献的范围。那么很容易想到，某一个像素点的最终光强度值可以通过对该像素点有所贡献的全部采样点重构核的空间卷积域作积分求得。因此，总的积分次数将等于三维采样点数乘以重构核空间卷积域的平面投影区域内的像素数。显然，这一计算量是相当大的。足迹表法正是为了解决这一问题而提出来的。其目的在于快速决定在任意观察方向三维采样点重构核空间卷积域的平面投影域及对每个像素的贡献大小。

足迹表法的基本原理：假使三维离散数据场的采样点分布在网格交点上，网格呈长方

形，采样网格至少在同一方向上是等间距的。该数据场采样点的值可用相应三维连续数据场的密度函数 $\rho(x,y,z)$ 及用于采样的梳状函数 $\sum\delta(x,y,z)$ 的乘积表示。

定义重构核函数 $h_v(x,y,z)$:用于三维离散数据场的重构核是一个三维低通滤波函数，一般地，三维重构核函数描述的是一系列的等值曲面，而函数值是根据距中心点的距离来变化的。当函数值在3个轴向上的变化率相同时，空间域内的等值面是球面；当函数值在3个轴向上的变化率不相同时，则空间域内的等值面是椭球面。常用的三维空间重构核函数有圆锥函数、高斯函数、Sync 函数等。

重构是根据某种重构核，通过三维卷积运算，将离散的三维数据场恢复成连续的三维数据场的过程。其数学表示式为

$$\mathrm{Signal}_{3D} = \iiint h_v(u-x,v-y,w-z)\rho(x,y,z)\sum\delta(x,y,z)\mathrm{d}u\mathrm{d}v\mathrm{d}w$$

其中 u,v,w 是重构核的坐标。

构造足迹函数:根据上式重构连续三维数据场是很难实现的。经过分析发现，积分的结果与采样点的数值无关，而仅与重构核及 (x,y) 点到重构核心中心的距离有关。于是，可定义足迹函数为

$$\mathrm{footprint}(x,y) = \int_{-\infty}^{\infty} h_v(x,y,w)\mathrm{d}w$$

上式中的 (x,y) 是足迹函数中的像素点与重构核中心在屏幕上的投影点之间的距离。很显然，足迹函数只与所选择的重构核有关。一旦足迹函数已知，我们就可以计算出位于足迹函数所覆盖区域内某一像素点 (x,y) 的权值，即

$$\mathrm{Weight}(x,y)_D = \mathrm{footprint}(x-D_x,y-D_y)$$

式中，(D_x,D_y) 表示采样点在图像平面上的投影点的坐标。

建立足迹表及通用足迹表:对于多种不同的重构核，通过积分计算其足迹函数并非易事。因此需采用离散方法来计算足迹函数所覆盖区域内若干点上的权值。为了避免对每个采样点作重复的计算，对于每一种重构核，可构造一个表，称为足迹表，将该表中每个网格点上的权值均按 $\mathrm{Weight}(x,y)_D$ 预先算好，在计算三维采样点对各像素点的贡献时，只需查表就可以了，因而大大提高了计算速度。但这一方法实现起来还有许多问题需要解决。

对于平行投影而言，每个三维采样点重构核的空间卷积域在屏幕上的投影范围都是相同的，因而可以用同一个足迹表来实现查找。但是，因为三维采样点网格间距的不同及投影方向的变化，重构核的空间卷积域在屏幕上的投影范围的大小和形状也将变化。因此，对于某一重构核函数，首先需要构造一个在正投影情况下的通用足迹表作为基准。然后，再求出该重构核的空间卷积域在任意投影方向下不同大小的投影范围与通用足迹表之间的映射关系。这样，就能快速求出在任意观察方向每一个三维采样点对屏幕像素的贡献。通用足迹表的建立，可以假设重构核的空间卷积域是一个单位球。在正平行投影时，其平面投影域为单位圆。然后，即可按照对通用足迹表精度的要求，将单位圆剖分为 $M \times M$ 网格，在每个网格点上对重构核的空间卷积域作线积分，得到 $M \times M$ 个值，这就形成了该重构核的通用足迹表。

重构核空间卷积域平面投影区域的计算及其与通用足迹表映射关系的建立:在给定了三维离散采样点及观察方向，选定了重构核函数并建立了通用足迹表，完成了数据值分类、颜色及不透明度赋值及明暗计算后，为了绘制图中的图像，必须计算该重构核空间卷积域的

平面投影区域并建立起与通用足迹表的映射关系。① 重构核空间卷积域的平面投影域为圆时,通过简单的比例关系,可以在通用足迹表中找到与重构核平面投影域所覆盖区域内某像素点相对应的点,从而得出该像素点应有的足迹函数值,实现三维卷积。② 重构核空间卷积域的平面投影为椭圆时,首先需要从空间卷积域的椭球方程计算出它在平面域上的椭圆形投影轮廓线,然后再通过旋转和比例变换将椭圆形的平面投影域变换为单位圆,从而可由通用足迹表求出平面投影域所覆盖像素点的足迹函数值,实现三维卷积。图 2 – 19 为足迹表法的算法流程图。

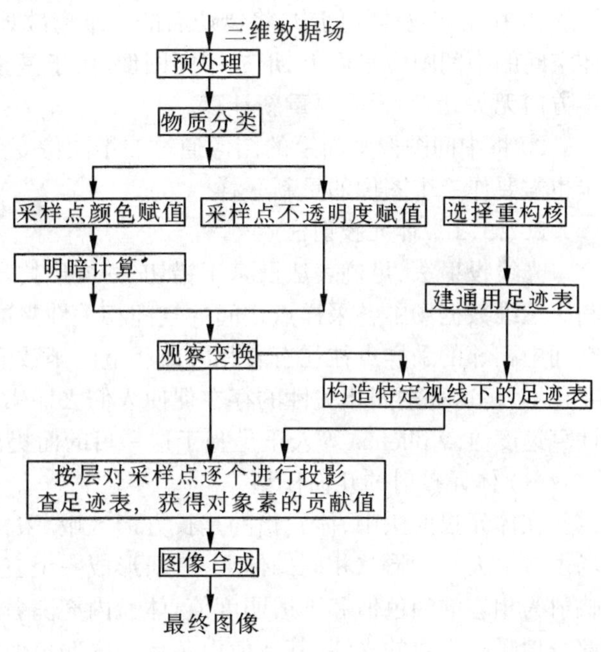

图 2 – 19　足迹表法算法流程图

2.2.3.2　基于错切 —— 变形技术的体绘制算法

图像空间扫描体绘制算法 —— 光线投射法及物体空间扫描体绘制算法 —— 足迹表法都存在计算量大、计算时间长的问题,主要的计算量用于三维离散数据场的重新采样上。在三维离散数据场的可视化中,观察方向是任意给定的,而且变化频繁,一旦观察方向发生变化,数据场采样点之间的前后关系也必然变化。因此需要重新进行采样及图像合成的计算。在体绘制技术中,当观察方向变化后,不能迅速获得相应的图像,成为体绘制技术难于实现实时动态显示的主要原因,如何提高三维空间离散数据场重采样的速度就成为加速体算法的关键问题之一。

P. Lacroute 等人将三维离散数据场的投影变换分解为三维数据场的错切变换和二维图像的变形两步来实现,从而将三维空间的重采样过程转换为二维平面的重采样过程,大大减少了计算量。使得三维数据场的体绘制可以在图形工作站上以接近实时的速度实现,而不显著降低结果图像的质量。

由于对三维空间离散数据场的观察方向常常是由用户任意给定的,因而使得由物体空间到图像空间的变换也是任意的,这就给重新采样的图像合成带来了难度。P. Lacroute 等人提出的算法的中心思想是,将三维离散数据场变换到一个中间坐标系,在这个中间坐标系中,观察方向与坐标系的一个轴并行,使如,z 轴。那么,观察方向也就垂直 $x - y$ 平面,从而大大简化了三维数据场从物体空间到图像平面的投影过程。这个中间坐标系称为错切物体空间。但是,这个中间坐标系中的图像平面并非所定义的图像平面,因而所得到的仅是中间图像,还需要进行一次二维图像变换,才能得到最终图像。基于上述原理,这一算法可概述如下:

① 在选定三维离散数据场的主要观察方向后,使坐标系的轴与其相重合。将三维离散数据场由物体空间变换到错切物体空间。对平行投影而言,错切变换只包含数据平面的平移。对于透视投影,在平移后,尚需作比例变换。在平移和比例变换时,在二维的数据平面内,

需作重新采样。

② 在错切物体空间中，将错切后的三维离散数据场中各采样点的颜色值投射到错切物体空间的中间图像平面上，形成中间图像。由于是正投影，各采样点重构核的足迹函数与观察方向无关，因而无需要重新计算。

③ 将中间图像平面上的图像通过二维图像变形，变换到图像空间，得到最终图像。这一步也需要作二维图像的重新采样。

2.2.3.3　体元投射法

光线投射法、足迹表法及基于错切 — 变形技术的体绘制算法的一个不足之处在于没有利用三维数据场中各采样点之间的空间相关性来减少计算量。所谓空间相关性指的是三维空间中相邻的采样点往往有着相同或相近的函数值，或者说，大多数相邻的采样点的函数值变化不大。这种空间相关性的存在促使人们去探索新的体绘制算法，从而减少计算量，提高计算速度。J. Wilhelms 等人正是基于这一目的而提出了体元投射法。

(1) 体元投射的几何模型

在体元投射法中，体元指的是长方形区域。采样点位于它的 8 个角点上。三维空间数据场由多个大小和形状相同的体元构成，形成一个三维阵列。角点处的采样点经过分类后可以映射为相应的颜色值和不透明度值。体元内充满着透明的物质，它既可以发出光线，又可以部分地吸收入射的光线，其数值由角点处的颜色值和不透明度值来决定。

如图 2 – 20 所示，当一个长方体面向图像平面进行投影时，由于该长方体的方位不同，可能有一个面、两个面或三个面是可见的。如果将该长方体在二维平面上的投影分为区域，使每一个区域具有同一个前、后面，那么，一个体元最多可以分为 7 个子体元。子体元也是一个多面体，但是它的前、后面投影到屏幕上的同一个位置，从而构成一个投影多边形。在各个体元中，有一些顶点是原有体元的角点，有一些则是新的交点，是必须通过计算求得的。由于三维空间数据场是由大小和形状相同的体元组成的三维阵列，因此，每一个体元在图像平面上的平行投影在几何上都是一样的，只不过其中一个体元投影是经过平移以后的拷贝而已。

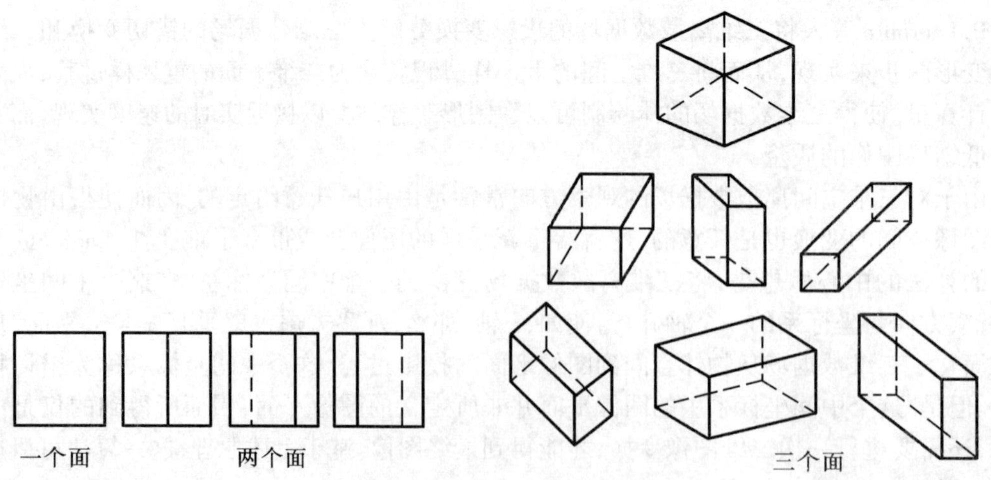

图 2 – 20　长方形体元的不同投影方式

由图 2 – 20 可知，当一个体元只有一个面可见时，则只有一个投影四边形，其顶点均为原有体元角点的投影。当一个体元有两个面可见时,可能有两个或者三个投影四边形。这时,有两个角点离投影平面最近,有两个则离投影平面最远。当离投影平面最远的两个角点正好投影到离投影平面最近的两个角点上时,则产生两个投影四边形,且不需要计算新的交点。否则,就会产生三个投影四边形,而且需要计算出 4 个落在体元边界上的交点。当一个体元有3个面可见时,可能有6个或者7个投影多边形。这时,就可能有7种不同的情况。如果最远的角点投影到一个面上,则产生 7 个投影多边形,这时需要计算出 4 个落在体元边上的交点及两个落在体元面上的交点。如果最远的角点投影到一条线上,则产生 6 个投影多边形,且只需要计算出落在体元边上的交点。如果最远的角点正好投影在最近的角点上,也会产生 6 个投影多边形,但不需要计算新的新点。当三维数据场的投影方向给定以后,即可选定一种体元投射的几何模型进行下一步的运算。

(2) 体元的处理顺序

在体元投影的几何模型选定以后,可以按从后向前或从前向后的顺序逐层、逐行、逐列、逐个地处理每一个体元。

这两种顺序各有优缺点。按从后向前的顺序处理时,在每一层体元投影完毕后,都可以观察到当时的中间结果,而且不必另设存放不透明度累加值的缓冲存储器。与此相反,如按从前向后的顺序处理,则需设置存放不透明度累加值的缓冲存储器。但是,当某些体元投影以后,使被投射的像素点的不透明度值接近于 1($a = 1$) 时,在这些体元后面的体元就不必再处理了,因而减少了计算量。在确定体元的投影顺序后,就可以从距离图像平面最远的体元平面中选择一层开始进行投影(从后向前处理),或从距离图像平面最近的体元平面中选择一层开始进行投影(从前向后处理)。

(3) 计算每个体元对屏幕像素的贡献

体元投射的几何模型确定以后,则一个体元将分为几个子体元,每个子体元是一个具有前、后面的多面体,其前、后面投影到屏幕上的同一个区域。下一步就需要计算每个子体元对屏幕像素的贡献。

首先需要计算的是子体元对投影多边形各顶点处的贡献。如果顶点是原体元的角点,则该点的颜色值及不透明度值均已知,不必另行计算。如果投影多边形的顶点是子体元的一对前、后点的投影,则按照下式的光线吸收和发射模型,计算对该顶点的贡献。

$$I(D) = I_0 T(D) + \int_0^D g(s) T'(s) \mathrm{d}s$$

式中,I_0 为由后点入射的光强,$I(D)$ 为前点处的光强,D 为前后点之间的距离,s 为前、后点之间某点的坐标。若设前、后点之间的物质是均匀的,即在这段距离内,各点具有相等颜色值 C 和不透明度值 τ,则

$$g(s) = C \cdot \tau$$

$$T(D) = \exp\left(-\int_0^D \tau(t)\mathrm{d}t\right) = \exp\left(-\int_0^D \tau(t)\mathrm{d}t\right) = \mathrm{e}^{-\tau \cdot D}$$

这时,

$$I(D) = I_0 \cdot \mathrm{e}^{-\tau \cdot D} + C(1 - \mathrm{e}^{-\tau \cdot D})$$

式中的 C 值和 τ 值可以由前、后点对的 C 值和 τ 值求平均值得出。

在求出了投影多边形的每个顶点处的颜色值 $I(D)$ 和透明度值 $T(D)$ 后,还需要求出投影多边形的边界上及投影多边形内每一个像素点处的颜色值及不透明度值。最简单的方法

是利用哥罗德(Gouraud)亮度插值法逐条扫描线地进行处理,通过投影多边形顶点颜色值及不透明度值的线性插值,先求出投影多边形边界上各点的颜色值及不透明度值,然后,再一次对同一条扫描线上一对边界点的数值做线性插值,求出投影多边形内落在该扫描线上的各像素点的颜色值及透明度值。这一方法利用二维平面上的两次线性插值来代替复杂的三维空间离散点的重采样,尽管是一种近似,但在实践上效果还不错,而且哥罗德亮度插值法还可以利用图形工作站的硬件来加以实现,从而进一步提高了计算速度。

(4) 图像的合成

图像的合成是在每一个像素点上进行的,根据体元的处理顺序,可以由后向前合成图像,也可以由前向后合成图像。当投影于每个像素点的图像合成后,即得到最终的结果。

当每个体元的投影所覆盖的像素数很少时,采样点的相关性可以被利用的优点也就不存在了。因此,体元投射法适用于体元比较大的数据场中。

2.2.4 由三维纹理映射硬件支持的直接体绘制

由于直接体绘制的计算量很大,尽管采用了前述多种加速算法,仍然不能在中、低档工作站及高档微机上实现中规模体数据的实时动态显示。于是,人们便求助于硬件,利用高档图形工作站提供的由硬件实现的三维纹理映射功能来进行三维体数据的直接体绘制,从而大大提高了绘制速度。

2.2.4.1 纹理映射

当形体表面的细节十分复杂而精细时,如石雕、草皮、路面等,再用多边形或其他几何图元来表示就变得十分困难了。为了寻求更好的方法,早在20世纪70年代就有人提出了纹理映射技术,将表示复杂而精细的表面的图像映射到该表面上。该图像称为纹理图,可以由计算机生成,也可以是真实的景物通过数学化后输入到计算机而形成的图像。纹理图中的每一个元素常称为纹理元(texels)。

一般来说,纹理映射有3个主要步骤。

(1) 纹理生成。首先必须生成关于光强度、颜色及不透明底的纹理图像。这可以由摄像机或扫描仪将真实景物转换成数字图像后得到,也可以由给定的转换函数将体数据值转换成相应的光强度、颜色及不透明度,形成纹理。还可以通过算法来生成纹理。

(2) 给出映射定义。纹理图像所在的二维或三维空间称为纹理空间。映射定义确定了被绘制的二维表面或三维物体的每一个点与纹理空间坐标的对应关系。

(3) 纹理的重采样。纹理空间坐标是纹理图像的索引值。一般来说,纹理元不会正好落在与被绘制物体上各点相对应的纹理空间的坐标点上,因此,必须进行重新采样,才能得出所需要的纹理值。

2.2.4.2 三维纹理映射及其硬件实现

根据上述步骤,利用三维纹理映射技术,在进行三维规则数据场的直接体绘制时,首先应将数据值进行分类,并按照给定的转换函数将每个数据点转换为相应的颜色值及不透明度值,形成三维纹理图。其次,在确定观察方向之后,给出被绘制数据场中的采样点与纹理空间坐标的映射关系;最后,在纹理空间中进行重采样,并按照从后往前的顺序进行图像合成,以形成最终图像。

所谓三维纹理映射的硬件实现指的是,在纹理空间中实现重采样的插值运算及具有不透明度值的图像合成等均由硬件完成(图形加速器),从而可大大提高运算速度。

图形硬件的研究历史可以划分为两个阶段。20世纪80年代以前主要在军事领域研究发展，其应用目标是各类军用运输工具仿真模拟器的视景生成系统。20世纪80年代早期，SGI公司开发出了世界上第一个通用图形工作站IRIS 1400（可称为第一代高端通用图形系统）。第二代高端通用图形工作站的功能特征包括三角形的Gouraud明暗处理、Phong光照模型和硬件Z－Buffer算法。图像的真实感显著改善，几何变换及扫描转换性能大幅提高。第三代出现于1992年下半年，代表产品是SGI的Reality Engine。它增加了纹理映射及全屏幕反走样，为通用图形工作站用于户外视景模拟打开了大门。虽然SGI新的Infinite Reality在性能上比之于Reality Engine有了很大的改进，但其基础依然是绘制纹理反走样的多边形。

下面，简单介绍常用的SGI公司的Reality Engine图形工作站的图形加速器。这一图形加速器的工作过程如下：当需要绘制一个三角形时，将该三角形顶点在物体空间中的位置、颜色、法向及纹理坐标等数据输入后，由命令处理器予以解释，并送至一个几何处理器。由几何处理器完成物体空间到图像空间的几何变换、裁剪、明暗计算等功能，并生成屏幕坐标系中的相应数值，相关的纹理坐标也变换到屏幕标系中。接着，就可以进行扫描变换从而形成光栅图像了。

扫描变换由5个、10个或20个扫描变换器完成。每一个扫描变换器负责帧缓存中1/5、1/10或1/20的像素的生成。计算它所负责的像素中全部或部分地被三角形覆盖的像素的值，包括颜色、深度、纹理坐标等。扫描变换的结果，包括像素坐标、颜色、深度等，被分配到各图像生成器中。与扫描变换器一样，每个图像生成器各自负责帧缓存中的一个固定的像素集。一个扫描转换器只与其相关的16个图像生成器相连接，并将上述结果传送给它们。当图像生成器由一个扫描变换器接受信息时，其深度、颜色等数据与该像素已有的数据相融合，形成了该像素的颜色值。因此，一旦最后一个图元绘制完毕，就可以立即得到最终图像。

在这一过程中，纹理坐标的计算、纹理查找表的检索、纹理的重采样、纹理值对像素颜色的调制、不透明度计算及颜色合成等均由扫描变换器完成。这些运算由每一个扫描变换器中的4个专用芯片及8个动态存储器实现。在每一个扫描变换器的纹理存储器中，存有纹理图的全部信息，从而允许每一个扫描变换器在处理纹理时并行工作。

不透明度计算及颜色合成也是由专用芯片完成的。扫描变换器给出某像素的深度信息后，可以由查表查出其不透明度值，并利用该表的不透明度合成因子将现有的颜色值与用户定义的具有不透明度的颜色值合成在一起，实质上是在相邻两项之间做了一次线性插值。

在Reality Engine中，每一个扫描变换器均装备了一个8MB字节的纹理存储器，纹理存储器的大小决定了所能绘制的体元数的多少，这成为运用三维纹理映射硬件实现直接体绘制的关键问题。

2.2.4.3　由三维纹理映射硬件支持的直接体绘制算法

国际上提出的由三维纹理映射硬件支持的直接体绘制算法有多种，现介绍其中有代表性的3种算法。

(1) 由三维纹理映射硬件支持的物体空间重采样直接体绘制算法

这一算法是由T.J.Cullip等人在1993年提出来的，这一算法已经在具有Reality Engine的SGI图形工作站上得以实现。它具有两个特点：

1) 体数据本身作为三维纹理图，装入纹理内存。体数据的中心与物体空间的坐标原点重合，其边界分别平行于物体空间的三个坐标轴。

2) 重采样在物体空间进行。首先在体数据内定义一系列采样多边形，这些多边形彼此平行且垂直于物体空间中与视平面法向夹角最小的坐标轴,它们相当于一系列体数据的切片,由于多边形的间隔及其采样密度与原始数据不同,因此,必须通过重采样才能获得这一系列平行平面上各采样点的数值。

在图像合成阶段,首先通过查找表来实现采样多边形上各采样点的数值转换为相应的颜色值及不透明度值,然后再按从后向前的顺序进行合成,投影于视平面而形成最后图像。

在这一算法中,有两点应予以注意。一是由于三维体数据往往大于纹理内存,因此不能一次装入,需要将体数据沿投影轴分成若干片后,依次装入纹理内存,再进行重采样和图像合成处理。其次,当观察方向变化较大时,物体空间中与视平面法向夹角最小的坐标轴会发生变化,因而需要重新设定采样多边形,以令其仍然垂直于该坐标轴。此外,当光源与体数据的相对位置不变时,可根据各体元的梯度值计算出明暗效果,从而可由各重采样点的数值及梯度值求出具有明暗效果时的颜色值及不透明度值,通过图像合成得出最后图像。

(2) 由三维纹理映射硬件支持的屏幕空间重采样直接体绘制算法

该算法是由 SGI 公司的 T.Kulick,R.Fraster 等人提出来的。该算法与前一个算法的主要不同点是,重采样过程是在图像空间进行的,而不是在物体空间进行的。在给定观察方向后,按与视平面平行的方向,作多个等距的采样平面,并与纹理空间相交形成平行的采样多边形。从而也就给出了纹理空间与各采样多边形之间的映射关系。根据这一映射关系进行各采样多边形的重采样。在对重采样值进行分类后,通过查找表使其转换成相应的颜色值及不透明度值,最后利用图像合成技术从后往前将颜色值及不透明度值进行合成,得到结果图像。

与前一算法一样,由于纹理的内存有限,此算法也需要将体数据分割为多个块,依次装入内存并进行处理。此外,在这一算法中,为了正确获得重采样值,需要用体数据块边界对各采样多边形进行裁剪,因而降低了效率。同样,这一算法也在具有 Reality Engine 的 SGI 图形工作站上得以实现,达到了与前述算法相同的结果。

(3) 由三维纹理映射硬件支持的具有明暗效果的直接体绘制算法

这一算法是由 A.V.Gelder 提出来的,它也采用了在图像空间中进行重采样的方法,但是对上述两种算法进行了改进,在最终图像中具有明暗效果。该算法可分为预处理、纹理生成及重采样等 3 个步骤。

在预处理阶段,对体数据中的每一个体元的数值进行分类,并计算其梯度值。根据用户给定的梯度值门限,确定该体元是否属于边界面,即是否需要计算由于漫反射而引起的明暗效果。

对于边界体元,该算法提出了一种对于其梯度方向进行量化的方法。即在单位圆上构造若干个均匀分布的点,以单位圆圆心指向圆上各点的矢量为量化的矢量。

在纹理生成阶段,构造出纹理图。纹理图中的每一项(即纹理元)对应于三维体数据中的一个体元。每个纹理元的光强包括两部分:一是由环境光引起的光强。对于每一个体元,根据分类结果及转换函数即可由查表求出其颜色值及不透明度值,并计算出光强,这部分存在于每一个体元之中。另一部分是边界面体元对应的纹理元所具有的漫反射光强。它决定于光源位置、体元梯度方向及光照参数,计算出来后和由环境光形成的光强叠加在一起而形成纹理图。由于纹理图中含有漫反射光形成的明暗效果,因而所生成的最终图像质量较高。当光源位置发生变化、体数据出现旋转时,必须重新计算纹理图。

在重采样及绘制时,该算法与上述第 2 种方法类似,即采用了屏幕空间的重采样算法。由于该算法在纹理空间中存放的已经是颜色值和不透明度值,因而无需再进行转换即可直接合成为最终图像。

由于这一算法所生成的图像质量较高。但是,在改变光源位置时,需要重新生成纹理,使得绘制速度降低,其速度约为无明暗效果的算法的十分之一。

为了产生具有明暗效果的最终图像,并克服上述第 2 种方法速度慢的弱点,唐泽圣提出了由三维纹理映射硬件支持的具有边界面突出效果的快速体绘制算法。由于纹理的内存有限,在上述算法中需要将体数据分割为多个块,依次装入内存并进行处理,由此带来频繁的输入 / 输出操作及重采样运算,使得大规模体数据的体绘制性能急剧下降,有许多学者提出了采用空间跳跃技术的三维纹理映射硬件支持的体绘制算法。感兴趣的读者可以参考有关文献作进一步的了解。

2.3 不规则数据场的可视化

所谓不规则数据场指的是结构化数据中的不规则数据和非结构化数据。有限元分析及计算流体力学所生成的数据一般均属于这一类。与密集的三维空间规则数据场相比较,这一类数据具有空间分布比较稀疏、数据点构成的网格形状不一致等特点,甚至会出现由曲面片组成的体元等。原则上说,用于三维空间规则数据场的多种可视化方法,均可应用于三维空间不规则数据场的可视化。但是,在不规则数据场中,体元的形状不同、大小不一,因而导致各种算法的效率降低。迄今为止,研究和开发高效的三维空间不规划数据场的可视化算法仍然是一个有待进一步解决的问题。

2.3.1 空间不规则数据场的可视化的光线投射算法

2.3.1.1 将空间不规则数据场转换为规则数据场

这种方法以 Wilhelms J 为代表,首先通过插值运算,将三维空间不规则数据场转换为规则数据场,再利用前面介绍的光线投射算法实现可视化。插值方法包括最近邻点法、三线性法及按距离反比加权法等。该方法的优点是比较简单,可以利用现有的用于规则数据场的光线投射算法。但是,由插值运算得到的规则数据场会产生误差,影响结果图像的精确程度。一个原因是插值运算的结果使原有的极大、极小值趋向于平均。更主要的原因是,在不规则数据场中,体元的大小有时差别很大。例如,在流场模拟中,邻近边界面的体元的大小有可能是远离边界面的体元的 1/10 000。在这种情况下,如果插值点的密度与大体元相当,则导致原有数据场中变化细节的丢失,从而产生误差。如果插值的密度与小体元相当,则将大大增加计算量和存储空间,导致实现上的困难。因此,这种方法比较适合于网格大小比较均匀的场合。

2.3.1.2 将光线投射算法直接应用于不规则数据场

这种方法的基本思想是将屏幕上各像素点发出的光线直接与数据场中的不规则体元求交,得出一对交点。然后,在交点之间的线段上按一定步距作重采样。通过插值运算,求出重采样点的函数值,并转换为相应的颜色值及不透明度值,再通过图像合成求出各像素点的光强度值。

为了方便地得出各射线与不规则网格中各体元相交的线段,Koyamada K 设计了一种数据结构。在该算法中,首先将不规则网络中的各体元剖分为四面体,每一个四面体有一个节点表、体元逻辑表、连接表和外部面表,这些表之间紧密相连。体元逻辑表存放了体元与节点的关系,连接表是同一个体元的另一数组,表示了体元与体元之间的关系。外部面表是一个面的数组,其中的每一项由与其相连的体元号及面号来表示。

该算法采用计算机图形学中的 Z – buffer 技术求得每一条光线进入四面体模型的外部面,并通过连接表找到该外部面所在的四面体单元,进而求出穿出该单元并进入下一个单元的面号,如此反复地进行,直至由整个体元模型穿出为止。这样,对每一条光线,得到了被一系列相邻的四面体单元切割的线段。接着,在各切割线段上定义重采样点,进行重采样,并将重采样后的数值转换为颜色值和不透明度值,再按由前向后或由后向前的顺序进行图像合成,得到最终图像。在作重采样时,首先要确定重采样点所在的四面体单元,并假设函数值沿四面体单元各边作线性变化,因此,重采样点的函数值可通过三线性插值得到。

在这一方法中,要多次计算射线与四面体单元各面的交点,并通过线性插值计算重采样值,计算量大,较之规则数据场中的光线投射算法更为费时。

2.3.2 三维空间不规则数据场的体元投影方法

由于不规则数据场中的体元大小不一,形状不同。它在二维平面上的投影不存在少数几种统一的几何模型,而这正是三维空间规则网格用体元投影法实现体绘制的基础。但是,如果能够得到不规则网格体元内的等值面,并且按深度排序,那么就不难实现该不规则网格的体绘制。因此,三维空间不规则网格的排序问题就成为实现其体绘制的关键。三维空间不规则数据场的排序问题被称为多面体网格的排序问题。如果在多面体网格的各单元中存在着互相循环遮挡的关系,则不可能得出正确的排序结果。但是这类情况并不多见。一般情况下可不予考虑。

2.3.2.1 凸多面体网格的深度排序

一个多面体网格是有限个多面体的集合,其中每一多面体称为网格的单元。如果网格中任意一个单元都是凸多面体,且网格内任意两个多面体的交集或者是空,或者是同属于这两个多面体的一个面、一条边或一顶点,则称这一多面体网格是有效的。

对一个凸多面体网格中的各单元进行从前到后的深度排序,意味着相对于给定的视点,找到网格内所有单元的一个序列,使得排在序列前面的单元不被排在后面的单元所遮挡。

为了实现深度排序,在给定了视点以后,首先需要建立便于判断相互间遮挡关系的凸多面体网格单元的数据结构,并予以初始化,生成一个以单元为结点的有向无环图。然后,对该有向无环图进行拓扑排序,即可输出凸多面体网格单元的深度排序结果。

(1) 数据结构及初始化

除了记录结点、面、单元及其邻接关系以外,在单元的数据结构中应存放入度(与凸多面体网格中某一单元共面且遮挡该单元的其他单元的个数称为该单元相对于视点的入度,如图 2 – 21 所示)的信息。在面的数据结构中,应有该面两侧单元的序号(可称为左、右两单元)及该面片相对于左、右两单元的可见值。如果该面为边界片,则其一侧的单元不存在。

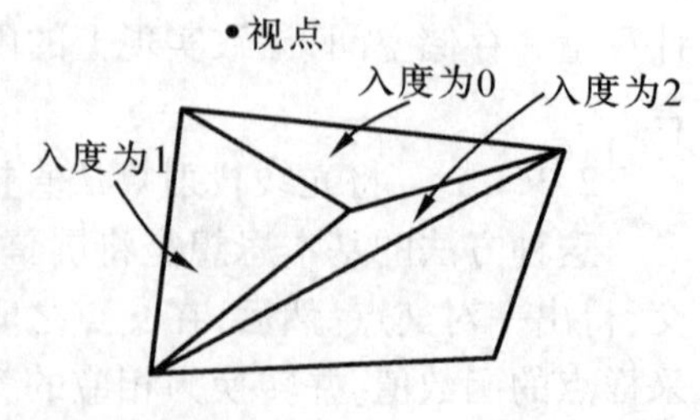

图 2 – 21 单元的入度

数据结构的初始化按照网格输入的顺序进行。在给定视点以后,每输入一个单元,首先将单元序号、类型及各面所在平面的系数初始化。接着计算单元内点 O(该点为:在具有公共交线的两个面片上各取一点 A、B，连接单元 A、B 并在连线上取一点 O）的坐标，并对该单元的各面片逐个进行处理。如果某面片尚未被处理过，则应计算该面片的可见值。如果某面片已被处理过，则该面片与相邻单元共面，是一个内部面。那么需要计算该面片相对于这两个相邻单元的可见值，并确定遮挡关系，给被遮挡单元的入度值加 1。

当多面体网格的全部单元均输入完毕后，初始化过程结束。这时，整个多面体网格可以用一个有向无环图来表示。每个单元对应于图中的一个结点，相邻单元的遮挡关系对应于图中的一条弧。每个单元的入度就是指向它的弧的数目，也就是该单元内具有负可见值的内部面的个数。

(2) 有向无环图的拓扑排序

从有向无环图中选取一个入度为 0 的结点，作为序列的第 1 个单元加以输出。如果入度为 0 的结点多于 1 个，可以任选一个作为第 1 个单元输出。同时，从有向无环图中删除该结点，并相应地修改与被删结点有关的信息。例如，将相邻结点中由被删结点射入的弧删去，也就是将相邻单元的入度减 1。接着，选取第 2 个入度为 0 的结点，重复上述步骤，输出第 2 个单元。这一过程循环进行，直至全部单元输出为止。显然，当视点发生变化时，相应的有向无环图需重新建立。

2.3.2.2 非凸多面体网格的深度排序

非凸多面体指的是三维空间多面体网格的外部边界是非凸的，即存着凹的穴，或者在多面体网格中存在着空洞（如图 2－22 所示）。

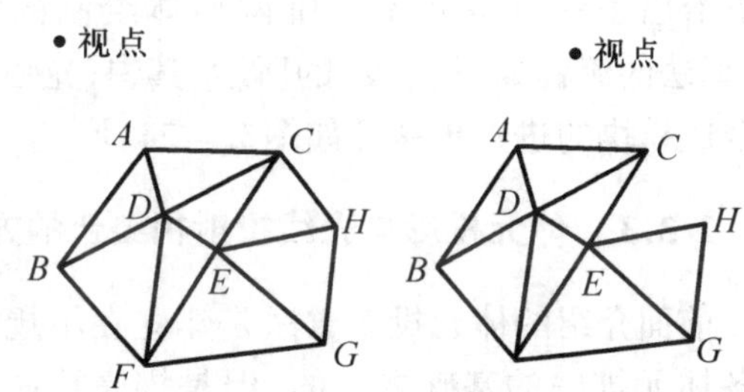

图 2－22 三维凸网格和非凸网格示意图

在进行非凸多面体网格的深度排序之前，首先需要判断一个三维空间多面体网格是凸的还是非凸的。在建立了一个多面体网格的数据结构之后，所有包含边界面的单元都注明有标记。从任意一个包含边界面的单元出发，根据单元之间的邻接关系，进行搜索，如果能将全部含边界面的单元连接起来，则该多面体网格仅有外部边界，而无空洞。否则，该多面体网格存在着空洞，需要从未访问过的、含边界面的单元出发，继续搜索，直到全部含边界面的单元都被连接到某一个边界面集合中为止。在多面体网格中存在着多个边界面集合的情况，需要设计相应的算法来判断哪一组边界面是外部边界，而其余的则为内部空洞的边界。在没有内部空洞时，可以通过外部边界的形状来判断多面体网格是否为凸的。在外部边界中，如果所有的两两相邻的外部面在其交线处的二面角均大于或等于 180°，则该多面体网格为凸网格。否则，为非凸网格，即存在着凹穴。如果要判断网格的内部空洞是否为凸的，也可用类似的方法，但其准则正好相反，即在构成内部空洞的边界面中，如果所有的两两相邻的边界面在其交线处的二面角均小于 180°，则该空洞为凸的。否则，为非凸空洞。

在确定了多面体网格为非凸网格后，仍然可以采用适用于凸网格的深度排序与比较视点到单元中心距离相合的方法。但是，在外部边界出现某些特殊情况时，将会导致不正确的排序结果。

周勇、唐泽圣采用四面体填补法将非凸多面体网格转化为凸多面体网格，从而可以利用适合于凸多面体网格的排序方法来实现非凸多面体网格的深度排序。该方法基本思想是，将三维空间非凸多面体网格中的凹穴或空洞用四面体填补,使其成为凸多面体,然后,即可用前述凸多面体网格排序算法对其排序。在绘制阶段,这些填补进去的四面体并不参与光强度的积分运算,因而不会影响原多面体网格的绘制结果。从这个意义上讲,这些被填补进去的四面体是虚四面体。用虚四面体对凹穴和空洞进行填补的前提条件是,网格的边界面必须由三角面片构成。为了保持数据结构的一致性,在填补以前,应将网格剖分为四面体,这一步可以在预处理中进行。

如果在三维空间多面体网格中存在着空洞,则首先应判断空洞是凸的还是非凸的。对于凸空洞,只需将它剖分为四面体,并作为假想的单元,只参与深度排序而不参与绘制。如果空洞是非凸的,则应采用四面体填补法,将其转换为凸空洞。这时,新填补进去的四面体也应作为假想的元素来处理。

用四面体填补法将非凸多面体网格转换为凸多面体网格后,就可用前述的凸多面体网格排序算法进行单元排序了。这里必须注意的是,在非凸多面体网格的排序结果中,新填充的四面体中应记以标记,它们仅是假想的四面体单元,只参与排序,而不参与后续的绘制运算。该方法的详细实现可参考有关文献。

2.3.2.3　三维空间不规则数据场体元投影方法的实现

在研究用体元投影方法实现三维空间不规则网格的体绘制算法的基础上,周勇、唐泽圣结合有限元分析给出了三维空间不规则网格体绘制的实现方法。算法的流程如图 2 – 23 的所示。其中,光强度计算及合成模块的进一步展开如图 2 – 24 所示。

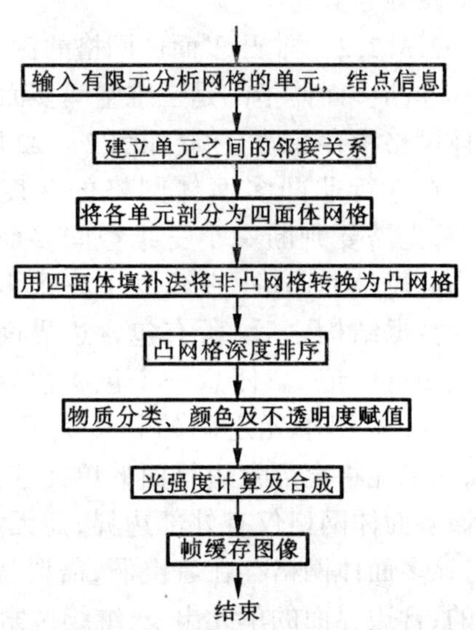

图 2 – 23　三维空间不规则网格体绘制算法流程图

2.3.3　体元投影与光线投射相结合的方法

前面介绍的体元投影方法是建立在不规则网格中各体元排序的基础之上的。但是排序算法比较费时,对非凸体元尤其麻烦。为了避免进行三维不规则网格中的体元排序,有学者提出了体元投影与光线投射相结合的不规则数据场可视化算法。该方法的基本步骤为:

第 1 步:从不规则数据场中任取一个体元,将它的各个面投影到图像平面上。由于体元是封闭的,图像平面上的每个像素都会被该体元的偶数个面片的投影所覆盖。若体元是凸的,则投影域内每个像素被两个平面片的投影所覆盖;若体元是凹的,则投影内某些像素将被超过 2 的偶数个平面片的投影所覆盖。

路径距离的定义:当平行投影时,若某个像素 P 发出的光线与一个面片 S 相交于 Q 点,则 P 到 Q 的长度,即为 P 像素到面片 S 的路径距离;当透视投影时,若从视点 V 发出光线,经像素 P 与面片 S 相交于 Q 点,则 VQ 的长度为像素 P 到面片 S 的路径距离。

当一个体元的各面投影到图像平面后,与各个像素点相关的所有路径距离,都可按由小到大的顺序依次排列为 $t_1, t_2, t_3, t_4, \cdots t_{2i+1}, t_{2i+2}$。依次成对的路径距离之间,即 t_1 与 t_2,…,t_{2i+1} 与 t_{2i+2} 之间位于体元的内部。

该算法为每个像素建立一个链。链的每个结点对应于一段体元的内部路径,且链结点按照路径距离的长短由小到大排列。

第 2 步:从不规则数据场中再取下一个体元,进行第 1 步中的操作。若某一像素已有链结点,则将新、旧两个链进行合并操作。如图 2-25 所示。若 OLD 代表已经存在的链,NEW 代表新建立的链,则将 NEW 链合并到 OLD 链中,并对每一个结点进行颜色和不透明度的积累计算。

第 3 步:反复执行第 2 步的运算,直到所有体元均被处理完为止。若与某个像素对应的链结点不止一个,则按前后顺序进行颜色及不透明度合成,从而得出不规则数据场体绘制的最终图像。

该算法将体元投影方法与光线投射法相结合,通过对每个像素建立链表,将体元排序问题化解成链结点的合并或插入运算,并且不必对凹体元进行特别的处理。此外,该算法还采用体元绘制顺序的优化安排、利用多边形扫描填充算法快速求取路径距离以及建立长度与颜色积累和透明度积累的对应表等措施,以进一步加快该算法的运算速度,效果良好。

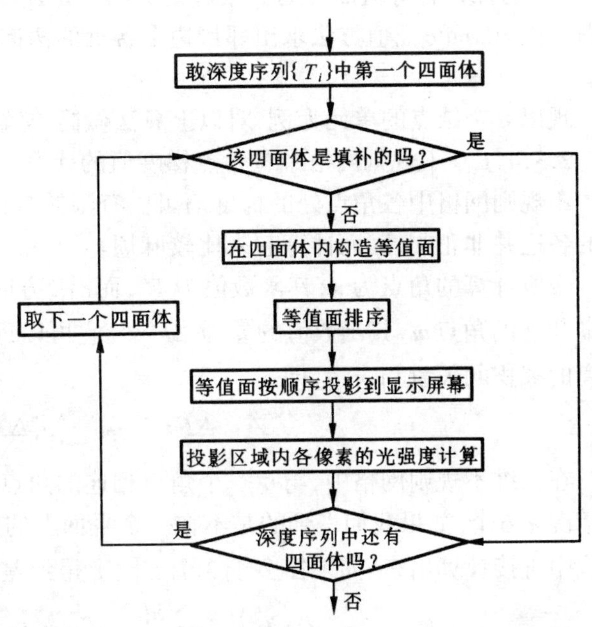

图 2-24　图 2-23 算法中的光强度计算及合成模块

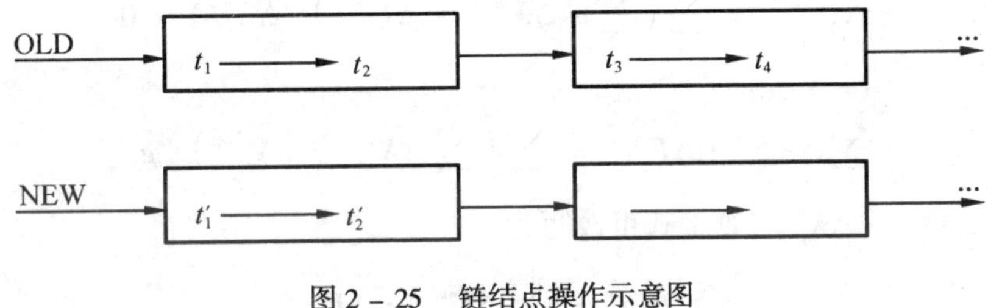

图 2-25　链结点操作示意图

2.3.4　构造三维空间不规则数据场中的等值面

三维空间不规则数据场具有空间分布稀疏、网格形状不同、大小不一等特点,人们希望找到更好的方法以便在稀疏的、不规则数据场的单元中构造出更为精确的等值面,并且在各相邻的等值面片之间实现 C^{-1} 连续。由 R.S.Gallaghcr 等人提出的在稀疏网格中生成等值曲面的方法具有一定的代表性。该算法的主要思想为:

(1) 首先由差分方法得出网格中每个结点处的梯度值;

(2) 采用与 MC 算法相类似的方法,找出与等值面相交的单元,并用线性插值法计算出单元的边与等值面的交点的位置及该点的梯度;

(3) 为了保证各单元内的等值面片在顶点外的 G^1 是连续的,采用双三次 Hermite 插值方法来构造单元内的等值面片;

(4) 为保证各等值面片的邻接边上法向量是连续的，根据每个角点外的法向量梯度，再用双三次 Hermite 插值方法求出邻接边上各处的法向量，从而保证了邻接边上法向量的连续性。

现以 8 个结点的单元为例，对以上算法做简单解释。

2.3.4.1　不规则网格中各角点梯度值的计算

不规则网格中各角点处的梯度值可由有限差分的方法求出，但由于不规则网格在角点处的各边并非正交，因而计算起来比较麻烦。

设所计算的角点为 n，其函数值为 F^n，而沿 i 方向的梯度为 $g_i^n(i=1,\cdots,3)$。对于每一个与 n 相连的角点 m，其函数值的差为 ΔF^{m-n}。它可以近似地由梯度 g_i^n 和 m,n 两角点在 i 方向距离的乘积的矢量和表示，即：

$$\Delta \boldsymbol{F}^{m-n} \approx \sum_i g_i^n \Delta \boldsymbol{X}_i^{m-n}$$

在三维不规则网格中，与每一个角点相连的角点至少有3个。一般情况下多于3个，典型的情况是6个。如果我们得到的是不在一个平面上的3个差分运算，则梯度值 g_i^n 可从上述方程式中直接计算出来。如果在多于 3 个方向上得到差分公式，则可由最小二乘法求解。即

$$E(g_i^n) = \sum_m \left(\sum_j g_j^n \Delta \boldsymbol{X}_j^{m-n} - \Delta \boldsymbol{F}^{m-n} \right)^2$$

故有

$$\frac{\partial E(g_i^n)}{\partial g_i^n} = \sum_m \left(\sum_j g_j^n \Delta \boldsymbol{X}_j^{m-n} - \Delta \boldsymbol{F}^{m-n} \right) \cdot \Delta \boldsymbol{X}_i^{m-n} = 0$$

即

$$\sum_m \Delta \boldsymbol{X}_i^{m-n} \cdot \Delta \boldsymbol{F}^{m-n} = \sum_j \left(\sum_m \Delta \boldsymbol{X}_i^{m-n} \cdot \Delta \boldsymbol{X}_j^{m-n} \right) \cdot g_j^n$$

令 $D_{ij} = \sum_m \Delta \boldsymbol{X}_i^{m-n} \cdot \Delta \boldsymbol{X}_j^{m-n}$，则上式可改写为

$$\sum_j D_{ij} g_j^n = \sum_m \Delta \boldsymbol{X}_i^{m-n} \cdot \Delta \boldsymbol{F}^{m-n}$$

如果至少有 3 个矢量 $\Delta \boldsymbol{X}_i^{m-n}$ 不共面，则 D_{ij}^{-1} 存在，故 g_i^n 可由下式求出

$$g_i^n = D_{ij}^{-1} \sum_m \Delta \boldsymbol{X}_i^{m-n} \cdot \Delta \boldsymbol{F}^{m-n}$$

2.3.4.2　单元内等值面的几何表示

在给定了等值面的值以后，首先采用与 MC 算法相类似的方法，找出与等值面相交的单元。为了判断单元中的哪条边与等值面相交，应根据单元顶点处函数值的分布情况来构造查找表。由于不规则网格中的单元有着不同的拓扑结构，即四面体、五面体、六面体等，因而应构造不同的查找表。在确定了与等值面相交的边以后，再用线性插值法计算出单元的边与等值面的交点以及在该点处等值面的法向 n。然后由单元的边与等值面的交点及交点处的法向构造 Hermite 双三次曲面片。

一个双三次曲面片由参数空间相互正交的两组曲线集组成，这两组曲线集分别由参数 u 及 w 来定义。Hermite 双三次曲面片可表示为

$$Q(u,w) = \boldsymbol{F}_h(u) \boldsymbol{B} \boldsymbol{F}_h(w)^{\mathrm{T}}$$

其中 $\boldsymbol{F}_h(u)$，$\boldsymbol{F}_h(w)$ 分别是变量 u 及 w 的 Hermite 调和函数，

$$F_h(u) = [u^3 \quad u^2 \quad u \quad 1]\begin{bmatrix} 2 & -2 & 1 & 1 \\ -3 & 3 & -2 & -1 \\ 0 & 0 & 1 & 0 \\ 1 & 0 & 0 & 0 \end{bmatrix} = \boldsymbol{UM}_h$$

$$F_h(w) = [w^3 \quad w^2 \quad w \quad 1]\begin{bmatrix} 2 & -2 & 1 & 1 \\ -3 & 3 & -2 & -1 \\ 0 & 0 & 1 & 0 \\ 1 & 0 & 0 & 0 \end{bmatrix} = \boldsymbol{WM}_h$$

$\boldsymbol{B}$ 为 Hermite 几何矩阵，

$$\boldsymbol{B} = \begin{bmatrix} \boldsymbol{p}_{00} & \boldsymbol{p}_{01} & \boldsymbol{p}_{00}^{w} & \boldsymbol{p}_{01}^{w} \\ \boldsymbol{p}_{10} & \boldsymbol{p}_{11} & \boldsymbol{p}_{10}^{w} & \boldsymbol{p}_{11}^{w} \\ \boldsymbol{p}_{00}^{u} & \boldsymbol{p}_{01}^{u} & \boldsymbol{p}_{00}^{uw} & \boldsymbol{p}_{01}^{uw} \\ \boldsymbol{p}_{10}^{u} & \boldsymbol{p}_{11}^{u} & \boldsymbol{p}_{10}^{uw} & \boldsymbol{p}_{11}^{uw} \end{bmatrix} = \begin{bmatrix} \text{Ⅰ} & \text{Ⅲ} \\ \text{Ⅱ} & \text{Ⅳ} \end{bmatrix} \tag{2-2}$$

上式中，Ⅰ 表示矩阵 $\boldsymbol{B}$ 中的左上角子矩阵，由曲面片 4 个角点的位置矢量构成。Ⅱ，Ⅲ 分别为 $\boldsymbol{B}$ 中的左下角及右上角矩阵，分别由 4 个角点处沿 u,w 两个方向的切线矢量构成。Ⅳ 为 $\boldsymbol{B}$ 中的右下角子矩阵，由位于 4 个角点处的扭矢构成。扭矢为 4 个角点处的混合偏导数，即 $\frac{\partial^2(uw)}{\partial u \partial w}$。它与曲面片 4 条边界曲线的形状无关，但影响着边界曲线上的切线向量，从而影响着整个曲面片的形状。在实际应用中，给出 4 个角点处的扭矢要增加不少的计算量，且对图像质量的提高作用并不明显，因此可将其设置为零，即得到所谓的 Ferguson 曲面，则(2－2)式相应地变

$$\boldsymbol{B} = \begin{bmatrix} \boldsymbol{p}_{00} & \boldsymbol{p}_{01} & \boldsymbol{p}_{00}^{w} & \boldsymbol{p}_{01}^{w} \\ \boldsymbol{p}_{10} & \boldsymbol{p}_{11} & \boldsymbol{p}_{10}^{w} & \boldsymbol{p}_{11}^{w} \\ \boldsymbol{p}_{00}^{u} & \boldsymbol{p}_{01}^{u} & 0 & 0 \\ \boldsymbol{p}_{10}^{u} & \boldsymbol{p}_{11}^{u} & 0 & 0 \end{bmatrix} \tag{2-3}$$

这时，整个曲面片完全由 4 个角点的位置矢量及角点处的切线矢量来确定。这是 R.S. Gallagher 等人所采用的办法。图 2－26 是在一个单元中构造出双三次 Hermite 曲面片的示意图。由(2－3) 式，曲面片 4 个角点的坐标已经求得。需要计算的是 4 个角点处相对于两个切线方向的矢量。

由图 2－26 可知，等值曲面片的一条边可以看作是等值面与另一面的交线，该面可称为交面，它可以是网格单元的一个面，也可以不是。既然交线在等值面上，那么在交线的任意一点上，例如图 2－26 中的 a 点，沿任意与等值面相切方向的梯度均为零。也就是说，在 a 点，沿任意方向的切线均与 a 点处的数据场梯度 $\boldsymbol{n}_a$ 正交。另一方面，既然交线在交面上，那么在 a 点，沿交线的切线与交面的法向 $\boldsymbol{S}_a$ 也正交，于是交线上一点 a 处的切矢量为等值面与交面法向量的叉积，即

$$\boldsymbol{p}_{00}^{u} = \boldsymbol{n}_a \times \boldsymbol{S}_a$$

上式中，$\boldsymbol{n}_a$ 通过计算已经求得。$\boldsymbol{S}_a$ 可按如下方法求得。

若等值面片的一条边落在网格单元的一个面上，那么可直接选择该面为交面(如图 2－26 中 ab 边所在的面)。如果交面是平面，则等值面边界与交面完全重合。否则，将是近似

的重合。在这种情况下，交面 a 点处的法向可由矢量 $\boldsymbol{P}_a - \boldsymbol{P}_b$ 与矢量 $\boldsymbol{P}_a^+ - \boldsymbol{P}_a^-$ 的叉积求得，即

$$\boldsymbol{S}_a = (\boldsymbol{P}_a - \boldsymbol{P}_b) \times (\boldsymbol{P}_a^+ - \boldsymbol{P}_a^-)$$

式中，$\boldsymbol{P}_a, \boldsymbol{P}_b$ 为 a, b 两点的位置矢量，$\boldsymbol{P}_a^+, \boldsymbol{P}_a^-$ 分别为 $\boldsymbol{P}_a$ 所在边两端点的位置矢量。

如果等值面的一条边是在单元的内部，如图 2－26 中的边 ad，则交面在 a 点处的法向可由位置矢量 $\boldsymbol{P}_a - \boldsymbol{P}_d$ 与等值面在 a 处的法向量 $\boldsymbol{n}_a$ 决定。即

$$\boldsymbol{S}_a = (\boldsymbol{P}_a - \boldsymbol{P}_d) \times \boldsymbol{n}_a$$

由 $\boldsymbol{n}_a, \boldsymbol{S}_a$ 求出等值面交线在 a 点处的切矢量 $\boldsymbol{p}_{00}^u$，同样可求得 b 点及其他交点处的切矢量。

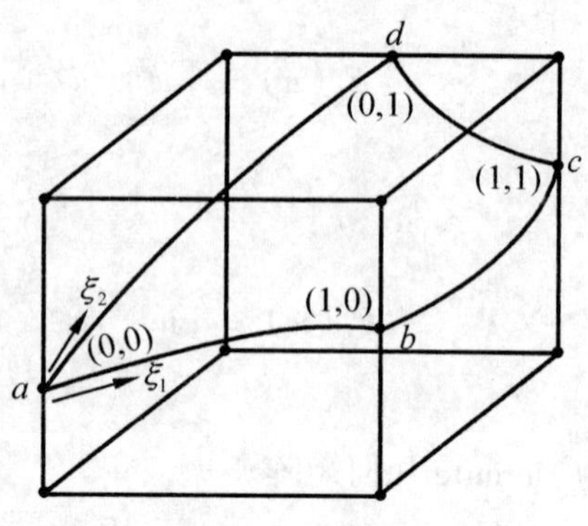

图 2－26　一个单元中的双三次 Hermite 曲面片

在求出一个交点的切矢量方向后，还需要求出切矢量的长度，如果切矢量长度过小，将导致曲面过于平坦。如果切矢量长度过长，则将导致曲面片出现不应有的自相交。一般来说，选择切矢量长度等于等值面交线两端点之间的距离较为合适。

2.3.4.3　等值面边界法向的连续性

为了保证在网格单元中各相邻等值面片在边界处的法向连续性，在得到等值面的双三次 Hermite 表示后，继续进行法向量的双三次 Hermite 插值，从而保证了相邻等值面片在边界处的法向连续性。

与等值面的双三次 Hermite 表示类似，等值面法向量双三次 Hermite 表示中的 Hermite 几何矩阵为

$$\boldsymbol{N} = \begin{bmatrix} \boldsymbol{n}_{00} & \boldsymbol{n}_{01} & \boldsymbol{n}_{00}^w & \boldsymbol{n}_{01}^w \\ \boldsymbol{n}_{10} & \boldsymbol{n}_{11} & \boldsymbol{n}_{10}^w & \boldsymbol{n}_{11}^w \\ \boldsymbol{n}_{00}^u & \boldsymbol{n}_{01}^u & 0 & 0 \\ \boldsymbol{n}_{10}^u & \boldsymbol{n}_{11}^u & 0 & 0 \end{bmatrix} = \begin{bmatrix} \text{I} & \text{III} \\ \text{II} & \text{IV} \end{bmatrix}$$

上式中，Ⅰ为 $\boldsymbol{N}$ 中的左上角阵，由等值面片 4 个角点的法向组成，已经求得。Ⅱ，Ⅲ 为 $\boldsymbol{N}$ 中的左下角及右上角阵，是角点处法向量沿参数 u, w 方向的一阶导数，为待求参数。R.S. Gallaghcr 给出了求这组参数的公式，此处不再赘述。

2.4　矢量场的可视化

2.4.1　矢量场可视化的基本概念

在相当长的一段时间内，在矢量场的可视化研究中人们所采用的技术只能借助于实验的方法——实验型流场可视化技术。实验型流场可视化技术主要有三类方法：(1) 添加外部介质的方法：这种方法主要是通过加入一些外部的介质到透明的流场中，使场中的时线、迹线、脉线等能反映流体运动规律的重要轨迹线可见。(2) 光学方法：利用光学的流场可视化方法是基于物质密度的变化会引起光线折射率的变化这一原理，因而这种方法只能应用于流体的密度不是常数的流场中。基本的光学流场可视化方法有三种：阴影图法、条纹法、干涉

法。(3) 添加能量的方法:如低密度流体往流场中添加能量也能实现流场可视化,在保持压强不变的情况下,可以将热量加入到流场的某一区域从而产生一个密度更低的区域,这样就可用上面介绍的第二种方法实现流场可视化了。实验型流场可视化技术在基础理论和工程技术问题研究中发挥了很大的作用,但这些实验方法也存在着许多问题:1) 由于常常需要向场中加入一些介质,从而会对场本身的性态产生影响;2) 一些重要的物理量难以通过实验的方法显示,而且实验型流场可视化技术成本较高,耗费时间长。因此,迫切需要一种耗资少、性能好的矢量场可视化方法。随着计算机技术和可视化技术的发展,矢量场的可视化由实验方法(实验型流场可视化技术) 为主转向由计算机来实现。

与标量场相比,矢量场和张量场的最大不同点在于每一物理量不仅具有大小而且具有方向,而且,矢量场的数据一般都具有复杂的拓扑关系和较高的维数。同时,在不稳定流场上,每一时刻都对应着不同的数值,这常常导致庞大的数据量。这些特性决定了矢量场与标量场完全不同的可视化映射方法。矢量场可视化映射(以下简称映射) 主要是为数据设计一种能充分表达相关信息的表示方法,这种具体的表示被称为图标(icon)。具体地讲,映射中的图标被定义为一几何对象,映射的过程就是一个根据给定点的数据,通过改变图标的几何特点,如长度、角度等,或改变其属性,如颜色、不透明度等,对给定点进行编码的过程。矢量的映射图标包括进行逐点映射的基础图标和通过特征抽取表示矢量场整体信息的局部图标和全局图标。基本图标是一种典型的逐点模拟矢量场的技术,而局部图标和全局图标是一种更抽象的表示。图标根据其表示的具体形式又能分为点、线、面、体图标。表 2.1 总结了现有矢量场中的图标映射技术。

矢量场的可视化包括以下三个主要步骤。

(1) 矢量数据的预处理

对于复杂的拓扑结构,一种方法是采用六面体体元的组织方法。这种方法对于规则的和结构化的不规则矢量数据比较有效。通过将矢量数据所在的物理空间与规划的计算空间建立一一映射的关系,后续的可视化过程可直接在规则的计算空间完成,从而可大大加快矢量场可视化的速度。对于非结构化网格则可通过重新采样的方法,先建立六面体体元的表示,再进行处理。但重新采样将产生较大的误差,因此出现了以四面体为基本单元的三维矢量场数据组织方法,即进行空间域的三角化。

其次,面对惊人庞大的数据量,目前最有效的方法就是提取数据中的重要信息,减少数据量,即进行数据的过滤、特征的检测、抽取、增强等处理。

表 2-1　矢量场图标

	信　息　层			
	几何形式	基本图标	局部图标	全局图标
空间域	点	箭头、楔、刺状体	临界点图	
	线	流线、纹线、质点轨迹	流带、流管	涡流点
	面	流面		2*D* 矢量拓扑
	体			3*D* 矢量拓扑分界面、涡流

(2) 矢量数据的映射

矢量数据映射的目的是将预处理后的矢量数据转化为可通过图形予以显示的几何数据，这是矢量场可视化的核心。矢量数据的映射一直是矢量场可视化研究的热点所在，许多研究者对此进行了大量的研究，提出了各种各样的映射方法及相应的分类，如 Hesselink 的图标分类法等。在对人的视觉机理进行研究后发现，人们在看一个物体时，最容易识别的是物体的形状、颜色和纹理。已有的矢量场映射方法事实上都是将枯燥的数据映射为这三种可视元素，以达到便于用户理解的目的。

(3) 矢量数据的绘制和显示

绘制和显示过程的任务是将映射后的几何数据和属性转换成图像数据并输出到显示设备，包括扫描转换、隐藏面消除、光照计算、透明、阴影、纹理映射等，这些都是计算机图形学中比效成熟的理论与算法。

2.4.2 矢量场数据的组织及预处理

矢量场数据主要有两个来源，一个是 CFD 的结果，还有一个是实验测量数据。在 CFD 结果中，为了适应复杂的边界一般都采用不规则的网格单元。由于网格点之间具有复杂的拓扑结构，需要建立网格单元之间的邻接关系，处理起来比结构化网格复杂得多。对于不规则的三维数据场，在可视化时有两种定义方法：整体定义法和局部定义法。整体定义是针对所有的场值点进行插值或加权逼近，但是由于计算量非常大，因而很少被采用。一般均采用局部定义法，即把数据场分割成一个个体元局部地进行定义，最典型的局部定义法是把场值点所在的空间区域进行体元划分，体元的顶点为场值点，通过场值点的插值来定义体元内的场值分布。

2.4.2.1 基于六面体单元的矢量场数据组织

由于体元划分的目的是通过对场值点进行一种插值定义，使各场值点对数据场的影响局限于邻近体元之内，而合理的划分结果应该使各场值点对场的分布的影响尽可能均匀化和局部化，因此，在体元划分的过程中要通过拓扑调整尽量避免狭长的体元存在。

基于六面体体元的数据组织方法就是将矢量场数据全部分割成六面体体元，这种方法对于规则数据网格和结构化的不规则网络显然是很方便的，可直接得到。因而是目前矢量场可视化中用得比较多的数据组织方法。而对于非结构化网格及散乱数据场，可通过重新采样，用规则网络对该数据场进行划分，网格结点处的值由邻近场值点插值得到。

(1) 六面体单元物理空间与计算空间的转换

从计算仿真到图像显示，整个可视化过程涉及到三个数据空间，即物理空间、计算空间和图形空间。

物理空间：矢量场数据定义的空间，是现实世界对象的存在空间，一般也是物理方程直接定义的空间。对其中对象进行网格化离散处理后，通常其网格是不规则网格，网格与具体对象边界一致，物理量可以在网格点上直接计算。

计算空间：是为了简化数值计算而提出的空间，其中的网格通常是正交的规则网格，正是由于其网格简单，物理方程在计算空间就更易迭代求解，物理空间与计算空间之间的网格单元是相互对应的，通过转换两个空间的相互等价的。

图形空间：是进行可视化图形处理的空间，经过映射，数据场被转换成图形空间中的几何表示，图形空间的几何表示有曲面、实体、层次等表示形式，通过各种造型手段，图形空间所要表示的就是现实世界的物理对象，与物理空间是同一对象。图形空间中的对象一般直接采用物理空间中的表示形式，两者是一致的，当然最终图形空间被表示成像素，即可视化结果图像。

这些不同的空间之间是可以相互转换的，围绕着同一物理实体，其表示能在不同的空间之间进行转换。由于一般图形空间与物理空间一致，因而这种转换主要是讨论物理空间与计算空间之间的转换(见图2-27)。通过在物理空间与计算空间之间建立起一一映射的关系，使得可视化所需的计算在计算空间完成，从而加快可视化的速度。

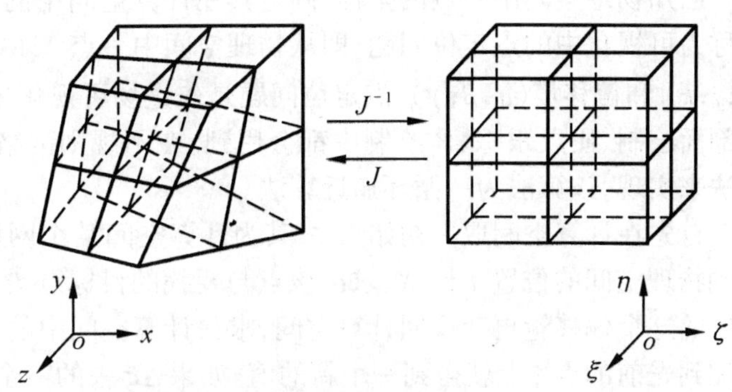

图 2-27　六面体单元物理空间与计算空间的转换

一般而言，物理空间与计算空间之间不存在全局的转换函数关系，只存在网格单元及其邻域在物理空间与计算空间的局部转换关系，非网格点的转换可用转换函数插值求取。下面只在网格单元内讨论其局部转换关系。设物理空间的一点(x,y,z)映射为计算空间的(ξ,η,ζ)。根据有限元理论，可得到下式

$$\Delta x = \frac{\partial x}{\partial \xi}\Delta\xi + \frac{\partial x}{\partial \eta}\Delta\eta + \frac{\partial x}{\partial \zeta}\Delta\zeta + R_1$$

$$\Delta y = \frac{\partial y}{\partial \xi}\Delta\xi + \frac{\partial y}{\partial \eta}\Delta\eta + \frac{\partial y}{\partial \zeta}\Delta\zeta + R_2$$

$$\Delta z = \frac{\partial z}{\partial \xi}\Delta\xi + \frac{\partial z}{\partial \eta}\Delta\eta + \frac{\partial z}{\partial \zeta}\Delta\zeta + R_3$$

其中 R_1,R_2,R_3 为二阶无穷小，设

$$\boldsymbol{J} = \begin{bmatrix} \frac{\partial x}{\partial \xi} & \frac{\partial x}{\partial \eta} & \frac{\partial x}{\partial \zeta} \\ \frac{\partial y}{\partial \xi} & \frac{\partial y}{\partial \eta} & \frac{\partial t}{\partial \zeta} \\ \frac{\partial z}{\partial \xi} & \frac{\partial z}{\partial \eta} & \frac{\partial z}{\partial \zeta} \end{bmatrix}$$

从而

$$\begin{bmatrix} \Delta x \\ \Delta y \\ \Delta z \end{bmatrix} \approx J \cdot \begin{bmatrix} \Delta\xi \\ \Delta\eta \\ \Delta\zeta \end{bmatrix} \qquad \begin{bmatrix} \Delta\xi \\ \Delta\eta \\ \Delta\zeta \end{bmatrix} \approx J^{-1} \cdot \begin{bmatrix} \Delta x \\ \Delta y \\ \Delta z \end{bmatrix}$$

由上式得到位置坐标的变换关系以后，物理空间的矢量数据也要相应作变换。对网格结点上的矢量数据，其变换公式为

$$\boldsymbol{V}_c = \boldsymbol{J}^{-1} \cdot \boldsymbol{V}_p$$

同时，由计算空间变换回物理空间为

$$\boldsymbol{V}_p = \boldsymbol{J} \cdot \boldsymbol{V}_c$$

由于三维矢量场的不规则性，对一个网格单元，至少需一个雅可比矩阵变换，一个网格单元对应一个雅可比矩阵是最简单、最直接的变换方式。

对非网格结点，其矢量数据可通过三线性插值得到。

(2)Stencil Walk 点定位方法

已知物理空间中一点的坐标，确定其在计算空间中的网格单元编码及其在单元的偏移量称为可视化中的点定位问题。即从物理空间中一点 $X_p(x,y,z)$，找出计算空间中对应单元 (i,j,k) 和偏移量 (α,β,γ)。点定位问题是矢量场可视化中非常重要且经常碰到的问题，它在剖面绘制、质点跟踪、体绘制中都会用到。在不规则网络单元中，目前常采用 Stencil Walk 算法来实现，该算法为一循环逼近算法。

首先在计算空间取一初始点 ξ，其为计算空间某个网格 (i,j,k) 的中心点，将这个点转换到物理空间的位置坐标 X，求出该点与要找的目标点 P 的差 $\Delta X = X - P$。然后将物理空间中的这个偏移量再变换回计算空间，求得计算空间中的偏移量 $\boldsymbol{\Delta\xi} = \boldsymbol{J}^{-1}\boldsymbol{\Delta X}$，将这个偏移量加到先前的点 ξ 上就得到一个新的值。如果 $\boldsymbol{\Delta\xi}$ 中的三个分量均在[0,1]的范围内，则表明要找的点就落在该单元内，可停止寻找；否则表明不在当前单元，要重新修正估计点。修正的方法为：设 $\boldsymbol{\Delta\xi}$ 的三个分量为 $\Delta\alpha,\Delta\beta,\Delta\gamma$，如果 $\Delta\alpha > 1$，i 递增；$\Delta\alpha < 0$；i 递减，$\Delta\beta$、$\Delta\gamma$ 也作相应处理。取新的计算空间的 (i,j,k) 的中心点作为新的估计点，再返回到物理空间，求出其与目标点 P 的偏移量，再比较，直到 $\Delta\alpha,\Delta\beta,\Delta\gamma$ 均在[0,1]内为止。

如果网格中有洞或裂缝，在越过边界时，该循环过程可能会失败。在实际计算中，由于精度和误差，会出现这种情况。因而在定位过程中必须能检测出这种情况，使循环过程能跨过裂缝继续进行。

2.4.2.2　基于四面体单元的矢量场数据组织

在基于六面体单元的数据组织方法中，对于非结构化网格通过采样而生成六面体单元结点所产生的误差对可视化结果的精度影响是非常大的，这是因为该误差为网格结点的误差，而在可视化过程中，网格内部点的物理量的值均要通过对网格结点插值得到，这样误差就更大了，为了解决这个问题，陈莉提出了基于四面体单元的数据组织方法。如何对数据场进行四面体分割，即空间域的三角化，是基于四面体单元的数据组织方法的关键所在，下面简单介绍一下分割方法。

(1) 不规则数据场的四面体分割方法

1) 结构化网格的四面体剖分方法

因为结构化的网格在逻辑上仍然构成三维矩阵，因而均由六面体单元组成，注意这个六面体不再是长方体，而是不规则的形状，一个面上的 4 个顶点也可能不共面。而且在结构化的网格中网格单元的邻接关系是已知的，可通过 (i,j,k) 三维数组编码推算出来。

一个六面体单元常采用剖分成 5 个四面体的方法，这是一个六面体单元剖分成四面体单元的最少个数(如图 2 - 28 所示)，剖分为与前面介绍的 MT 方法相同。

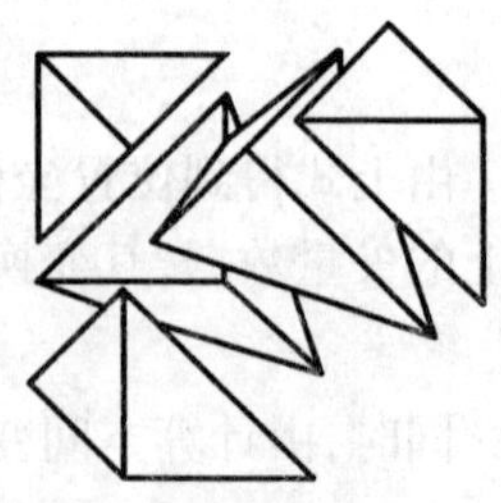

图 2 - 28　对六面体剖分成 5 个四面体的方法

2) 非结构化网格的四面体剖分方法

在非结构化数据场中，六面体单元和四面体单元同时存在，而且在复杂的边界处，六面体单元还有可能退化成四棱锥和三棱柱。由于在非结构化数据场中，编码相邻的两单元在几何位置上并不一定相邻，因此必须首先建立单元之间的邻接关系，即对每个网格单元，首先要找到与它所包含的每个面相邻的网格单元编码。为了加快查找速度,可采用 hash 查找技术。

四棱锥剖分成四面体的方式有 2 种,三棱柱剖分成四面体的方式共有 6 种,如图 2 - 29 和图 2 - 30 所示。

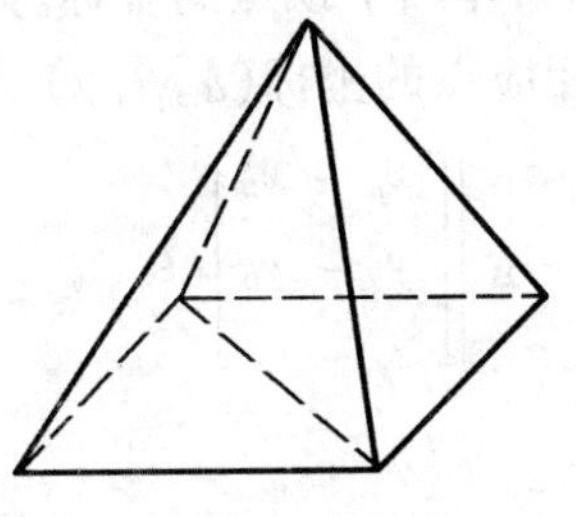

图 2 - 29 四棱锥的剖分方式示例

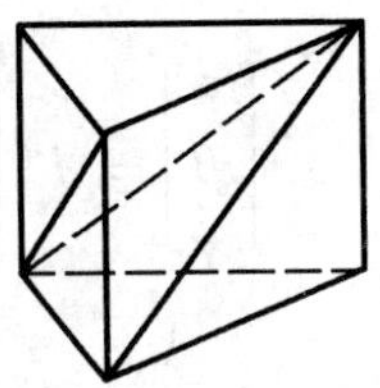

图 2 - 30 三棱柱单元的四面体剖分方式示例

剖分时,必须要严格保证相邻的网格单元在公共面上的一致性,因此,对已剖分的每个原始网格单元必须存储其单元类型及所采用的剖分方式,新的待剖分的网格单元的剖分方式要由其相邻的已剖分的网格单元的剖分方式决定。对六面体单元和三棱柱单元,由于其需剖分的面比较多,有可能会出现同一单元相对于不同的相邻单元要求不同的剖分方式的情况,这是值得注意的。

3) 三维散乱数据场的四面体网格剖分

对三维散乱数据场用四面体组织则更方便合理一些。这事实上是一个三维散乱数据场的三角化问题,也就是要将三维空间中任意分布的 N 个点用直线段连接起来形成在空间既不重叠又无间隙的四面体网格的过程,关于这个问题的详细讨论已超出本书的范围,故不多述。

(2) 四面体单元物理空间与计算空间的转换

如图 2 - 31 所示,可将左边的物理空间中的四面体转换为右边的计算空间中的四面体。

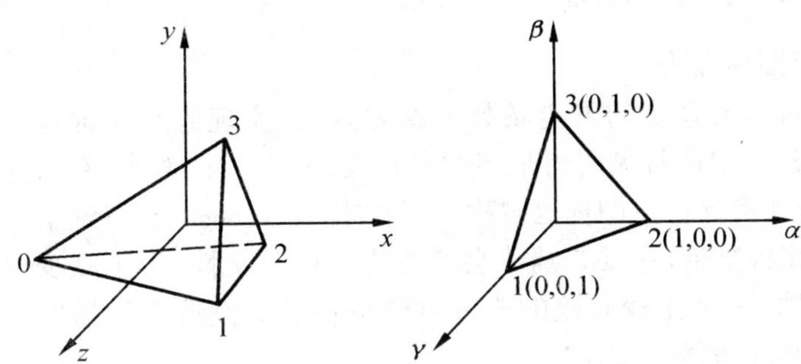

图 2 - 31 四面体单元在物理空间与计算空间

其变换矩阵为

$$
\boldsymbol{J} = \begin{bmatrix} x_1 - x_0 & x_2 - x_0 & x_3 - x_0 \\ y_1 - y_0 & y_2 - y_0 & y_3 - y_0 \\ z_1 - z_0 & z_2 - z_0 & z_3 - z_0 \end{bmatrix}
$$

式中，(x_i, y_i, z_i) 中的 $i = 0,1,2,3$，分别为物理空间中四面体四个顶点的坐标。如在物理空间单元中有一点 (x_p, y_p, z_p)，那么，它在计算空间单元中相应点的坐标 (α, β, γ) 为

$$
\begin{bmatrix} \alpha \\ \beta \\ \gamma \end{bmatrix} = \boldsymbol{J}^{-1} \begin{bmatrix} x_p - x_0 \\ y_p - y_0 \\ z_p - z_0 \end{bmatrix} = \frac{1}{A} \begin{bmatrix} a_{11} & a_{12} & a_{13} \\ a_{21} & a_{22} & a_{23} \\ a_{31} & a_{32} & a_{33} \end{bmatrix} \begin{bmatrix} x_p - x_0 \\ y_p - y_0 \\ z_p - z_0 \end{bmatrix}
$$

其中

$$
\begin{aligned}
A = {} & (x_1 - x_0)[(y_2 - y_0)(z_3 - z_0) - (z_2 - z_0)(y_3 - y_0)] + \\
& (x_2 - x_0)[(y_0 - y_1)(z_3 - z_0) - (z_0 - z_1)(y_3 - y_0)] + \\
& (x_3 - x_0)[(y_1 - y_0)(z_2 - z_0) - (z_1 - z_0)(y_2 - y_0)]
\end{aligned}
$$

$$
\begin{aligned}
a_{11} &= (z_3 - z_0)(y_2 - y_3) - (z_2 - z_3)(y_3 - y_0) \\
a_{21} &= (z_3 - z_0)(y_0 - y_1) - (z_0 - z_1)(y_3 - y_0) \\
a_{31} &= (z_1 - z_2)(y_0 - y_1) - (z_0 - z_1)(y_1 - y_2) \\
a_{12} &= (x_3 - x_0)(z_2 - z_3) - (x_2 - x_3)(z_3 - z_0) \\
a_{22} &= (x_3 - x_0)(z_0 - z_1) - (x_0 - x_1)(z_3 - z_0) \\
a_{32} &= (x_1 - x_2)(z_0 - z_1) - (x_0 - x_1)(z_1 - z_2) \\
a_{13} &= (y_3 - y_0)(x_2 - x_3) - (y_2 - y_3)(x_3 - x_0) \\
a_{23} &= (y_3 - y_0)(x_0 - x_1) - (y_0 - y_1)(x_3 - x_0) \\
a_{33} &= (y_1 - y_2)(x_0 - x_1) - (y_0 - y_1)(x_1 - x_2)
\end{aligned}
$$

求得该点在计算空间中的坐标 (α, β, γ) 后，它对应的物理量 $E(\alpha, \beta, \gamma)$ 可用下式计算

$$
E(\alpha, \beta, \gamma) = E_0 + (E_1 - E_0)\alpha + (E_2 - E_0)\beta + (E_3 - E_0)\gamma
$$

其中 E_0, E_1, E_2, E_3 分别为单元结点 0,1,2,3 对应的物理量的值。

2.4.3 基于几何形状的矢量场映射方法

2.4.3.1 点图标方法

点图标是最简单最直观的矢量场数据映射方法，实现起来非常容易，绘制速度也快。其中最常见用得最多的是箭头，其它还有锥体、有向线段等多种表示，所有这些点图标也被称作刺状体(hedgehog)。在三维空间中箭头的表示比较复杂，主要是箭头会产生方向的二义性，为了减少箭头方向的二义性，一个比较有效的改进方法是将箭头设计为不透明的、有一定粗细的实体箭头，如图 2－32 所示。

图 2－32 三维实体箭头

在箭头绘制时，应注意以下几个问题。1) 箭头大小的选取要适当，箭头的长度应小于网格单元的大小，以免引起混乱。如果箭头方向在邻域内有反转的情况，其长度就应小于网格大小的。2) 为了加强箭头的三维特性，增加旋转交互，通过旋转了解矢量场整体结构，避免因脱化、遮挡等引起的模糊性。3) 除了用旋转等交互手段后，表示深度信息还可用阴影，在光强计算中绘制出阴影效果。4) 可采用正交投影，而不用透视变换。这是

因为在透视变换下不同位置相同大小的矢量,看上去会不一致,易引起二义性。5) 箭头也可用其它各种形式,如图 2 - 33 所示,为了区别朝向,在线段的一端上要有一些特定的标志。

图 2 - 33　各种箭头表示形式

2.4.3.2　矢量线方法

(1) 基于数值积分的流线生成方法

在流场中,一条线上所有点的瞬时速度都与该线相切时,该线称为流线。流体质点的运动规律以速度矢量来描述时可表示为下列形式

$$\boldsymbol{V} = \boldsymbol{V}(\boldsymbol{r}, t)$$

式中 r 为点 P 的位置向量。在直角坐标系中,其各分量为

$$\begin{cases} u = u(x, y, z, t) \\ v = v(x, y, z, t) \\ w = w(x, y, z, t) \end{cases}$$

如时间 t 固定,上式是定义在空间坐标点(x, y, z)上的。同一时刻不同质点所组成的曲线,给定了该时刻不同流体质点的运动方向,称为流线。流线的方程为

$$\frac{\mathrm{d}x}{u(x,y,z,t)} = \frac{\mathrm{d}y}{v(x,y,z,t)} = \frac{\mathrm{d}z}{w(x,y,z,t)}$$

时间 t 固定时,t 作为常数处理。

在流体计算中,一般得到的是计算空间中离散点上的速度值。可用数值积分方法得到流线。设 $k = 0, p_0$ 是初始点即流线的起始点,则求流线上各离散点的一种简单积分方法为

$$\begin{cases} \boldsymbol{p}_{k+1} = \boldsymbol{p}_k + S(\boldsymbol{p}_k)\boldsymbol{V}(\boldsymbol{p}_k) \\ k = k + 1 \end{cases}$$

其中,$\boldsymbol{V}(\boldsymbol{p}_k)$ 为点 $\boldsymbol{p}_k$ 的速度向量,如果 $\boldsymbol{p}_k$ 不是网格点,则需要用其邻近网格点上的速度向量插值得到。$S(\boldsymbol{p}_k) = c\|\boldsymbol{V}(\boldsymbol{p}_k)\|$,常数 c 控制流线的步长,$0 < c < 1$。

如果要求出流场中某一点 P 的位置随时间变化的函数,则应解下列微分方程

$$\frac{\mathrm{d}\boldsymbol{r}(t)}{\mathrm{d}t} = \boldsymbol{V}(\boldsymbol{r}(t))$$

其解为

$$\boldsymbol{r}(t) = \boldsymbol{r}(0) + \int_0^t \boldsymbol{V}(\boldsymbol{r}(t))\mathrm{d}t$$

这样,只要选定初始位置,采用数值积分的方法,一步步跟踪下去即可得到点 P 的位置随时间的变化曲线,这也是质点跟踪算法的基础。跟踪可以直接在物理空间进行,也可以转化到计算空间进行。积分的方法可选择一阶 Euler 方法、Euler 修正法、二阶 Runge - Kutta 法、四阶 Runge - Kutta 法等。用数值方法生成流线比较方便,但这种方法存在着一定的误差,主要存在以下几个误差源:① 跟踪算法无法控制的误差,包括收敛性误差、截断误差等;② 与跟踪算法有关的误差,如矢量场插值、数值积分算法的阶数、步长选择等导致的误差。特别是,如采用三线性插值,在速度矢量变化很快的地方,误差很大。为此,Kenwright 等人改进了传统的流线生成方法,提出了基于流函数的矢量线构造方法。

(2) 基于流函数构造矢量线的方法

为了解决基于数值积分的流线生成方法的误差,提高矢量线的精度,Kenwright 等人提出了一个高精度的获取矢量线的方法。该方法以流场中流函数的概念为基础,将一单元内离

散定义的流体转换成由两个三维对偶流函数表示的流体，流线即为这两个流函数的交线。每一组流函数的一个常数解对应着一条流线。由于这一跟踪过程是质量守恒的，无需按步长积分，因而避免了数值积分导致的误差。具体实现时，设流线为两个面 f 和 g 的一条交线：$f = f(x,y,z)$，$g = g(x,y,z)$。对每一流线穿过的单元，计算出该单元矢量的流函数 f 和 g，构造 $f-g$ 图。在 $f-g$ 图中，由 f 和 g 构成的域表示三维矢量空间的流函数值域。将单元的每个结点都映射到 $f-g$ 图上，从而使三维空间中的矢量场转化为二维空间的 $f-g$ 图表示。在该单元对应的 $f-g$ 图上确定该单元的入点位置，并在 $f-g$ 图上找包含这个点的两个面，其中一个为入面，一个为出面，因而所包含的这个点也就是对应流线的入点和出点。取 $(f-g)$ 到的逆变换就可求出点的位置，也就是下一单元入点的坐标。

2.4.3.3　矢量面方法

为了充分利用光强、色调、消隐、透视投影等所提供的三维信息，如方向、扭曲等，将三维矢量数据映射到矢量面上不失为一种好方法，它可在一定程度上避免线密集时视觉上的混乱现象。矢量面也有流面、时面、等值面等，分别对应于由几条相邻流线、时线、等值线形成的面。

最直接的生成矢量面的方法就是 Hultquist 提出的通过连接两相邻矢量线上的采样点，生成三角面片的方法。该方法首先将流面视为一个参数曲面 $r(s,t)$，s 是初始曲线 $r(s,0)$ 的参数，t 是构成流面的流线参数，曲线 $r(c,t)$ 是一系列流线。为构造流线，先将初始曲线 $r(s,0)$ 离散化，得到一系列初始离散点 r_{i0}，然后将从这些离散点上流出的流线离散化，就得以一系列的点 r_{ij}，将这些点、线形成的网格连成多边形，就得到流面 $r(s,t)$。如果初始曲面封闭，则生成的矢量面即为矢量管。如果只由两条矢量线构造矢量面，则生成矢量带。如图 2－34 及图 2－35 所示。

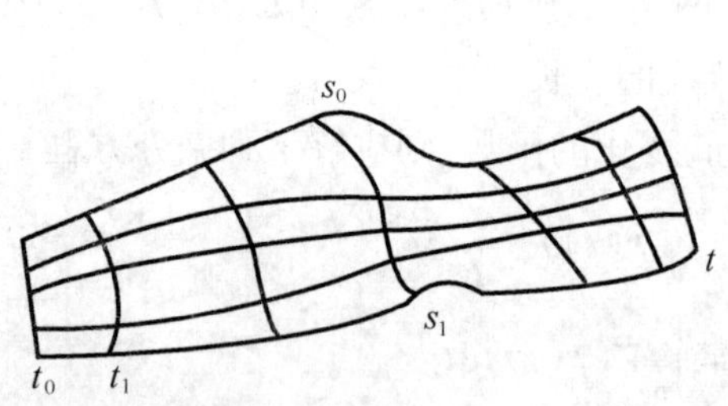

图 2－34　矢量场的 (s,t) 网格定义

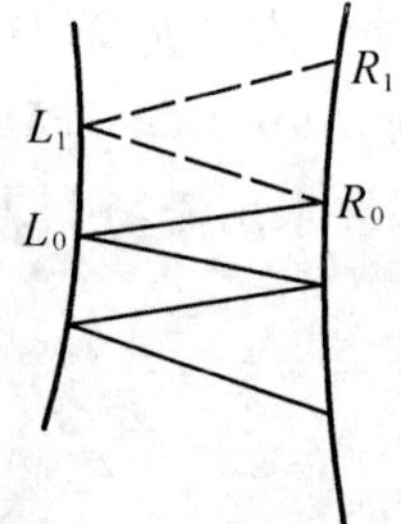

图 2－35　矢量面连接

这种方法实现起来简单，但生成的图像效果却不好，特别是当矢量中出现发散、收敛、截断、绕流等情况时常常会导致畸形网格，单纯地靠增加采样密度也无济于事。解决这个问题的最好方法是 Hultquist 在 Visualization '92 会议上提出的 Advancing front 方法。这个方法不在一开始就增加或减少采样点，而是在质点不断前进的过程中通过两相邻矢量线的间距大小自适应地调节采样密度。每前进一个时间步后，若两相邻矢量线对应点的距离与所前进的距离之比大于某一值（如 2.0）或者有一条矢量线曲率变化很大时，则说明此矢量发散，这时可通过增加质点来提高采样密度。

2.4.4 基于颜色、光学特性的矢量场映射方法

颜色在数据场的可视化中起着非常重要的作用。对于矢量场数据，如何在方向与颜色之间建立易于被人们理解、接受的映射关系一直是一个难题。目前采用的方法一般都是将矢量场中的矢量转化为标量或者直接显示矢量场中的标量(如矢量的大小、矢量和一个方向矢量的点积等)，可将这些标量值映射为颜色值，若采用体绘制技术则效果更好。但是，在这样的技术中矢量场数据所蕴含的方向信息确实丢失了。为此人们想出各种各样的办法加入方向信息。

2.4.4.1 体绘制技术的扩展 —— 动态体绘制技术

为了在利用体绘制技术的基础上表达出方向的信息，一个可供选择的方法是采用动态的方法，即通过半透明物质的运动效果来表达出方向信息。在这方面做得比较成功的例子有:1)Sakas 动态地模拟了湍流气体的运动，采用频谱合成技术生成了随机的、随时间和空间位置变化的密度场，选取适当的光线传播模型，采用体绘制技术，并辅以精度较高的采样与滤波技术就可以得到具有真实感的视觉效果;2) 虚拟烟技术，先在场中交互地定义一种子点，以种子点为中心在它的一个领域内构造一控制体，这个控制体由一些体单元构成，从这些体单元出发，根据它们具有矢量的大小和方向，不断向其邻域扩展，于是控制体逐渐扩大，用光线投射及半透明技术绘制控制体，于是在实验型流场可视化技术中投放的烟在场的作用下慢慢扩展的动态过程就被模拟出来了。

采用动态体绘制技术的最大优点是可以将标量与矢量的可视化合成在一幅图像中，同时可生成具有较高真实感效果的图形。但也存在问题，对场中的标量进行动态体绘制常常会使人产生错觉，并没有显示矢量却也可能产生具有方向的效果。

2.4.4.2 点粒子跟踪方法

粒子方法是计算机图形学中众所周知的方法，可用于模糊对象的造型和绘制，能表示出不规则的复杂几何形状。在矢量场可视化中可将粒子的某一具体性质与矢量场中的矢量联系起来，如在流场中，可将速度矢量映射为粒子运动的动态性质，而将其他物理量映射为粒子的其他性质。最为常用的是点粒子跟踪方法。

点粒子可看作是一发光的点状质点，其轨迹为一曲线，它由粒子在不同的时刻 t 所在场中的位置 $X(t)$ 组成。它的运动方程满足

$$\frac{\mathrm{d}X}{\mathrm{d}t} = \boldsymbol{V}(X)$$

其中 X 是在时刻质点的位置，$\boldsymbol{V}(X)$ 是在矢量场中 X 处的矢量值，主要是速度场。

该方程的积分解生成的就是任一时刻质点的位置 X，由于网格空间中只有网格点上才有速度值，则其它位置要经过插值得到。

质点跟踪的过程就是确定质点在物理空间中一系列具体位置的过程。从初始位置 $X(x,y,z)$ 开始，在计算空间中跟踪。具体步骤为:

1) 在计算空间中为位于物理空间 X 的质点定位，求出单元(i,j,k)和偏差(α,β,γ);

2) 在网格单元内，通过插值求出该点的矢量值;

3) 解微分方程，找出下一质点位置。

对于第三步，解微分方程有多种模式，其解给出的是

$$X(t+\Delta t) = X(t) + \int V(X(t))\mathrm{d}t$$

其中，Δt 是时间片的一个逼近。Δt 的选择比较重要，Δt 取得太小，则计算开销太大；而取得太大，则会带来较大的误差，降低质点跟踪的精度。

最简单的是一阶 Eular 方法，积分项直接由 $\boldsymbol{V}(X(t))\cdot\Delta t$ 逼近，这样

$$X(t+\Delta t)=X(t)+\boldsymbol{V}(X(t))\cdot\Delta t$$

采用四阶 Runge - Kutta 方法，精度自然会提高，但计算开销却要大多了，在不增加过多开销的情况下，可以采用 Eular 修正法改进，利用在 t 时刻的 X 位置的速度值和在 $t+\Delta t$ 时刻位置 X^* 的速度值求平均，再计算准确的位置，先用 Eular 方法求出预测位置 X^*

$$X^*(t+\Delta t)=X(t)+\boldsymbol{V}(X(t))\Delta t$$

再利用 $X^*(t+\Delta t)$ 估计 $t+\Delta t$ 时刻的速度值，$X(t+\Delta t)$ 的准确位置是

$$X(t+\Delta t)=X(t)+\frac{1}{2}[\boldsymbol{V}(X(t))+\boldsymbol{V}(X^*(t+\Delta t))]\cdot\Delta t$$

采用修正后，同样能达到二阶精度。

另外影响轨迹精度的是时间片 Δt 的选择，较好的一个方法是使用可变时间片，根据速度场的梯度来决定 Δt 的大小，如 $\Delta t=\alpha/V_a$，α 是每一单元的步数，V_α 是八个网格单元点的平均速度。

为了表达出场的总体结构，应对尽可能多的质点同时进行跟踪，可采用矢量化跟踪方法，将质点集分成 Active 和 Non - Active 两个集合。对 Active 集合中的质点每一时间片同时跟踪，跟踪后检测质点，把到达边界的质点放入 Non - Active 集合中，直至 Active 集合中质点为零，则停止跟踪。

除了点粒子跟踪方法外，将粒子方法应用于矢量场可视化技术方面，Stolk 和 van Wijk 提出了面粒子（surface particle）方法及其它的粒子方法的扩展方法，在此不详细介绍。

2.4.5 基于纹理的矢量场映射方法

纹理是颜色按一定方式排列组成的图案，兼具形状和颜色两种属性，因而在矢量场的可视化中具有独特的优势。纹理映射在图像空间进行，因而具有图像空间的连续性，可生成具有图像空间分辨率的细致图形。而基于几何形状的映射方法所生成的三维场的可视化图像只能是离散的，采样密集时会导致视觉混乱。另一方面，基于纹理的可视化图像表现出一定的几何形状，给人以启迪和联想。它通过颜色的有序排列，表达出一定的方向信息，从而克服了传统的基于颜色的映射方法无法揭示方向的缺点。可见，基于纹理的映射方法，综合了几何形状映射方法与颜色映射方法两者的长处，同时又克服了两者各自存在的缺点，在矢量场可视化中确实具有巨大的潜力。

基于纹理的矢量场可视化方面的研究主要有以下几种方法。

(1) 点噪声方法：该方法是 J.J. van Wijk 在 SIGGRAPH '91 会议上提出的，他是最早将纹理技术引入矢量场可视化的人。van Wijk 认为将纹理用于可视化时，以前纹理技术所追求的真实感目标就被可表达性所代表，对设计者来说，必须能够选择一种与数据的特征相匹配的纹理，从而数据的变化能够通过纹理的变化清楚地表达出来。为此，van Wijk 提出了点噪声纹理，它是由许多随机分布的、具有一定大小的形状的二维点叠加所形成的一种随机纹理，靠改变点的属性可整体或局部地控制纹理的模式，点的大小控制了纹理的粒度。用小的点，纹理呈现噪声的特性；用大的点，纹理具有分形的特征。

要想表达出矢量的方向，就需将各向同性的点变为各向异性，为此，van Wijk 选用椭圆

来合成纹理,其长轴与矢量的方向一致,使纹理呈现出方向特征,从而可用于矢量场的可视化。

(2) 线积分卷积法:用卷积来表示矢量场的方向源于一种运动模糊的思想。用动态图形描绘速度的方向是比较容易的,只要在各个帧中标记出各质点的位置,由前后两帧中质点位置的变化即可感觉出速度的方向。欲在一幅静止的图像上表达出速度的方向,很自然地就会想到将某一时刻矢量场的前后几帧图像叠加起来,也就是说最终合成的静止图像中每一像素点的亮度值不仅与质点所在当前位置的速度大小有关,同时还与这一时刻前后一段时间 Δt 内同一质点所经过处流场的速度值有关,即沿速度方向用一点扩展函数对输入纹理进行卷积,得到该点最后的亮度值。但这种方法只考虑了沿速度方向那条折线段上的像素点对该点的作用,而没有考虑与速度垂直的方向上邻近的像素也可能对其纹理值产生影响,因而生成的图像高频噪声较大。同时,矢量的大小也很难通过其纹理反映出来。

(3) 可变形参数域卷积法:考虑到线积分卷积法存在的问题,陈莉提出了一种可变形参数域卷积法,即对输入纹理的每一像素,根据其对应的矢量定义一卷积区域,其卷积区域可根据速度的大小和方向进行变形,该区域为定义在局部坐标系中的(u,v)参数域。这种方法综合了点噪声和线积分卷积法两种算法的优越性,并克服了两个算法的不足,既能观察速度变化很大的区域,又能用纹理表达出速度的大小。

2.4.6 特征可视化

近年来,特征可视化一直是矢量场可视化研究领域的一个热点。所谓特征,具有两方面的含义:(1) 矢量场中有意义的形状、结构、变化和现象,如涡流、激波等;(2) 从数据场中分离出来的用户感兴趣的区域。特征可视化就是通过对场中这些特征,重点地进行可视化,从而减少可视化映射的数据量,却保持了量的准确性。在特征可视化中,通过提取特征的过程,可以得到一种可以代替原始数据的抽象可视表示,这种表示蕴含着更丰富的信息内容,使用户能忽略掉大部分冗余的、不感兴趣的数据。

(1) 矢量场拓扑结构分析法

从 1987 年起由 Helman 和 Hesselink 开始的流体拓扑结构的分析和可视化研究为矢量场的可视化提供了一种从全局了解矢量场结构的新技术,它是一种全局图标的构造和映射方法。

流场拓扑结构分析法是建立在临界点理论基础之上的,这个理论一直被广泛地用于检测常微分方程的解。所谓临界点是矢量的三个分量均为零的点。基于临界点理论,一个矢量场的拓扑由临界点的积分曲线和曲面组成。首先将矢量场中所有的速度为零的点找出来,然后根据临界点附近速度场的特性对临界点进行分类,其特性可由其速度矢量对位置矢量的偏导数矩阵 $\nabla \boldsymbol{V} = \dfrac{\partial \boldsymbol{V}_i}{\partial \boldsymbol{X}_j}$ 决定,这个雅可比矩阵的特征值实部的正和负分别表示了吸引和排斥的特征,正的特征值表示矢量 $\boldsymbol{V}$ 从临界点发散,负的特征值表示矢量 $\boldsymbol{V}$ 向临界点聚拢,共轭复数表示 $\boldsymbol{V}$ 是螺旋入或出。因此,由 $\nabla \boldsymbol{V}$ 的特征值,临界点可被分为交点、聚点、马鞍点和同心圆四类。交点和聚点又可以进一步分为吸引交点、排斥交点、吸引聚点、排斥聚点,如图 2 – 36 所示。将临界点分类后,为了构造矢量场的拓扑结构,还要用曲线(或曲面)将临界点连接起来。在包含物体的流场中,在物体边界上还存在另一类矢量的三个分量均为零的点,称之为壁点。根据其偏导数矩阵 $\nabla \boldsymbol{V}$ 的方向,同样可将其分为入点(A – Node) 和出点(D –

Node)。构造积分曲线或曲面时,为了便于控制,交于起始点的线条数应为有限的。因而可从马鞍点、A - Node 和 D - Node 出发,用数值积分法形成积分曲线,最后终止到其他临界点或流场边界上。

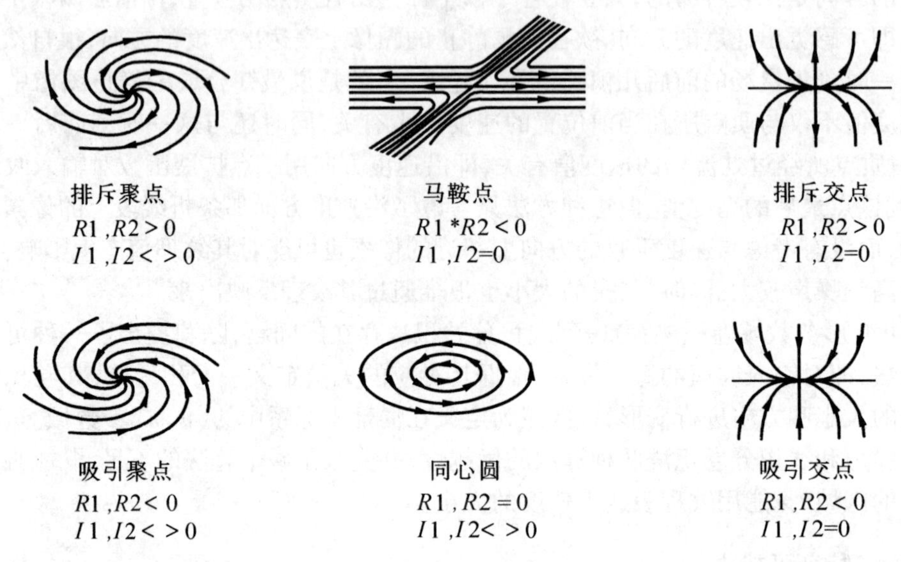

图 2 - 36　临界点的分类准则

构造矢量场拓扑结构的算法:1) $\boldsymbol{V}$ 从物理空间变换到计算空间 $\widetilde{\boldsymbol{V}} = J^{-1}\boldsymbol{V}$;2) 寻找临界点的修选单元:以一种单调的插值方式,在每个单元的每一顶点,如同时正、负存在,则该成分在该单元变向,有临界点;3) 在候选单元中找出临界点:对单元进行分割,对 8 个子单元再进行检测,找出更小的候选单元,在一定小的程度内用 Newton - Raphson 方法找出临界点;4) 对临界点分类:确定临界点后,用有限差分计算顶点梯度,用三维线性插值求出临界点的 $\nabla\widetilde{\boldsymbol{V}}$,再计算出 $\nabla\widetilde{\boldsymbol{V}}$ 的特征值与特征向量;5) 求连接的积分曲线:从起始点附近的初始位置开始沿 $\nabla\widetilde{\boldsymbol{V}}$ 特征方向计算出积分曲线,用四阶 Runge - Kutta 方法连接到终止点;6) 显示拓扑结构;7) 从计算空间将结果映射回物理空间。

在实际实现中,要考虑到一些特殊情况,如退化的临界点问题(同心圆的临界点),临界线、临界面和临界体,边界上的退化情况及网格奇异等。矢量场拓扑结构分析法是特征可视化最成功的例子,正是它的提出,使人们认识到面对矢量场惊人的数据量,必须走特征可视化的道路。从而吸引了越来越多的人们从事特征可视化的研究。

(2) 流场中特征结构的可视化

这一类方法主要用于不稳定流场,通过对场中重要的特征结构进行寻找、跟踪来实现特征可视化。Silver 和 Zabusky 等人采用计算机图像处理、数学形态学等方法先从二维或三维标量和矢量场中抽取出相关的不定形域(特征和对象),然后用质量、重心、极值、体积、矩阵、涡量、环量、温度、压力等量对这些特征进行量化,通过将特征之间的相互作用归结为延续、产生、消亡、分解、合并等类型,定义一些匹配的准则与机制,在相邻帧之间建立特征之间的对应关系,从而可将特征运动变化的历史显示出来。这种方法已经被用于矢量场中因果效应的研究。为了显示矢量随时间变化的情况,他们用椭球拟合高速度或高涡量的区域。这种方法在流场的特征跟踪中还是比较成功的，但由于流场变化的复杂性，在流场特征结构的匹配方面很难定义出完善、自动的匹配机制，尚需进一步探索。

(3) 基于选择的特征可视化

Walsum 和 Post 等人则从另一个角度开展了特征可视化的研究，他们将数据场中用户感兴趣的部分作为特征抽取出来，提出了一种自动抽取用户感兴趣区域的技术，即基于选择的可视化技术。在这个技术中，用逻辑表达式将用户感兴趣的区域定义出来，然后选择出那些满足用户定义条件的网格点。通过这种选择，可以得到原数据集的一个子集，对这个子集进行可视化，就可以使用户将注意力集中在数据中重要的部分上，从而突出可视化的特征。

从以上的介绍可以看出，特征是基于数据来定义的，因而特征可视化严重依赖于所应用的领域，因此通用性是这项研究的一个重要内容。

第3章　舰船船型设计中的可视化技术

船型设计在舰船设计过程中具有重要地位,它根本性的决定了舰船的使用性能、航行性能及经济性。传统的船型设计主要是采用手工绘制型线图的方法来完成船型设计任务。随着计算机技术的发展,采用曲线曲面的理论按照可视化的方法进行船型设计已经成为现实,而且在生产实践中取得了显著的效益。曲线、曲面理论也在不断发展,不断推出新的描述方法,且日臻成熟。本章主要循着这些理论发展的主要过程,对各种曲线曲面理论产生的源由、特点、主要数学描述等进行阐述,而不详细介绍其推导过程。详细的推导过程请参阅有关专著。在文中引用了一些符号和概念,对于它们的含义统一介绍如下,后文中不再另作叙述。

1) C^n:一个函数,如果在数学上具有 n 阶连续的导数,则称该函数具有 n 阶连续,记为 C^n。

2) G^n:一个函数,如果在几何位置、切线方向与曲率矢等具有 n 阶连续,则称该函数具有 n 阶几何连续,记为 G^n。

3) 均匀B样条曲线:均匀B样条曲线就是节点矢量中节点沿参数轴均匀或等距分布、即所有节点区间长度相等且不为零的B样条曲线。

3.1　船型设计方法

3.1.1　关于船型设计

船型设计的主要任务就是保证所设计的舰船具有良好的静水力性能、快速性能、操纵性能、适航性能、居住性能等,以保证所执行任务的完成。

从19世纪后期开始,不断有人探索用数学手段来描绘船体形状。但由于数学理论和计算工具的局限,一直无法用数学方法较准确地表达船体形状。长期以来.造船界采用型线图绘制(并由此产生型值表)和船台放样来解决船型设计问题。

计算机技术在造船界应用一开始,就解决了船体型线的数学描述,而且这种方法所带来的种种优越性也逐渐显示出来。

(1) 船型的数学描述不仅解决了静水力计算、稳性计算、舱容计算等既费工时、又容易出现差错的计算问题,还可以改变传统的近似计算方法,提高了设计的质量。

(2) 舰船总布置设计历来都耗费设计师的大量精力。设计师们竭尽全力在保证舰船的各种性能要求的前提下,在有限的空间中布置若干系统和设备。有了数学船型之后,这方面的工作有了显著改善,设计师可以在二维船型、甚至是三维船型中设计出更多的总布置方案,进行方案优选。

(3) 船体的数学表达也为计算机辅助建造(CAM)提供方便。现在,设计单位提供的高质量的数学船型可以直接提供生产单位进行生产设计,在数控切割机、数控肋骨冷弯机等设备上进行外板切割和肋骨弯制。充分实现舰船CAD/CAM一体化,可减少数据传递过程中的误差产生,显著提高船舶设计建造质量,而且也可缩短施工建造周期。

(4) 在没有数学船型之前,对于船舶适航性、船在波浪中的受力分析、伴流场分析等与船型紧密相关的研究课题只能通过近似的经验公式或通过模型试验来进行。有了数学船型之后,有的项目就可以进行比较精确的数学计算,从而为提高舰船设计质量提供更可靠的依据,促进科研的进一步发展。

3.1.2 母型船改造法

船体型线设计涉及的因素太多,如果完全不依赖母型而独立构思、设计一条新船,往往难以全面照顾到各方面的需求。若选择一些与新设计船相近、且性能良好的已有船舶作为母型,对之进行微小变换,既能因袭母型船的良好性能,又比较容易保证新设计船的成功。因此,参考母型船进行船型设计历来就是船舶设计中最常用的方法。特别是对具有大量优秀船型积累的单位,这种方法的优越性就更是显而易见的。

母型船改造法的实质就是寻找一个变换函数,对母型船的船型进行改造(变换)而得到一个新的船型

$$F_d(x,y,z) = L\{F_m(x,y,z)\}$$

其中 $F_d(x,y,z)$ 和 $F_m(x,y,z)$ 分别表示新设计船和母型船的船型曲面表达,L 为变换函数。下列表达与上述描述是一致的

$$x_d = \lambda(t)x_m$$
$$y_d = \beta(t)y_m$$
$$z_d = \gamma(t)z_m$$

由于采用的变换函数的不同,母型船改造法又可分为几种不同的方法:

(1) 当 $\lambda(t)$、$\beta(t)$、$\gamma(t)$ 皆为常数时即为比例变换法;

(2) 当 $\beta(t) = \gamma(t) = 1$ 时,当采用不同的 $\lambda(t)$,可产生不同的移动横剖面法。

母型船改造法对母型船可改变的船型系数个数及其变化范围非常有限。当然,如对母型船改变因素太多、太大,也就无法保持母型船的优点,失去了母型船变换的前提。

3.1.3 数学方法生成船型

“母型船改造法”主要依赖母型,缺乏创造性。这对于进一步开发新船型及研究船舶理论来说都受到限制。人们需要寻找一种数学方法,根据给定的设计参数直接生成光顺的船体曲面。

3.1.3.1 吃水函数法

船型的数学表达关键在于前后两个半体上那些不规则曲面的数学表达。外形轮廓线及一些规则曲面将是这些不规则曲面的边界条件。

水线族、横剖线族和纵剖线族三组相互正交的曲线在边界条件的限制下比较完整地描绘了船体曲面的形状。我国造船界有的学者对这三族曲线进行研究后认为:水线族的形状最有规律性,且具有较强的表达能力。这主要体现在下面几点。

(1) 水线比较平直。曲率变化比较小,同一水线上的斜率变化也较小。

(2) 拐点少。一般半条船的水线的拐点不超过一点。在有球鼻首或球尾情况下也不超过两个。若将球首或球尾切除单独处理的话,半条船的拐点在每一根水线上仍可为一个。

(3) 每根水线都从中间区域出发，向两端延伸至首尾柱轮廓线。所以，水线在与中间区域衔接时，总存在斜率为零的条件：

$$\frac{\mathrm{d}y}{\mathrm{d}x} = 0$$

鉴于这种情况，不妨选择一个函数去描写水线(图 3 - 1)

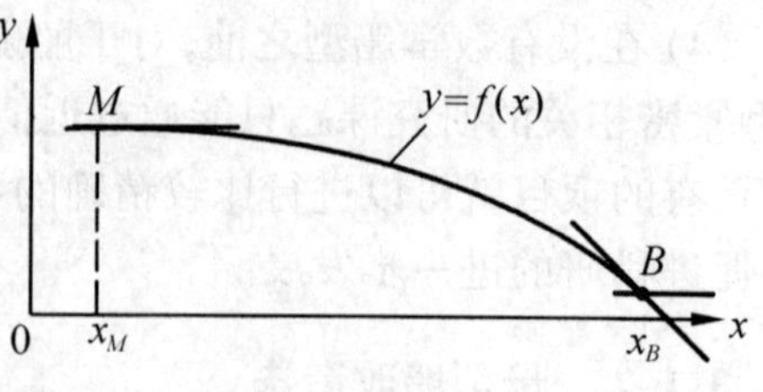

图 3 - 1　用函数描绘某一水线

$$y = f(x)$$

这个函数需满足边界条件：

M 点：$y_M = f(x_M)$ 与中部相接，M 在平边线上或在舭圆弧上，有斜率条件

$$\left.\frac{\mathrm{d}y}{\mathrm{d}x}\right|_{x=x_M} = f'(x_M) = 0$$

B 点：$y_B = f(x_B)$ 为端点，若端部为拟圆锥，则要求其落在拟圆锥曲面上，且与拟圆锥相切

$$\left.\frac{\mathrm{d}y}{\mathrm{d}x}\right|_{x=x_B} = f'(x_B) = -\tan\theta(z)$$

除了满足边界条件，水线还必需满足两个要素：

$$s = \int_{x_M}^{x_B} f(x)\mathrm{d}x$$

$$M = sx_C = \int_{x_M}^{x_B} xf(x)\mathrm{d}x$$

水线所围的面积 s 以及该面积的形心纵向位置 x_c 作为两个确定的值。

根据以上条件确定一个表示水线的函数，其中

$$M(x_M, y_M),\quad B(x_B, y_B),\quad \left.\frac{\mathrm{d}y}{\mathrm{d}x}\right|_{x=x_M},\quad \left.\frac{\mathrm{d}y}{\mathrm{d}x}\right|_{x=x_B},\quad s,\quad x_C$$

为表示中的参变量，因此可写成

$$y = f\left[(x_M, y_M), (x_B, y_B), \left.\frac{\mathrm{d}y}{\mathrm{d}x}\right|_{x=x_M}, \left.\frac{\mathrm{d}y}{\mathrm{d}x}\right|_{x=x_B}, s, x_C, x\right]$$

因为这些参变量都是吃水的函数，即确定一个吃水 z 值，这些参变量均为定值，使 $f(x)$ 惟一被确定，故这种方法称为吃水函数法。

3.1.3.2　纵向函数法

与吃水函数法相类似，首先用一个函数来描述横剖面曲钱

$$y = \varphi(z)$$

如图 3 - 2 所示。

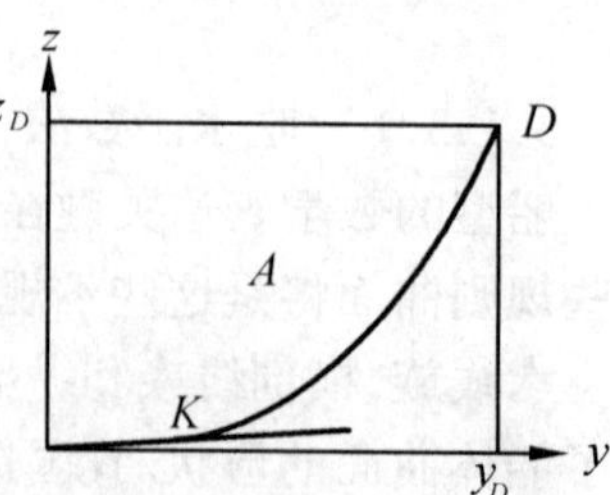

图 3 - 2　纵向函数法

可以写出其一般表示式

$$y = \varphi\left[(z_K, y_K), (z_D, y_D), \left.\frac{\mathrm{d}y}{\mathrm{d}z}\right|_{z=z_K}, \left.\frac{\mathrm{d}y}{\mathrm{d}z}\right|_{z=z_D}, A, z\right]$$

其中，(z_k, y_k) 为平底线在横剖面上的坐标点 K 的坐标值；(z_D, y_D) 为设计水线的半宽（D

点）坐标值；A 为横削面面积；而$\left.\frac{\mathrm{d}y}{\mathrm{d}z}\right|_{z=z_K}$为底边升高的斜率条件，若无底边升高的船该值为无穷大；$\left.\frac{\mathrm{d}y}{\mathrm{d}z}\right|_{z=z_D}$为水线处的斜率条件。在某些场合中，两个斜率条件是无法作要求的，只能撤除。

上述参变量都是船长方向的函数，所以这种表示方法称为纵向函数法。纵向函数法的优点在于它把横剖面面积曲线引入，作为一个重要的参变函数。这就比较容易地和以前的设计方法挂起钩来。困难的是，横剖面形状太复杂，边界条件更复杂，所以在选择和取定描述横剖面曲线的函数时比较麻烦。

如前所述，数学船型方法对于全新船型的生成有其独特的优点，对于概念船型设计可能是一种有效的工具。但是，所生成船型的性能只有在船型生成之后通过计算来验证，这在现在并不十分困难。难的是，为了达到所需性能的船型，如何对相应的参数进行修改，这往往需要相当的设计经验。这也许就是障碍该方法使用的症结所在。

3.2　船型描述中的样条曲线和曲面

工程上物体的形状大致上可分为两类或由这两类组成。一类是初等解析曲面，如平面、圆柱面、圆锥面、球面、圆环面等及其组合所形成的曲面。这些曲面可以用画法几何与机械制图完全清楚地描述和传递所包含的全部几何形状信息。第二类是以复杂方式自由变化的曲面即所谓自由型曲面，这类曲面的形状单纯用画法几何与机械制图是很难表达清楚的。大部分船体曲面属于第二种类型的曲面。

3.2.1　三次样条函数曲线和曲面

3.2.1.1　三次样条函数曲线的定义

传统上，船舶、汽车和飞机的模线都是借助于富有弹性的匀质细木条、金属条或有机玻璃条等，围绕着按选定位置放置重物或压铁作弹性弯曲，以获得所需要的曲线，即为样条曲线。

三次样条函数的推导是建立在将物理样条视为梁的力学基础上，并加以若干简化和限制而得出的。

(1) 设梁的挠曲线方程为

$$y = S(x)$$

(2) 由材料力学可知，梁的挠曲线微分方程是

$$K(x) = EI * M(x)$$

其中：$K(x)$ 为挠曲线的曲率函数；EI 是梁的弯曲刚度；$M(x)$ 为梁的弯矩函数。

(3) 小挠度

当梁的挠曲线为小挠度，即 $|s'(x)| \ll 1$ 时，曲率函数可以简化成

$$K(x) = y'' = S''(x)$$

(4) 梁的弯矩函数 $M(x)$ 是线性的

$$M(x) = Ax + B$$

(5) 梁的截面为等截面、匀质的，因此 EI 为常数，微分方程可以写成

$$K(x) = EI(Ax + B)$$

或

$$S''(x) = A'x + B'$$

(6) 解上述方程可得挠曲线方程

$$y = S(x) = a + bx + cx^2 + dx^3$$

这是一个三次多项式。由于节点之间的弯矩方程不同，因而它们的挠曲线方程也不相同，所以样条函数应是分段三次多项式。不失一般性，其分段多项式为：

$$y_j = S_j(x) = a_j + b_jx + c_jx^2 + d_jx^3$$

$$x \in [x_j, x_{j+1}] \quad j = 1,2,\cdots,n-1$$

这就是三次样条函数。三次样条具有以下的内在基本性质：

1) 内能最小 (最小模性质)

这个性质使三次样条能稳定地拟合点列 $P_i(x_i, y_i)$，即便是原始型值上存在一些误差也不会使这种表示失去稳定而大幅度改变形状。这样，在选取求解方法时不必花过多的精力去研究解线性代数方程组时可能出现的病态问题。

2) 逼近最佳

在区间 $[a, b]$ 上，我们用样条函数去逼近某一函数 $f(x)$。逼近程度规定为以下所示的方差形式可以证明使方差达到极小值的函数至多和三次样条差一个线性函数，即

$$G(x) = S(x) + Ax + B$$

倘若，$G(x)$ 与 $S(x)$ 均满足

$$G(x_i) = S(x_i) = f(x_i) \quad i = 1,2,\cdots,n$$

则当且仅当 $G(x) = S(x)$ 才能使方差达极小值。这就说明在同等条件下，三次样条具有最好的逼近性质。同时也证明了三次样条拟合未知函数的惟一性。亦即当我们用三次样条去描述一函数时，其结果只有一个，不必担心多值问题。

3) 收敛性好

设在区间 $[a, b]$ 上建立一个坐标架 Δn

$$\{\Delta_n : a = x_1^n < x_2^n < \cdots < x_{m_n}^n = b\} \quad n = 1,2,\cdots$$

用三次样条 $S(x)$ 去描述 $f(x)$ 的 $[a, b]$ 函数段。可以证明当 n 趋于无穷大，坐标架之间间距趋于零时

$$n \to \infty \quad |\Delta_n| = \max_{1 \leq j \leq m_n} |x_{j+1}^n - x_j^n| \to 0$$

那么

$$f(x) = S_{\Delta n}(x) + O(|\Delta_n|^2)$$

$$f'(x) = S'_{\Delta n}(x) + O(|\Delta_n|)$$

样条函数与被描述函数之间相差一个高阶无穷小量。由此可见，三次样条具有一致收敛性：无论怎么选择坐标架，它的描述总是趋近于被描述函数。

三次样条也有缺乏整体性的缺点：对样条的任何改动，哪怕是仅仅改动样条上的某一点或某个边界条件，整个样条也必须重新定义。这样的性质使得三次样条曲线不便于进行局部修改。随着样条理论的发展，相继出现了一大批可供实用的样条函数，目前最常用的除三次样条外，还有 Bezier 样条、B 样条及 NURBS 样条，等等，它们各有特色。

3.2.1.2　三次样条函数曲线的数学描述

设区间$[a,b]$之间存在一组有序点列 $P_1(x_1,y_1),P_2(x_2,y_2),\cdots,P_n(x_n,y_n),a=x_1<x_2<\cdots<x_n=b,n$ 为有限值。建立样条函数

$$y=S_j(x)=a_j+b_jx+c_jx^2+d_jx^3\quad x\in[x_j,x_{j+1}]\tag{3-1}$$

要满足如下条件:

(1) 型值条件

$$\begin{cases}y_j=S_j(x_j)\\y_{j+1}=S_j(x_{j+1})\end{cases}\tag{3-2}$$

(2) 导数连续条件

$$\begin{cases}S'_j(x_j)=S'_{j-1}(x_j)\\S'_j(x_{j+1})=S'_{j+1}(x_{j+1})\end{cases}\tag{3-3}$$

$$\begin{cases}S''_j(x_j)=S''_{j-1}(x_j)\\S''_j(x_{j+1})=S''_{j+1}(x_{j+1})\end{cases}\tag{3-4}$$

可以根据这些条件来确定系数 a_j、b_j、c_j、d_j,$j=1,2,\cdots,n-1$。整理后可得函数形式

$$y=S_j(x)=y_j+\frac{y_{j+1}-y_j}{x_{j+1}-x_j}(x-x_j)-\frac{(x-x_j)(x_{j+1}-x)}{x_{j+1}-x_j}[c_j(2x_{j+1}-x-x_j)]+c_{j+1}(x_{j+1}+x-2x_j)],\quad x\in[x_j,x_{j+1}]\quad j=1,2,\cdots,n-1\tag{3-5}$$

(3-5) 式是系数 c_j 的函数。这个函数由两部分组成

$$y=S_j(x)=L_j(x)+\delta_j(x)\quad j=1,2,\cdots,n-1\tag{3-6}$$

$L_j(x)$ 为一个线性函数,满足

$$L_j(x_j)=y_j;\quad L_j(x_{j+1})=y_{j+1}$$

$\delta_j(x)$ 为一个三次幂函数,它有

$$\delta_j(x_j)=\delta_j(x_{j+1})=0$$

$S_j(x)$ 的二阶导函数为

$$y''=S''(x)=6\times\frac{(x-x_j)c_{j+1}+(x_{j+1}-c_j)}{x_{j+1}-x_j}\tag{3-7}$$

所以

$$S''(x_j)=6c_j$$
$$S''(x_{j+1})=6c_{j+1}$$

从而 c_j 的物理意义十分明确

$$c_j=\frac{1}{6}S''(x_j)\quad j=1,2,\cdots,n\tag{3-8}$$

函数(3-5) 式可以写成

$$y=S_j(x)=y_j+\frac{y_{j+1}-y_j}{x_{j+1}-x_j}(x-x_j)-\frac{1}{6}\frac{(x-x_j)(x_{j+1}-x)}{x_{j+1}-x_j}\times[S''(x_j)(2x_{j+1}-x-x_j)+S''(x_{j+1})(x_{j+1}+x-2x_j)]\quad x\in[x_j,x_{j+1}]\quad j=1,2,\cdots,n-1\tag{3-9}$$

它是在两点的连线上作一个三次修正。

由(3-7) 式可以证明两节点之间曲线中出现拐点的充要条件是 $c_j*c_{j+1}<0$。而且至多

只出现一个拐点,其位置在

$$x = \frac{x_j c_{j+1} + x_{j+1} c_j}{c_{j+1} + c_j}$$

这个特性对于使用者来说极为有利:在拟合过程中,只要根据所求系数的符号就能判断曲线的弯曲形状。

下面介绍建立三次样条的一种方法。

根据(3-3)式的要求,对(3-5)求导得:

$$S'_j(x) = \frac{y_{j+1} - y_j}{x_{j+1} - x_j} + \frac{[(x_{j+1} - x_j)^2 - 3(x_{j+1} - x)^2]C_j + [3(x - x_j)^2 - (x_{j+1} - x_j)]C_{j+1}}{x_{j+1} - x_j}$$

$$x \in [x_j, x_{j+1}] \quad j = 1,2,\cdots,n-1 \tag{3-10}$$

$$S'_j(x_j) = \frac{y_{j+1} - y_j}{x_{j+1} - x_j} - (x_{j+1} - x_j)(2c_j + c_{j+1})$$

$$S'_{j-1}(x_j) = \frac{y_j - y_{j-1}}{x_j - x_{j-1}} + (x_j - x_{j-1})(c_{j-1} + 2c_j)$$

根据导数连续性条件 $S'_j(x_j) = S'_{j-1}(x_j)$,得:

$$c_{j-1}(x_j - x_{j-1}) + 2c_j(x_{j+1} - x_{j-1}) + c_{j+1}(x_{j+1} - x_j) = \frac{y_{j+1} - y_j}{x_{j+1} - x_j} - \frac{y_j - y_{j-1}}{x_j - x_{j-1}} \tag{3-11}$$

这就是材料力学中的三弯矩方程的一种形式。它也可表示成

$$\mu_j(2c_{j-1}) + 2(2c_j) + \lambda_j(2c_{j+1}) = D_j \tag{3-12}$$

其中 $j = 2,3,\cdots,n-1$

$$\mu_j = \frac{x_j - x_{j-1}}{x_{j+1} - x_{j-1}}$$

$$\lambda_j = 1 - \mu_j = \frac{x_{j+1} - x_j}{x_{j+1} - x_{j-1}}$$

$$D_j = \frac{2}{x_{j+1} - x_{j-1}}\left[\frac{y_{j+1} - y_j}{x_{j+1} - x_j} - \frac{y_j - y_{j-1}}{x_j - x_{j-1}}\right]$$

D_j 称为二阶中心差商。(3-12)式建立了二阶导数与二阶差商的函数关系。

很明显,n 个型值点只能建立 $n-2$ 个方程,以矩阵形式表示为:

$$AC = D \tag{3-13}$$

即

$$\begin{pmatrix} \mu_2 & 2 & \lambda_2 & 0 & \cdots & 0 \\ 0 & \mu_3 & 2 & \lambda_3 & \cdots & 0 \\ 0 & 0 & \mu_4 & 2 & \cdots & 0 \\ \cdots & \cdots & \cdots & \cdots & \cdots & \cdots \\ 0 & 0 & 0 & 0 & \cdots & \lambda_{n-1} \end{pmatrix} \begin{pmatrix} 2c_1 \\ 2c_2 \\ 2c_3 \\ \vdots \\ 2c_n \end{pmatrix} = \begin{pmatrix} D_2 \\ D_3 \\ D_4 \\ \vdots \\ D_{n-1} \end{pmatrix}$$

(3-13)式是一个二维解空间,尚需补充两个条件才能获得惟一解。最常见的是通过给定两个边界条件来求得方程组的惟一解:

1) 通过曲线端部导数条件 y'_1 和 y'_n

不难推导得

$$
\begin{cases}
2(2c_1)+(2c_2)=\dfrac{2}{x_2-x_1}\left(\dfrac{y_2-y_1}{x_2-x_1}-y'_1\right) \\
(2c_{n-1})+2(2c_n)=\dfrac{2}{x_n-x_{n-1}}\left(y'_n-\dfrac{y_n-y_{n-1}}{x_n-x_{n-1}}\right)
\end{cases}
\tag{3-14}
$$

与(3 - 13)式联合得

$$
A_1C=D
$$

$$
\begin{pmatrix}
2 & 1 & 0 & 0 & \cdots & 0 \\
\mu_2 & 2 & \lambda_2 & 0 & \cdots & 0 \\
0 & \mu_3 & 2 & \lambda_3 & \cdots & 0 \\
\cdots & \cdots & \cdots & \cdots & \cdots & \cdots \\
0 & 0 & 0 & 0 & \cdots & \lambda_{n-1} \\
0 & 0 & 0 & 0 & \cdots & 2
\end{pmatrix}
\begin{pmatrix}
2c_1 \\ 2c_2 \\ 2c_3 \\ \vdots \\ 2c_{n-1} \\ 2c_n
\end{pmatrix}
=
\begin{pmatrix}
D_1 \\ D_2 \\ D_3 \\ \vdots \\ D_{n-1} \\ D_n
\end{pmatrix}
\tag{3-15}
$$

可得惟一解。得到系数 $c_j, j=1,2,\cdots,n$ 后,整个型值点上的三次样条就建立成功。

2) 两端二阶导数为零:$y''_1=y''_n=0$

在方程组(3 - 13)中将 c_1 和 c_n 去掉,就可以得惟一解。这样建立起来的样条称为自然样条,它与材料力学中边界条件为"两端自由支持在刚性支座上"的情况相对应,两端弯矩值为零,因此二阶导数也为零。

3) 两端二阶导数为抛物线条件

令曲线的两端二次样条为二次抛物线,即 $S''(x_1)=S''(x_2)$ 和 $S''(x_n)=S''(x_{n-1})$。这样(3 - 15)式可写成

$$
A_3C=D
$$

$$
\begin{pmatrix}
(2+\mu_2) & \lambda_2 & 0 & 0 & \cdots & 0 \\
\mu_3 & 2 & \lambda_3 & 0 & \cdots & 0 \\
0 & \mu_4 & 2 & \lambda_4 & \cdots & 0 \\
\cdots & \cdots & \cdots & \cdots & \cdots & \cdots \\
0 & 0 & 0 & 0 & \cdots & (2+\lambda_{n-1})
\end{pmatrix}
\begin{pmatrix}
2c_2 \\ 2c_3 \\ 2c_4 \\ \vdots \\ 2c_{n-1}
\end{pmatrix}
=
\begin{pmatrix}
D_2 \\ D_3 \\ D_4 \\ \vdots \\ D_{n-1}
\end{pmatrix}
\tag{3-16}
$$

这种边界条件可以避免在两端附近出现多余拐点。

以上三种边界条件可以互相混用。例如首点给定斜率而末端为抛物线条件等等,可以根据需要进行。

另外,还可以通过边界点的外延来求得惟一解。

在工程实际中,边界条件有时是不可知的。例如,要求对 n 个试验数据建立函数关系,为了控制这根曲线,人们需向两端之外延伸一点 $P_0(x_0,y_0)$ 和 $P_{n+1}(x_{n+1},y_{n+1})$。它与其它点不同,P_0 和 P_{n+1} 的具体位置不是来自于型值,而是由设计者的判定给出的。判断的标准当然可以是多种多样的,但一般来说是使样条在压铁作用下最"自然",从力学角度来说,释放压铁后样条的弹动较小,亦即各个节点上"回弹力"达到极小。根据这些分析,我们可以从二维解空间中寻找这样一组解,它使样条各节点上回弹力绝对值之和达极小。如图 3 - 3 所示

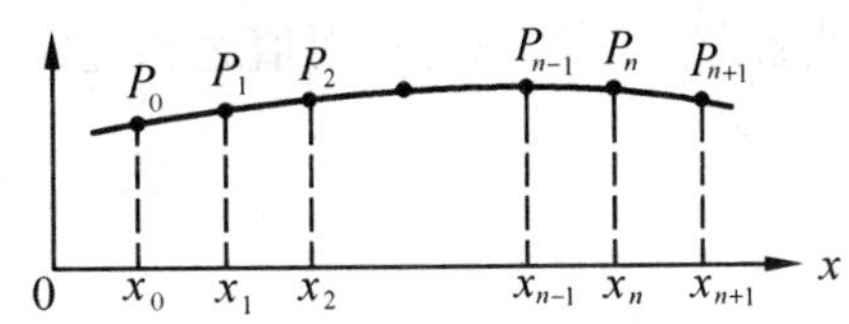

图 3 - 3　延伸型值

延伸的两个点的自变量坐标为

$$x_0 = 2x_1 - x_2$$

$$x_{n+1} = 2x_n - x_{n-1}$$

而 y_0 和 y_{n+1} 待定。设定条件为除两个压铁之外不再受控，因此 $[x, x_{n+1}]$ 区段中形成“自然样条”，即

$$y''_0 = y''_{n+1} = 0$$

因此尽管增加两个未知数而解空间仍为二维的。(3 - 16) 式可以写成

$$A_4 C = D_4$$

$$\begin{pmatrix} (2+\mu_2) & \lambda_2 & 0 & 0 & \cdots & 0 \\ \mu_3 & 2 & \lambda_3 & 0 & \cdots & 0 \\ 0 & \mu_4 & 2 & \lambda_4 & \cdots & 0 \\ \vdots & \vdots & \vdots & \vdots & \vdots & \vdots \\ 0 & 0 & 0 & 0 & \cdots & (2+\lambda_{n-1}) \end{pmatrix} \begin{pmatrix} 2c_2 \\ 2c_3 \\ 2c_4 \\ \vdots \\ 2c_{n-1} \end{pmatrix} = \begin{pmatrix} D_2 \\ D_3 \\ D_4 \\ \vdots \\ D_{n-1} \end{pmatrix} \quad (3-17)$$

解(3 - 17) 式可得系数 c_j 和 y_0、y_{n+1} 的线性函数关系。

$$c_i = a_i y_0 + b_i y_{n+1} + d_i \quad i = 1,2,\cdots,n \quad (3-18)$$

其中 a_i、b_i、d_i 是用“追赶法”解(3 - 17) 式所得的常系数。

由材料力学可知各节点出的回弹力(压铁释放样条上需加的平衡力) 应为

$$N_i = EI\left[\frac{y''_{i+1} + y''_i}{x_{i1+} - x_i} - \frac{y''_i - y''_{i-1}}{x_i - x_{i-1}}\right] \quad i = 1,2,\cdots,n \quad (3-19)$$

归并常数可得

$$N_i = K\left[\frac{c_{i+1} - c_i}{x_{i+1} - x_i} - \frac{c_i - c_{i-1}}{x_i - x_{i-1}}\right] \quad i = 1,2,\cdots,n$$

以(3 - 18) 式代入得

$$\frac{1}{K}N_i = \left(\frac{a_{i+1} - a_i}{x_{i+1} - x_i}\right)y_0 + \left(\frac{b_{i+1} - b_i}{x_{i+1} - x_i} - \frac{b_i - b_{i-1}}{x_i - x_{i-1}}\right)y_{n+1} + \frac{d_{i+1} - d_i}{x_{i+1} - x_i} - \frac{d_i - d_{i-1}}{x_i - x_{i-1}}$$

记作

$$\frac{1}{K}N_i = A_i y_0 + B_i y_{n+1} + D_i \quad i = 1,2,\cdots,n \quad (3-20)$$

为使各节点的回弹力绝对值之和达极小即要求

$$I = \sum_{i=1}^{n}\left|\frac{1}{K}N_i\right| \Rightarrow \min$$

即

$$I = \sum_{i=1}^{n}\left[\frac{1}{K}N_i\right]^2 \Rightarrow \min$$

$$I = \sum_{i=1}^{n}(A_i y_0 + B_i y_{n+1} + D_i)^2 \Rightarrow \min \quad (3-21)$$

根据多元函数极值定理，要满足(3 - 21) 式的充要条件为：

$$\begin{cases} \dfrac{\partial I}{\partial y_0} = 0 \\ \dfrac{\partial I}{\partial y_{n+1}} = 0 \end{cases}$$

得

$$\begin{pmatrix} \sum_{i=1}^{n} A_i^2 & \sum_{i=1}^{n} A_i B_i \\ \sum_{i=1}^{n} A_i B_i & \sum_{i=1}^{n} B_i^2 \end{pmatrix} \begin{pmatrix} y_0 \\ y_{n+1} \end{pmatrix} = \begin{pmatrix} \sum_{i=1}^{n} A_i D_i \\ \sum_{i=1}^{n} B_i D_i \end{pmatrix} \tag{3-22}$$

可由(3-22)式解得 y_0 和 y_{n+1} 的值。以此代入(3-21)式即可得到所有 $c_i, i = 1,2,\cdots,n$ 的值,样条函数随之建立。

3.2.1.3　三次参数样条曲线

三次样条曲线描述小挠度曲线的情况是好的,但在大挠度情况,即 $|y'| \gg 1$ 时,三次样条曲线的偏差较大,而此时用以弦长为参数的三次参数样条曲线则效果比较好。

(1) 表达形式

第 i 段曲线方程参变量的形式是

$$P(t) = B_1 + B_2 t + B_3 t^2 + B_4 t^3, t \in [0,1]$$

$$l_i = [(x_{i+1} - x_i)^2 + (y_{i+1} - y_i)^2 + (z_{i+1} - z_i)^2]^{1/2} \quad i = 1,2,\cdots,(n-1) \tag{3-23}$$

l_i 为第 i 段曲线的弦长,系数 $B_i(i = 1,2,3,4)$ 取决于 P_i、P_{i+1} 以及两端点的切向量 P'_i 和 P'_{i+1}。

因为

$$P'(t) = B_2 + 2B_3 t + 3B_4 t^2$$

$$P''(t) = 2B_3 + 6B_4 t$$

所以

$$P(0) = P_1 = B_1$$

$$P(l_i) = P_{i+1} = B_1 + B_2 l_i B_3 l_i^2 + B_4 l_i^2$$

$$P'(0) = P'(1) = B_2$$

$$P'(l_i) = P'_{i+1} = B_2 + 2B_3 l_i + 3B_4 l_i^2$$

求解上述四式可得到

$$B_1 = P_1$$

$$B_2 = P'_1$$

$$B_3 = 3(P_{i+1} - P_i)/l_i^2 - (P'_{i+1} + 2P'_1)/l_i$$

$$B_4 = -2(P_{i+1} - P_i)/l_i^2 + (P'_{i+1} + P'_i)/l_i^2$$

将 B_1、B_2、B_3、B_4 代入(3-23)可得到第 i 段三次参数样条方程

$$\begin{aligned} P(t) = P_i + P'_i t + [3(P_{i+1} - P_i)/l_i^2 - (P'_{i+1} + 2P'_i/l_i]t^2 + \\ [-2(P_{i+1} - P_i)/l_i^2 + (P'_{i+1} + P_i)/l_i^2]t^3 \\ i = 1,2,\cdots,(n-1) \end{aligned} \tag{3-24}$$

(2) 矩阵表达式

要保证曲线在各节点处达二阶导数连续,必有

$$P''_{i-1}(l_{i-1}) = P''_i(0)$$

亦即

$$l_i P'_{i-1} + 2(l_i + l_{i-1})P'_i + l_{i-1}P'_{i+1} = 3(P_{i+1} - P_i)l_{i-1}/l_i + 3(P_i - P_{i-1})l_i/l_{i-1}$$

$$i = 2,3,\cdots,(n-1)$$

令

$$\lambda_i = l_i/(l_i + l_{i-1})$$

$$\mu_i = 1 - \lambda_i$$

$$C_i = 3[\lambda_i(P_i - P_{i-1})/l_{i-1} + \mu_i(P_{i+1} - P_i)/l_i]$$

则方程式可写成

$$\lambda_i P'_{i-1} + 2P'_i + \mu_i P'_{i+1} = C_i, \quad i = 2,3,\cdots,(n-1) \tag{3-25}$$

写成矩阵形式

$$\begin{pmatrix} 2 & \mu_3 & & 0 & \\ \lambda_2 & 2 & \mu_2 & & \\ & \lambda_3 & 2 & \mu_3 & \\ & \ddots & \ddots & \ddots & \\ 0 & \lambda_{n-1} & 2 & & \mu_{n-1} \\ & & & \lambda_n & 2 \end{pmatrix} \begin{pmatrix} P'_1 \\ P'_2 \\ P'_3 \\ \vdots \\ P'_{n-1} \\ P'_n \end{pmatrix} = \begin{pmatrix} C_1 \\ C_2 \\ C_3 \\ \vdots \\ C_{n-1} \\ C_n \end{pmatrix} \tag{3-26}$$

三次参数样条曲线的边界条件也有三种:

① 夹持端

因为

$$\mu_i = \lambda_n = 0$$

所以

$$C_1 = 2P'_1$$

$$C_n = 2P'_n$$

② 自由端

因为

$$\mu_1 = \lambda_n = 1$$

所以

$$C_1 = 3(P_2 - P_1)/l_i$$

$$C_n = 3(P_n - P_{n-1})/l_{n-1}$$

③ 抛物端

因为

$$\mu_1 = \lambda_n = 2$$

所以

$$C_1 = 4(P_2 - P_1)/l_i$$

$$C_n = 4(P_n - P_{n-i})/l_{n-i}$$

指定适当的边界条件,即可解出式(3-26)。

3.2.1.4 样条函数曲面

样条理论不仅能模拟人工木样条描绘平面曲线，通过变量的参数化又能表示空间曲线，进一步还能直接表达曲面。

曲面通常可以分为两类：有些曲面在经典数学中已有了明确的数学表达，例如球面、圆柱面、圆锥面、抛物面、双曲抛物面、椭球面，等等，通常称之为“规则曲面”；而有些曲面则无法用经典数学来表达，一般称之为“自由曲面”。在船舶曲面中，经典曲面是比较少的，大部分是非经典曲面。非经典曲面还可以分为两类：一类可以通过样条曲线直接表达，另一类必需用样条曲面表达。

(1) 直纹曲面

设空间有两条基线 AB、CD，另有一直线 P_iQ_i 通过基线上各组对应点，由基线的一端 AC 运动到另一端 BD，形成一张曲面 $ACDB$ 就称为直纹曲面(图 3－4)

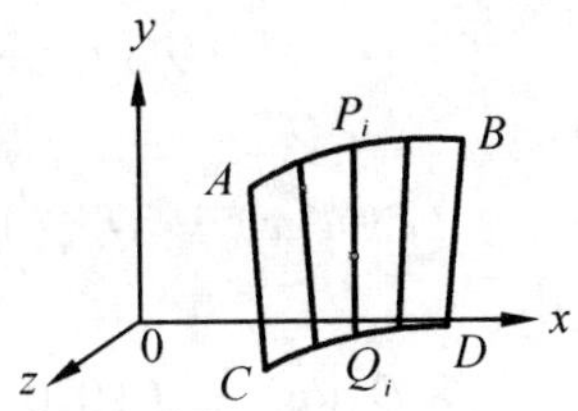

图 3－4 直纹曲面

直纹曲面也就是曲面上任意一点都可以找到一根切线，该切线全部落在该曲面上。AB 和 CD 的曲线方程分别为

$$\overset{\frown}{AB}:\begin{cases} z = f_1(t) \\ x = g_1(t) \\ y = h_1(t) \end{cases} \qquad \overset{\frown}{CD}:\begin{cases} z = f_2(t) \\ x = g_2(t) \\ y = h_2(t) \end{cases} \qquad t \in [0,1]$$

直纹曲面的方程为：

$$\begin{cases} z = f_1(t) + \lambda[f_2(t) - f_1(t)] \\ x = g_1(t) + \lambda[g_2(t) - g_1(t)] \\ y = h_1(t) + \lambda[h_2(t) - h_1(t)] \end{cases} \qquad \begin{matrix} t \in [0,1] \\ \lambda \in [0,1] \end{matrix}$$

有些船底曲面就采用直纹曲面。

(2) 回转面

和圆柱曲面类似，当一根曲线绕某一固定轴旋转，形成一张曲面叫回转面(图 3－5)。

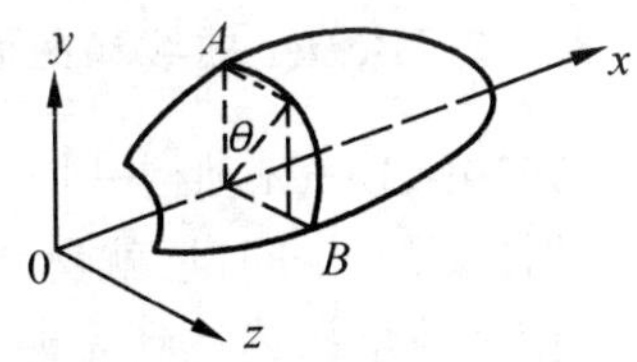

图 3－5 回转面

设回转面在 $x-y$ 平面中的一根母线方程为

$$y = f(x)$$

则该曲线绕 x 轴旋转的曲面方程为

$$y^2 + z^2 = f^2(x)$$

或

$$\begin{cases} y = f(x)\cos\theta \\ z = f(x)\sin\theta \end{cases}$$

上述两种曲面中的 $f_1(t)$、$f_2(t)$、$g_1(t)$、$g_2(t)$、$h_1(t)$、$h_2(t)$、$f(x)$ 都可以用前面介绍的样条曲线来表示。所以从曲面构造来说，直纹曲面和回转面应算作“规则曲面”。它们在船体曲面中是比较少见的。

Coons 曲面是成功描述曲面比较早的样条曲面。设 $P(u,v)$，$u \in [0,1]$，$v \in [0,1]$ 表示曲面的矢量方程。该曲面由四条边界围成(图 3－6)，以 4 个顶点上的 12 个参数表示：

$P(0,0)$ $P(0,1)$ $P(1,0)$ $P(1,1)$

$Pu(0,0)$ $Pu(0,1)$ $Pu(1,0)$ $Pu(1,1)$

$Pv(0,0) \quad Pv(0,1) \quad Pv(1,0) \quad Pv(1,1)$

模仿直纹曲面的表示方法，将 $P(O,O)P(O,1)$ 和 $P(1,0),P(1,1)$ 作为两根基线，二基线上相同的对应点 $Q_0(v_i)$ 和 $Q_1(v_i)$ 之间有一根曲线 $S(u)$ 都具有同一个 v_i 值，即

$$S(u) = P(u, v_i)$$

取遍 v_i 从 0 到 1，即形成曲面方程

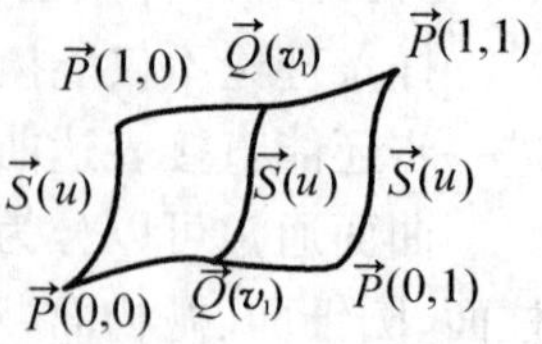

图 3－6　Coons 曲面片

$$S(u) = Q_0(v_i)f_0(u) + Q_1(v_i)f_i(u) + \left.\frac{\partial P}{\partial u}\right|_{\substack{u=0 \\ v=v_i}} g_0(u) + \left.\frac{\partial P}{\partial u}\right|_{\substack{u=1 \\ v=v_i}} g_1(u) =$$

$$Q_0(v_i)f_0(u) + Q_1(v_1)f_1(u) + P_u(0,v_i)g_0(u) + P_u(1,v_i)g_1(u)$$

则

$$P(u,v) = Q_0(v)f_0(u) + Q_1(v)f_1(u) + P_u(0,v)g_0(u) + P_u(1,v)g_1(u)$$

其中

$$Q_0(v) = P(0,0)f_0(v) + P(0,1)f_1(v) + P_v(0,0)g_0(v) + P_v(0,1)g_1(v)$$

$$Q_1(u) = P(1,0)f_0(v) + P(1,1)f_1(v) + P_v(1,0)g_0(v) + P_v(1,1)g_1(v)$$

$$u \in [0,1]; \quad v \in [0,1]$$

式中 $f_0(t)$、$f_1(t)$、$g_0(t)$、$g_1(t)$ 均为参数形式的多项式，总结曲面理论中的特性可取：

$$f_0(t) = 1 - 3t^2 + 2t^3; \quad f_1(t) = 3t^2 - 2t^3$$

$$g_0(t) = t - 2t^2 + t^3; \quad g_1(t) = -t^2 + t^3$$

Coons 曲面常常作为曲面片来应用，也就是把要描绘的曲面划分成许多块，每块作为一个 Coons 曲面，用连接条件衔接。Coons 曲面具有和平面曲线中的三次样条函数一样的良好的内在性质。尽管 Coons 曲面的划片有时仍是件麻烦的事情，边界的接续也有一定困难，但 Coons 曲面片的处理方法仍被引伸到 Bezier 曲面和 B－spline 曲面。

3.2.2　Bezier 曲线和曲面

1962 年，Bezier 独树一帜，开创了以几何方式构造曲线曲面的方法。这种方法具有许多优良的性质，一经问世，就受到学术界的广泛重视，在实践中表现出强大的生命力。后经不断研究，使之数学描述达到完善，在许多 CAD/CAM 软件系统中得到广泛使用。

3.2.2.1　Bezier 曲线的数学描述

Bezier 把参数 n 次曲线表示为

$$P(t) = \sum_{j=0}^{n} a_j f_j(t), \quad 0 \leqslant t \leqslant 1$$

其中系数 $a_j, j = 0,1,\cdots,n$ 顺序首尾相接，从 a_0 的末端到 a_n 的末端所形成的折线称为控制多边形或 Bezier 多边形。$f_j(t), j = 0,1,\cdots,n$ 称为 Bezier 基函数

$$f_j(t) = \begin{cases} 1 & j = 0 \\ \dfrac{(-t)^j \mathrm{d}^{j-1}}{(j-1)!\,\mathrm{d}t^{j-1}}\left[\dfrac{(1-t)^n - 1}{t}\right] & j = 1,2,\cdots,n \end{cases}$$

或

$$f_j(t) = \sum_{i=j}^{n} (-1)^{i+j} C_n^i C_{i-1}^{j-1} t^i, \quad j = 0,1,\cdots,n$$

这里用到组合数

$$C_k^l = \binom{k}{l} = \frac{k!}{l!(k-l)!}$$

并约定：若 $l > k$ 或 $k \geqslant 0, l < 0$，则 $C_k^l = 0$，且 $C_0^0 = 1$。Bezier 基函数的图形如图 3 – 7 所示。

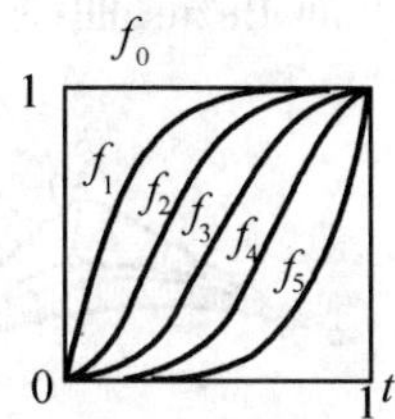

图 3 – 7　Bezier 基函数的图形($n = 5$)

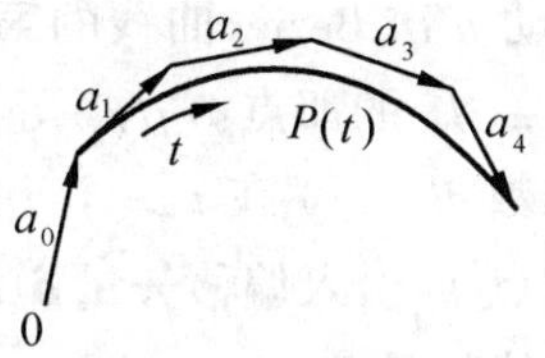

图 3 – 8　用边矢量定义的 Bezier 曲线($n = 4$)

可见，Bezier 曲线是定义在规范区间 $t \in [0,1]$ 上的。一旦 Bezier 多边形的边数即 Bezier 曲线的次数 n 给定，Bezier 基函数就完全确定。给定 n 边 Bezier 多边形就定义了一条 n 次 Bezier 曲线(见图 3 – 8)。

后来的研究发现，处理作为 Bezier 多边形边的相对矢量不如处理作为顶点的绝对矢量方便，上述 Bezier 基表示形式能被改写成现在广泛使用的用控制顶点 b_j 定义的 Bernstein 基表示式

$$P(t) = \sum_{j=1}^{n} b_j B_{j,n}(t), \quad 0 \leqslant t \leqslant 1 \tag{3 – 27}$$

其中：

$b_0 = a_0, b_j = b_{j-1} + a_j, j = 1,2,\cdots,n$，称为控制顶点或 Bezier 点(见图 3 – 9)；

$a_j, j = 1,2,\cdots,n$，即前面所指的多边形位置矢量。

基函数称为 Bernstein 基函数：

$$B_{j,n}(t) = C_n^j t^j (1-t)^{n-j}, \quad j = 0,1,\cdots,n \tag{3 – 28}$$

采用顶点表示后，给输入与交互修改设计曲线带来莫大的方便，只要移动顶点就可灵活地控制曲线的形状。

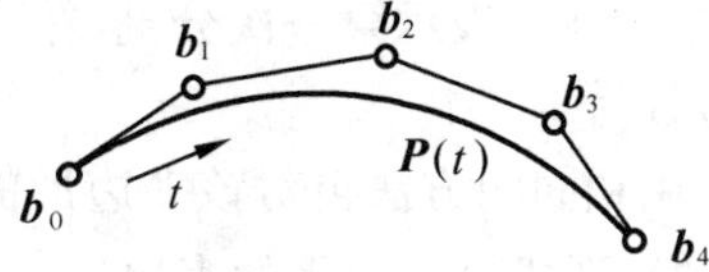

图 3 – 9　用顶点定义的 Bezier 曲线($n = 4$)

3.2.2.2　Bezier 曲线性质

Bezier 曲线具有以下性质：

(1)Bezier 曲线的首末端点正好分别是 Bezier 多边形的首末顶点，即 $p(0) = b_0, p(1) = b_n$。

(2)Bezier 曲线在首末端点的 k 阶导矢分别与 Bezier 多边形的首末 k 条边有关，与其它边无关，这表明曲线在首末端点分别与首末条边相切。

(3) 几何不变性与仿射不变性。曲线经过几何变换和仿射变换后形状保持不变。

(4)“对称性”。将 Bezier 多边形顺序取反，定义同一条曲线，仅曲线方向取反。

(5) 凸包(convex hull) 性质。一个点集的凸包被定义为由该点集的元素形成的所有的凸组合的集合。这一性质确定了 Bezier 曲线的所在范围，使得设计人员预先就心中有数。它还被用于分割求交：如果用 Bezier 形式表示的两相交元素的控制顶点的凸包不相交，则可肯定

它们不相交。

(6) 变差减少(variation diminishing)性质(又称VD性质)。任一平面与Bezier曲线的交点数不会超过它与控制多边形的交点数,但包含整个控制多边形的平面除外。

这一性质导致如下的凸性定理:如定义平面Bezier曲线的控制多边形是凸的(指连接首末顶点构成的封闭多边形为凸的,重边情况除外),则所定义的平面Bezier曲线也是凸的。

(7) 移动 n 次Bezier曲线的第 j 个控制顶点 b_j,将对曲线上参数为 $t = j/n$ 的那点 $p(j/n)$ 处发生最大的影响。这是因为相应的基函数 $B_{j,n}(t)$ 在 $t = j/n$ 处达到最大值。

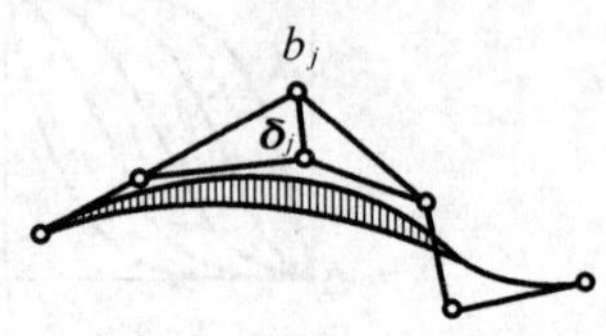

图3-10 移动顶点 b_j 对Bezier曲线的影响

若使顶点 b_j 引入偏移矢量 $\boldsymbol{\delta}_j$,则由新Bezier多边形定义的Bezier曲线将是

$$P^*(t) = P(t) + \boldsymbol{\delta}_j B_{j,n}(t)$$

在 $p(j/n)$ 处发生的最大影响(见图3-10)为

$$\Delta P = P^*\left(\frac{j}{n}\right) - P\left(\frac{j}{n}\right) = \boldsymbol{\delta}_j B_{j,n}\left(\frac{j}{n}\right)$$

反之,欲使曲线 $p(t)$ 在 $p(j/n)$ 处移动 ΔP,则必须使顶点 b_j 引入偏移矢量

$$\boldsymbol{\delta}_j = \Delta P / B_{j,n}\left(\frac{j}{n}\right)$$

可见,这是一个对曲线交互设计很有用的性质,使得它更适合于形状设计。

3.2.2.3 Bezier曲线的几何作图法

应用几何作图法,可便捷地确定Bezier曲线上与某给定参数值相对应的点,作图法的原理如下(图3-11):

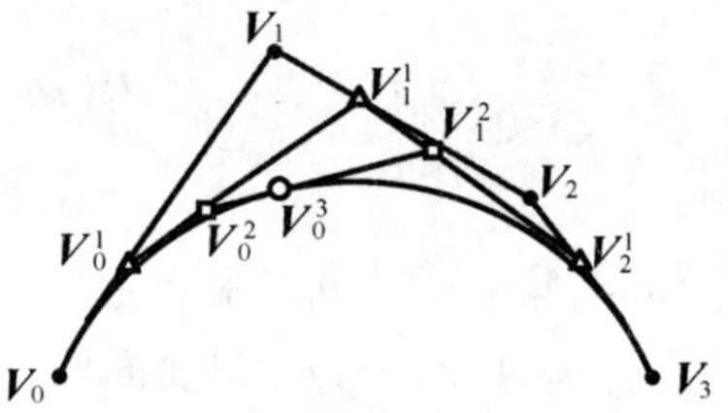

图3-11 Bezier曲线的作图法

根据给定的参数值 u,在特征多边形的每一条边上确定某一分割点,使分割后的两线段之比为 $u:(1-u)$。由此,可得分割点的点矢为

$$\boldsymbol{V}_i^1 = (1-u)\boldsymbol{V}_i + u\boldsymbol{V}_{i+1}$$

$$i = 0,1,\cdots,n-1 \tag{3-29}$$

式中,上标1表示第一次分割,第一次分割后,得到 n 个分割点,由其组成一个新的多边形,其边数为 $n-1$。

用相同的方法再对该多边形的各条边进行分割,得到 $n-1$ 个分割点 $\boldsymbol{V}_i^2$;($i = 0, l, \cdots, n-2$),形成另一个新的多边形。

按相同的过程分割 $n-1$ 次以后,仅剩两个顶点 $\boldsymbol{V}_0^{n-1}$ 和 $\boldsymbol{V}_1^{n-1}$。对线段 $\boldsymbol{V}_0^{n-1}\boldsymbol{V}_1^{n-1}$ 再分割一次,得到点 V_0^n。V_0^n 即为Bezier曲线上与参数 u 相对应的点,$\boldsymbol{V}_0^{n-1}\boldsymbol{V}_1^{n-1}$ 为曲线在 $\boldsymbol{V}_0^n$ 处的切线。

上述作图过程与特征多边形顶点所取的坐标系无关,因而从另一个角度证明了Bezier曲线的几何不变性。

3.2.2.4 Bezier曲面

Bezier曲面是Bezier曲线向曲面的直接拓广。

(1) 双三次Bezier曲面

定义一张双三次Bezier曲面需16个控制顶点,如图3-12所示:

该顶点集的矩阵表示为式:

$$\boldsymbol{V}=\begin{bmatrix}\boldsymbol{A} & \boldsymbol{SAB} & \boldsymbol{SBA} & \boldsymbol{B}\\ \boldsymbol{SAD} & \boldsymbol{TA} & \boldsymbol{TB} & \boldsymbol{SBC}\\ \boldsymbol{SDA} & \boldsymbol{TD} & \boldsymbol{TC} & \boldsymbol{SCB}\\ \boldsymbol{D} & \boldsymbol{SDC} & \boldsymbol{SCD} & \boldsymbol{C}\end{bmatrix} \qquad (3-30)$$

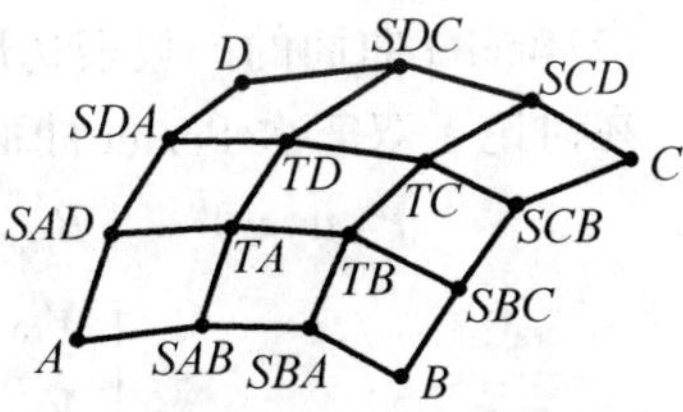

图 3 - 12　双三次 Bezier 曲面

称为定义双三次 Bezier 曲面的特征多边形网格。双三次 Bezier 曲面的形成过程如下：

1) 由式(3 - 30) 中的四个列阵生成四条三次 Bezier 曲线 $S_0(u)$, $S_1(u)$, $S_2(u)$ 和 $S_3(u)$，表示为

$$[\boldsymbol{S}_0(u) \quad \boldsymbol{S}_1(u) \quad \boldsymbol{S}_2(u) \quad \boldsymbol{S}_3(u)] = [(1-u)^3 \quad 3(1-u)^2 u \quad 3(1-u)u^2 \quad u^3]\boldsymbol{V}$$

$$u \in [0,1] \qquad (3-31)$$

2) 给定任一 u，设 $u = u_1, u_1 \in [0,1]$，则可在上述四条曲线上分别得到点 $S_0(u_1)$，$S_1(u_1)$，$S_2(u_1)$ 和 $S_3(u_1)$，它们构成了一个新的多边形，该多边形在 w 向定义了一条新的三次 Bezier 曲线 $P(u_1, w)$：

$$\boldsymbol{P}(u_1,w) = [\boldsymbol{S}_0(u_1) \quad \boldsymbol{S}_1(u_1) \quad \boldsymbol{S}_2(u_1) \quad \boldsymbol{S}_3(u_1)]\begin{bmatrix}(1-w)^2\\ 3(1-w)^2 w\\ 3(1-w)w^2\\ w^3\end{bmatrix} \qquad (3-32)$$

取任一 w 值，如 $w = w_1, w \in [0,1]$，则可求得曲线 $\boldsymbol{P}(u_1, w)$ 上的一个点 $\boldsymbol{P}(u_1, w_1)$。实际上，$\boldsymbol{P}(u_1, w_1)$ 就是曲面上与参数 (u_1, w_1) 对应的一个点。

3) 当参数 u 和 w 在 0 至 1 的区间上遍历时，就构成了整张双三次 Bezier 曲面。

可以将式(3 - 32) 表示成更一般的形式，即

$$\boldsymbol{P}(u,w) = [(1-u)^3 \quad 3(1-u)^2 u \quad 3(1-u)u^2 \quad u^3]\boldsymbol{V}\begin{bmatrix}(1-W)^3\\ 3(1-w)^2 w\\ 3(1-w)w^2\\ w^3\end{bmatrix} =$$

$$\boldsymbol{UBVB}^{\mathrm{T}}\boldsymbol{W}^{\mathrm{T}} \qquad (3-33)$$

式中

$$\boldsymbol{U} = [u^3 \quad u^2 \quad u \quad 1],\ \boldsymbol{W} = [w^3 \quad w^2 \quad w \quad 1],\ u, w \in [0,1]$$

$$\boldsymbol{B} = \begin{bmatrix}-1 & 3 & -3 & 1\\ 3 & -6 & 3 & 0\\ -3 & 3 & 0 & 0\\ 1 & 0 & 0 & 0\end{bmatrix}$$

式(3 - 33) 即为双三次 Bezier 曲面的表达式，对该表达式作适当推导，可得有关双三次 Bezier 曲面的若干结论：

① 特征多边形网格的四个角点 A，B，C 和 D 落在曲面的四角，其他顶点一般不在曲面上。

② 多边形网格的四个边界多边形定义了曲面的四条边界。

③ 网格的四个内部顶点 TA，TB，TC 和 TD 不影响边界曲线的形状，但影响曲面的跨界切矢和跨界曲率，从而影响曲面的内部形状。

④SAB，SBA，… 等则定义了角点处沿相应参数方向的切矢。

(2)Bezier曲面的一般表达形式

在讨论了双三次 Bezier 曲面以后，我们可以直接写出 Bezier 曲面表达式的一般形式：

$$\boldsymbol{P}(u,w)=[B_{m,0}(u)\quad B_{m,1}(u)\cdots B_{m,m}(u)]\begin{bmatrix}\boldsymbol{V}_{00} & \boldsymbol{V}_{01} & \cdots & \boldsymbol{V}_{0n}\\ \boldsymbol{V}_{10} & \boldsymbol{V}_{11} & \cdots & \boldsymbol{V}_{1n}\\ \vdots & \vdots & \cdots & \vdots\\ \boldsymbol{V}_{m0} & \boldsymbol{V}_{m1} & \cdots & \boldsymbol{V}_{mn}\end{bmatrix}\begin{bmatrix}B_{n,0}(w)\\ B_{n,1}(w)\\ \vdots\\ B_{n,n}(w)\end{bmatrix}\quad u,w\in[0,1] \qquad (3-34)$$

式中　$V_{ij}(i=0,1,\cdots,m,j=0,1,\cdots,n)$ 为多边形网格顶点；

$B_{m0}(u),B_{m1}(u),\cdots,B_{mm}(u)$ 为 u 向 Bernstein 基函数族；

$B_{m0}(w),B_{n1}(w),\cdots,B_{nn}(w)$ 为 w 向 Bernstein 基函数族。

式(3－34) 还可用求和式表示为

$$\boldsymbol{P}(u,w)=\sum_{i=0}^{m}\sum_{j=0}^{n}B_{mi}(u)B_{nj}(w)\boldsymbol{V}_{ij},\quad u,w\in[0,1] \qquad (3-34)$$

3.2.2.5　Bezier 方法的特点

样条函数、参数样条曲线和曲面以及 Coons 曲面，它们都属于构造插值曲线和插值曲面的方法，主要用于构造那些通过给定型值点的曲线和曲面，而不适用于进行曲线或曲面的直接设计，这是因为：

(1) 在曲线、曲面设计的最初阶段，设计者对其所设计产品的外形仅有一个非常粗略的概念，为得到满意的外形，设计者尚需不断修正型值点的位置。用前述方法对位置尚未最后确定的型值点构造相应的插值曲线或插值曲面，显然是不合理的，必将导致计算时间和资源的浪费。

(2) 曲线、曲面的形状不易控制，如应用参数样条方法构造曲线时，虽可使曲线通过所有型值点，但其形状还取决于所选定的端点条件。

(3) 前述各种方法都不具备局部性，修改任意一个型值点都会影响整条曲线和整张曲面的形状，而其形状变化又难以预测。

Bezier 方法是以逼近原理为基础，应用 Bezier 方法，人们可以方便地逼近数学曲线或由设计师勾画的草图，真正起到"辅助设计"的作用。因此，Bezier 曲线、曲面是曲线、曲面造型中的一个里程碑，在 CAD/CAM 领域发挥了重要的作用。

但 Bezier 方法也有其局限性：

1) 和三次样条一样，Bezier 方法也不具备局部性，故无法作局部修改。

2) 当曲线、曲面的形状复杂时，需增加特征多边形的顶点数，曲线、曲面的幂次也随之增高，从而增加了计算量。

3) 当曲线的幂次较高时，Bezier 曲线、曲面的形状与其定义多边形(顶点网格) 有较大差异，也不够直观。

3.2.3　B 样条曲线和曲面

从参数连续的组合 Bezier 曲线给出了 C^1 二次与 C^2 三次样条曲线，分别就是二次与三次 B 样条曲线。B 样条方法兼具了 Bezier 方法的一切优点，在形状定义与设计方面有很大的灵活性,具有描述和设计自由曲线曲面的强大功能,是最广泛流行的形状数学描述的主流方法之一。目前B样条方法已成为国际工业产品几何定义标准的有理B样条方法的基础。

3.2.3.1　B样条曲线的提出及特点

B样条方法是在保留Bezier方法的优点,克服其由于整体表示带来不具有局部性质的缺点,及解决在描述复杂形状时带来的连接问题而提出的。

为了保留Bezier方法的优点,仍采用控制顶点定义曲线。为了能描述复杂形状和具有局部性质,改用另一套特殊的基函数即B样条基函数。于是,B样条曲线方程可写为

$$\boldsymbol{P}(u)=\sum_{i=0}^{n}d_iN_{i,k}(u)$$

其中 $d_i,i=0,1,\cdots,n$,为控制顶点,又称德布尔点。顺序连成的折线称为B样条控制多边形,简称为控制多边形。$N_{i,k}(u),i=0,1,\cdots,n$,称为 k 次规范B样条基函数,它是由一个称为节点矢量的非递减的参数 u 的序列 $U:u_0\leqslant u_1\leqslant\cdots\leqslant u_{i+k+1}$ 所决定的 k 次分段多项式,也即为 k 次多项式样条。B样条具有局部支撑性质,B样条基是多项式样条空间具有最小支撑的一组基,故被称之为基本样条(basic spline),简称B样条。

B样条曲线与Bezier曲线之间存在以下差别:

(1) 对于Bezier曲线,基函数的次数等于控制顶点数减1。对于B样条曲线,基函数的次数 k 与控制顶点数无关。

(2)Bezier曲线的基函数即Bernstein基函数是多项式函数。B样条曲线的基函数即B样条基函数是多项式样条。

(3)Bezier曲线是一种特殊表示形式的参数多项式曲线。B样条曲线则是一种特殊表示形式的参数样条曲线。

(4)Bezier曲线缺乏局部性质,B样条曲线具有局部性质。局部性质是B样条曲线的最重要的性质之一。

3.2.3.2　B样条曲线的数学描述

B样条有多种等价定义,在理论上多采用截尾幂函数的差商定义。但用截尾幂函数的差商计算B样条存在着高阶B样条和节点分布极不均匀的情况下计算结果不很稳定的缺陷。当前广泛采用的是由德布尔和考克斯提出的递推定义,又称为德布尔 — 考克斯递推公式,它使计算简便稳定。该公式的发现是B样条理论最重要的进展之一,它直接采用次数给出的公式如下

$$\begin{cases}N_{i,0}(u)=\begin{cases}1 & 若\ u_i\leqslant u<u_{i+1}\\0 & 其它\end{cases}\\N_{i,k}(u)=\dfrac{u-u_i}{u_{i+k}-u_i}N_{i,k-1}(u)+\dfrac{u_{i+k+1}-u}{u_{i+k+1}-u_{i+1}}N_{i+1,k-1}(u)\\\dfrac{0}{0}=0\end{cases}\tag{3-35}$$

$N_{i,k}(0)$ 的双下标中第二下标表示次数,第一下标 i 表示序号。该递推公式表明,欲确定第 i 个 k 次B样条 $N_{i,k}(u)$,需要用到 $u_i,u_{i+1},\cdots,u_{i+k+1}$ 共 $k+2$ 个节点。我们称区间 $[u_i,u_{i+k+1}]$ 为 $N_{i,k}$ 的支撑区间。$N_{i,k}(u)$ 的第一下标等于其支撑区间左端节点的下标,即表示该B样条在参数 u 轴上的位置。曲线方程中相应 $n+1$ 个控制顶点 $d_i,i=0,1,\cdots,n$,要用到 $n+1$ 个 k 次样条基函数 $N_{i,k}(u),i=0,1,\cdots,n$,它们每个都是 k 次B样条。它们的支撑区间

所含节点的并集就是定义这一组 B 样条基的节点矢量 $U = [u_0, u_1, \cdots, u_{n+k+1}]$，从中可知需要哪些节点。

(3－35) 式中第一式给出了零次 B 样条(图 3－13)。

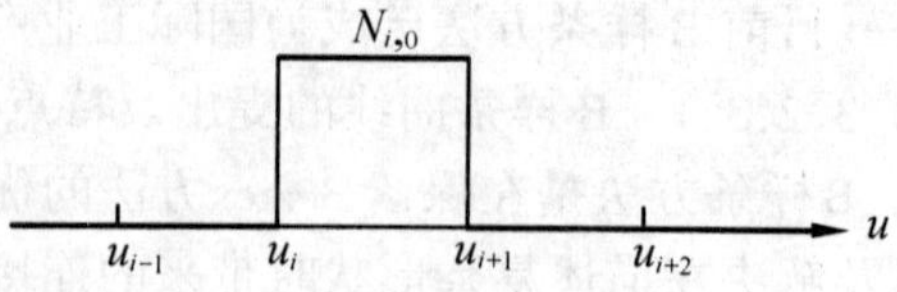

图 3－13　零次 B 样条 N_{i0}

一次 B 样条 $N_{i,1}(u)$ 由两个零次 B 样条 $N_{i,0}(u)$ 与 $N_{i+1,0}(u)$ 递推得到，是它们的凸线性组合：

$$N_{i,1}(u) = \frac{u - u_i}{u_{i+1} - u_i} N_{i,0}(u) + \frac{u_{i+2} - u}{u_{i+2} - u_{i+1}} N_{i+1,0}(u)$$

其中

$$N_{i,0}(u) = \begin{cases} 1, & 若\ u_i \leqslant u < u_{i+1} \\ 0, & 其它 \end{cases}$$

$$N_{i+1,0}(u) = \begin{cases} 1, & 若\ u_{i+1} \leqslant u < u_{i+2} \\ 0, & 其它 \end{cases}$$

它们像开关那样发生作用，即 1 表示接通，0 表示断开。于是可得

$$N_{i,1}(u) \begin{cases} \dfrac{u - u_i}{u_{i+1} - u_i}, & 若\ u_i \leqslant u < u_{i+1} \\ \dfrac{u_{i+2} - u}{u_{i+2} - u_{i+1}}, & 若\ u_{i+1} \leqslant u \leqslant u_{i+2} \\ 0, & 其它 \end{cases}$$

其图形如图 3－14 所示。

类似地可由两个一次 B 样条 $N_{i,1}(u)$ 与 $N_{i+1,1}(u)$ 递推得到二次 B 样条 $N_{1,2}(u)$，如图 3－15 所示。

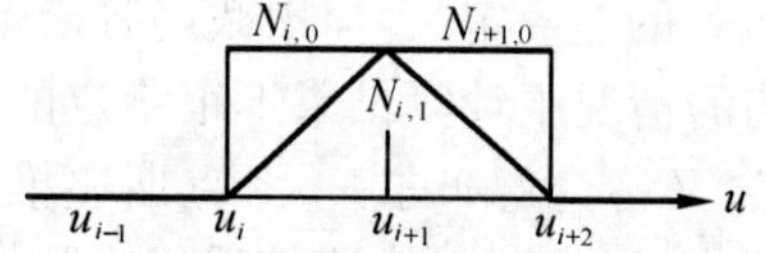

图 3－14　由两个零次 B 样条 $N_{i,0}$ 与 $N_{i+1,0}$ 递推生成一次 B 样条 $N_{i,1}$

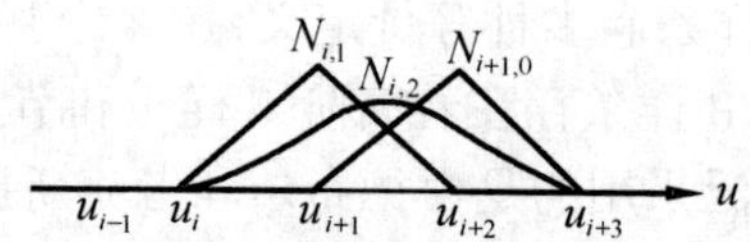

图 3－15　由两个一次 B 样条 $N_{i,1}$ 与 $N_{i+1,1}$ 递推生成二次 B 样条 $N_{i,2}$

递推公式表明，k 次 B 样条 $N_{i,k}(u)$ 可由两个 $k-1$ 次 B 样条 $N_{i,k-1}(u)$ 与 $N_{i+1,k-1}(u)$ 递推得到。其凸线性组合的系数分别为 $\dfrac{u - u_i}{u_{i+k} - u_i}$ 与 $\dfrac{u_{i+k+1} - u}{u_{i+k+1} - u_{i+1}}$，两个系数的分母恰好是两个 $k-1$ 次 B 样条的支撑区间的长度，分子恰好是参数 u 把第 i 个 k 次 B 样条 $N_{i,k}(u)$ 的支撑区间 $[u_i, u_{i+k+1}]$ 划分成两部分的长度。

在重节点的情况下，递推公式右端两个凸线性组合系数可能出现分子分母都为零的情况，这时按规定该系数取为零。

3.2.3.3　B 样条的性质

(1) B 样条的局部支撑性质

$$B_{j,0}(u) = \begin{cases} 1 & u_j \leqslant u < u_{j+1} \\ 0 & \text{其它} \end{cases} \tag{3-36}$$

$$B_{i,k}(u) = \frac{u - u_i}{u_{i+k} - u_i} B_{i,k-1}(u) + \frac{u_{i+k+1} - u}{u_{i+k+1} - u_{i+1}} B_{i+1,k-1}, \quad k > 0 \tag{3-37}$$

由图 3－16 和递推定义式(3－35)、(3－36) 可知:

$$B_{i,k}(u) \begin{cases} \geqslant 0, u \in [u_i, u_{i+k+1}] \\ = 0, u \notin [u_i, u_{i+k+1}] \end{cases} \tag{3-38}$$

式(3－38) 表明,第 i 条 k 次 B 样条仅在节点 u_i 至 u_{i+k+2} 的 $k+1$ 个区间内不为0,而其余区间内均为 0。这个性质称为局部支撑性质。

k 次 B 样条仅在 $k+1$ 个区间内非 0,即每段 k 次 B 样条曲线只涉及 $k+1$ 个基函数,并由 $k+1$ 个顶点所定义

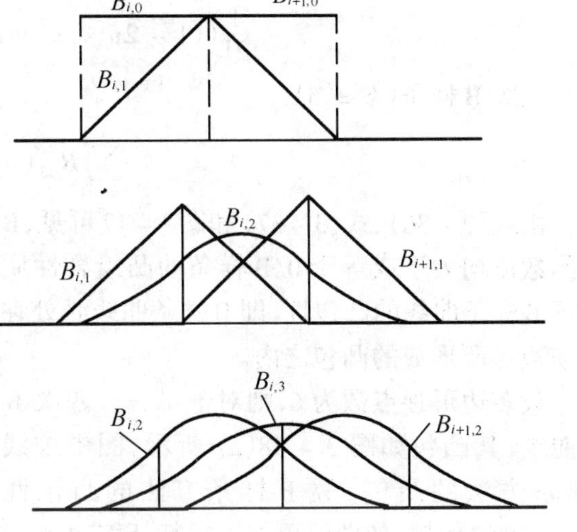

图 3－16 三次 B 样条的形成

$$P_i(u) = \begin{bmatrix} B_{i-k,k} & B_{i-k+1,k} & \cdots & B_{i,k} \end{bmatrix} \begin{bmatrix} V_i \\ V_{i+1} \\ \vdots \\ V_{i+k} \end{bmatrix} \tag{3-39}$$

B 样条的局部支撑性对曲线、曲面设计的影响是:

1) 第 i 段 k 次 B 样条曲线仅由 $V_i, V_{i+1}, \cdots, V_{i+k}$ 共 $k+1$ 个顶点所控制,而与其他顶点无关。因此,为修改该段曲线,仅需修改有关的 $k+1$ 个顶点即可。

2) 反之,修改一个顶点,对 B 样条曲线的影响也是局部的。对于均匀的 k 次 B 样条曲线,调整一个顶点的位置仅影响与该顶点有关的 $k+1$ 段曲线。但对于非均匀 B 样条曲线,由于顶点的变化会导致节点矢量的变化而影响基函数,对 B 样条曲线的影响范围将扩大。

局部支撑性质是 B 样条最重要的性质和最吸引人的特点之一,也是 B 样条方法与 Bezier 方法的主要差别所在,从而为曲线、曲面的交互设计奠定了良好的基础。

(2)B 样条的凸组合性质

B 样条的凸组合性质表示为

$$\sum_{i=-\infty}^{\infty} B_{i,k}(u) = 1 \tag{3-40}$$

在此,我们仅研究 0 至三次均匀 B 样条在任意区间$[u_i, u_{i+1}]$内的情况,请参见图 3－17。

0 次 B 样条($k=0$):

$$\sum_{j=i-k}^{i} B_{j,0}(u) = B_{i,0}(u) = 1$$

一次 B 样条($k=1$):

$$\sum_{j=i-k}^{i} B_{j,1}(u) = B_{i-1,1}(u) + B_{i,1}(u) = (1-u) + u = 1$$

二次 B 样条($k = 2$):

$$\sum_{j=i-k}^{i} B_{j,2}(u) = B_{i-2,2}(u) + B_{i-1,2}(u) + B_{i,2}(u) =$$

$$\frac{1}{2!}((1-2u+u^2) + (1+2u-2u^2) + u^2) = 1$$

三次 B 样条($k = 3$):

$$\sum_{j=i-k}^{i} B_{j,3}(u) = 1$$

由式(3-36)、式(3-37)和图 3-17 可见,B 样条的数值均大于或等于 0。B 样条的凸组合性质保证了 B 样条曲线的凸包性,即 B 样条曲线必处在控制多边形所形成的凸包之内。

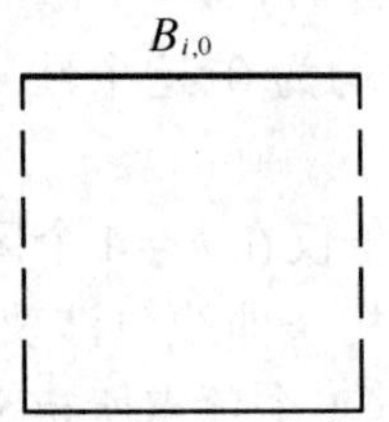

设多边形顶点数为 6,则对于二、三、四次 B 样条曲线,其凸包如图 3-18(a) 所示。图中虚线为 Bezier 方法的凸包,故 B 样条方法的凸包性比 Bezier 方法优越,使曲线更加逼近特征多边形。图 3-18(b) 所示为 B 样条曲线与 Bezier 曲线的比较。

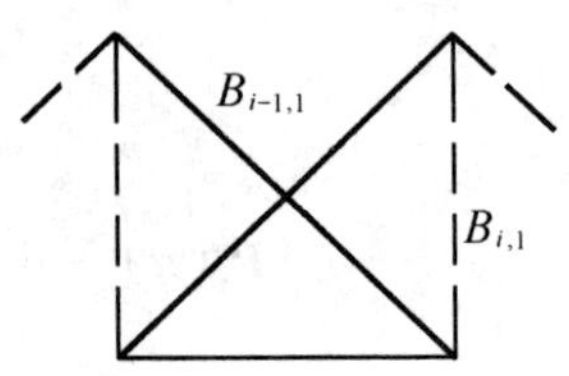

B 样条较强的凸组合性质对曲线、曲面设计亦具有重要意义,它使设计人员能更方便地控制 B 样条曲线的形状。

(3)B 样条基函数与 Bernstein 基函数的关系

Bernstein 基函数的表达式为

$$J_{n,i} = c_n^i u^i (1-u)^{n-i}$$

式中 n—— 多项式幂次,相当于特征多边形边数

i—— 特征多边形顶点标号,$i = 0,1,\cdots,n$

C_n^i—— 组合数。

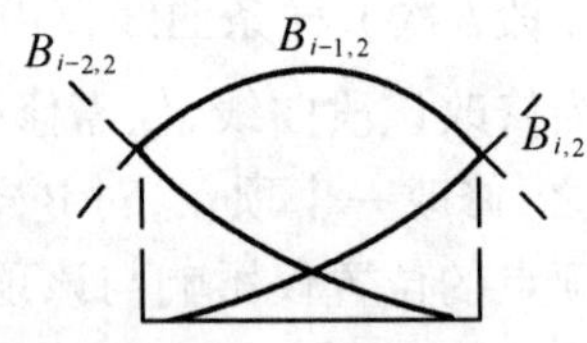

可以证明,当节点矢量的两端 $x_0 = 0$ 和 $x_1 = 1$ 均为 k 重节点已无内节点时,B 样条表达式退化为 Bernstein 多项式。由于二者之间的联系,我们可以将一条 B 样条曲线分割为一系列 Bezier 曲线,以便充分利用 Bezier 方法的理论成果和成熟的算法去解决有关 B 样条曲线曲面的求交、裁剪等问题。

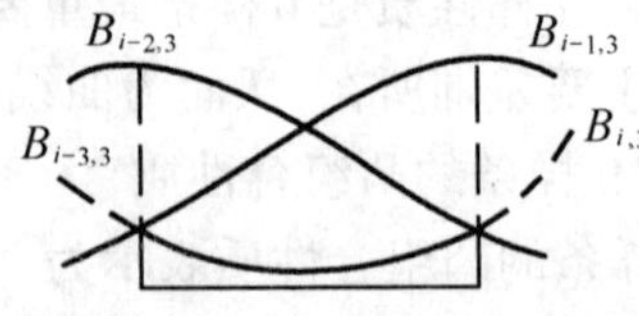

图 3-17 在区间$[u_i, u_{i+1}]$内形成 $k+1$ 段 k 次 B 样条

(4)B 样条在节点处的连续特性

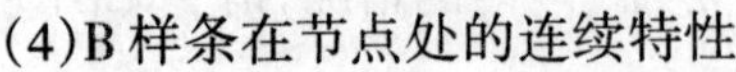

B 样条在节点处的连续性表现如下:

1) 若一节点矢量中节点均不相重,则 k 次 B 样条在节点处为 $k-1$ 次连续。

以三次均匀 B 样条为例,各段的表达式为

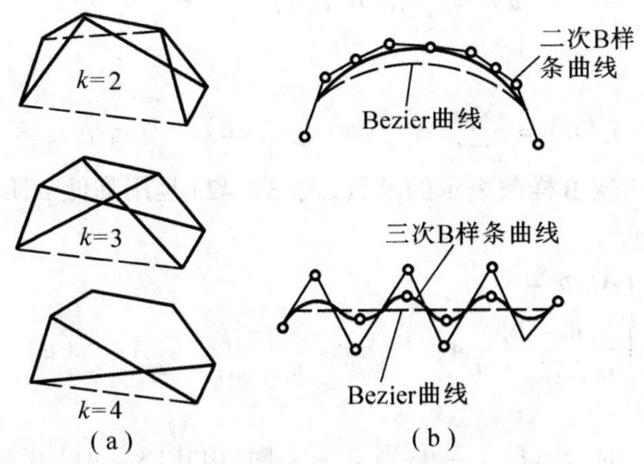

图 3 - 18　B 样条曲线的凸包性

(a)B 样条曲线和 Bezier 曲线凸包的比较

(b)B 样条曲线和 Bezier 曲线的比较

$$B_{i,3}(u)=\begin{cases}0, & u\notin[u_i,u_{i+1}]\\ \frac{1}{3!}u^3, & u\in[u_i,u_{i+1}]\\ \frac{1}{3!}(1+3u+3u^2-3u^3) & u\in[u_{i+1},u_{i+2}]\\ \frac{1}{3!}(4-6u^2+3u^3), & u\in[u_{i+2},u_{i+3}]\\ \frac{1}{3!}(1-u)^3, & u\in[u_{i+3},u_{i+4}]\end{cases}$$

容易证明,各段 B 样条在节点 u_{i+1},u_{i+2} 和 u_{i+3} 处分别达到函数值、一阶导数及二阶导数连续,在两端节点 u_i 和 u_{i+4} 处,B 样条与参数轴相切。由于 B 样条在各节点处的连续性,保证了 B 样条曲线在结点处的连续性。

2) 当存在重节点时,在重节点处的连续性将相应降低,若节点 j 的重复度为 M_j(共出现 M_{j+1} 次),则在该点处,B 样条的连续性将降低 M_j 阶。

图 3 - 19 为具有三重节点(重复度为 2) 的三次 B 样条,由于节点 u_i 的重复度为 2,故连续性降低 2 阶,仅保持函数连续。

应用重节点技巧可以控制 B 样条曲线的几何特性。

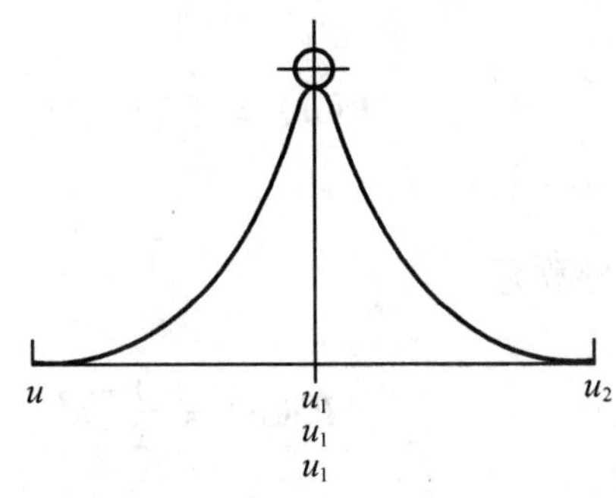

图 3 - 19　具有三重节点的三次 B 样条

(5) 高次与低次 B 样条函数之间的关系

应用 B 样条的递推算法,可以把一个高次的 B 样条函数用一个低次的 B 样条函数来表示,用公式表示为

若

$$S_k(u) = \sum_{j=i-k}^{n} A_j B_{j,k}(u), \quad u \in [a,b] \tag{3-41}$$

则

$$S_k(u) = \sum_{j=-k+}^{n} A_j^{[P]}(u) B_{j,k-p}(u), \quad 0 \leqslant p \leqslant k \tag{3-42}$$

式(3－41)是用 k 次 B 样条表示的函数，式(3－42)是用降低 p 阶后的 B 样条表示的同一个函数。其中

$$A_j^{[p]}(u) = \begin{cases} A_j, p = 0 \\ \dfrac{u - u_j}{u_{j+k-p+1} - u_j} A_j^{[p-1]}(u) + \dfrac{u_{j+k-p} - u}{u_{j+k-p+1} - u_j} A_{j-1}^{[p-1]}(u) \end{cases} \quad 1 \leqslant p \leqslant k \tag{3-43}$$

式中 p 为降低的阶。

因 $u_j \leqslant u < u_{j+1}$ 时，$B_{j,0}(u) = 1$，当 $p = k$ 时，由式(3－41)可得

$$S_k(u) = A_j^{[k]}(u), \quad u_j \leqslant u < u_{j+1} \tag{3-44}$$

对 B 样条曲线而言，A_j 即为特征多边形的顶点，$B_{j,k}(u)$ 为基函数，j 为 B 样条的序号，k 为幂次，式(3－41)是一条完整的 B 样条曲线的表达式，式(3－42)是降阶表示的同一条曲线。由于 u 值总处在某一具体区间内，又因 B 样条的局部性质，(3－41)只包括了 $k+1$ 项。

(6)B 样条函数求导的递推性质

若 B 样条函数的表达式为

$$S_k(u) = \sum_{j=-k}^{n} A_j B_{j,k}(u), \quad u \in [a,b]$$

在当 $0 \leqslant p \leqslant k$ 时，式(3－44)成立：

$$\frac{d^p}{dx^p} S_k(u) = k(k-1)\cdots(k-p+1) \sum_{j=-k+p}^{n} A_j^{(p)} B_{j,k-p+1}(u) \tag{3-45}$$

式中

$$A_j^{(0)} = A_j \quad p = 0$$

$$A_j^{(p)} = \frac{A_j^{(p-1)} - A_{j-1}^{(p-1)}}{u_{j+k-p+1} - u_j} \quad 0 < p \leqslant k$$

为具体说明式(3－44)的含义，给出三次均匀 B 样条曲线的一阶、二阶和三阶导数。

三次均匀 B 样条曲线段的表达式为

$$P(u) = \frac{1}{6}[u^3 \quad u^2 \quad u \quad 1] \begin{bmatrix} -1 & 3 & -3 & 1 \\ 3 & -6 & 3 & 0 \\ -3 & 0 & 3 & 0 \\ 1 & 4 & 1 & 0 \end{bmatrix} \begin{bmatrix} V_1 \\ V_2 \\ V_3 \\ V_4 \end{bmatrix} \tag{3-46}$$

一阶导数为

$$P'(u) = \frac{1}{2}[u^2 \quad u \quad 1] \begin{bmatrix} 1 & -2 & 1 \\ -2 & 2 & 0 \\ 1 & 1 & 0 \end{bmatrix} \begin{bmatrix} V_2 - V_1 \\ V_3 - V_2 \\ V_4 - V_3 \end{bmatrix} \tag{3-47}$$

二阶导数为

$$P''(u) = [u \quad 1] \begin{bmatrix} -1 & 1 \\ 1 & 0 \end{bmatrix} \begin{bmatrix} (V_3 - V_2) - (V_2 - V_1) \\ (V_4 - V_3) - (V_3 - V_2) \end{bmatrix} =$$

$$[u \quad 1]\begin{bmatrix} -1 & 1 \\ 1 & 0 \end{bmatrix}\begin{bmatrix} \boldsymbol{V}_3 - 2\boldsymbol{V}_2 + \boldsymbol{V}_1 \\ \boldsymbol{V}_4 - 2\boldsymbol{V}_3 + \boldsymbol{V}_2 \end{bmatrix} \tag{3-48}$$

三阶导数为

$$\begin{aligned} \boldsymbol{P}'''(u) = & [(\boldsymbol{V}_4 - 2\boldsymbol{V}_3 + \boldsymbol{V}_2) - (\boldsymbol{V}_3 - 2\boldsymbol{V}_2 + \boldsymbol{V}_1)] = \\ & [\boldsymbol{V}_4 - 3\boldsymbol{V}_3 + 3\boldsymbol{V}_2 - \boldsymbol{V}_1] \end{aligned} \tag{3-49}$$

式(3-46)至式(3-49)说明B样条曲线的导数可以用低阶的B样条基函数和顶点矢量差商序列的线性组合表示。

利用B样条函数求导数的递推性质,可方便地应用统一的计算机程序求得B样条曲线上的点矢以及直到 $k-1$ 阶的各阶导矢。

还可以得到两个推论,即当

$$\boldsymbol{S}_k(u) = \sum_{j=-k}^{n} \boldsymbol{A}_j B_{j,k}(u)$$

且 $A_j^{(p)}$ 由式(3-45)给出时,则

(1) 当一切 $A_j^{(1)} \geqslant (\leqslant) 0$ 时,$1-k \leqslant j \leqslant n$,$S_k(u)$ 为单调函数。

(2) 当一切 $A_j^{(2)} \geqslant (\leqslant) 0$ 时,$2-k \leqslant j \leqslant n$,$S_k(u)$ 为凹(凸)函数。

B样条尚有其他多种性质,请参考其他文献。

3.2.3.4 B样条曲面

(1) 计算B样条曲面上点的德布尔算法

设给定曲面定义域一对参数值(u,v),欲求该B样条曲面上对应的点 $p(u,v)$,可以先沿任一参数方向,如先沿 v 参数方向,按如下步骤进行:首先,以 v 参数值对沿 v 参数方向的 $m+1$ 个控制多边形执行用于计算B样条曲线上点的德布尔算法,求得 $m+1$ 个点作为中间顶点,构成中间多边形。然后,以 u 参数值对这中间多边形执行B样条曲线的德布尔算法,所得一点即所求该B样条曲面上一点 $p(u,v)$。

(2)B样条曲面偏导矢的计算

B样条曲面偏导矢的计算是B样条曲线导矢计算的推广。给定在曲面定义域内一对参数值(u,v),欲计算B样条曲面上一点 $p(u,v)$ 处的偏导矢 $\frac{\partial^{r+s}}{\partial u^r \partial v^s} p(u,v)$,也可按不同顺序进行。譬如,先以 v 参数值对沿 v 参数方向 $m+1$ 个控制多边形定义的 $m+1$ 条1次B样条曲线,计算出 $m+1$ 个关于 v 的 s 阶中间偏导矢。然后,视这 $m+1$ 个中间偏导矢为“位置矢量”表示的“中间控制点”,它们构成一个含 m 边的中间多边形。再以 u 参数值,计算出这个中间多边形定义的一条 k 次B样条曲线的 r 阶偏导矢,即为所求曲面上该点的偏导矢。

(3)B样条曲面的插入节点、升阶、分裂与组合

B样条曲线的这些算法都可推广到B样条曲面,都可像计算B样条曲面上的点与偏导矢那样,利用张量积曲面的性质,把双参数的曲面问题化解成为一系列的单参数的曲线问题。B样条曲面的这些算法不过是相应的B样条曲线的算法的多次重复应用罢了,同样可按不同的顺序进行。

3.2.4 非均匀有理B样条(NURBS)曲线曲面

B样条方法在表示与设计自由型曲线曲面形状时显示了强大的威力,而且计算效率高。但是,B样条曲线(包括其特例的Bezier曲线)不能精确表示除抛物线外的二次曲线弧,B样

条曲面(包括其特例的 Bezier 曲面)也不能精确表示除抛物面外的二次曲面,而只能给出近似表示。近似表示不仅将带来处理上的麻烦,使本来简单的问题复杂化,还会带来并不存在的设计误差。为了精确表示二次曲线与二次曲面,必须对现有的 B 样条方法进行改造,在保留它描述自由形状长处的同时,扩充其统一表示二次曲线与二次曲面的能力。这种方法就是有理 B 样条方法。在形状描述实践中,B 样条常常以非均匀类型出现(均匀、准均匀、分段 Bezier 三种类型又可看成是非均匀类型的特例),因而将这种有理 B 样条方法称之为非均匀有理 B 样条(Non - Uniform Rational B - Spline)方法,简记为 NURBS 方法。

NURBS 方法采用分子分母分别是参数多项式与多项式函数的分式表示,是有理的。相对而言,我们把以前介绍的 *Bezier* 方法与 B 样条方法都称为非有理的,相应的曲线曲面可以称为非有理曲线曲面。

首先将有理参数曲线曲面引入形状设计的是波音公司的罗温(Rowin,1964)和麻省理工学院的孔斯(Coons,1967)。后来英国飞机公司的波尔(Ball)在 CONSURF 系统中构造了两类特殊的有理参数三次曲线、广义二次曲线弧和简单线性参数段。以后经过人们的不断深入研究,使 NURBS 方法在理论与实用程度上逐步趋向成熟。

鉴于 NURBS 在形状定义方面的强大功能与潜力,不等到该方法完全成熟,美国国家标准局在 1983 年制订的初始图形交换规范 IGES(Initial Graphic Exchange Specification)第二版就将 NURBS 列为优化类型。1988 年颁布的 STEP/PDES(1.0)版产品定义交换规范就规定了 NURBS 是唯一的一种自由型参数曲线曲面。1991 年国际标准组织(ISO)正式颁布了工业产品几何定义的 STEP 标准,作为产品数据交换的国际标准,确认只用 NURBS 表示自由型曲线曲面。

与此同时,一些 CAD 商品软件系统纷纷开发和推出 NURBS 功能。目前市场上如 I - DEAS、Pro - E、CADDS5 等许多 CAD 软件都声称具有 NURBS 功能。NURBS 理论方面的研究成果正在迅速转化为现实生产力。

3.2.4.1 非均匀有理 B 样条特点

NURBS 方法在 CAD/CAM 领域获得认可和越来越广泛的应用,这是因为它具有下述优点:

(1) 既为标准解析形状(即前述初等曲线曲面),也为自由型曲面的精确表示与设计提供了一个公共的数学形式。因此,一个统一的数据库就能存储这两类形状信息。

(2) 由操纵控制顶点及权因子为各种形状设计提供了充分的灵活性。权因子的引入成为几何连续样条曲线曲面中形状参数的替代物。

(3) 计算稳定而快速。

(4)NURBS 有明显的几何解释,使得它对有良好的几何知识尤其是画法几何知识的设计人员特别容易使用。

(5)NURBS 有强有力的几何配套技术(包括插入节点、细分、消去、升阶、分裂等),能用于设计、分析与处理等各个环节。

(6)NURBS 在比例、旋转、平移、剪切以及平行和透视投影等变换下是不变的。

(7)NURBS 是非有理 B 样条形式以及有理与非有理 Bezier 样条的合适的推广。

3.2.4.2 非均匀有理 B 样条曲线的数学描述

在此,介绍两种表示 NURBS 曲线的方程:

(1) 有理分式表示

一条 k 次 NURBS 曲线可以表示为一分段有理多项式矢函数

$$\boldsymbol{p}(u)=\frac{\sum_{i=0}^{n}\omega_i\boldsymbol{d}_iN_{i,k}(u)}{\sum_{i=0}^{n}\omega_iN_{i,k}(u)}$$

其中 $\omega_i, i=0,1,\cdots,n$,称为权或权因子(weights),分别与控制顶点 $d_i, i=0,1,\cdots,n$,相联系。首末权因子 ω_0、$\omega_n>0$,其余 $\omega_i\geqslant0$,以防止分母为零、保留凸包性质及曲线不致因权因子而退化为一点。如同非有理 B 样条曲线那样,$d_i, i=0,1,\cdots,n$,称为控制顶点,顺序连接成控制多边形。

这就是 NURBS 曲线的数学定义,也是称之为“有理”的由来。

(2) 有理基函数表示

用分式表示的 NURBS 曲线方程可被改写成如下形式

$$\boldsymbol{p}(u)=\sum_{i=0}^{n}\boldsymbol{d}_iR_{i,k}(u)$$

$$R_{i,k}(u)=\frac{\omega_iN_{i,k}(u)}{\sum_{j=0}^{n}\omega_jN_{j,k}(u)}$$

这里,$R_{i,k}(u), i=0,1,\cdots,n$,称为 k 次有理基函数。它具有与 k 次规范 B 样条基函数 $N_{i,k}(u)$ 类似的性质,并导致 NURBS 曲线具有以下的几何性质:

1) 局部性质

局部性质表现在两个方面:

①k 次 NURBS 曲线上参数为 $u\in[u_i,u_{i+1}]\subset[u_k,u_{n+1}]$ 的点 $\boldsymbol{p}(u)$ 至多与 $k+1$ 个控制顶点 d_j 及相应的权因子 $\omega_j(j=i-k,i-k+1,\cdots,i)$ 有关,与其它无关;

② 若移动 k 次 NURBS 曲线的一个控制顶点 d_j 或其相关的权因子,则只影响定义在区间 $[u_i,u_{i+k+1}]\subset[u_k,u_{n+1}]$ 上那部分曲线的形状,其它部分不受影响。

2) 变差减少性质

3) 强的凸包性质

4) 在仿射与透视变换下的不变性质

5) 在参数定义域内的参数连续性

6) 若权因子 $\omega_i=0$,则相应的控制顶点 d_i 对曲线就失去影响

7) 若 $\omega_i\to\infty$,则

$$\boldsymbol{p}(u)=\begin{cases}\boldsymbol{d}_i & 当\ u\in[u_i,u_{i+k+1}]\\ \boldsymbol{p}(u) & 其它\end{cases}$$

8) 非有理和有理 Bezier 曲线及非有理 B 样条曲线是 NURBS 曲线的特例

3.2.4.3　非均匀有理 B 样条曲面

在此,介绍两种表示 $k\times1$ 次 NURBS 曲面的描述:

(1) 有理分式表示

$$\boldsymbol{p}(u,v)=\frac{\sum_{i=0}^{m}\sum_{j=0}^{n}\omega_{i,j}\boldsymbol{d}_{i,j}N_{i,k}(u)N_{j,1}(v)}{\sum_{i=0}^{m}\sum_{j=0}^{n}\omega_{i,j}N_{i,k}(u)N_{j,1}(v)}$$

这里控制顶点 $d_{ij}, i = 0,1,\cdots,m; j = 0,1,\cdots,n$，呈拓扑矩形阵列，形成一个控制网格。$\omega_{i,j}$ 是与顶点 $d_{i,j}$ 联系的极因子，规定四角顶点处用正权因子即 $\omega_{0,0}, \omega_{m,0}, \omega_{0,n}, \omega_{m,n} > 0$，其余 $\omega_{i,j} \geqslant 0$。$N_{i,k}(u), i = 0,1,\cdots,m$ 和 $N_{j,1}(v), j = 0,1,\cdots,n$，分别为 u 向 k 次和 v 向 1 次的规范 B 样条基。它们分别由 u 向与 v 向的节点矢量 $\boldsymbol{U} = [u_0, u_1, \cdots, u_{m+k+1}]$ 与 $\boldsymbol{V} = [v_0, v_1, \cdots, v_{n+l+1}]$ 按德布尔速推公式决定。虽然，NURBS 曲面由推广张量积曲面形式得到，然而，一般地，一张 NURBS 曲面不是一张量积曲面，从下面第二种等价表示可以看出。

(2) 有理基函数表示

$$\boldsymbol{p}(u,v) = \sum_{i=0}^{m} \sum_{j=0}^{n} \boldsymbol{d}_{i,j} R_{i,k;j,l}(u,v)$$

这里 $R_{i,k;j,l}(u,v)$ 是双变量有理基函数

$$R_{i,k;j,l}(u,v) = \frac{\omega_{i,j} N_{i,k}(u) N_{j,l}(v)}{\sum_{r=0}^{m} \sum_{s=0}^{n} \omega_{r,s} N_{r,k}(u) N_{s,l}(v)}$$

要注意，它不是两个单变量函数的乘积，所以，通常 NURBS 曲面不是张量积曲面。

3.2.4.4　NURBS 方法的不足

NURBS 方法还存在一些不足：

(1) 需要额外的存储以定义传统的曲线曲面。例如，为用一个外切正方形作为控制多边形定义一个整圆，至少需要 7 个控制顶点和 10 个节点。而传统的表示只要求给出圆心、半径和垂直于圆所在平面的法矢即可。这意味着，在三维空间，用 NURBS 方法定义一个整圆要求 38 个数据，而传统方法只要求 7 个数据。

(2) 权因子的不恰当使用可能导致很坏的参数化，甚至毁掉随后的曲面结构。

(3) 在 NURBS 中，对于求解刚好处于接触状态的曲面与曲面的交点是比较困难的，而这用传统方法求解比用 NURBS 工作得更好。

(4) 某些基本算法例如反求曲线曲面 L 点的参数值，存在数值不稳定问题。然而这些问题并非 NURBS 所特有，除(2) 外，其它方法，如非有理 Bezier、B 样条以及 Coons 和戈登方法等，也都存在同样的问题。

NURBS 方法是建立在非有理 Bezier 方法与非有理 B 样条方法基础上的。但是，NURBS 方法也并不是非有理 Bezier 方法与 B 样条方法的直接推广。在 NURBS 里将会遇到非有理方法中未出现的一系列新问题，计算将变得复杂，特别是权因子与参数化问题至今没有得到很好解决。

3.2.5　用偏微分方程构造曲面

3.2.5.1　偏微分方程构造曲面的提出及特点

长期以来一直用参数多项式表达自由曲线和自由曲面，但参数多项式不能很好地满足曲面设计提出的要求，还不是一种完善的曲面设计工具。作为曲面设计工具，应该能对曲面进行总体设计和作局部修改。

人们研究了用偏微分方程(Partial Differential Equation, 简称 PDE) 构造自由曲面的方法。PDE 方法在理论上具备"总体设计、局部修改" 的能力：确定总体边界及跨界导矢，构造整张曲面；确定待修改区域的边界及跨界导矢，进行局部修改；整个设计过程可以递归地进行，直至得到满意的曲面。并曾用 PDE 方法构造了过渡面、自由曲面和 N 边域曲面。理论上，

飞机和船体外形、螺旋桨叶片的曲面都可用 PDE 方法构造。

过渡面设计在 CAD/CAM 中具有重要的地位。过渡面设计有多种方法，如：Tiller 提出用有理 B 样条表示曲面、Woodward 用 B 样条及截面线技术表示自由曲面的形状、滚球过渡等。

数学上，过渡面的构造可以看作如下问题：给定边界为 $\partial\Omega$ 的有限区域 Ω，求在该区域上满足给定边界条件的曲面。典型的边界条件以 X 和它的一些导数在 $\partial\Omega$ 上的值的形式给出。给定导数的阶数取决于过渡面与原曲面的连续阶。此外，对过渡面还可能有更进一步的限制，如：光滑、不振荡以及与原实体不相交等。

过渡面可以由椭圆偏微分方程的边值问题得到。以一阶连续（G^1 或 C^1）的过渡面为例，只要给定边界曲线和一阶跨界导矢，就可构造出一张光滑的过渡面。如构造两个不相交椭球之间的一阶连续过渡面，事先只要确定两个椭球面上的过渡线和沿过渡线的跨界导矢，就可通过求解偏微分方程得到所需的过渡面。与其他方法相比较，PDE 方法比较简单，而且生成的曲面光滑。

3.2.5.2　偏微分方程构造曲面的数学描述

偏微分方程的解和积分曲面的定义为：设函数 f 在区域 D 内具有偏微分方程中所出现的各阶连续偏导数，若将 f 代入此偏微分方程后能使其在区域 D 内成为恒等式，则称 f 为此偏微分方程在区域 D 中的解。$f = f(x_1, x_2, \cdots, x_n)$ 在 $n+1$ 维空间 $(x_1, x_2, \cdots, x_n, f)$ 中是一曲面，称为此偏微分方程的积分曲面。

偏微分方程主要分为三类：1）双曲型；2）抛物型；3）椭圆型。偏微分方程需加上一定的条件（定解条件）才能求出未知数。

椭圆型方程一般用来描述稳态的物理现象，如板的平衡及稳态温度场等，调和方程

$$\left(\frac{\partial^2}{\partial u^2} + \frac{\partial^2}{\partial v^2}\right) f(u,v) = 0$$

就是二阶椭圆型偏微分方程。一般在有界参数区域 Ω 上求解上述方程，最常用的求解方法是分离变量法和积分变换法。下面介绍 *PDE* 曲面造型中用到的分离变量法。

设 $\Omega\{0 \leqslant u \leqslant 1, 0 \leqslant v \leqslant 2\pi\}$，给定调和方程

$$\left(\frac{\partial^2}{\partial u^2} + a^2 \frac{\partial^2}{\partial v^2}\right) \boldsymbol{X}(u,v) = 0 \tag{3-50}$$

及周期边界条件

$$\begin{cases} \boldsymbol{X}(0,v) = \boldsymbol{G}_0(v) \\ \boldsymbol{X}(1,v) = \boldsymbol{G}_1(v) \\ \boldsymbol{X}_u(0,v) = \boldsymbol{S}_0(v) \\ \boldsymbol{X}_u(1,v) = \boldsymbol{S}_1(v) \\ \boldsymbol{X}(u,0) = \boldsymbol{X}(u,2\pi) \end{cases} \tag{3-51}$$

式中 $X(u,v)$ 为所求曲面，$G_0(v)$ 和 $G_1(v)$ 为给定的边界曲线，$S_0(v)$ 和 $S_1(v)$ 为对应边界曲线处的跨界导矢，a 为光滑参数。

通过分离变量法可得到问题（3－50）和（3－51）的解析解：

$$\boldsymbol{X}(u,v) = \boldsymbol{A}_0(u) = \sum_{n=1}^{\infty} (\boldsymbol{A}_n(u)\cos nv + \boldsymbol{B}_n(u)\sin nv) \tag{3-52}$$

式中

$$\begin{cases} \boldsymbol{A}_0(u) = \boldsymbol{a}_{00} + \boldsymbol{a}_{01}u + \boldsymbol{a}_{02}u^2 + \boldsymbol{a}_{03}U^3 \\ \boldsymbol{A}_n(u) = (\boldsymbol{a}_{n1} + \boldsymbol{a}_{n2}u)\exp(anu) + (\boldsymbol{a}_{n3} + \boldsymbol{a}_{n4}u)\exp(-anu) \\ \boldsymbol{B}_n(u) = (\boldsymbol{b}_{n1} + \boldsymbol{b}_{n2}u)\exp(anu) + (\boldsymbol{b}_{n3} + \boldsymbol{b}_{n4}u)\exp(-anu) \end{cases}$$

具有上述形式的解一般称为周期(闭带)解。通过这种形式的解可知:用 *PDE* 方法生成的曲面由曲面参数的超越函数表示,而不是简单的多项式,因此所得到的曲面是光滑的。

(1) 直角坐标系下构造过渡面

首先考虑最简单的情况,即 $u = x, v = y, z = z(x,y)$,所求曲面 $z = (x,y)$ 满足偏微分方程

$$\left(\frac{\partial^2}{\partial x^2} + \frac{\partial^2}{\partial y^2}\right)z(x,y) = 0$$

及边界条件

$$z(0,y) = \begin{cases} (1-(y-1)^2)^{1/2}, & 0 \leqslant y \leqslant 2 \\ (1/4-(y-5/2)^2)^{1/2}, & 2 \leqslant y \leqslant 3 \end{cases}$$

$$z(3,y) = \begin{cases} (1/4-(y-1/2)^2)^{1/2}, & 0 \leqslant y \leqslant 1 \\ (1-(y-2)^2)^{1/2}, & 1 \leqslant y \leqslant 3 \end{cases}$$

$$z(x,0) = z(x,3) = 0, \quad 0 \leqslant x \leqslant 3$$

则问题的解可以通过数值方法获得。由于调和函数具有很好的光滑性,所得过渡曲面也将具有很好的光滑性,如图 3 - 20 所示。若改变边值条件,用类似的方法可以获得很多具有单值性质的曲面。

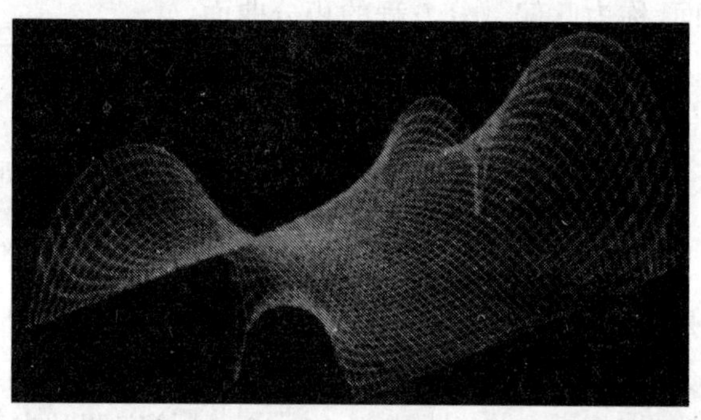

图 3 - 20　在两对半圆之间构造过渡面

(2) 曲面坐标系下构造过渡面

在直角坐标系下构造过渡面的优点为计算量少,并已有很多可供利用的求解二阶椭圆方程的数值方法。但应用直角坐标也有许多限制,如不能构造多值曲面;当要求导数也满足一定的边界条件时(如要求边界切矢平行立轴)不易处理等。为此,可以引进曲面参数 u,v。曲面上的点(x,y,z)都是 u,v 的函数且满足以 u,v 自变量的偏微分方程。

考虑最简单的情形,即矢值函数 $X = X(u,v)$ 满足二阶偏微分方程

$$\nabla^2_{u,v}\boldsymbol{X} \equiv \left(\frac{\partial^2}{\partial u^2} + \frac{\partial^2}{\partial v^2}\right)\boldsymbol{X}(u,v) = 0 \tag{3 - 53}$$

其边界条件可以是沿(u,v)平面上的边界曲线给定的 X 值。式(3 - 53)中,$\nabla^2_{u,v}$ 表示二阶 Laplace 算子。

为说明求解方法,考虑(u,v)平面上一个圆与其上方球面的零阶过渡。假设(u,v)在区域 $\Omega = \{0 \leqslant u \leqslant 1, 0 \leqslant v \leqslant 2\pi\}$ 内,(x,y)平面上的圆以原点为圆心,半径为 R;球的半径为 r,球心在$(0,0,z_0)$;取其与平面 $z = H(0 \leqslant H \leqslant z_0)$ 的交线为过渡线,则其边界条件如下:

$$\begin{cases} x(0,v) = \sqrt{r^2-(H-z_0)^2}\cos v, y(0,v) = \sqrt{r^2-(H-z_0)^2}\sin v, z(0,v) = H \\ x(1,v) = R\cos v, y(1,v) = R\sin v, z(1,v) = 0 \end{cases} \tag{3 - 54}$$

可以得到其解为

$$x(u,v) = (R\sinh u - \sqrt{r^2 - (H - z_0)^2}\sinh(u-1))\cos(v)/\sinh(1)$$

$$y(u,v) = (R\sinh u - \sqrt{r^2 - (H - z_0)^2}\sinh(u-1))\sin(v)/\sinh(1)$$

$$z(u,v) = H(1-u)$$

(3) 构造一阶连续的过渡面

用B样条或Bezier方法构造曲面之间的一阶或二阶连续的过渡面，其控制顶点必须满足一定的条件。而用PDE方法构造一阶连续的过渡面，则仅需给定过渡面在两张原始曲面上的边界及其跨界切矢，而后求解偏微分方程组即可。

1) 两圆柱面间过渡面的构造

要求在两个相互垂直的圆柱面之间构造一阶连续的过渡面。不妨设两圆柱面的表达式分别为 $x^2 + y^2 = r^2$ 和 $y^2 + z^2 = R^2$，过渡线分别为 $x^2 + y^2 = r^2, z = H$ 和 $y^2 + z^2 = R^2$，$x = h$，其参数化方程为

$$\begin{cases} x(0,v) = r\cos v,\ y(0,v) = r\sin v,\ z(0,v) = H \\ x(1,v) = h,\ y(1,v) = R\cos v,\ z(1,v) = R\cos v \end{cases} \tag{3-55}$$

依据一阶连续过渡条件，可得切矢边界条件如下：

$$\begin{cases} x_u(0,v) = 0,\ y_u(0,v) = 0,\ z_u(0,v) = S_1 \\ x_u(1,v) = S_2,\ y_u(1,v) = 0,\ z_u(1,v) = 0 \end{cases} \tag{3-56}$$

式中 S_1 和 S_2 分别为沿边界 $z(0,v)$ 和 $z(1,v)$ 的跨界导矢。

现采用四阶偏微分方程

$$\left(\frac{\partial^2}{\partial u^2} + a^2\frac{\partial^2}{\partial v^2}\right)^2 \boldsymbol{X}(u,v) = 0 \tag{3-57}$$

满足方程(3-57)和边界条件(3-55)、(3-56)的解为

$$\begin{cases} x(u,v) = (3h - S^2)u^2 + (S_2 - 2h)u^3 + A_1^x(u)\cos v \\ y(u,v) = B_1^y(u)\sin v \\ z(u,v) = (S_1 + 3H)(u-1)^2 + (S_1 + 2H)(u-1)^3 + A_1^x(u)\cos v \end{cases} \tag{3-58}$$

式中的系数可由边界条件确定，通过解析解方法得到。

2) 两椭球间过渡面的构造

用一般方法构造两个椭球面之间的过渡面比较复杂，而用偏微分方程则较简便，只要给定过渡线和跨界导矢，即可通过求解偏微分方程得到所要求的过渡面。

设两个椭球面分别为

$$\frac{x^2}{r_x^2} + \frac{(y-y_0)^2}{r_y^2} + \frac{z^2}{r_z^2} = 1 \quad 和 \quad \frac{x^2}{R_x^2} + \frac{y^2}{R_y^2} + \frac{z^2}{R_z^2} = 1$$

在两个椭球上分别取过渡线：

$$\begin{cases} \dfrac{x^2}{r_x^2} + \dfrac{(y-y_0)^2}{r_y^2} + \dfrac{z^2}{r_z^2} = 1 \\ y = H \end{cases} \quad 和 \quad \begin{cases} \dfrac{x^2}{R_x^2} + \dfrac{y^2}{R_y^2} + \dfrac{z^2}{R_z^2} = 1 \\ y = h \end{cases}$$

式中 $0 < h < H < y_0$。

设上述过渡线分别对应于等参线 $u = 0$ 和 $u = 1$，对其参数化可得

$$\begin{cases} x(0,v) = \dfrac{r_x\sqrt{r_y^2-(H-y_0)^2}}{r_y}\cos v, y(0,v) = H, z(0,v) = \dfrac{r_z\sqrt{r_y^2-(H-y_0)^2}}{r_y}\sin v \\ x(1,v) = \dfrac{R_x\sqrt{R_y^2-h^2}}{R_y}\cos v, y(1,v) = h, z(1,v) = \dfrac{R_x\sqrt{R_y^2-h^2}}{R_y}\sin v \end{cases}$$

沿过渡线的跨界导矢可通过椭球面的参数方程求得。现以求第一个椭球面上过渡线处的跨界导矢为例加以说明。椭球面的参数方程可以写为

$$x = r_x\cos\theta\cos v,\ y = r_y\sin\theta + y_0,\ z = r_z\cos\theta\sin v$$

式中 $-\pi/2 < \theta < \pi/2$,对 θ 求导得

$$x_\theta = -r_x\sin\theta\cos v,\ y_\theta = r_y\cos\theta,\ z_\theta = -r_z\sin\theta\sin v$$

$y = H$ 对应于 $\theta = \arcsin\dfrac{H-y_0}{r_y}$,注意到跨界导矢的方向,我们可以确定 $u = 0$ 处的一阶导矢条件为

$$x_u(0,v) = \frac{r_x(H-y_0)}{r_y}\cos v$$

$$y_u(0,v) = -\sqrt{r_y^2-(H-y_0)^2}$$

$$z_u(0,v) = \frac{r_z}{r_y}\sin v$$

同理,可以确定另一过渡线处的一阶导矢条件为

$$x_u(1,v) = \frac{R_xh}{R_y}\cos v,\ y_u(1,v) = -\sqrt{R_y^2-h^2},\ z_u(1,v) = \frac{R_xh}{R_y}\sin v$$

3.2.5.3　偏微分方程构造曲面应用的分析

PDE 曲面造型方法所强调的是曲面的生成,而不是曲面的表示。对此,人们有如下观点:

(1) 用 PDE 方法构造过渡面简单易行,仅需给出过渡线及其上的跨界导矢,即可根据选定的偏微分方程构造过渡面。

(2) 所得曲面自然光滑。这是因为曲面是由曲面参数的超越函数表示,而不是简单的多项式。

(3) 可通过修改边界曲线和跨界导矢及方程中的一个物理参数来调整过渡曲面形状。

(4) 便于功能曲面设计。功能曲面设计最终可归结为求解一些泛函的极值问题,这些泛函的自变量是形状参数。PDE 曲面形状完全由边界条件确定,所需形状参量较少,从而可以降低求泛函极值问题的计算耗费。

PDE 方法虽在高阶过渡面构造、功能曲面设计等方面具有潜在的优势,但在理论和应用方面还有许多问题有待进一步研究。其中包括:

1)PDE 曲面在功能曲面设计中的应用,如船体、操纵面的水动力特性设计等。

2) 在飞行器、汽车、船体等外形设计中需要高阶(二阶及更高阶) 连续过渡面,目前采用的四阶椭圆方程,只能用于构造 G^1 连续的过渡面。为构造高阶连续的过渡面,可提高偏微分方程的阶数,问题在于如何选取高阶跨界导矢。

3) 为了提高计算效率,曾采用准均匀三次 B 样条曲面逼近 PDE 曲面。但从逼近精度和曲面的光顺性方面考虑,这种选择可能不是最优的。因此尚需研究如何根据曲面特点选择 B 样条曲面的幂次及其节点矢量以提高逼近曲面的光顺性和精度。

4) 目前,已提出了一些对 PDE 曲面进行形状控制的方法,但还不够完善。为了提高形状

控制能力,需研究逼近 PDE 曲面的方法。

5) 迄今为止对 PDE 曲面的研究仅限于矩形参数域,如何构造任意拓扑参数域上的 PDE 曲面是有待研究的问题。

6) 用 PDE 曲面表示已有曲面或插值散乱数据点的方法研究。

PDE 方法在曲面造型中的应用还处于探索性阶段,还缺少必要的理论分析和实际验证。人们期望在实际运用中不断发现问题并不断加以完善。

3.3 由二维轮廓线重构三维形体

在三维数据场的可视化中,从 20 世纪 70 年代起,就开始了由系列的二维轮廓线重构三维形体的研究,并取得了可喜的成果,陆续推出了商业化的产品。

在科研和工程实际中,由二维轮廓线重构三维形体技术具有广泛的应用。例如,在医学上,就可以由 CT 技术对人体进行断层扫描,然后生成人体表面、甚至人体器官系统的三维形体;在地形数据处理技术中,需处理的数据往往是一系列二维等高线,由二维等高线就可以重构出地形表面的三维地形图像。在船型设计中所使用的肋骨线(站线)、水线、纵剖线即为船体三维曲面分别在 X、Z、Y 方向上的二维轮廓线,我们也可以应用由二维轮廓线重构三维形体技术,通过这些船体曲线生成船体曲面。

工程中的形体轮廓线通常有两种情况。一种是在实体的各个层面上只有一条轮廓线,如图 3 – 21 所示。这样的形体重构被称为单轮廓线的重构问题。

如果在实体的某个层面上有多条轮廓线,如图 3 – 22 所示。这样的形体重构被称为多轮廓线的重构问题。

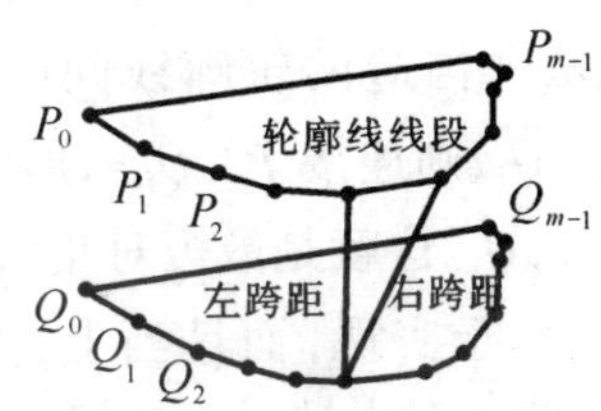

图 3 – 21　单轮廓线重构问题示意图

3.3.1　单轮廓线之间的三维形体重构

3.3.1.1　凸轮廓线之间的三维形体重构

(1) 基本原理

假设两相邻平行平面上各有一轮廓线,如图 3 – 21 所示。上轮廓线上的点列为 $P_0, P_1, \cdots, P_{m-1}$,下轮廓线上的点列为 $Q_0, Q_1, \cdots, Q_{n-1}$。点列均按逆时针方向排列。为描述方便起见,将上述点列分别依次用直线连接起来,以多边形近似地表达这两条轮廓线。每一个直线段 $\overline{P_iP_{i+1}}$ 或 $\overline{Q_jQ_{j+1}}$ 称为轮廓线线段。连接上轮廓线上一点与下轮廓线上一点的线段称为跨距。一条轮廓线线段,以及将该线段两端点与相邻轮廓线上的一点相连的两段跨距构成了一个三角面片,称为基本三角面。而该两段跨距则分别称为左跨距和右跨距。

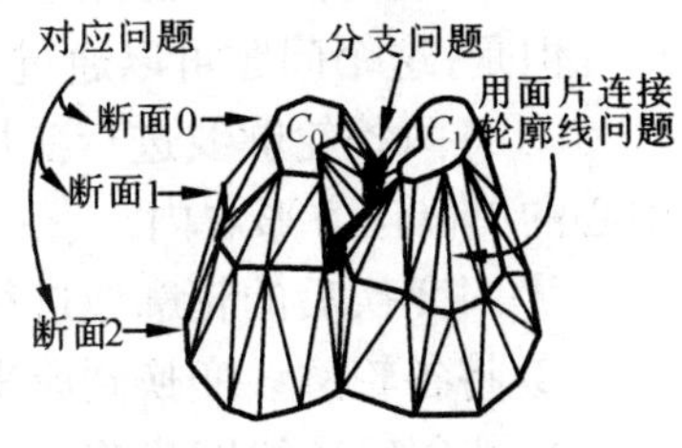

图 3 – 22　多轮廓线重构问题示意图

所谓两条凸轮廓线之间的三维面模型重构,就是用一系列相互连接的三角面片将上、下两条轮廓线连接起来,形成一个合理而且具有良好性质的三维面模型(空间曲面实际上是三维实体的一种)。所谓合理而且具有良好性质的三维面模型(简称合理表面)是指符合下列要求的三角面片:

1) 每一个轮廓线线段必须在而且只能在一个基本三角面片中出现。因此，如上、下两条轮廓线各有 m 个和 n 个轮廓线线段，那么，三维表面模型应将包含 $m+n$ 个基本三角面片。

2) 对于一个封闭的曲面，如果一个跨距在某一基本三角面中为左跨距，则该跨距是而且仅是另一个基本三角面片的右跨距；对于非封闭的曲面，只有其曲面边界的跨距可以只是一个基本三角面片的跨距。

显而易见，对于相邻两条轮廓线及其上的点列，符合上述条件的形体合理表面有多种不同的组合。可以证明，如果相邻的两条轮廓线分别为 m、n 个点列，则合理表面组合数为：

$$A[m,n]=\frac{((m-1)+(n-1))!}{(m-1)!(n-1)!} \tag{3-59}$$

(2) 构造连接两轮廓线的三角面片

由于合理表面组合数函数 $A[m,n]$ 的值随着 m、n 的增加而急剧增加，所以，必须寻找一种有效而快速的组合方法。基于全局优化的表面面积最小和表面积围成的体积最大等方法，效率较低。启发式方法也是以路径最短或体积最大等为目标函数，但并不要求实现全局最优，而是基于局部计算来决定当前的选择，因而可以在不超过 $m+n$ 步的计算中得出两轮廓线之间三角面片连接的近似最优解，计算量小，速度快，效果明显。

启发式算法分别是：

1) 最短对角线法

如图3－23所示，设上轮廓线为 P，下轮廓线为 Q。设 Q 上距 P_i 点最近的点为 Q_j，则以跨距 $\overline{P_iQ_j}$ 为基础用最短对角线法来构造两轮廓线间的三角面片。如对角线 $\overline{P_iQ_{j+1}} < \overline{P_{i+1}Q_j}$，则连接 P_i，Q_{j+1}，形成三角面片 $Q_jP_iQ_{j+1}$，否则，连接 P_{i-1}，Q_j。这就是最短对角线方法的基本原理。这一方法简单、易于实现，而且当上、下两条轮廓线的大小和形状相近，相互对中情况比较好时，这一方法的效果是比较好的。

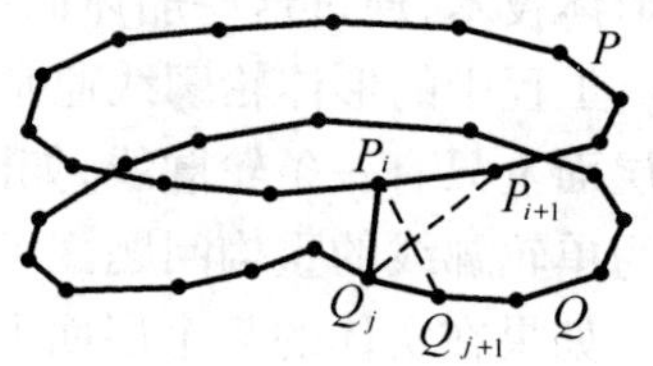

图3－23　最短对角线法示意图

但是，当上、下两条轮廓线的中心点相差较远，用最短对角线法生成的结果会产生一个圆锥面，如图3－24所示，这样的表面显然是不能满足要求的。

但是，这个问题可以通过下列办法解决：

① 将两条轮廓线进行变换，使之基本在以同一原点为中心的单位正方形之内；

② 对变换后的轮廓线进行连接；

③ 将各轮廓线变换到原来的位置。

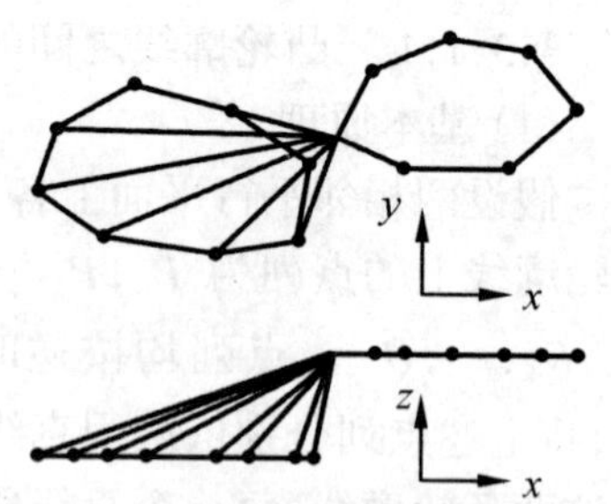

图3－24　最短对角线法失败的例子

2) 相邻轮廓线同步前进法

该法的基本思路是：连接相邻两条轮廓线上的点列时，尽可能在两条轮廓线上同步进行连接操作。其方法如图3－25所示。

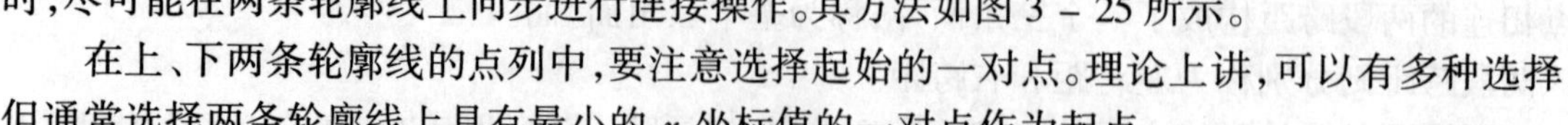
在上、下两条轮廓线的点列中，要注意选择起始的一对点。理论上讲，可以有多种选择，但通常选择两条轮廓线上具有最小的 x 坐标值的一对点作为起点。

3.3.1.2　非凸轮廓线之间的三维形体重构

当相邻两轮廓线或其中之一为非凸轮廓线时，构造该两轮廓线之间的合理表面要复杂一些，前述方法并非都有效，比较好的方法是首先将非凸轮廓线变换为凸轮廓线，在凸轮廓线之间构造好三角面片集以后，再将其反变换为非凸轮廓线。

3.3.2 多轮廓线之间的三维形体重构

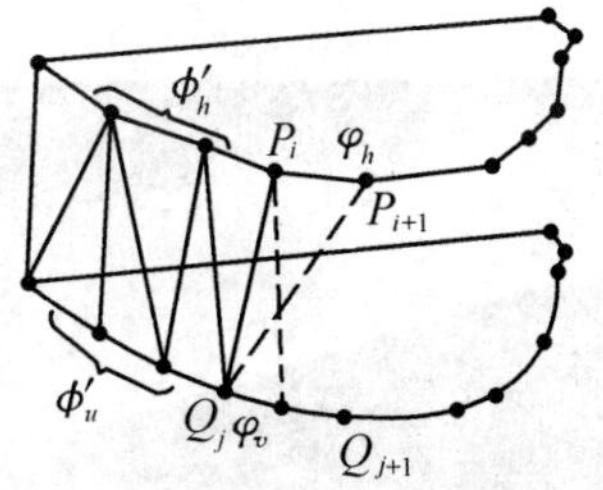

图 3－25 相邻轮廓线同步前进法示意图

如果在相邻的两层平面上，或者在其中的一层上，有多条轮廓线，则需要解决多轮廓线之间的三维形体重构问题，这要比单轮廓线之间的形体重构复杂得多。

首先需要决定的是轮廓线之间的连接关系问题。同一层平面的多条轮廓线之间，是互相独立的、不存在连接关系。需要确定的是，相邻两层的多条轮廓线之间的连接关系，也就是多条轮廓线之间的拓扑结构。这就是说，在用 3.3.1 节中的算法构造相邻两条轮廓线之间的三角面片之前，需要首先确定在多层平面上的多条轮廓线中，哪些轮廓线是属于同一物体的，而这些轮廓线又是如何连接的。图 3－26 给出了四种不同的基本连接方式。

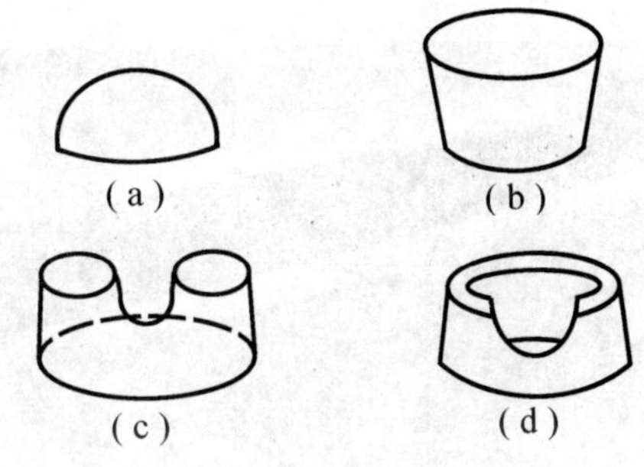

图 3－26 四种不同的连接方式

(a) 末端连接；(b) 单轮廓线的简单连接；(c) 不连通的分支连接；(d) 连通的分支连接

工程实际中，轮廓线之间的连接关系变化繁多，情况复杂。在简单情况下，如果采样密度高，相邻两层之间的间距小，则可以利用两条轮廓线之间的相互覆盖程度来决定其连接关系，还可以无二义性地解决对应问题。现有的一些算法都是建立在这样的假设之上的。如果实际情况比较复杂，或相邻两层之间的间距过大，所提供的数据不足以判断同一物体相邻两层上轮廓线之间的覆盖程度，那么要求自动地判定其连接关系就比较困难，通常需要通过人机交互来完成。

对于舰船的设计问题，在球鼻艏部分的船体曲面，在肋骨线、纵剖线上也可能出现多轮廓线之间的三维形体重构问题。在实际中应尽可能避免多轮廓线之间的三维形体重构。对多轮廓线之间的三维形体重构问题，应尽可能设法简化成单轮廓线之间的三维形体重构。

由二维轮廓线重构三维形体就是用二维的平面(曲面)及其他特性的结合来描述实际上的三维实体。这样做可大大简化三维实体的描述，把复杂的三维曲面问题简化为平面问题，使实体描述的数据结构统一，在计算机中存储量小、存取方便、快速。这种技术广泛应用于只追求三维实体的外部形体表达，而并不追求三维实体的其他特性描述的情况，如动画软件、虚拟现实软件系统等(图 3－27)，这样可以简化动画或虚拟现实环境中的计算机处理难度，提高处理速度。而对于工程应用的 CAD/CAM 软件系统而言，这样的描述就较难满足要求了。

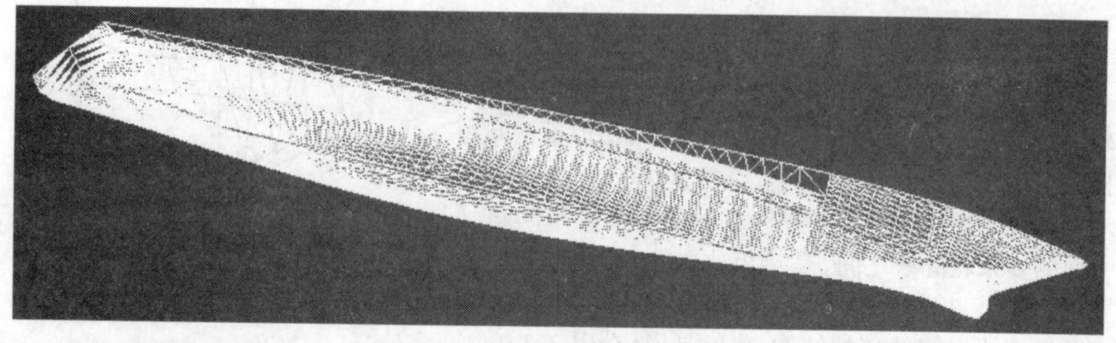

(a)

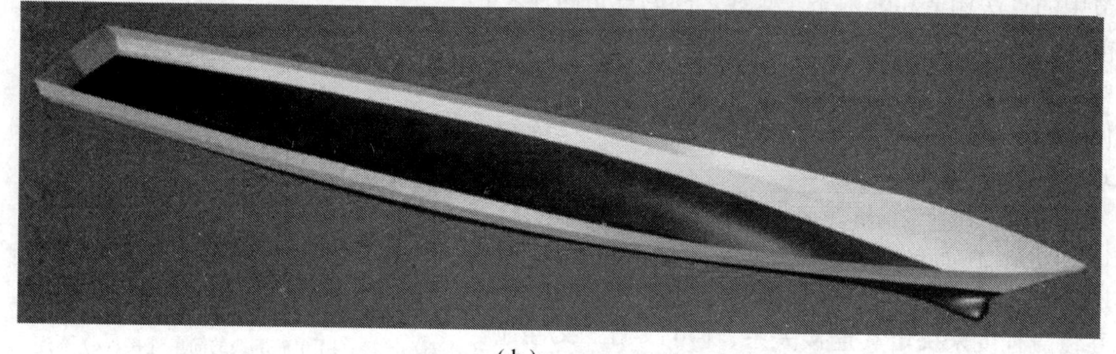

(b)

图 3－27　动画软件中的船体曲面描述

(a) 船体曲面网格；(b) 渲染后的船体曲面形状

3.4　能量优化法曲面造型

3.4.1　能量优化法曲面造型的提出及特点

传统曲面造型方法中的造型手段过于简单，且难以实现曲面的有效修改，特别对于艺术造型、概念设计等具有创造性的曲面设计中，效果不甚理想。1987 年，加拿大学者将基于物理能量模型的可变形曲线曲面造型技术引入计算机图形生成中，用来模拟圆球压在弹性立方体上引起的变形、旗帜在风中摇摆、地毯的飘落等动态过程，取得了非常好的效果，引起了广泛的重视。1991 年，人们将能量优化思想引入到自由曲线曲面的交互设计中，提出用基于特征线的方法来提高曲面设计的灵活性，并有可能解决传统曲面造型手段落后、曲面修改过程繁杂的弊端。

能量优化法造型通常是指：以曲线曲面拥有最小物理变形能量为目标、运用各种约束及施加外载荷的方式来控制曲线曲面的形状、以数学规划或优化求解为工具来解决曲面造型，生成在几何及非几何约束条件的情况下的具有最小物理变形能量的曲线曲面。

3.4.2 能量优化法曲面造型的数学描述

3.4.2.1 目标函数及处理

能量优化法造型中首先要解决的是确定优化过程的目标函数，也就是确定物理变形能量的含义。目前所采用的物理模型大致可以分为两类：从物理变形能出发和从几何性质出发。

对于物理变形，曲线变形能量函数的一般形式为

$$E_{\text{curve}} = \int (\alpha \boldsymbol{w}_u^2 + \beta \boldsymbol{w}_{uu}^2 - 2\boldsymbol{f}\boldsymbol{w})\mathrm{d}u \tag{3-60}$$

曲面变形能量函数的一般形式为

$$E_{\text{surface}} = \iint (\alpha_{11}\boldsymbol{w}_u^2 + 2\alpha_{12}\boldsymbol{w}_u\boldsymbol{w}_v + \alpha_{22}\boldsymbol{w}_v^2 + \beta_{11}\boldsymbol{w}_{uu}^2 + 2\beta_{12}\boldsymbol{w}_{uv}^2 + \beta_{22}\boldsymbol{w}_{vv}^2 - 2\boldsymbol{w}\boldsymbol{f}(u,v))\mathrm{d}u\mathrm{d}v \tag{3-61}$$

式(3－60)和(3－61)中：$\boldsymbol{w}$ 为所求的以 u、v 为参数的能量曲面(曲线)；$\boldsymbol{w}_u$，$\boldsymbol{w}_v$，$\boldsymbol{w}_{uv}$ 和 $\boldsymbol{w}_{uv}$ 分别为能量曲面(曲线)沿 u，$v(u)$ 方向的一、二阶偏导矢，$\boldsymbol{w}_{uv}$ 为混合偏导矢；α，β 为给定参数；f 为给定的矢量函数。

由式(3－60)和(3－61)可以看出，该“变形能量函数”是从能量曲面的面积(或能量曲线的长度)和曲率变化两方面得到的一个加权积分函数，在一定程度上反映能量曲面的面积(或能量曲线的长度)的变化和曲率的变化。

B样条表示的能量曲线为

$$\boldsymbol{w}(u) = \sum_{i=0}^{m} \boldsymbol{V}_i B_{i,s}(u) \tag{3-62}$$

式中 $\boldsymbol{V}$ 为B样条曲线 $w(u)$ 的控制顶点；$m+1$ 为控制顶点的数量；s 为曲线的幂次；$\boldsymbol{B}_{i,s}(u)$ 为B样条基函数，由幂次 s 和节点矢量 $\boldsymbol{U} = [u_0, u_1, \cdots, u_{m+s+1}]$ 确定。

B样条表示的能量曲面为

$$\boldsymbol{w}(u,v) = \sum_{i=0}^{mu}\sum_{j=0}^{mv} \boldsymbol{V}_{i,j} B_{i,su}(u) B_{j,sv}(v) \tag{3-63}$$

式中 $\boldsymbol{V}$ 为B样条曲面 $w(u,v)$ 的控制顶点；$mu+1$，$mv+1$ 为曲面在 u，v 方向控制顶点的数量；su，sv 为曲面在 u，v 方向的幂次；$B_{i,su}(u)$，$B_{j,sv}(v)$ 为 u，v 方向B样条基函数，分别由 u，v 方向的幂次 su，sv 和节点矢量 KU，KV 确定。

(1) 曲线能量模型的处理

由式(3－62)可得 $\boldsymbol{w}(u)$ 的一阶导矢 $\boldsymbol{w}_u(u)$ 和二阶导矢 $\boldsymbol{w}_{uu}(u)$：

$$\begin{aligned} \boldsymbol{w}_u(u) &= \sum_{i=0}^{m} \boldsymbol{V}_i B'_{i,s}(u) \\ \boldsymbol{w}_{uu}(u) &= \sum_{i=0}^{m} \boldsymbol{V}_i B''_{i,s}(u) \end{aligned} \tag{3-64}$$

将式(3－64)代入式(3－60)，并令 $f=0$，有

$$E = \int_0^1 (\alpha \sum_{i=0}^{m} \boldsymbol{V}_i B'_{i,s}(u) \sum_{j=0}^{m} \boldsymbol{V}_j B'_{j,s}(u) + \beta \sum_{i=0}^{m} \boldsymbol{V}_i B''_{i,s}(u) \sum_{j=0}^{m} \boldsymbol{V}_j B''_{j,s}(u))\mathrm{d}u$$

对式进行合并整理，可得

$$E = \int_0^1 [\alpha \sum_{i=0}^{m} \sum_{j=0}^{m} \boldsymbol{V}_i \boldsymbol{V}_j B'_{i,s}(u) B'_{j,s}(u) + \beta \sum_{i=0}^{m} \sum_{j=0}^{m} \boldsymbol{V}_i \boldsymbol{V}_j B''_{i,s}(u) B''_{j,s}(u)] \mathrm{d}u =$$

$$\alpha \sum_{i=0}^{m} \sum_{j=0}^{m} \boldsymbol{V}_i \boldsymbol{V}_j \int_0^1 B'_{i,s}(u) B'_{j,s}(u) \mathrm{d}u + \beta \sum_{i=0}^{m} \sum_{j=0}^{m} \boldsymbol{V}_i \boldsymbol{V}_j \int_0^1 B''_{i,s}(u) B''_{j,s}(u) \mathrm{d}u =$$

$$\sum_{i=0}^{m} \sum_{j=0}^{m} [\boldsymbol{V}_i \boldsymbol{V}_j * \int_0^1 (\alpha B'_{i,s}(u) B'_{j,s}(u) + \beta B''_{i,s}(u) B''_{j,s}(u)) \mathrm{d}u] \tag{3-65}$$

令

$$S_{i,j} = \int_0^1 (\alpha B'_{i,s}(u) B'_{j,s}(u) + \beta B''_{i,s}(u) B''_{j,s}(u)) \mathrm{d}u \tag{3-66}$$

则式(3 - 65)可表示为

$$\boldsymbol{E} = \sum_{i=0}^{m} [\sum_{j=0}^{m} (\boldsymbol{V}_i * \boldsymbol{V}_j \cdot S_{i,j}] \tag{3-67}$$

式中 $\boldsymbol{V}_i * \boldsymbol{V}_j$ 表示矢量 $\boldsymbol{V}_i$ 和 $\boldsymbol{V}_j$ 的内积。

由式(3 - 66)可以看出，在给定幂次 s、节点矢量 $\boldsymbol{KU}$ 的情况下，$S_{i,j}$ 为已知函数的积分，可以通过数值积分得到，为一定常数。式(3 - 67)中，只有控制顶点 $\boldsymbol{V}$ 为未知，能量模型(3 - 60)已转化为以控制顶点 $\boldsymbol{V}$ 表示的二次函数。

(2) 曲面能量模型的处理

对于能量优化法曲面造型，由式(3 - 63)，有

$$\boldsymbol{w}_u(u,v) = \sum_{i=0}^{mu} \sum_{j=0}^{mv} \boldsymbol{V}_{i,j} B'_{i,su}(u) B_{j,sv}(v)$$

$$\boldsymbol{w}_v(u,v) = \sum_{i=0}^{mu} \sum_{j=0}^{mv} \boldsymbol{V}_{i,j} B_{i,su}(u) B'_{j,sv}(v)$$

$$\boldsymbol{w}_{uu}(u,v) = \sum_{i=0}^{mu} \sum_{j=0}^{mv} \boldsymbol{V}_{i,j} B''_{i,su}(u) B_{j,sv}(v)$$

$$\boldsymbol{w}_{vv}(u,v) = \sum_{i=0}^{mu} \sum_{j=0}^{mv} \boldsymbol{V}_{i,j} B_{i,su}(u) B''_{j,sv}(v)$$

$$\boldsymbol{w}_{uv}(u,v) = \sum_{i=0}^{mu} \sum_{j=0}^{mv} \boldsymbol{V}_{i,j} B'_{i,su}(u) B'_{j,sv}(v) \tag{3-68}$$

分别以式(3 - 68)代入能量模型(3 - 61)，并令式中的 $f = 0$，对目标函数 E 进行合并、整理，则 $\boldsymbol{E}$ 可表示为

$$E = \int_0^1 \int_0^1 \sum_{i=0}^{mu} \sum_{j=0}^{mv} \boldsymbol{V}_{i,j} \sum_{k=0}^{mu} \sum_{l=0}^{mv} \boldsymbol{V}_{k,l} * \begin{bmatrix} \alpha_{11} B'_{i,su}(u) B_{j,sv}(v) B'_{k,su}(u) B_{l,sv}(v) \\ + 2\alpha_{12} B'_{i,su}(u) B_{j,sv}(v) B_{k,su}(u) B'_{l,sv}(v) \\ + \alpha_{22} B_{i,su}(u) B'_{j,sv}(v) B_{k,su}(u) B'_{l,sv}(v) \\ + \beta_{11} B''_{i,su}(u) B_{j,sv}(v) B''_{k,su}(u) B_{l,sv}(v) \\ + 2\beta_{12} B'_{i,su}(u) B'_{j,sv}(v) B'_{k,su}(u) B'_{l,sv}(v) \\ + \beta_{22} B_{i,su}(u) B''_{j,sv}(v) B_{k,su}(u) B''_{l,sv}(v) \end{bmatrix} \mathrm{d}u\mathrm{d}v$$

令

$$S_{i,j,k,l}=\int_0^1\int_0^1\begin{bmatrix}\alpha_{11}B'_{i,su}(u)B_{j,sv}(v)B'_{k,su}(u)B_{l,sv}(v)\\+2\alpha_{12}B'_{i,su}(u)B_{j,sv}(v)B_{k,su}(u)B'_{l,sv}(v)\\+\alpha_{22}B_{i,su}(u)B'_{j,sv}(v)B_{k,su}(u)B'_{l,sv}(v)\\+\beta_{11}B''_{i,su}(u)B_{j,sv}(v)B''_{k,su}(u)B_{l,sv}(v)\\+2\beta_{12}B'_{i,su}(u)B'_{j,sv}(v)B'_{k,su}(u)B'_{l,sv}(v)\\+\beta_{22}B_{i,su}(u)B''_{j,sv}(v)B_{k,su}(u)B''_{l,sv}(v)\end{bmatrix}\mathrm{d}u\mathrm{d}v \tag{3-69}$$

则 E 可简化为

$$E=\sum_{i=0}^{mu}\sum_{j=0}^{mv}\left[V_{i,j}\sum_{k=0}^{mu}\sum_{l=0}^{mv}(V_{k,l}*S_{i,j,k,l})\right] \tag{3-70}$$

由式(3－69)知，$S_{i,j,k,l}$ 为已知函数的积分，为一定值。因此，式(3－70)中仅有控制顶点 $\boldsymbol{V}$ 为未知变量。至此，能量模型(3－61)已转化为控制顶点 $\boldsymbol{V}$ 的二次函数。

3.4.2.2　约束条件及处理

能量优化法造型采用型值点、参数曲线、切矢、法矢及几何连续性等各种约束条件控制曲线曲面的形状。根据给定的约束条件，可以控制能量曲线曲面的形状和特性。

(1) 控制顶点约束

在曲线、曲面造型中，有时要求曲线或曲面必须通过某一控制点，或者要求某些控制顶点重合或满足成比例、共线、共面等一定的关系。其中控制顶点共线、共面约束为非线性约束，其余均为线性约束。

1) 曲线、曲面某一顶点为给定值

设所要求的顶点为 $\boldsymbol{V}_i$，给定值为 P_t，则该约束可以写为

$$\boldsymbol{V}_i=\boldsymbol{P}_t$$

2) 曲线、曲面的某两个顶点重合

设给定的顶点为 $\boldsymbol{V}_i$ 和 $\boldsymbol{V}_m$，则该约束可以表述为

$$\boldsymbol{V}_i-\boldsymbol{V}_m=0$$

3) 曲线、曲面某三个顶点成定比例

设给定的顶点为 $\boldsymbol{V}_i$，$\boldsymbol{V}_m$ 和 $\boldsymbol{V}_k$，则该约束可以表述为

$$\boldsymbol{V}_i-\boldsymbol{V}_m=\lambda(\boldsymbol{V}_m-\boldsymbol{V}_k)$$

式中 λ 为给定的比例因子。上式可以转化为

$$\boldsymbol{V}_i-(1+\lambda)\boldsymbol{V}_m+\lambda\boldsymbol{V}_k=0$$

上述三种约束都是控制顶点的一次函数，为简单的线性等式约束。

4) 某三个控制顶点共线或四个控制顶点共面

在此条件下有如下关系

$$\boldsymbol{V}_i-(1+\alpha)\boldsymbol{V}_m+\alpha\boldsymbol{V}_k=0$$

和

$$\boldsymbol{V}_i-(1+\alpha+\beta)\boldsymbol{V}_j+\alpha\boldsymbol{V}_m+\beta\boldsymbol{V}_n=0$$

式中，α 及 β 产为自由变量，而非给定的比例因子。

共线约束并不限定三者间的相互位置，但要求三点共线。式中出现了控制顶点与另一自由变量的乘积，约束就变为非线性约束了，需要运用非线性约束方法进行处理。四点共面约束的情况与此类似。

(2) 型值点约束

曲线、曲面造型中经常要求曲线曲面通过某一给定型值点。能量优化法造型将其分为该点指定参数和不指定参数两种处理方法。指定参数,就是要求给定型值点的参数值。不指定参数,就是不给定型值点的参数值,只要求曲线或曲面通过该型值点。

1) 指定型值点参数值的约束条件处理

对于曲线,设有一型值点为 P_t,并已知曲线在该点的参数值为 u^*,则使能量曲线 $\boldsymbol{w}(u)$ 通过该点的约束表达为

$$\boldsymbol{w}(u^*) = \boldsymbol{P}_t$$

结合式(3-62),有

$$\sum_{i=0}^{m} \boldsymbol{V}_i B_{i,s}(u^*) = \boldsymbol{P}_t$$

等式中仅包含 V 的一次项,其余均为已知量,因而是一个线性等式约束。

对于曲面,设有一型值点为 P_t,曲面在该点的参数值为 (u^*, v^*),则使能量曲面 $\boldsymbol{w}(u, v)$ 通过该点的约束表达为

$$\boldsymbol{w}(u^*, v^*) = \boldsymbol{P}_t$$

结合式(3-63),有

$$\sum_{j=0}^{mu} \sum_{j=0}^{mv} \boldsymbol{V}_{i,j} B_{i,su}(u^*) B_{j,sv}(v^*) = \boldsymbol{P}_t$$

式中亦仅包含 V 的一次项,其余均为已知,因而也是线性等式约束。

2) 不指定型值点参数值约束条件的处理

不指定参数约束的处理过程与上相似。但此时式中的参数值 u^*, v^* 不再是给定常数,而是在参数区间内自由变化的变量,并满足如下不等式约束:

$$0 \leqslant u^* \leqslant 1 \quad 0 \leqslant v^* \leqslant 1$$

其值将在优化求解过程中根据能量最小原理和参数区间约束自动确定。对于曲线,约束等式的最高幂次为 $s+1$,s 为曲线的幂次;对于曲面,最高幂次为 $su+sv+1$,su 和 sv 分别为曲面沿 u 向和 v 向的幂次。两者都不是线性等式约束,故需要采用非线性方法进行处理,这时,可以得到光顺性较好的曲线、曲面。

(3)(偏) 导矢约束

曲线曲面设计中,有时要求控制曲线曲面在某一点处的一阶(偏) 导矢和二阶(偏) 导矢,在曲面情况甚至要求控制混合偏导矢。设要求曲面 $\boldsymbol{w}(u, v)$ 在参数值 u^*, v^* 处的 u 向切矢为 T,则该约束为

$$\boldsymbol{w}_u(u^*, v^*) = \boldsymbol{T}$$

结合式(3-64),有

$$\sum_{i=0}^{mu} \sum_{j=0}^{mv} \boldsymbol{V}_{i,j} B'_{i,su}(u^*) B_{j,sv}(v^*) = \boldsymbol{T}$$

等式中仅包含 $\boldsymbol{V}$ 的一次项,其余均为已知量,因而为线性等式约束。

同理,曲面 u 向二阶偏导矢为

$$\sum_{i=0}^{mu} \sum_{j=0}^{mv} \boldsymbol{V}_{i,j} B''_{i,su}(u^*) B_{j,sv}(v^*) = \boldsymbol{T}$$

曲面的混合偏导矢约束为

$$\sum_{i=0}^{mu}\sum_{j=0}^{mv}\boldsymbol{V}_{i,j}B'_{i,su}(u^*)B'_{j,sv}(v^*) = \boldsymbol{T}$$

对于指定曲线上某点一阶导矢约束的情况，处理过程与曲面相似。该约束为

$$\sum_{i=0}^{m}\boldsymbol{V}_iB'_{i,s}(u^*) = \boldsymbol{T}$$

曲线的二阶导矢约束为

$$\sum_{i=0}^{m}\boldsymbol{V}_iB''_{i,s}(u^*) = \boldsymbol{T}$$

上述约束均系以控制顶点为变量的一次函数，因此都是线性等式约束。

(4) 法矢约束

曲线曲面设计中，有时要求控制在某一点处的法矢。以曲面 $\boldsymbol{w}(u,v)$ 为例，假设要求曲面在 u^*,v^* 点处的法矢方向为 $\boldsymbol{N}$，则该约束为

$$\boldsymbol{w}_u(u^*,v^*)\times\boldsymbol{w}_v(u^*,v^*) = k\boldsymbol{N}$$

式中 k 为任意常数。该式还可以表示为

$$\begin{cases}\boldsymbol{N}\cdot\boldsymbol{w}_u(u^*,v^*) = 0\\ \boldsymbol{N}\cdot\boldsymbol{w}_v(u^*,v^*) = 0\end{cases}$$

即

$$\begin{cases}N_x\cdot x_u(u^*,v^*) + N_y\cdot y_u(u^*,v^*) + N_z\cdot z_u(u^*,v^*) = 0\\ N_x\cdot x_v(u^*,v^*) + N_y\cdot y_v(u^*,v^*) + N_z\cdot z_v(u^*,v^*) = 0\end{cases}$$

结合式(3－68)，有

$$\begin{cases}\sum_{i=0}^{mu}\sum_{j=0}^{mv}(N_x\cdot X_{i,j} + N_y\cdot Y_{i,j} + N_z\cdot Z_{i,j})B'_{i,su}(u^*)B_{j,sv}(v^*) = 0\\ \sum_{i=0}^{mu}\sum_{j=0}^{mv}(N_x\cdot X_{i,j} + N_y\cdot Y_{i,j} + N_z\cdot Z_{i,j})B_{i,su}(u^*)B'_{j,sv}(v^*) = 0\end{cases}$$

式中仅包含未知量(X,Y 或 Z) 的一次项，其余均为已知量，因而为线性等式约束。

对于曲线，假设要求曲线 $\boldsymbol{w}(u)$ 在 u^* 点处的法矢方向为 $\boldsymbol{N}$，则该约束为

$$\boldsymbol{w}_u(u^*)\cdot\boldsymbol{N} = 0$$

即

$$N_x\cdot x_u(u^*) + N_y\cdot y_u(u^*) + N_z\cdot z_u(u^*) = 0$$

结合式(3－64)，有

$$\sum_{i=0}^{m}(N_x\cdot X_i + N_y\cdot Y_i + N_z\cdot Z_i)B'_{i,s}(u^*) = 0$$

与曲面相似，式中仅包含未知量(X,Y 或 Z) 的一次项，其余均为已知量，因而亦为线性等式约束。

(5) 参数曲线约束

曲面设计中，有大量的例子要求曲面通过某一给定的空间参数曲线。这种参数曲线约束可分为等参数曲线约束和任意参数曲线约束。等参数曲线约束，就是要求该空间曲线为B样条曲线，且该曲线为所求曲面的一条等参数线。任意参数曲线约束用于处理不能成为曲面等参数线的B样条曲线约束，或者非B样条表示的参数曲线约束问题。

1) 等参数曲线约束

设要求曲面 $\boldsymbol{w}(u,v)$ 在 v^* 处的 u 向等参数线为

$$\boldsymbol{c}(u) = \sum_{i=0}^{mu} \boldsymbol{P}_i B_{i,su}(u)$$

则该约束可以表达为

$$\boldsymbol{w}(u,v^*) = \boldsymbol{c}(u)$$

结合式(3 - 62),则有

$$\sum_{i=0}^{mu} \sum_{j=0}^{mv} \boldsymbol{V}_{i,j} B_{i,su}(u) B_{j,sv}(v^*) = \sum_{i=0}^{mu} \boldsymbol{P}_i B_{i,su}(u)$$

该式可简化为

$$\sum_{j=0}^{mv} \boldsymbol{v}_{i,j} \boldsymbol{B}_{j,sv}(v^*) = \boldsymbol{P}_i \quad i = 0,1,\cdots,mu$$

上式表明,等参数线约束实际上可转化为($mu+1$)个型值点等式约束,且每个等式中均仅包含 V 的一次项,其余均为已知量,因而为线性约束。

上述处理中,假设约束曲线的节点矢量和幂次与曲面等参数线的节点矢量和幂次相同。如果两者不同,则需先经统一节点矢量和升阶处理,再运用上述方式进行计算。

2) 任意参数曲线约束

设有一 B 样条表示的约束曲线为

$$\boldsymbol{c}(t) = \sum_{i=0}^{m} \boldsymbol{P}_i B_{i,s}(t)$$

要求能量曲面 $\boldsymbol{w}(u,v)$ 通过该约束曲线,且能量曲面参数值与约束曲线参数值满足如下函数关系:

$$u = u(t)$$
$$v = v(t)$$

则上述约束条件可以表达为

$$\boldsymbol{c}(t) = \boldsymbol{w}(u(t),v(t))$$

约束可以转化为

$$\int [\boldsymbol{c}(t) - \boldsymbol{w}(u(t),v(t))]^2 \mathrm{d}t = 0 \tag{3 - 71}$$

亦即

$$\int \Big[\sum_{i=0}^{m} \boldsymbol{P}_i B_{i,s}(t) - \sum_{i=0}^{mu} \sum_{j=0}^{mv} \boldsymbol{V}_{i,j} B_{i,su}(u(t)) B_{j,sv}(v(t)) \Big]^2 \mathrm{d}t = 0 \tag{3 - 72}$$

如约束曲线 $\boldsymbol{c}(t)$ 不是以 B 样条表示,则式(3 - 71) 只能转化为

$$\int \Big[\boldsymbol{c}(t) - \sum_{i=0}^{mu} \sum_{j=0}^{mv} \boldsymbol{V}_{i,j} B_{i,su}(u(t)) B_{j,sv}(v(t)) \Big]^2 \mathrm{d}t = 0 \tag{3 - 73}$$

将(3 - 72) 式展开,加以整理,并令

$$\chi_{i,j} = \int B_{i,s}(t) B_{j,s}(t) \mathrm{d}t$$

$$\varphi_{i,j,k} = \int B_{i,s}(t) B_{j,su}(u(t)) B_{k,sv}(v(t)) \mathrm{d}t$$

$$\kappa_{i,j,k,l} = \int B_{i,su}(u(t)) B_{j,sv}(v(t)) B_{k,su}(u(t)) B_{l,sv}(v(t)) \mathrm{d}t$$

则式(3 - 72) 可以转化为

$$\sum_{i=0}^{m}\sum_{j=0}^{m}\boldsymbol{P}_i\boldsymbol{P}_j\chi_{i,j} - 2\sum_{i=0}^{m}\sum_{j=0}^{mu}\sum_{k=0}^{mv}\boldsymbol{P}_i\boldsymbol{V}_{j,k}\varphi_{i,j,k} + \sum_{i=0}^{mu}\sum_{j=0}^{mv}\sum_{k=0}^{mu}\sum_{l=0}^{mv}\boldsymbol{V}_{i,j}\boldsymbol{P}_{k,l}\kappa_{i,j,k,l} = 0$$

上式为以能量曲面控制顶点 v 表达的二次函数，为非线性等式约束。式(3－73) 的左端为函数平方的积分，无论 $\boldsymbol{V}$ 取何值，式的左端都不可能小于零。故可以直接利用罚函数法来对该问题求解。

如约束曲线 $\boldsymbol{c}(t)$ 不是以 B 样条表示，式(3－72) 只能转化为

$$\chi - 2\sum_{i=0}^{mu}\sum_{j=0}^{mv}\boldsymbol{V}_{j,k}\varphi_{j,k} + \sum_{i=0}^{mu}\sum_{j=0}^{mv}\sum_{k=0}^{mu}\sum_{l=0}^{mv}\boldsymbol{V}_{i,j}\boldsymbol{P}_{k,l}\kappa_{i,j,k,l} = 0$$

式中

$$\chi = \int \boldsymbol{c}^2(t)\mathrm{d}t$$

$$\varphi_{j,k} = \int \boldsymbol{c}(t)B_{j,su}(u(t))B_{k,sv}(v(t))\mathrm{d}t$$

$$\kappa_{i,j,k,l} = \int B_{i,su}(u(t))B_{j,sv}(v(t))B_{k,su}(u(t))B_{l,sv}(v(t))\mathrm{d}t$$

3.4.3 优化求解

确定了“能量函数”和约束条件后，原则上就可以用该“能量函数”作为目标函数，结合约束条件运用优化(数学规划片方法) 求解出一张曲面(一条曲线)。需要指出的是，除了可以直接通过数学规划方法求解得到能量曲面(曲线) 外，也可以利用 Euler 方程求得。该 Euler 方程为一偏微分方程，可以用有限元或差分等方法求解。数学规划方法则能更简洁明了地反映能量优化法的思想，而且求解出的能量曲面(曲线) 可以用 B 样条表示，与传统 CAD 系统兼容性好，较易为现有的 CAD 软件所采用，故一般采用数学规划方法求解。

关于数学规划方法，请参考有关书籍，本文不作介绍。

3.5 船体曲面的光顺方法

在飞机、汽车、船舶等的计算机辅助设计中，人们对产品外形曲面的要求之一就是外形的光顺性。人们希望自己产品的曲面达到很高的光顺程度。因此，CAD/CAM 中曲线、曲面的光顺处理就成为非常重要的一个问题。

3.5.1 曲线光顺定义

“光顺”很容易与“光滑”混淆起来，但它们是不同的概念。“光滑”通常指曲线曲面的参数连续性或几何连续性，从数学的角度来考虑，它有严格的数学定义。而“光顺”包含了“光滑”和“顺眼”两个方面的含义，既有数学上连续性的要求，更侧重于人的主观感觉方面的要求。事实上，一条在数学上 C^{∞} 连续的曲线可能并不一定满足工程上的“光顺”，而一条看上去很光顺的曲线可能仅达到 C^1 或 C^2 连续，如三次样条曲线。而在工程实际中，一条曲线绘出后，有的人看了认为是“光顺的”，而另外一个人看了可能认为“不怎么光顺”。由于“光顺”没有严格的数学定义，所以“光顺”也不是唯一的，同样的数据，往往可以拟合出两根都被认为是“光顺”的曲线，这在船舶的船型放样中是经常遇到的。

迄今为止对光顺性还没有一个统一的标准，在不同的文献中对光顺准则有不同的提法。但光顺性也有其客观性的一面，不同的文献中对光顺准则的提法也有很多共同点。

(1) 苏步青、刘鼎元关于平面曲线光顺准则定义

1) 二阶参数连续(C^2 连续)；

2) 没有多余拐点；

3) 曲率变化较均匀。

(2) 施法中关于平面曲线光顺准则定义

1) 二阶几何连续(G^2 连续)；

2) 不存在奇点及多余拐点；

3) 曲率变化比较均匀；

4) 应变能较小。

施法中的前三条准则和苏步青、刘鼎元给出的准则基本一致，已为大家所普遍接受，第四条准则基于"物理样条是光顺的"这一事实，它也是能量法的基础。

(3) 马利庄、石教英关于空间曲线光顺准则定义

1) 二阶光滑性

① 曲线的二阶导矢连续，从而曲率连续。

② 低次样条曲线(二次)在节点处的曲率可能有一个跳跃，此时要求跃度差绝对值的和尽可能小，即

$$\sum [k(t_i^+) - k(t_i^-)] < \varepsilon$$

2) 不存在多余拐点，即不允许出现下述情况：

① 曲线应出现 m 个拐点，而拟合(插值、逼近)时出现了多于 m 个拐点。

② 不应该出现拐点的地方出现了拐点。

3) 曲率变化比较均匀

当曲线上的曲率出现大幅度改变时，尽管没有多余拐点，曲线仍不光顺。因此要求光顺后曲线的曲率变化比较均匀。

4) 不存在多余变挠点(指挠率为零的点，通常与挠率变号点相关)，即不允许出现下述情况：

① 曲线应出现 n 个变挠点，而拟合(插值、逼近)时出现了多于 n 个变挠点。

② 不应该出现变挠点的地方出现了变挠点。

5) 挠率变化比较均匀

① 挠率不连续(节点处左、右挠率差)跃度差绝对值的和足够小，即

$$\sum |\tau(t_i^+) - \tau(t_i^-)| < \varepsilon$$

② 挠率的变化比较均匀，无连续变号。

上述光顺准则仍然只是对曲线曲面光顺性的一个大概的、定性的描述，在实际使用时还需对其作定量的描述。此外，不同的光顺方法、不同的产品，所采用的光顺准则和对光顺的要求也不尽相同。

3.5.2 曲线的光顺处理

已知一组有序点列 $\{x_i, y_i\}$, $i = 1,2,\cdots,n$，可以建立样条函数 $S(x)$，使之满足 $y_i =$

$S(x_i), i = 1,2,\cdots n$,及其它边界条件,但不一定满足光顺准则。需要对这些型值进行修改,直至满足光顺准则为止,这就是曲线的光顺。曲线的光顺的方法有很多,大致可以分成两大类:总体修改和局部修改。

3.5.2.1　最小二乘法

最小二乘法用到光顺中来是比较早的。它的目标函数由两部分组成:要求曲线光顺;偏离给出型值要求要小。这两个要求常常是相互矛盾的。所以两者出现在同一目标函数中为:

$$I = I_1 + SI_2$$

式中　I_1—— 偏离要求;

I_2—— 光顺要求;

S——“权”。

光顺要求高可以加大 S 的值,光顺要求低可以降低 S 的值。

偏离要求可以用概率论中方差的概念,即

$$I_1 = \sum_{i=1}^{m} | S(x_i) - y_i |$$

处理光顺要求有许多方法,要求样条中弯曲内能尽可能小便是其一

$$\int_{x_1}^{x_n} [S''(x)]^2 \mathrm{d}x \Rightarrow \min$$

最常见的是模拟人工的方法,要求压铁对样条的限制作用达极小。也就是在压铁作用处,样条上受到的集中摩擦力要小。根据材料力学的知识,该力为

$$S'''^{+}(x_i) - S'''^{-}(x_i)$$

要求

$$\sum_{i=1}^{n} | S'''^{+}(x_i) - S'''^{-}(x_i) |^2 \Rightarrow \min$$

目标函数写成为

$$I = \sum_{i=1}^{n} | S(x_i) - y_i |^2 + s \sum_{i=1}^{n} | S'''^{+}(x_i) - S'''^{-}(x_i) |^2$$

或

$$I = \sum_{i=1}^{n} [S(x_i) - y_i]^2 + s \sum_{i=1}^{n} [S'''^{+}(x_i) - S'''^{-}(x_i)]^2$$

利用最小二乘法的处理方式即可根据这个目标函数建立样条函数 $S(x)$,根据 $S(x)$ 来判断其光顺性。若不光顺可以加大权 S 的数值,重新建立 $S(x)$。这时,光顺程度会提高,而偏离则会增加。

最小二乘法的优点是能够克服那些型值中随机误差所引起的不光顺因素,但无法解决不服从正态分布的因素。当曲线型值较差时,不容易取得良好效果。

3.5.2.2　回弹法

回弹法的基本思想是让样条中的能量有一个释放的机会,使样条在调整的过程中将弯曲位能降到最低的限度。

给出一组有序型值点 $P_i, (x_i, y_i), i = 0,1,2,\cdots,n$ 以及边界条件,可以建立三次样条 $S(x)$,满足 $y_i = S(x_i), i = 0,1,\cdots,n$,根据 $S(x)$ 可以求得一组新的值 $P_j^*(\xi_j, \eta_j)$

$$\eta_j = S(\xi_j), \quad j = 1,2,\cdots,n-1$$

$$\xi_j = \frac{1}{2}(x_i + x_{i+1}) \quad i = j - 1$$

根据 P_j^* 点列又可建立三次样条函数 $S^*(x)$，而据 $S^*(x)$ 又可求取 $y_i^* = S^*(x_i), i = 0,1,\cdots,n$，这样就回弹了一次，当

$$|y_i^* - y_i| < \varepsilon, \quad i = 0,1,\cdots,n$$

满足，则回弹结束。其中 ε 为一大于零的小值。这种回弹可进行多次。

3.5.2.3　挑选"坏点"进行有针对性的修改

从型值点组中找寻出导致不满足光顺准则的型值点，把它定为"坏点"或"坏点片"，再利用线形理论进行反复修改，直至曲线满足光顺准则为止。这种方法的最大优点是"坏点"找得准，"好点"不受损，修改能力强，收敛速度快，比较满足光顺准则。

这种光顺方法通常可分成四个步骤：

第一步，建立通过给出的型值点及满足边界条件的样条函数 $s(x)$。

第二步，以光顺判别准则来衡量曲线的光顺程度，若已满足光顺准则，则光顺完毕。

第三步，不满足光顺准则时，需寻找引起不满足准则的"坏点"。首先确定"坏点区"，所谓坏点区是指坏点可能出现的区域。比如，某曲线各型值点上的曲率符号为

$$+ + \boxed{+ - + - + - +} + + +$$

出现多次波动，波动区包括七个型值点，这七个点中至少有一个"坏点"，所以这个区域称坏点区。接着，可以从这个七个点中寻找出一个"最坏的坏点"作为修改对象。

第四步，修改坏点。若将该点全部释放，不受约束，则该点

$$N_j^* = 0$$

或

$$\frac{c_{j+1}^* - c_j^*}{x_{j+1} - x_j} = \frac{c_j^* - c_{j-1}^*}{x_j - x_{j-1}}$$

$$c_j^* = \frac{(x_j - x_{j-1})c_{j+1}^* + (x_{j+1} - x_j)c_j^*}{x_{j+1} - x_{j-1}}$$

我们可以从一般基样条系数矩阵中寻找到第 j 列的值

$$b_{ij} \quad i = 1,2,\cdots,n$$

则

$$c_j^* = c_j + \delta y_j b_{jj}$$

$$c_{j+1}^* = c_{j+1} + \delta y_j b_{j+1j}$$

$$c_{j-1}^* = c_{j-1} + \delta y_j b_{j-1j}$$

代入上式可得

$$\delta y_j^0 = -\frac{(x_{j+1} - x_{j-1})c_j - (x_j - x_{j-1})c_{j+1} - (x_{j+1} - x_j)c_{j-1}}{(x_{j+1} - x_{j-1})b_{jj} - (x_j - x_{j-1})b_{j+1j} - (x_{j+1} - x_j)b_{j-1j}}$$

即为修改量的计算值。

这种修改法对于各个型值点都存在一定的误差，而这些误差服从或接近服从正态分布时，效果可能不太理想。

3.5.3　曲面光顺定义

曲面的光顺准则比曲线光顺更为复杂，通常根据曲面上的关键曲线（如 u,v 方向的参数

线,或曲面与平行于坐标平面的一系列平面的截线等)是否光顺以及曲面的曲率(主曲率、高斯曲率、平均曲率等)的变化是否均匀等来判断。有的学者给出了如下的曲面光顺准则:

(1) 关键曲线(如飞机或船舶曲面的骨架线)光顺;

(2) 网格线无多余拐点(或平点)及变挠点;

(3) 主曲率(低次曲面)在节点处的跃度和足够小;

(4) 高斯曲率变化均匀。

3.5.4 曲面的光顺处理

船体曲面是否光顺一般用网格法来处理。看船体曲面是否光顺可通过看描绘船体曲面的水线,横剖线和纵剖线等三族曲线所构成的网格。当这三族曲线都光顺,则认为曲面光顺,反之就要进行修改。但随着曲面理论的发展,人们常常不满足于以网格光顺来代替曲面光顺的概念,力图直接研究曲面的光顺准则。

曲面光顺的网格能量法是能量法的一种简化形式,该法的特点是用所有网格线的能量之和代替曲面的能量,使其在给定的约束条件下达到极小。

设给定双三次 B 样条曲面

$$S_0(u,v) = \sum_{i=0}^{n+2}\sum_{j=0}^{m+2} V_{ij}^0 B_{ip}(u) B_{jq}(v), \quad u_3 \leqslant u \leqslant u_{n+3}, v_3 \leqslant v \leqslant v_{m+3}$$

式中 p 和 q 分别为曲面沿 u 向和 v 向的幂次,设 $p = q = 3$, $B_{ip}(u)$ 和 $B_{jq}(v)$ 分别为由节点矢量

$$\boldsymbol{U} = [0 = u_0 = u_1 = u_2 = u_3, u_4, \cdots, u_{n+2}, u_{n+3} = u_{n+4} = u_{n+5} = u_{n+6} = 1]$$

和

$$\boldsymbol{V} = [0 = v_0 = v_1 = v_2 = v_3, v_4, \cdots, v_{m+2}, v_{m+3} = v_{m+4} = v_{m+5} = v_{m+6} = 1]$$

定义的 B 样条基函数, $V_{ij}^0 (i = 0,1,\cdots,n+2; j = 0,1,\cdots,m+2)$ 是光顺前曲面的控制顶点。

光顺后的曲面为

$$S(u,v) = \sum_{i=0}^{n+2}\sum_{j=0}^{m+2} V_{ij} B_{ip}(u) B_{jq}(v) \quad u_3 \leqslant u \leqslant u_{n+3}, \quad v_3 \leqslant v \leqslant v_{m+3}$$

式中 $V_{ij}(i = 0,1,\cdots,n+2; j = 0,1,\cdots,m+2)$ 是光顺后曲面的控制顶点; $p, q, B_{ip}(u)$ 和 $B_{jq}(v)$ 的定义同上。上述曲面沿 u 向和 v 向网格线的能量分别为

$$E_s^u = \sum_{i=3}^{n+3} \int k(S(u_i,v))^2 \| S_v(u_i,v) \| \mathrm{d}v \tag{3-74}$$

和

$$E_s^v = \sum_{j=3}^{m+3} \int k(S(u,v_j))^2 \| S_u(u,v_j) \| \mathrm{d}u \tag{3-75}$$

式中 $k(S(u_i,v))$ 和 $k(S(u,v_j))$ 分别代表等参数线 $S(u_i,v)$ 和 $S(u,v_j)$ 的曲率, $\|\cdot\|$ 代表矢量的模长。

网格线的总能量为

$$E_s = E_s^u + E_s^v \tag{3-76}$$

对式(3-74)和式(3-75)进行简化,得到

$$E_s^u = \sum_{i=3}^{n+3} \int_0^1 S_{vv}(u_i,v)^2 \mathrm{d}v \tag{3-77}$$

和

$$E_s^v = \sum_{j=3}^{m+3}\int_0^1 S_{uu}(u,v_j)^2\mathrm{d}u \tag{3-78}$$

将式(3 - 77)和式(3 - 78)代入式(3 - 76),得到网格线的近似能量为

$$E = \sum_{i=3}^{n+3}\int_0^1 S_{vv}(u_i,v)^2\mathrm{d}v + \sum_{j=3}^{m+3}\int_0^1 S_{uu}(u,v_j)^2\mathrm{d}u$$

曲面光顺的网格能量法就是在约束条件

$$D = \sum_{i=0}^{n+2}\sum_{j=0}^{m+2}(V_{ij} - V_{ij}^0)^2 < \varepsilon$$

下使 E_s 达到极小,可以将其近似地转化为一个无约束优化问题求解。

3.5.5 曲线、曲面的光顺性检查

在计算机中,产生的曲线、曲面是否光顺,由于计算机屏幕尺寸和分辨率的限制,单靠人眼往往不能很好地进行观察。因此,需要提供一些辅助工具来使人们能更好地了解生成的曲线、曲面的光顺性。

3.5.5.1 曲线的光顺性检查

常用的方法是画出曲线的曲率半径(对于平面曲线,通常采用相对曲率)随弧长变化的图形,即曲率图;也可以直接在原曲线上画出表示曲率半径大小的直线段,也称为刺猬线(图 3 - 28),然后根据光顺准则进行分析。在图 3 - 28 中,看起来似乎光顺的曲线,通过刺猬线发现,其曲率变化并不是均匀的。

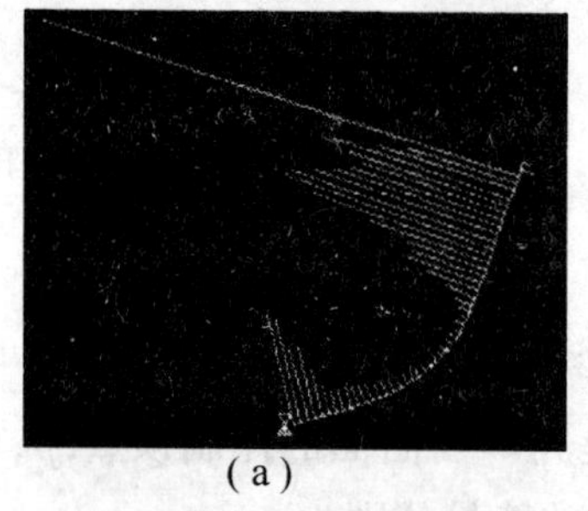
(a)

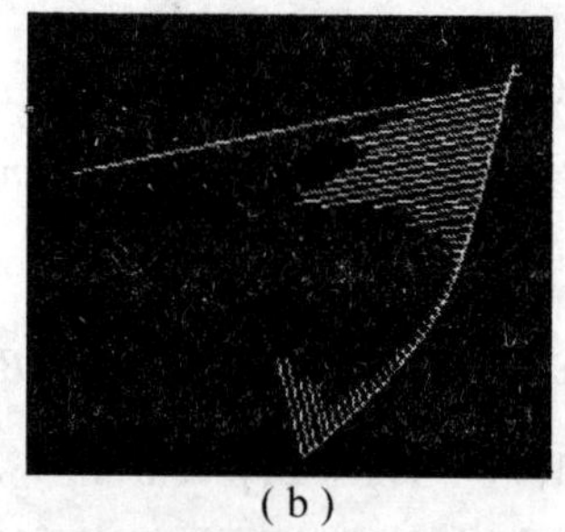
(b)

图 3 - 28 肋骨样条的刺猬线

(a) 肋骨样条刺猬线(平面);(b) 肋骨样条刺猬线(空间)

3.5.5.2 基于光照模型方法的曲面光顺性检查

在汽车工业中,人们用平行光照射到车身上来检查车身曲面是否光顺。基于光照模型的方法是对这一过程的模仿,比较直观,和工程人员的习惯作法比较接近,因此,受到人们的重视。最常用的有绘制真实感图形、绘制等照度线、绘制反射线、绘制高亮线等四种方法。我们主要介绍绘制高亮线的方法。

高亮线法将光源理想化为一无限长的直线,并且将光源置于曲面 $\boldsymbol{S}(u,v)$ 的上方,在曲面上某一点 $\boldsymbol{S}(u,v)$ 处,光源 $\boldsymbol{q}(t)$ 和曲面法矢的垂直距离为

$$d = \frac{|(\boldsymbol{n}(u,v) \times \boldsymbol{q}_d) \cdot (\boldsymbol{q}_0 - \boldsymbol{S}(u,v))|}{\|\boldsymbol{n}(u,v) \times \boldsymbol{q}_d\|}$$

在曲面上由 $d = 0$ 的点连成的线称为光源 $\boldsymbol{q}(t)$ 在曲面 $\boldsymbol{S}(u,v)$ 上的高亮线。给定半径

r,在曲面 $\boldsymbol{S}(u,v)$ 上,满足 $d \leqslant r$ 的点构成的集合称为高亮带,由 $d = r$ 的点构成的集合称为高亮带的边界。

高亮线具有以下性质:

(1) 不依赖于视点。

(2) 曲面的不连续性在高亮线上被扩大 1 阶。即,如果两曲面是 C^0 连续的,则高亮线在两曲面的共同边界不连续;如果两曲面是 C^1 连续的,则高亮线在两曲面的共同边界只达到 C^0 连续,依此类推。

第 4 章　舰船 CFD 的可视化方法

将 CFD(Computational fluid dynamics) 应用于船舶水动力学计算以进行船舶流动数值模拟,实现对船舶水动力性能的理论预报,目前在船舶设计建造部门得到愈来愈广泛的使用,已成为船舶水动力性能设计的有效工具。与传统的船模试验方法相比,CFD 用于舰船水动力性能设计具有以下优点:(1) 不需要进行费时费力的系列船模试验;(2) 可以获取船模试验难于得到的流场细节和方便地重复"试验";(3) 可以便利地通过改变船型进行水动力性能比较,实现船型优化设计;(4) 可以直接用于实船性能预报,从而避免"尺度效应"的影响。正因为如此,船舶 CFD 方法正日益取代船模试验方法的地位,成为新船型开发、设计的重要手段。舰船 CFD 工作过程一般分为前处理、计算和后处理三步:

1) 前处理功能

此部分主要包括:① 人机交互地构造舰船表面、自由表面或附体的几何模型;② 将几何模型离散化;③ 生成 CFD 计算模型的边界条件。

2) 计算功能

此部分主要包括:在不同边界条件下 Laplace 方程或 N.S 方程的求解。

3) 后处理功能

此部分主要包括:① 流体流动与舰船运动的表示;② 速度场的表示;③ 压力场的表示。

本章主要介绍舰船 CFD 可视化的前处理与后处理的基本原理与方法。

4.1　舰船 CFD 中的几何造型

舰船 CFD 包括势流计算和粘性计算两部分,计算方法主要有面元法、有限元法和有限体积法及差分法等等。就面元法而言,从几何的角度,主要涉及到如何将舰船表面、自由表面及附体表面用三角形单元、四边形单元及曲面单元表达出来;对有限元法和有限体积法来说,舰船表面、自由表面及附体表面构成了计算区域的边界,对计算区域实现四面体或六面体剖分是实现后续计算的一个重要工作。

4.1.1　面元的剖分实现与造型

4.1.1.1　面元的拓扑结构

舰船表面、自由表面或附体表面一般为曲面,离散后可用面、曲面、面元、边及点五层结构表示(如图 4 – 1)。

(1) 面

面是由多个曲面拼接而成。

(2) 曲面

曲面是由多个面元构成,面元一般为三角形或四边形。

(3) 面元

面元是由边构成，边可以为空间直线或空间曲线。

(4) 边

边是由按一定顺序的点连接而成。

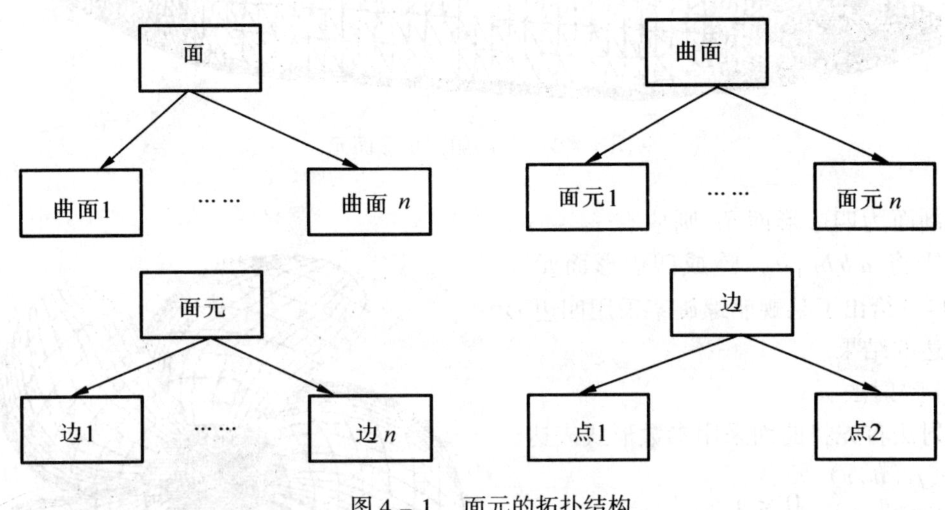

图 4-1　面元的拓扑结构

4.1.1.2　面元的剖分实现

舰船 CFD 中面元生成常用的方法主要为节点连元法和映射法。

(1) 节点连元法

该方法首先在区域的边界上和区域内生成节点，然后按一定的规则连接这些节点，而生成面元。由于舰船表面常给出的是剖面型值，也即给定了整个区域内和边界上的节点，下面以两个剖面为例说明如何实现将节点连成面元。

1) 三角面元的剖分实现

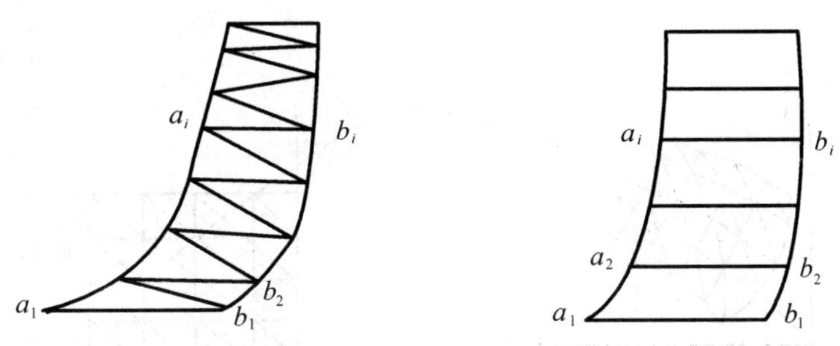

图 4-2　节点连元法生成面元示意图

如图 4-2 示，$a_i(i=1,2,\cdots,m)$，$b_i(i=1,2,\cdots,n)$ 分别表示临近两个剖面上的型值点。如果 $m \geqslant n$，分别计算 $\overline{a_ib_{i+1}}$ 和 $\overline{a_{i+1}b_i}(i=1,2,\cdots,n)$ 的长度，比较 $\overline{a_ib_{i+1}}$ 和 $\overline{a_{i+1}b_i}$ 的大小，如果 $\overline{a_ib_{i+1}} \geqslant \overline{a_{i+1}b_i}$，则将 $a_ib_ia_{i+1}$ 连成一三角形面元，反之将 $b_ia_ib_{i+1}$ 连成一三角形面元，如果 $i \geqslant n$，则将 $a_ib_na_{i+1}(i=n,n+1,\cdots,m)$ 连成三角形面元即可。如 $m < n$，剖分方法同前类似，图 4-3 给出了某船舶三角形面元剖分的结果。

2) 四边形面元剖分实现

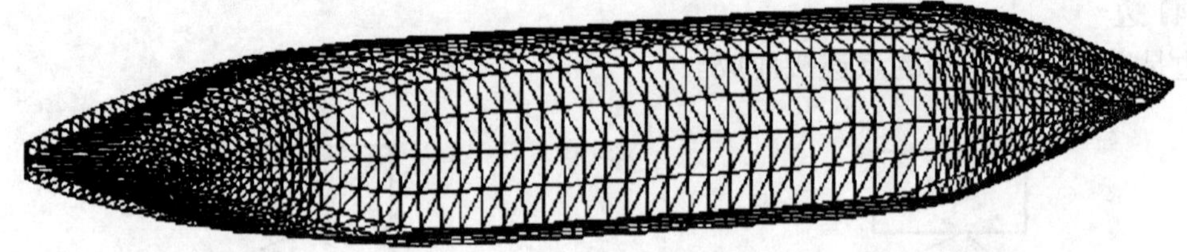

图 4－3　某船舶三角形面元

如剖面为四边形面元，则应有 $m = n$，此时仅需将 $a_i b_i b_{i+1} a_{i+1}$ 连成四边形面元即可，图4－4给出了某舰船螺旋桨采用四边形面元表达的结果。

图 4－4　某舰船螺旋桨四边形面元

(2) 映射法

映射法首先将曲面采用参数形式表达。

$$\begin{cases} x = f_1(u,v) \\ y = f_2(u,v) \\ z = f_3(u,v) \end{cases} \quad \begin{array}{l} 0 \leqslant u \leqslant 1 \\ 0 \leqslant v \leqslant 1 \end{array} \qquad (4-1)$$

这样将曲面映射到参数(u,v)区域，且$0 \leqslant u \leqslant 1, 0 \leqslant v \leqslant 1$，然后在参数区域内进行三角形剖分或四边形剖分。如在参数域中某一顶点的坐标为(u_i, v_i)，则曲面上此点坐标为$[x_i = f_1(u_i,v_i), y_i = f_2(u_i,v_i), z = f_3(u_i,v_i)]$，由此可根据参数域中的剖分结果，而产生曲面的剖分。图 4－6 为某船舶采用 NURBS 作为映射函数而得到的面元。

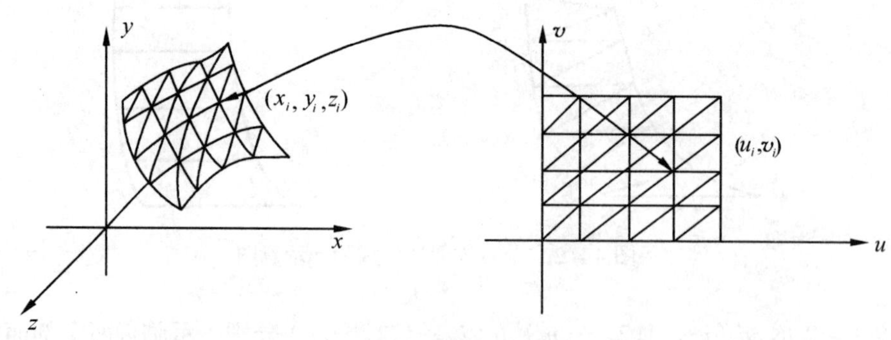

图 4－5　曲面映射到参数区域

4.1.1.3　面元的的消隐算法

李定、周连弟提出了一种点 — 面判别消隐线算法，省时、省内存，便于在微机上实现。

消隐算法的实施步骤如下：

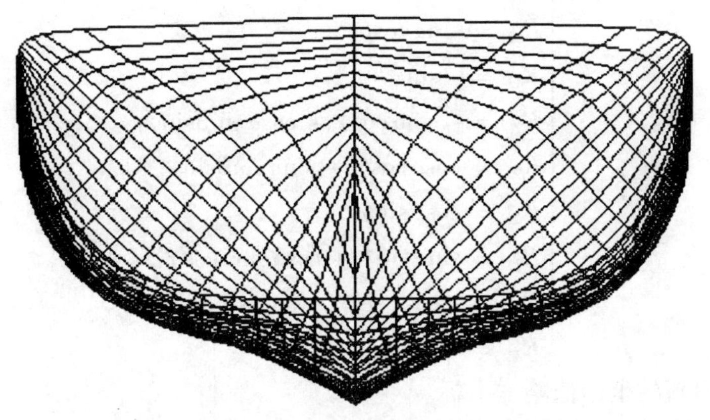

图 4 - 6　某舰船采用 *NURBS* 作为映射函数的面元

第一步　输入坐标点或计算坐标点

将空间几何形体表面映射到平面(图 4 - 7),分成 $m \times n$ 个四边形面元。

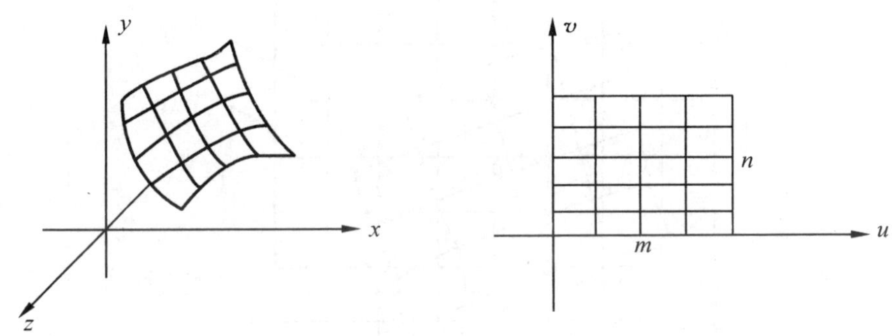

图 4 - 7　表面映射到平面

第二步　几何变换

根据集合形体及用户感兴趣的形体部位,选择三个旋转角(α, β, γ),由式 4 - 2 求出变换矩阵 R,然后由式 4 - 3 求得旋转后的坐标值。

$$R = \begin{bmatrix} R_{11} & R_{12} & R_{13} \\ R_{21} & R_{22} & R_{23} \\ R_{31} & R_{32} & R_{33} \end{bmatrix} \quad (4-2)$$

$$[x', y', z'] = [x, y, z] \cdot R \quad (4-3)$$

其中

$$
\begin{cases}
R_{11} = \cos\alpha\cos\beta \\
R_{12} = \sin\alpha\cos\beta \\
R_{13} = -\sin\beta \\
R_{21} = -\sin\alpha\cos\gamma + \cos\alpha\sin\beta\sin\gamma \\
R_{22} = \cos\alpha\cos\gamma + \sin\alpha\sin\beta\sin\gamma \\
R_{23} = \cos\beta\sin\gamma \\
R_{31} = \sin\alpha\sin\gamma + \cos\alpha\sin\beta\cos\gamma \\
R_{32} = -\cos\alpha\sin\gamma + \sin\alpha\sin\beta\cos\gamma \\
R_{33} = \cos\beta\cos\gamma
\end{cases}
$$

为书写方便,下面新的坐标值略去上标。

第三步　笛卡儿坐标网格

将变换后的形体投影到 xy 平面上,根据投影面上最大和最小的 x,y 值 x_{min},y_{min},x_{max},y_{max},和所需要的网格数目构造一覆盖曲面的矩形网格(图 4 - 8)。

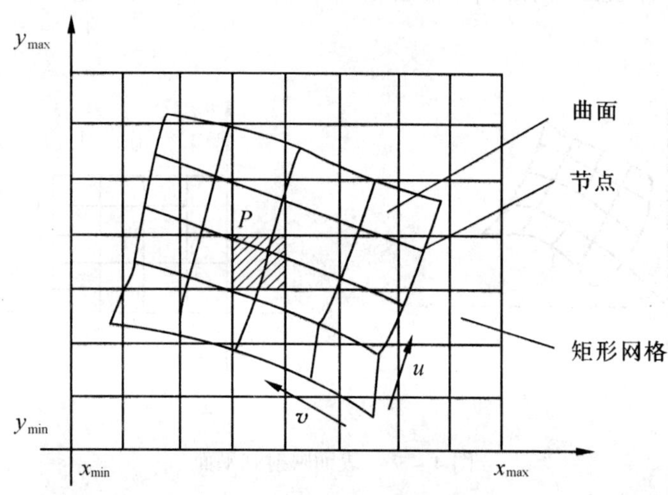

图 4 - 8　构造一覆盖曲面的矩形网格

当判别一个点 $P(x,y,z)$ 是否可见时,要首先找到包含这一点的坐标网格。这样,只须对坐标网格内所含的曲面面元进行可见性判别,而无须在整个曲面上作检验,从而大大节省 CPU 时间。

第四步　将曲面上面元赋予坐标网格

首先将曲面上的面元近似用一矩形替代,用 F 表示 $\Delta u - \Delta v$ 构成的面元,而 R 代表外切面元的矩形(图 4 - 10),则有

$$F \subset R \tag{4 - 4}$$

当判别 F 是否落在某一坐标网格时,只要判断 R 矩形落在某一网格内,就可保证 F 面元也在同一网格上。这样,作为可见性检验偏于可靠,且可使判别过程极为简化,减少了 CPU 时间和简化了程序。

第五步　对所有节点作可见性判别

判别节点 $P(x,y,z)$ 可见性时，确定它落在哪一个坐标网格上，可根据下式来决定：

$$x_i \leqslant x \leqslant x_{i+1} \tag{4-5}$$

$$y_i \leqslant y \leqslant y_{i+1} \tag{4-6}$$

它落在 (i,j) 的网格内，其中 i,j 分别为网格 x,y 方向的编号。

这样判别节点 P 可见性时只与网格 (i,j) 所关联的曲面面元有关，而与其它面元无关，这一过程可去掉许多无关面元。随后进一步确定与 (i,j) 网格关联的面元中那些真正覆盖节点 P。

如果一个点 $P(x,y,z)$ 落在一凸边形内，则把多边形的每条边看作矢量，绕此点旋转的方向必须全部一致，反之落在多边形外，至少有一边旋转方向与其它的相反(图 4 – 9)。边线的旋向由下行列式确定：

$$M = \begin{vmatrix} x & y & 1 \\ x_i & y_i & 1 \\ x_{i+1} & y_{i+1} & 1 \end{vmatrix} \tag{4-7}$$

式中 (x_i,y_i)，(x_{i+1},y_{i+1}) 是边线的起点与终点。

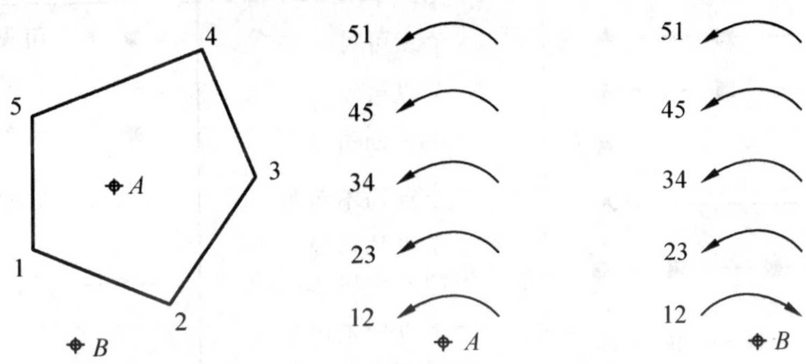

图 4 – 9　判断一点是否落在凸多边形内

各边的旋向变化可由下式确定：

$M_R M_{R+1} > 0$　R 边与 R + 1 边具有相同旋向

$M_R M_{R+1} = 0$　点落在 R 边或者 R + 1 边

$M_R M_{R+1} < 0$　R 边与 R + 1 边具有相反旋向

为了较准确地判别点的可见性，再将四边形面元细分为 2 个三角形，近似看作三角形的三边为直线，根据式(4 – 7) 和式(4 – 8) 判断 P 点是否落在三角形内。以图 4 – 11 为例，如 P 点落在 1 – 2 – 3 三角形内，由下式计算 P 在 xy 平面上的投影点 (x,y) 在空间三角形 1 – 2 – 3 平面上的高 z_D

$$\begin{vmatrix} x & y & z_D \\ x_1 & y_1 & z_1 \\ x_2 & y_2 & z_2 \\ x_3 & y_3 & z_3 \end{vmatrix} = 0 \tag{4-8}$$

式中 (x_i,y_i,z_i)，$i = 1,2,3$ 是空间三角形的三顶点坐标。如果 $z_D > z$，则 P 点认为是不可见；反之，相对于此 1 – 2 – 3 三角形面元 P 点是可见，若就所有覆盖 P 点的面元而言，P 点都可见，则 P 点为可见点。

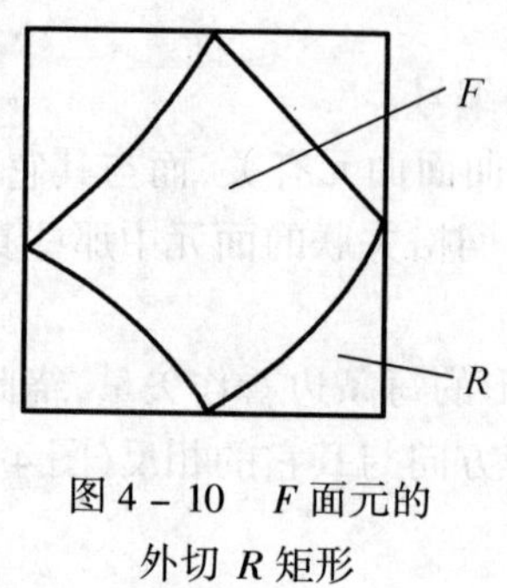

图 4 – 10　F 面元的外切 R 矩形

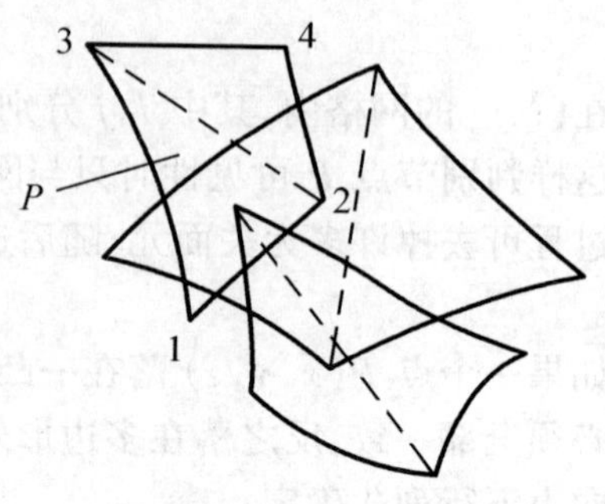

图 4 – 11　P 点可见性

第六步　显示可见 $\Delta u - \Delta v$ 线段

No	类型图示	说　明	注　释
1	●————■- - - -▲	一个点可见	● 可见点
2	▲- - - -■————●	一个点可见	▲ 不可见点
3	●————————●	二个点均可见	■ 交界点
4	▲- - - - - - - -▲	二个点均不可见	———— 可见线段
5	●——■- - -■——●	二个点均可见 中间有不可见线段	- - - 不可见线段
6	▲- - -■————■- -▲	二个点均不可见 中间有可见线段	

图 4 – 12　可见线段判别

在显示 $\Delta u - \Delta v$ 线段时，必须考虑图 4 – 12 所示的几种情况。就第 5、第 6 情况，由于曲面面元比较密，一般可不考虑。如果连线的一个点可见而另一个点不可见，则必须用均分法找出满意的交界点。具体做法如下：

设 P_1 为可见点，P_2 为不可见点，求出线段的中点 $P_3 = (P_1 + P_2)/2$，用第五步的方法判别 P_3 点的可见性。如 P_3 为可见点则与不可见的 P_2 点构成新的线段再进行均分；反之与可见的 P_1 点构成进行均分。这过程重复 N 次，最后求出的点就可认为是交界点。一般只需迭代 4 – 5 次就可满足工程要求。图 4 – 13 给出某舰船兴波自由表面经消隐后的兴波波形。

4.1.2　空间网格的剖分实现与造型

4.1.2.1　空间网格的拓扑结构

舰船 CFD 的计算区域的拓扑结构可用体、子体、空间网格、面、边、点六层结构表示。

(1) 体

体是由多个子体组合而成。

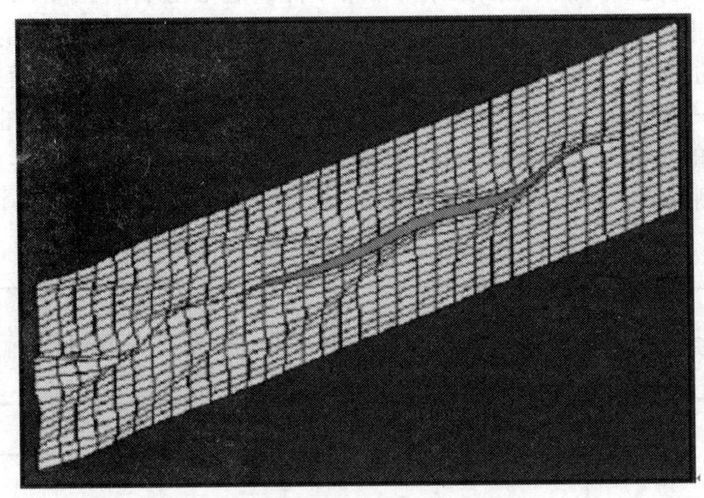

图 4-13　某舰船兴波波形

(2) 子体

子体是由多个体元(空间网格)构成。

(3) 空间网格

空间网格是由面构成的,如四面体为四个面,六面体为六个面。面、边、点的结构同面元的结构。

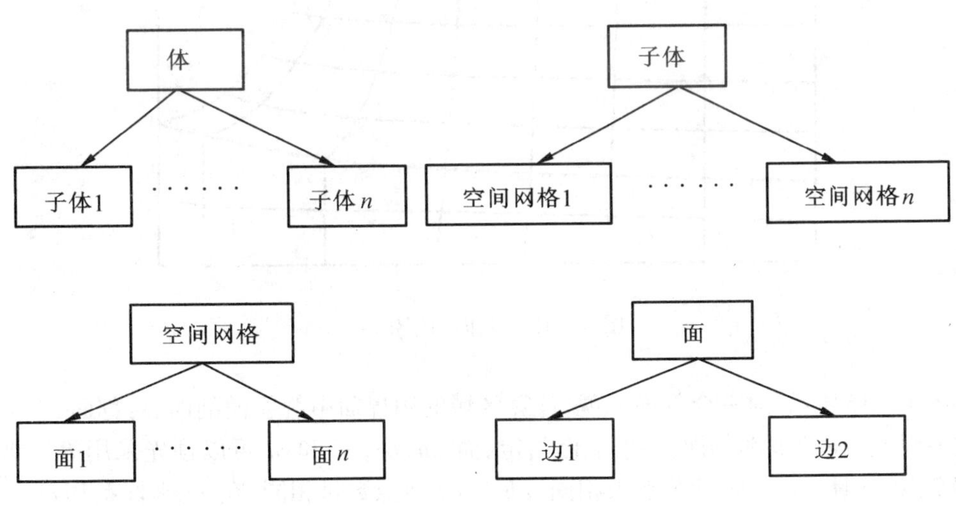

图 4-14　空间网格的拓扑结构

4.1.2.2　空间网格的剖分实现与造型

空间网格的生成技术是 CFD 的一个重要分支,传统的做法是形成贴体网格,其生成方法大致分为代数生成方法、微分方程生成方法等。随着外形复杂度的提高形成贴体计算网格更加困难,近十年来发展了不少新的结构网格(如对接网格、重叠网格等)和非结构网格(如 Delaunay 三角化方法、推进阵面法等)方法。

舰船的外形通常是以离散数据给出的,常常不能满足 CFD 计算的要求,因而在开始生成网格之前,必须进行几何处理,即以适当的方式来定义几何外形,所定义的外形曲线要与原始数据所描述的吻合一致。在几何处理及随后表面网格生成的过程中,插值技术(如非均匀有理 B 样条 ——NURBS 插值)对保证几何模拟的保真度是非常重要的,也起着决定性的作用。在几何处理的基础上生成计算网格。图 4 - 15 给出了船舶 CFD 网格生成的过程,本节以剖面映射法为例说明空间网格的生成方法。

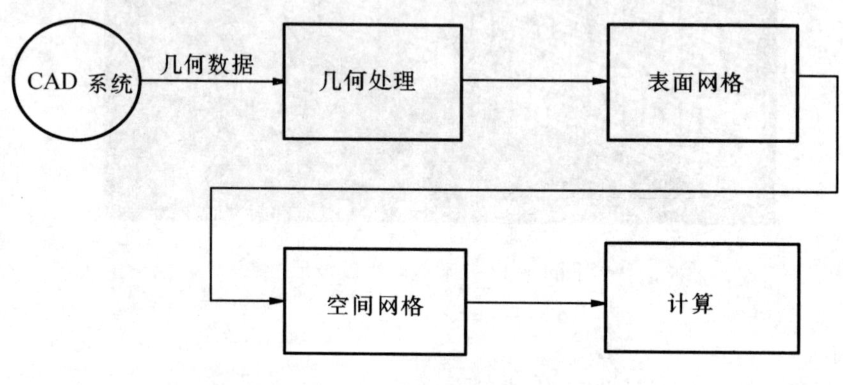

图 4 - 15　空间网格生成过程

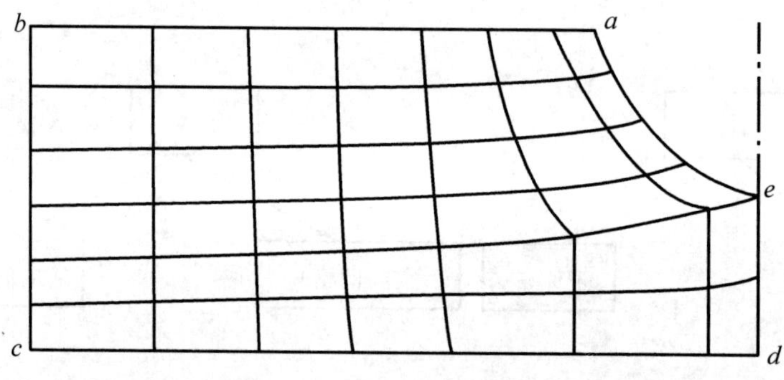

图 4 - 16　剖面网格生成

如图 4 - 16 所示,对一个剖面来说,计算区域的边界面由舰船横剖面、对称面、上下及侧面的边界组成。ae 为舰船剖面,型值点已给定,而 ab, bc, cd 和 ed 可以预先采用等比级数产生一些节点,并且 ad 与 bc 的节点数相同,ab 与 cd 节点数目相同。在 yz 坐标系和 uv 坐标系间建立下列关系

$$y(u,v) = y(0,v) + f_u[y(1,v) - y(0,v)] \tag{4-9}$$

$$z(u,v) = z(u,0) + f_v[z(u,1) - z(u,0)] \tag{4-10}$$

上式中,$y(0,v)$, $y(1,v)$, $z(u,0)$, $z(u,1)$ 分别对应边界 ab, cd, ad 和 bc 预先产生的点。且

$$f_u = (1 - g_v)a(u) + g_b b(u) \tag{4-11}$$

$$f_v = (1 - g_u)c(v) + g_u d(v) \tag{4-12}$$

其中

$$g_u = (1-u)^k / [u^k + (1-u)^k] \tag{4-13}$$

$$g_v = (1-v)^k / [v^k + (1-v)^k] \tag{4-14}$$

当 k 取 1 时为线性变换，取其它值为非线性变换，式中 $a(u)$、$b(u)$、$c(v)$、$d(v)$ 分别为

$$a(u) = [y(u,0) - y(0,0)] / [y(1,0) - y(0,0)] \tag{4-15}$$

$$b(u) = [y(u,1) - y(0,1)] / [y(1,1) - y(0,1)] \tag{4-16}$$

$$c(v) = [z(0,v) - z(0,0)] / [z(0,1) - z(0,0)] \tag{4-17}$$

$$d(v) = [z(1,v) - z(1,0)] / [z(1,1) - z(1,0)] \tag{4-18}$$

4.1.2.3　空间网格的消隐算法

消隐算法又称为可见面判别算法，常见的方法有后向面判别、深度缓冲器算法、A 缓冲器算法、扫描线算法、BSP 树算法、八叉树算法及区域细分算法等，本节主要介绍区域细分算法。

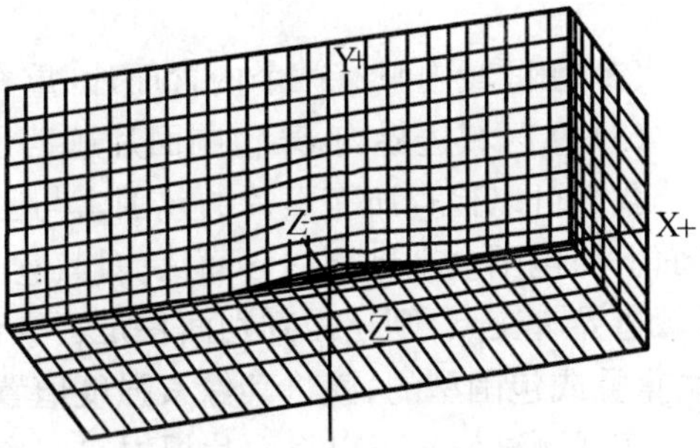

图 4－17　某舰船的空间网格

区域细分算法虽然本质上是一种象空间算法，但它也使用了一些物空间操作来完成面片的深度排序。该算法充分利用场景中区域的连贯性，将视野集中于包含面片的区域，并将整个观察范围细分为越来越小的矩形单元，直至每个单元仅包含单个可见面片的投影或不含任何面片。

为了实现区域细分算法，必须首先找到一种区域测试手段，它能很快判别出某一区域仅包含某一面片的一部分，或告诉我们该面片太复杂，难以分析。从整个视图开始，我们应用该测试手段来确定是否应将一完整区域分割为一些小矩形单元。若测试表明视图相当复杂，则需将其进行分割，然后再对各小区域作测试。若测试表明面片的可见性还无法确定，则必须再次细分区域，直至最终区域易于分析，即它属于某一单个面片或仅覆盖一个像素，如图 4－18 所示。

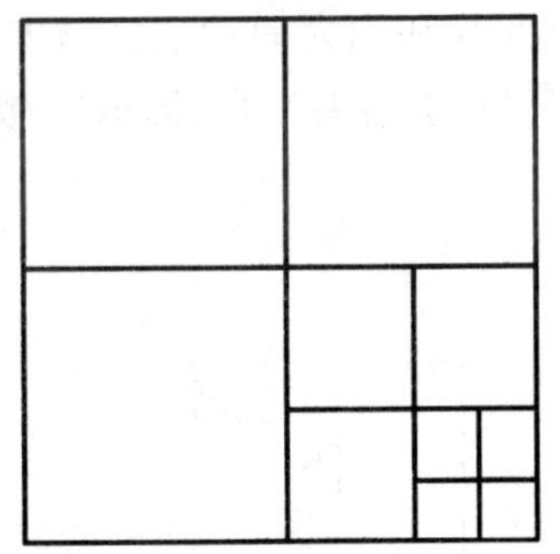

图 4－18　每次将一正方形区域细分为四个大小相同的小单元

一个简单的实现算法是每次将区域分割为四块大小相等的矩形，类似于组织一棵四叉树，这样，即使是一个 1 024 × 1 024 分辨率的视图被细分 10 次以后，也仅能使每个单元覆盖一个像素。

在一个区域内比较某面片与该区域边界，可确定该面片的可见性，面片根据它与区域边界的相互关系可分为四类，如图 4－19 所示：

包围面片 —— 完全包含区域。

重叠面片 —— 部分位于区域内，部分位于区域外。

内含面片 —— 完全在区域内。

分离面片 —— 完全在区域外。

我们根据这四种类别来表示面片的可见性测试。若以下条件之一为真，则无须再对区域进行分割：

(1) 所有面片均为区域的分离面片；

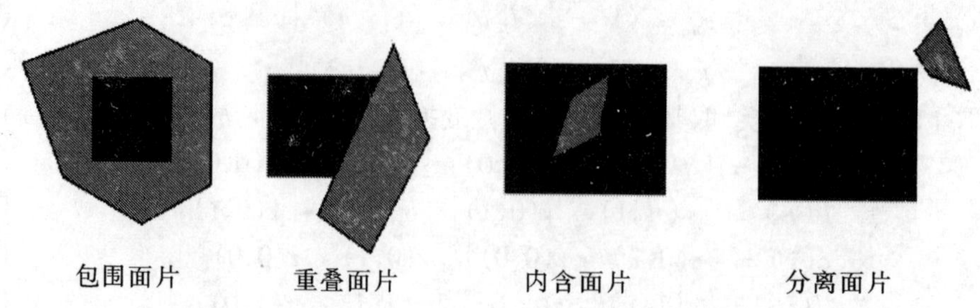

图 4 – 19　多边形面片与矩形区域之间可能的关系

(2) 在区域内只有一个内含面片、重叠面片或包围面片；

(3) 在区域边界内，某包围面片遮挡了其它所有面片。

我们可以检查所有面片的包围盒与区域边界的关系来实现测试(1)。测试(2) 可利用 xy 平面上的包围盒来判别内含面片。对其它类型的面片，可用包围盒作初始检查，若包围盒与区域边界有交点，则还需判别面片是否为包围型、重叠型或分离型，一旦判别出某面片是内含、重叠或包围型的，就将其像素强度值置入帧缓冲器的相应位置。

实现测试(3)，可以将面片根据它们离观察平面的最近距离进行排序。对所有考察区域内的包围面片，我们计算其最大深度。如果某一包围面片距观察平面的最大深度小于该区域内其它所有面片的最小深度，则满足测试(3)，图 4 – 20 表示该情况的一个例子。

另一种实现测试(3) 的算法则无须进行深度排序，它利用平面方程计算所有包围面片、重叠面片和内含面片上区域四顶点处的深度值。若某包围面片的深度值小于其它所有面片，则测试(3) 结果为真，即该区域可以用包围面片的强度值来填充。

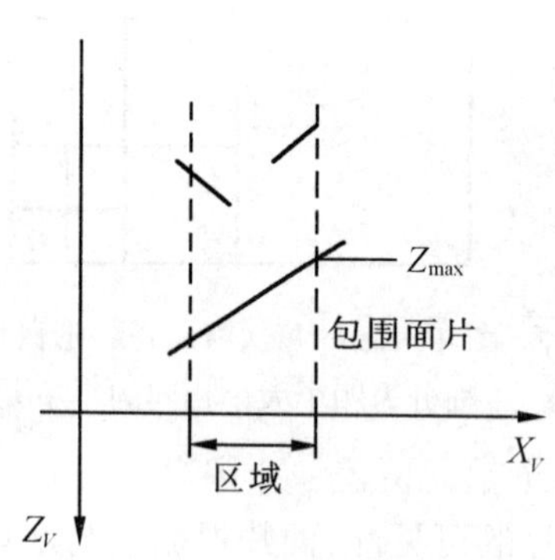

图 4 – 20　在某特定区域内，一个最大深度为 Z_{max} 的包围面片遮挡所有最小深度超过 Z_{max} 的面片

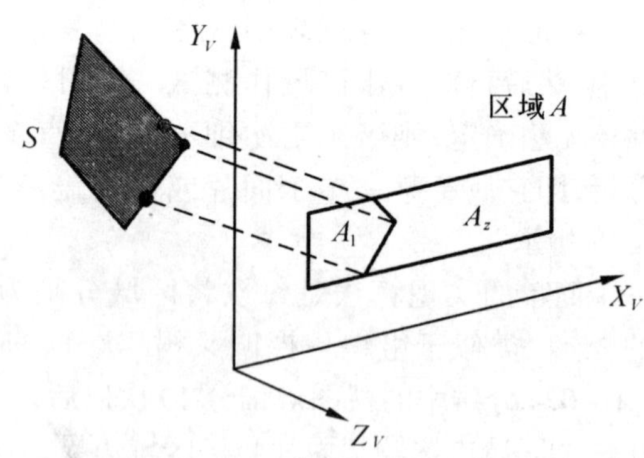

图 4 – 21　区域 A 被观察面 S 的边界投影细分为 A_1 和 A_2

在许多场合，实现测试(3) 的二种算法均无法正确判别出遮挡其它所有面片的包围面片，可能还需借助于进一步测试。此时，采用区域细分的办法比继续进行较复杂的测试要快得多。一旦判别出某区域中的包围面片和分离面片，它们对该区域细分后的子区域仍然保持

包围型或分离型的位置关系。随着逐步细分，一些内含面片和重叠面片将被消除，因而区域将越来越易于分析，在少数情况下，最终的分割区域为像素大小，那么只须计算当前点的相关面片深度，并将最近的面片强度值置入帧缓冲器中。

我们可以将基本分割处理作一变形，不再简单地将区域一分为四，而是沿面片边界对区域进行分割，若面片已完成最小深度排序，则可用最小深度的面片对给定区域进行划分，如图，面 S 的边界投影将原来区域分割为子区域 A_1 和 A_2，面 S 是 A_1 的包围面片。此时，可由测试(2) 和(3) 来确定是否还需继续分割。总之，采用该算法可减少分割次数，但在区域细分及分析面片与子区域边界的关系等方面则需更多的处理，图 4 - 22 为采用此算法对某舰船的空间网格消隐的结果。

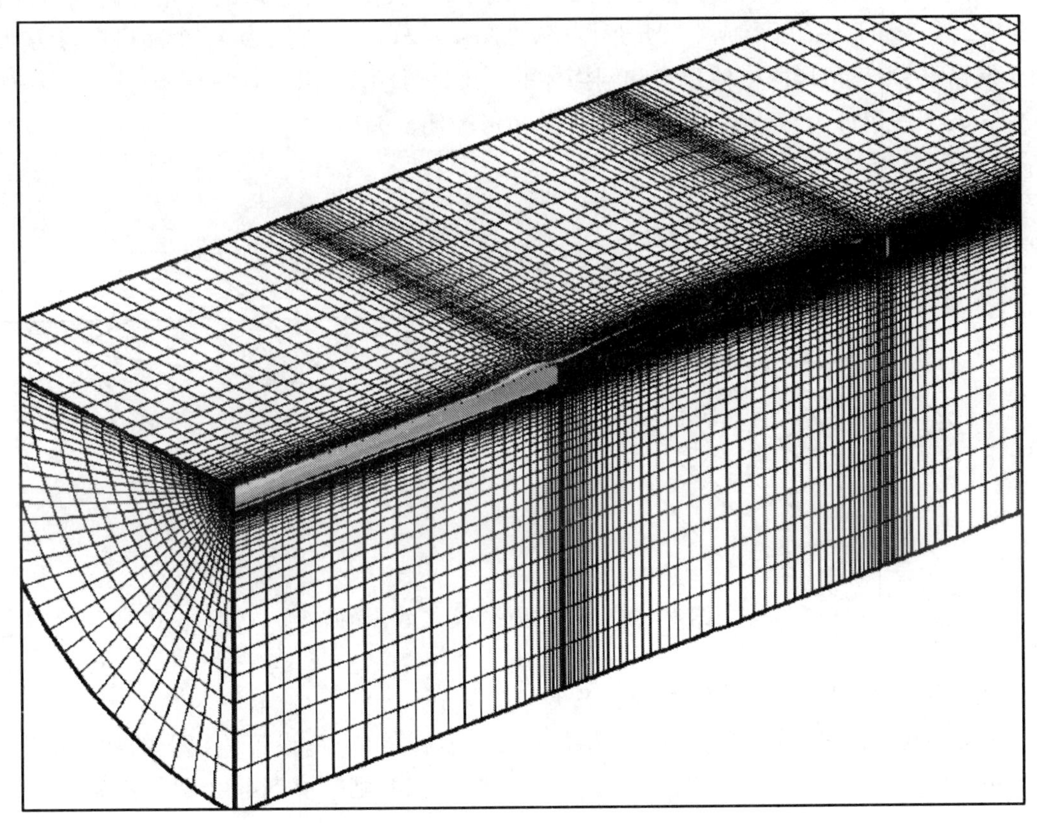

图 4 - 22　某舰船消隐后的空间网格

4.2　舰船 CFD 中标量场

舰船 CFD 的标量场主要是压力场和自由表面的波型，压力场和波型都可以用等值线表示出来，如果等值线的物理量用颜色来表示，就构成了此物理量的云图，另外，水面舰船周围波浪运动情况常常采用明暗模型及纹理模型来表示，本节主要介绍等值线方法和一种简单的明暗模型和纹理模型。

4.2.1 舰船 CFD 中标量场的等值线表示

舰船 CFD 中波型、压力等都可以采用等值线予以表达,有多种搜寻等值线的方法,这里介绍一种点线算法。此算法简单、实用、省时、精度较高,且易于实施,适用于不规则区域的离散点的搜寻,其实施手段可分成如下三个步骤:

第一步　形成三角网格

通过某种方法获得物理场中的一系列离散数据

$$X(i,j),\quad Y(i,j),\quad F(i,j)$$

其中 X,Y 为离散节点上的坐标值,F 是对应的物理量。

节点(i,j)在物理场区域构成了一四边形网格,现从每个四边形的对角线划线,将四边形变成二个三角形,就可形成一三角形网格,见图 4 - 23。设 i 方向为 N_x 个网格点,j 方向为 N_y 个网格点,则三角形网格体顶点和网格体的一维编号顺序如图 4 - 23 所示,其中 $ij=(i-1)N_y+j$,下三角形为奇数编号 $2ij-1$,上三角形为偶数编号 $2ij$。

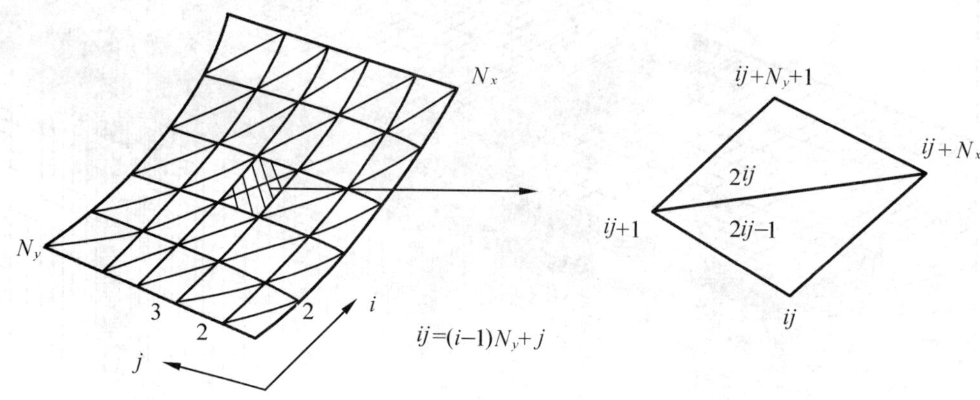

图 4 - 23　将四边形变为二个三角形

第二步　找出等值点的位置(X_g,Y_g)

为了寻找等值线,首先在三角形网格体边界上找出等值点。设等值线上的物理量为 w,而三角形顶点上的物理量值分别为 f_1,f_2,f_3,见图 4 - 24,则等值点可由下式来确定:

$$\begin{cases} h_1=(w-f_2)(w-f_3) \\ h_2=(w-f_3)(w-f_1) \\ h_3=(w-f_1)(w-f_2) \end{cases} \tag{4 - 19}$$

(1) 如果 $f_1=w$,则顶点 1 就是等值点,有

$$X_g=X_1,\quad Y_g=Y_1$$

其中(X_g,Y_g)为等值点的坐标值。

(2) 如果 $f_2=w$,则顶点 2 就是等值点,有

$$X_g=X_2,\quad Y_g=Y_2$$

(3) 如果 $f_3=w$,则顶点 3 就是等值点,有

$$X_g=X_3,\quad Y_g=Y_3$$

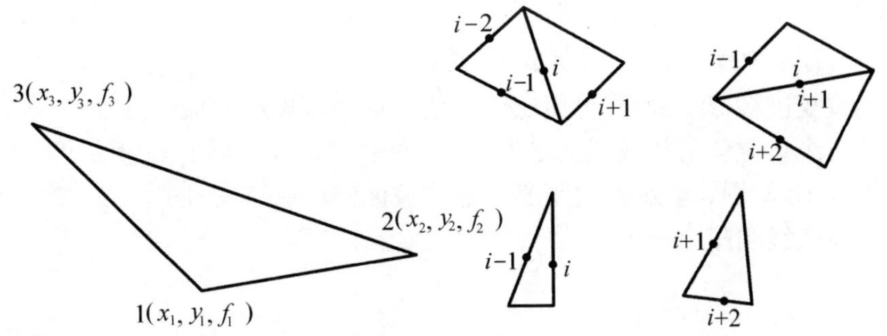

图 4－24 等值点位置与等值点连线

(4) 如果$h_1 > 0$,则$\overline{23}$边线上无等值点。

$h_1 < 0$,则$\overline{23}$边线上有等值点,有

$$\begin{cases} X_g = \dfrac{X_3 - X_2}{f_3 - f_2}(w - f_2) + X_2 \\ Y_g = \dfrac{Y_3 - Y_2}{f_3 - f_2}(w - f_2) + Y_2 \end{cases} \tag{4-20}$$

(5) 如果$h_2 > 0$,则$\overline{13}$边线上无等值点。

$h_2 < 0$,则$\overline{13}$边线上有等值点,有

$$\begin{cases} X_g = \dfrac{X_3 - X_1}{f_3 - f_1}(w - f_1) + X_1 \\ Y_g = \dfrac{Y_3 - Y_1}{f_3 - f_1}(w - f_1) + Y_1 \end{cases} \tag{4-21}$$

(6) 如果$h_3 > 0$,则$\overline{12}$边线上无等值点。

$h_3 < 0$,则$\overline{12}$边线上有等值点,有

$$\begin{cases} X_g = \dfrac{X_2 - X_1}{f_2 - f_1}(w - f_1) + X_1 \\ Y_g = \dfrac{Y_2 - Y_1}{f_2 - f_1}(w - f_1) + Y_1 \end{cases} \tag{4-22}$$

按照上述过程对域内的所有三角形都进行一次判别计算,可得到一组离散的等值点。

第三步　将等值点连线

通过第二步找出了离散等值点,但这些等值点之间如何连线,还必须进行判别。由于等值线不会交叉,这表明等值线只能有一个走向。现仍取三个等值点$(X_g(i-1), Y_g(i-1))$,$(X_g(i), Y_g(i))$,$(X_g(i+1), Y_g(i+1))$,它们之间的位置有三种可能,见图4－24,等值点之间的距离定义为:

$$\begin{cases} d_1 = \sqrt{(X_g(i-1) - X_g(i))^2 + (Y_g(i-1) - Y_g(i))^2} \\ d_2 = \sqrt{(X_g(i) - X_g(i+1))^2 + (Y_g(i) - Y_g(i+1))^2} \end{cases} \tag{4-23}$$

当$d_1 = 0, d_2 = 0$,则$i-1, i, i+1$是一个点,在同一等值线上;

当$d_1 = 0, d_2 \neq 0$,则$i-1, i$为一个点,$i+1$是等值线的下一点,$i-1, i, i+1$连线构

成了一段等值线

当 $d_1 \neq 0, d_2 = 0$,,则 $i, i+1$ 是一个点,$i-1, i, i+1$ 连线构成等值线的一段;

当 $d_1 \neq 0, d_2 \neq 0$,则 $i, i+1$ 之间不能连线。

上述过程重复进行,直到所有等值点全部按一定顺序连成等值线。

通过上述三个步骤就可构成值的等值线,改变 w 就形成不同的等值线了,图 4-25 给出某舰船的波形云图线;图 4-26 给出了某舰船兴波波高的等值线;图 4-27 给出了某舰船船体表面的压力等值线和压力云图。

图 4-25　某舰船兴波表面波高的等值线云图

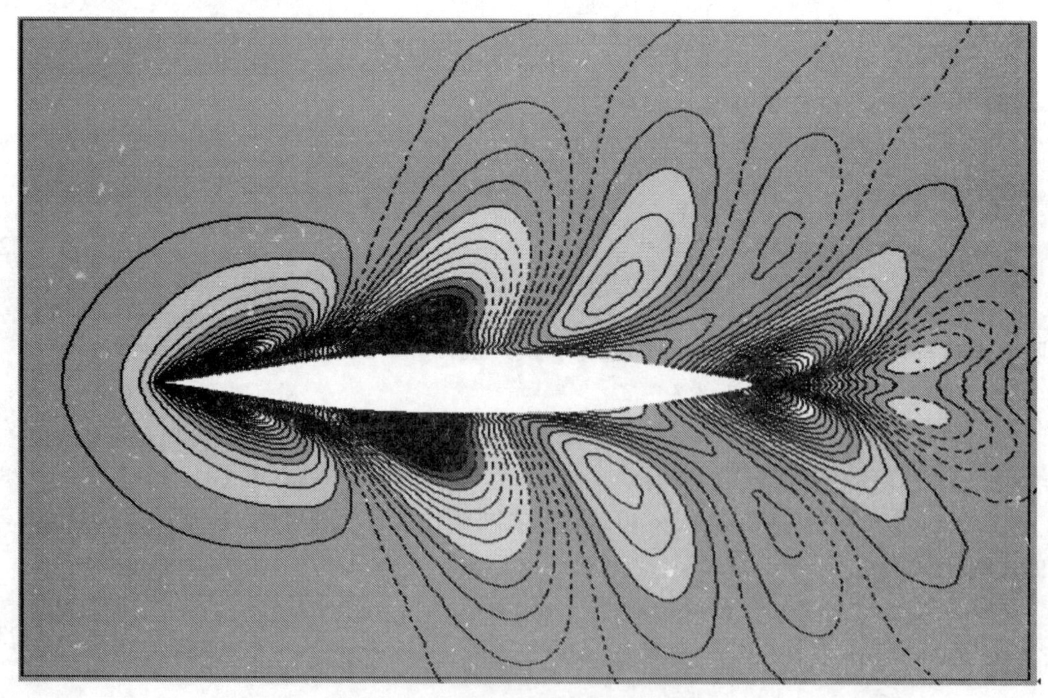

图 4-26　舰船兴波表面波高等值线

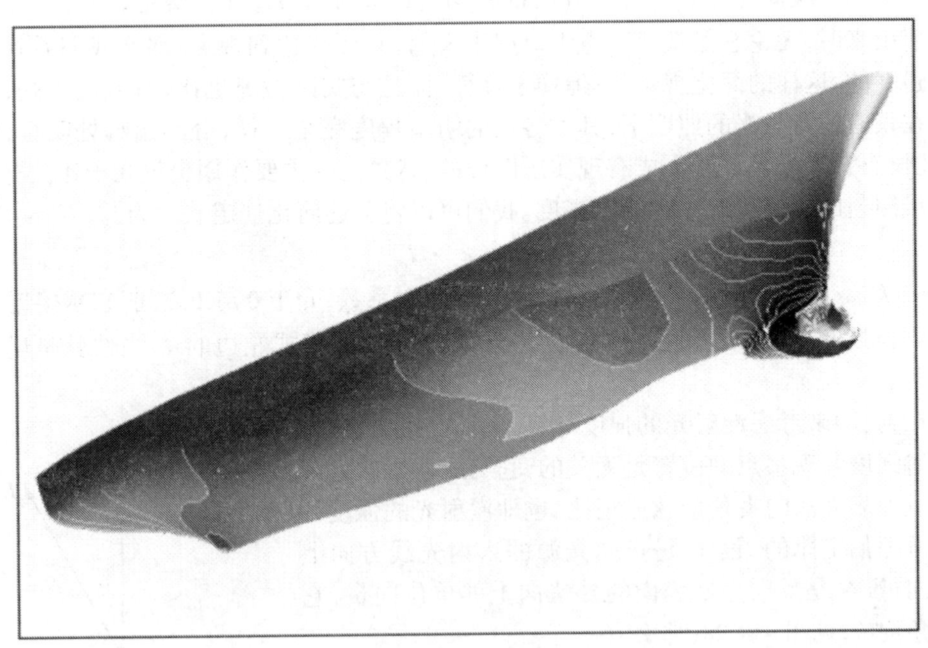

图 4－27　某舰船船体表面的压力等值线

4.2.2　舰船 CFD 中标量场基于明暗模型表示

当我们观察一个物体时,所看到的是由物体表面反射出来的代表物体明暗程度的光强度,这些反射光来自物体周围的各种光源。如果物体是透明的,则还能见到来自物体背面的经过透射的光。

照亮物体的光源可分为两类,一类是本身发光的光源,另一类是本身不发光而通过对光的反射来照亮其它物体,故称为反射光源。灯泡、太阳是典型的第一类光源,而月亮、房子的墙壁、镜子等可以成为第二类光源。

另外,还可以根据光源的大小或光源离要观察的物体是否充分远,将光源分为点光源和分布光源两类。如果光源的大小与我们要观察对象之大小相比要小得多,或者离物体充分远,例如太阳,我们就称其为点光源,否则,当光源与物体的大小相当或者光源更大而且离物体又不太远时,就称这种光源为分布光源,例如一根较长的离物体不太远的日光灯,就可算作是分布光源。在这一节中,我们所说的光源,均指本身发光的点光源。

如果物体是不透明的,我们就只是通过物体反射出来的光来看到它们,发射光有两类,即漫反射与镜面反射。当光照射到比较粗糙的物体(例如) 粉笔表面上时,我们从各个不同的位置去看该物体,这时所看到的物体表面固定点的明暗程度是不随观察位置改变而变化的。这种等同地向各个方向散射的现象称为光的漫射。镜面反射一般是光源照射到相当光滑的表面上时才会出现,其特点是在物体的表面上会出现一块特亮的区域。这块区域的大小与物体表面的光滑程度有关,越光滑,区域越小。而这块区域的位置,会随着光源或观察点位置的改变而变化。

我们首先来考虑所谓的背景光。这种光是由于临近诸物体所造成的光的多次反射所产生的。要细致地模拟这种光的效应一般来说相当困难。尽管有人试图这样做,但是通常将这种光所产生的效应简化为它在各个方向都有均匀的光强度 I_a，并且规定，当背景光从物体表面反射出来时，无论它是从哪一点上反射出来的，只要能达到视点，那么我们看到的光是有同一强度的。这样的简化规定，不但便于计算，而且与实际情况也比较接近。于是，一个可见物体在仅有的背景光的照明下，其上各点的明暗程度完全一样，分不出哪处明亮，哪处暗淡。因此仅有背景光是不能生成有现实感图像的。背景光的主要作用也仅在于让没有受到点光源直接照射的物体也有一定的明亮度。我们可以将上述简化规定表示为：

$$I = k_d \cdot I_a \tag{4-24}$$

其中 I_a 是背景光的强度，k_d 是物体表面的反射系数，介于 0 与 1 之间，它越接近 1，物体反射后的光强度越大，或者说物体表面对光的吸收越小。等式左边的 I，当然就是反射后光的强度了。

现在，我们来考虑漫射光的强度计算。上面已指出，这种光的反射强度与观察点的位置是无关的，它与入射光的方向和反射点处表面法向夹角余弦成正比，也即漫射光的强度计算是服从郎伯定律的，设 $\boldsymbol{L}$ 是指向光源的入射光线方向上的单位向量，$\boldsymbol{N}$ 是反射点处表面的外法向上的单位向量，它们的夹角为 θ，见图 4 – 28，那么有

$$\cos\theta = \boldsymbol{N} \cdot \boldsymbol{L} \tag{4-25}$$

图 4 – 28　光的漫射定义

如果入射光的强度为 I，那么漫射光的计算公式就是

$$I = k_d \cdot I_p \cdot (\boldsymbol{N} \cdot \boldsymbol{L}) \tag{4-26}$$

于是，当物体表面垂直于入射光方向时（N, L 方向一致）看上去最亮。当 θ 越来越大，接近 90° 时，则看上去越来越暗。为了计算方便，我们通常还假定光源离我们关心的场景充分远，因而它所产生的光线是相互平行的，从而对表面上任一点 L 是不变的。

为了将物体表面离光源远时应当显得略暗这个效应综合进行计算模型，同时又使相距不远的两个物体的明暗程度不会相差太大，一般对式 4 – 26 作以下的修正：

$$I = k_d \cdot I_p \cdot (\boldsymbol{N} \cdot \boldsymbol{L}) / (d + d_0) \tag{4-27}$$

这里的 d 是物体上某一固定点与光源的距离，d_0 是一个可调的正实数，其作用是防止分母接近零，它的大小可以根据实际情况进行调试后再确定。例如可以用看上去舒适作为标准来调试的 d_0 值。

将式 4 – 24 与 4 – 27 合并，也就是说，同时考虑这两类反射光时，我们就有

$$I = k_d \cdot I_a + k_d \cdot I_p (\boldsymbol{N} \cdot \boldsymbol{L}) / (d + d_0) \tag{4-28}$$

与上面一样，这里的 I_p 为入射光的强度，k_d 为物体的反射系数，I 为反射后光的强度。

当光源不止一个，而是有 m 个光源时，那么上式可以写为：

$$I = k_d \cdot I_a + \sum_{j=1}^{m} k_d \cdot I_{pj} \cdot (\boldsymbol{N} \cdot \boldsymbol{L}_j) / (d_j + d_{0j}) \tag{4-29}$$

其中 $I_{pj}, \boldsymbol{L}_j, d_j$ 分别是第 j 个光源的强度，它的入射光线上的单位向量及与物体上某点的距离。

当我们要考虑彩色图形时，假定所使用的显示器的颜色是由红、绿、蓝三种基色叠加而成的，那么上面的式子要对三基色的强度分别各计算一次，公式中的 k_d 要分别代之以 k_{dr}，k_{dg}，k_{db}，表示对三种不同基色的反射系数，而 I_a 与 I_p 也要分别换成不同基色的入射光强度。

最后，我们来考虑镜面反射光的计算。由图 4 – 29 所示，N 和 L 仍是前面已定义过的两个单位向量，R 是反射光线上的单位向量，V 是由反射点指向视点的单位向量。

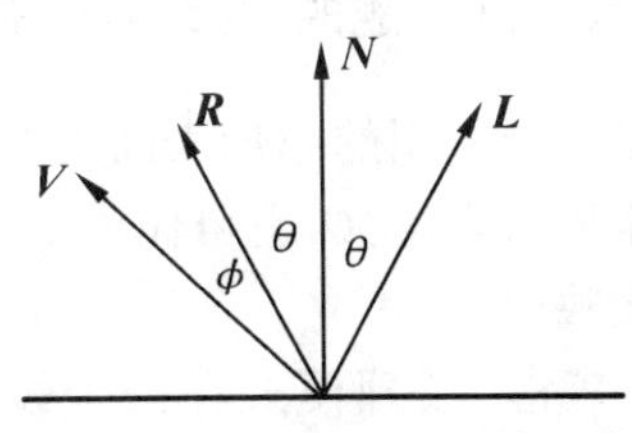

图 4 – 29　光的镜面反射定义

我们在前面已经说过，当反射界面充分光滑时，它在点光源的照射下会产生一块特亮的区域，这块特亮的区域的颜色取决于入射光的颜色，而与物体本身的颜色无关。对于充分光滑的理想界面(例如反射性极好的一面镜子)，只有当 ϕ 接近于 0 时，也即观察点就在反射光线的路径上时，才能见到这个特亮的象一个小点似的区域。但是，由于客观存在的物体决不会是这样理想的，因此，在 $\phi \neq 0$ 时也有可能见到这种镜面反射。当然需在一定范围内，范围的大小取决于物体表面的性质。但是，下面这一基本要点是总归满足的，这就是视点 R 方向上 $\phi = 0$，应见到最明亮的部分，随着视点偏离 R，即 ϕ 增加，所见到的光强度会迅速下降。我们关于镜面反射的模型一定要反映这一事实。现在所采用的模型，大多是由 Phong 提出的，它使镜面反射光的强度与 $\cos^n\phi$ 成正比。其中 n 就用来反映不同性质的表面，其值越大，它所对应的物体表面就越光滑，从而可见范围也越小，反之，当 n 减小，直到最小值 1，相应的物体表面也就越来越粗糙，可见范围也就越来越大。另外，镜面反射后光的强度一般还和入射角 θ 有关。如果考虑这一因素，则要用 θ 的一个函数，例如记为 $W(\theta)$ 来代表对不同 θ 的入射光的反射系数。对简化的模型，不妨令为一常数，记为 k_s，因此镜面反射光强度的计算公式为

$$I = I_p \cdot k_s \cdot (\boldsymbol{V} \cdot \boldsymbol{R})^n / (d + d_0) \tag{4-30}$$

将它们合并，就得到同时考虑了背景光、漫射光及镜面反射光后的反射光计算公式：

$$I = I_a \cdot k_d + I_p(k_d(\boldsymbol{N} \cdot \boldsymbol{L}) + k_s(\boldsymbol{V} \cdot \boldsymbol{R})^n)/(d + d_0) \tag{4-31}$$

其中的 k_s 有时可用 $W(\theta)$ 来代替。另外，还经常假定 $k_d + k_s = 1$。对于多光源，式(4 – 31)也可以像式(4 – 29)那样加以推广，对于彩色图像的生成，也要似前分别对三基色加以讨论。图 4 – 30 给出某舰船在 $F_r = 0.3$ 时采用明暗模型产生的兴波表面。

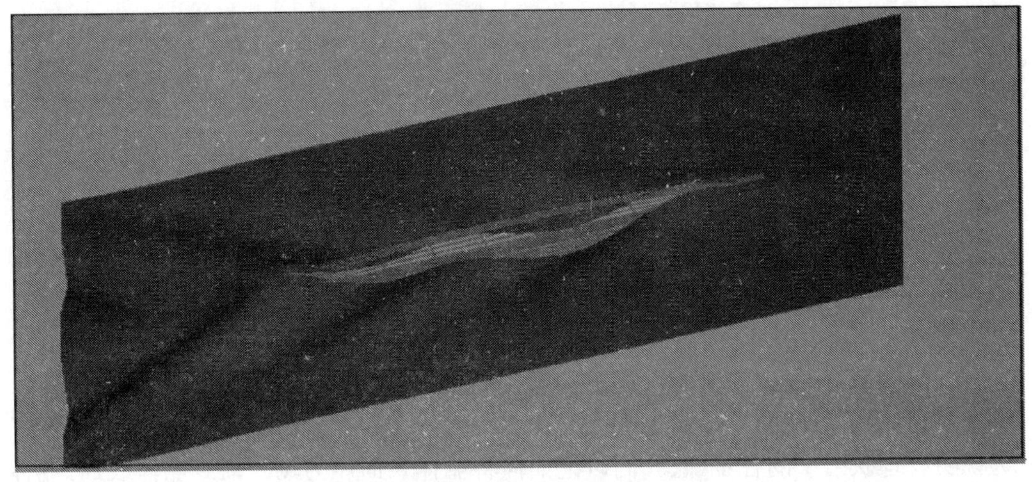

图 4 – 30　某舰船采用明暗模型的兴波表面

4.2.3 舰船 CFD 中标量场基于颜色纹理表示

一个常用的添加表面细节的方法是将纹理模式映射到物体表面上。纹理模式可以由一个矩形组来定义,也可作为一个过程来修改物体表面的光强度值,这种方法称为纹理映射或图案映射。

通常,纹理模式在一个纹理空间(s,t)坐标系中用光强值的矩形网格来定义(图 4－31),而场景中的物体表面是在 uv 坐标系中定义的,投影平面上的像素点在 xy 笛卡儿坐标系中定义。我们可用一到两种方法来实现纹理映射。其一是将纹理模式映射至物体表面,然后再映至投影平面,其二,将像素区域映射至物体表面再映射至纹理空间,通常用纹理扫描来表示将一幅纹理图案映射至像素坐标系的过程,而将由像素坐标系至纹理空间的映射称为像素次序扫描,或反向扫描、图像次序扫描。

为了简化计算,由纹理空间向物体空间的映射通常用参数函数来标识

$$u = f_u(s,t)$$
$$v = f_v(s,t) \tag{4-32}$$

物空间向像空间的映射由观察和投影变换来完成。然而,从纹理空间向像素空间的映射有一个不利因素,即选中的纹理面片常常与像素边界不匹配,这就需要计算像素的覆盖率。因此,由像素空间向纹理空间的映射(图 4－32)成为最常用的纹理映射方法。它避免了像素分割计算,并能简化反走样操作。即投影一块包含相邻像素中心的向外扩充了的像素区域,并运用金字塔函数在纹理模式中对光强度进行加权。但是,由像空间向纹理空间映射必须计算观察投影变换 M_T^{-1} 的逆变换和纹理映射变换的逆变换 M_{vp}^{-1}。

图 4－31　纹理空间、对像空间、图像空间

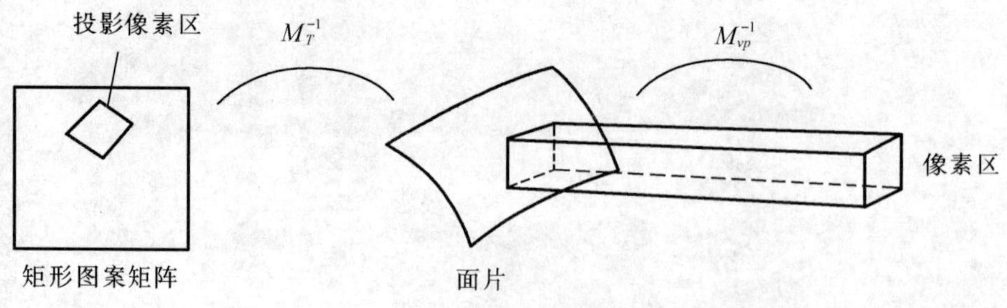

图 4－32　像素区域投影至纹理空间的纹理映射方法

为说明纹理映射中的各步骤,我们讨论如何将船体表面压力场映射到船体表面。船体几何表面 $\boldsymbol{X}(u,v) = (x(u,v),y(u,v),z(u,v))$ 和压力场 $p(u,v)$ 可采用下列公式表示:

$$
\begin{cases} \boldsymbol{X}(u,v) = \sum_i \sum_j \boldsymbol{B}_{ij} n(u) N(v) \\ p(u,v) = \sum_i \sum_j P_{ij} n(u) N(v) \end{cases} \quad 0 \leqslant u \leqslant 1 \quad 0 \leqslant v \leqslant 1 \tag{4-33}
$$

如果将压力 P 与色彩建立映射关系，则式(4－33)变为一幅在参数域中的图案，即纹理空间，由于船体几何与纹理空间采用相同的参数域，也即建立了纹理空间和对象空间的一一对应关系，图 4－33 和图 4－34 分别给出了船体表面压力的纹理表示。

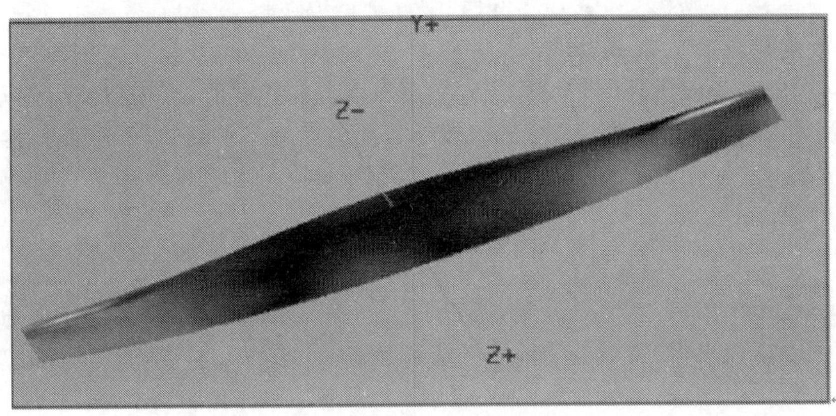

图 4－33 某舰船船体表面压力的纹理表示

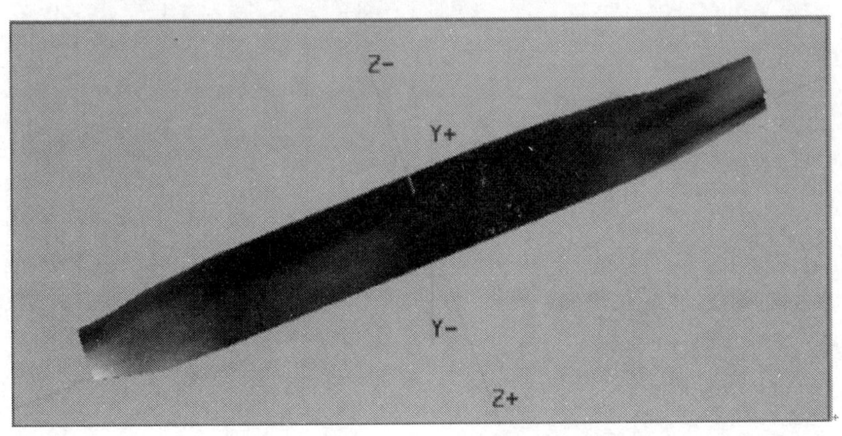

图 4－34 某运输船舶船体表面压力的纹理表示

4.3 舰船 CFD 中矢量场

4.3.1 船体周围流场的流线表示

在流场中，一条线上所有点的瞬时速度都与该线相切时，该线称为流线。流体质点的运

动规律以速度矢量来描述时可表示为下列形式

$$\begin{cases}\boldsymbol{u}=\boldsymbol{u}(x,y,z,t)\\ \boldsymbol{v}=\boldsymbol{v}(x,y,z,t)\\ \boldsymbol{w}=\boldsymbol{w}(x,y,z,t)\end{cases} \tag{4-34}$$

如时间 t 固定,(4 - 34) 式是定义在空间坐标点 x,y,z 上的,同一时刻不同质点所组成的曲线,给定了该时刻不同流体质点的运动方向,称为流线,流线的方程为:

$$\frac{\mathrm{d}x}{\boldsymbol{u}(x,y,z,t)}=\frac{\mathrm{d}y}{\boldsymbol{v}(x,y,z,t)}=\frac{\mathrm{d}z}{\boldsymbol{w}(x,y,z,t)} \tag{4-35}$$

时间 t 固定时,t 作为常数处理。

在流体计算中,一般得到的是计算空间中离散点上的速度值。可用数值积分方法得到流线。设 k 是初始点即流线的起始点,则求流线上各离散点的一种简单积分方法为:

$$\begin{cases}x_{k+1}=x_k+c\times u_k\\ y_{k+1}=y_k+c\times v_k\\ z_{k+1}=z_k+c\times w_k\end{cases} \tag{4-36}$$

其中,(u_k,v_k,w_k) 为点 $p(x_k,y_k,z_k)$ 的速度向量。如果不是网格点,则需要用其临近的网格点上的速度向量插值求得,常数控制流线的步长,图 4 - 35 给出了某舰船表面的流线计算结果。

图 4 - 35　某舰船船体表面的流线显示

4.3.2　船体周围流场表示的粒子方法

利用光强、颜色信息的矢量场可视化方法还有粒子方法,它有点类似于实验类型流场可视化中的火花放电方法。粒子方法是计算机图形学中众所周知的方法,可用于模糊对象的造型和绘制,能表示出不规则的复杂几何形体,如火、树和草等,在粒子方法中,每一粒子都有一生命周期，如“出生”、“运动和生长”及死亡三个阶段。在粒子的整个生命周期中，各种动态性质如位置、速度、运动方向、生存期等和视觉性质如大小、形状、颜色、透明度等都随着时间改变。在矢量场可视化中可将粒子的某一具体性质与矢量场中的矢量联系起来，如在流场中，可将速度矢量映射为粒子运动的动态性质，而将其它物理量映射为粒子的其它性质。

在流场中点粒子可看作是一发光的点状质点，其轨迹为一曲线，它由粒子在不同的时刻 t 所在场中的位置 $\boldsymbol{X}(t)$ 组成。可见，它的运动方程满足

$$\frac{\mathrm{d}\boldsymbol{X}}{\mathrm{d}t} = \boldsymbol{V}(x) \tag{4-37}$$

对其积分，则为

$$\boldsymbol{X}(t + \Delta t) = \boldsymbol{X}(t) + \int \boldsymbol{V}(x)\mathrm{d}t \tag{4-38}$$

其中，Δt 的选择比较重要，Δt 取得太小，则计算开销太大，而取得太大，则会带来较大的误差，降低质点跟踪的精度。目前常用的方法是可变时间片，即根据矢量场梯度变化的快慢来选择 Δt 的值。

为了表达出场的总体结构，一般选择多个质点放在不同的初始位置同时跟踪。

流场质点的运动轨迹为：

$$\frac{\mathrm{d}x}{u(x,y,z,t)} = \frac{\mathrm{d}y}{v(x,y,z,t)} = \frac{\mathrm{d}z}{w(x,y,z,t)} = \mathrm{d}t \tag{4-39}$$

或者

$$\begin{cases} \dfrac{\mathrm{d}x}{\mathrm{d}t} = u(x,y,z,t) \\ \dfrac{\mathrm{d}y}{\mathrm{d}y} = v(x,y,z,t) \\ \dfrac{\mathrm{d}z}{\mathrm{d}t} = w(x,y,z,t) \end{cases} \tag{4-40}$$

用四阶 Runge – Kutta 积分法来数值求解，有：

$$x_{m+1} = x_m + \frac{h}{6}(u_1 + 2u_2 + 2u_3 + u_4)$$

$$y_{m+1} = y_m + \frac{h}{6}(v_1 + 2v_2 + 2v_3 + v_4)$$

$$z_{m+1} = z_m + \frac{h}{6}(w_1 + 2w_2 + 2w_3 + w_4)$$

$$u_1 = u(x_m, y_m, z_m, t_m)$$

$$v_1 = v(x_m, y_m, z_m, t_m)$$

$$w_1 = w(x_m, y_m, z_m, t_m)$$

$$u_2 = u\left(x_m + \frac{h}{2}u_1, y_m + \frac{h}{2}v_1, z_m + \frac{h}{2}w_1, t_m + \frac{h}{2}\right)$$

同理可推出 v_2, w_2

$$u_3 = u\left(x_m + \frac{h}{2}u_2, y_m + \frac{h}{2}v_2, z_m + \frac{h}{2}w_2, t_m + \frac{h}{2}\right)$$

同理可推出 v_3, w_3

$$u_4 = u(x_m + hu_3, y_m + hv_3, z_m + hw_3, t_m + h)$$

同理可推出 v_4, w_4

h 为时间步长,(x_m, y_m, z_m) 为 m 时刻质点的位置,$(x_{m+1}, y_{m+1}, z_{m+1})$ 为 $m+1$ 时刻的质点位置。实际问题中,u, v, w 是离散函数,定义在网格节点上,因此计算(u_1, u_2, u_3, u_4),(v_1, v_2, v_3, v_4),(w_1, w_2, w_3, w_4) 时必须通过插值来获得。

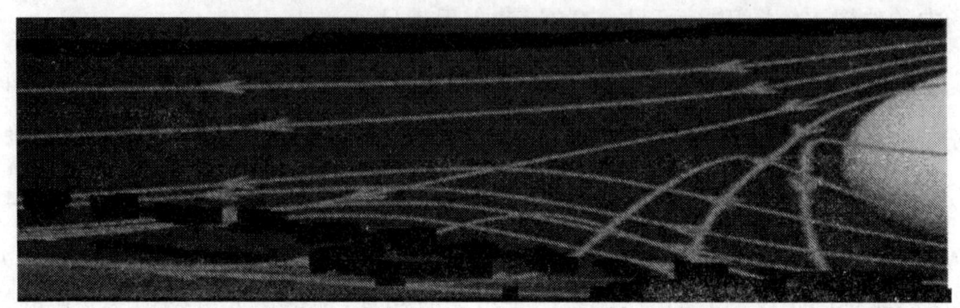

图 4 - 36　某物体周围流场的粒子表示

4.3.3　船体周围流场的点图标法

点图标是最简单最直观的矢量场数据映射方法,它类似于实验类型流场中的丝丛观察技术,实现起来非常容易,绘制速度也快,点图标中用得最多的是箭头,其它还有锥体、有向线段等多种表示。所有这些点图标常被称作刺状体。在二维矢量场中,箭头可以较好地反映出矢量的方向和大小信息,只要放大后的箭头不要向后相互覆盖即可。

在三维空间中箭头的表示就比较复杂了,这时,箭头的长度与矢量的大小成正比,而方向则应指向矢量的方向,通过透视变换可在一定程度上反映出深度信息,但由于只有投影而没有法矢、光照等反映三维信息的量可供借用,只有一线段表示的肩头会产生方向的二义性,我们很难从图中看出箭头是指向观察者还是远离观察者。

为了减少箭头方向的二义性,人们设计了各种各样的箭头,其中一个比较有效的改进方法是将箭头设计为不透明的、有一定粗细的实体箭头。由于这样的箭头是三维多边形表示的物体,因此光照、亮度信息以及可见面的不透明性均可反映出相关的三维方向信息。同时还可将这些箭头与一个面相关联,通过绘制出这些箭头在这个方向上的阴影可更好地消除方向的二义性。当然,由于这样表示的箭头比较大,因而更有可能产生视觉混乱现象。Klasser 指出箭头大小的选取要适当,长度应小于网格单元的大小,以免引起混乱,如果箭头方向在邻域内有反转的情况,长度就应小于网格大小的 1/2。

Max 和 Crawfis 在 Visualization'94 上提出用头发做图标附着在矢量场中的面上来表示矢量场中表面附近的矢量方向。这种方法完全模拟了实验型可视化中丝丛技术。他们在面上的采样点处画上一根根短线,然后让这些线沿矢量的方向弯曲,很像一般的头发。每根头发都由一些短线段连接而成,线段的位置、方向由场中该点的法矢、速度矢量和每个线段的刚度因子插值决定,每个线段的刚度因子可以用来反映头发表面的韧性,其中头发的两头都取得较大而中间取得较小,生成的头发具有较强的模拟实验效果。

点图标虽然简单,易实现,但它存在许多缺陷,对于采样比较密集的数据场,将所有矢量逐点映射为点图标常会导致所生成的图像杂乱无章,显示太少又不能准确地把握矢量场的变化情况，而且采用点图标表示无法揭示出数据的内在连续性；流场中的一些特征像涡流等结构也很难用点图标的方法表达清楚。Dovey 虽然在 Visualization'95 上提出通过重采样的方法使得图标法能在一定程度上反映出矢量场的一些特征，但依然无法从根本上解决点图标法存在的问题，图 4 – 37 给出了某舰船尾部流场伴流的点图标表示方法。

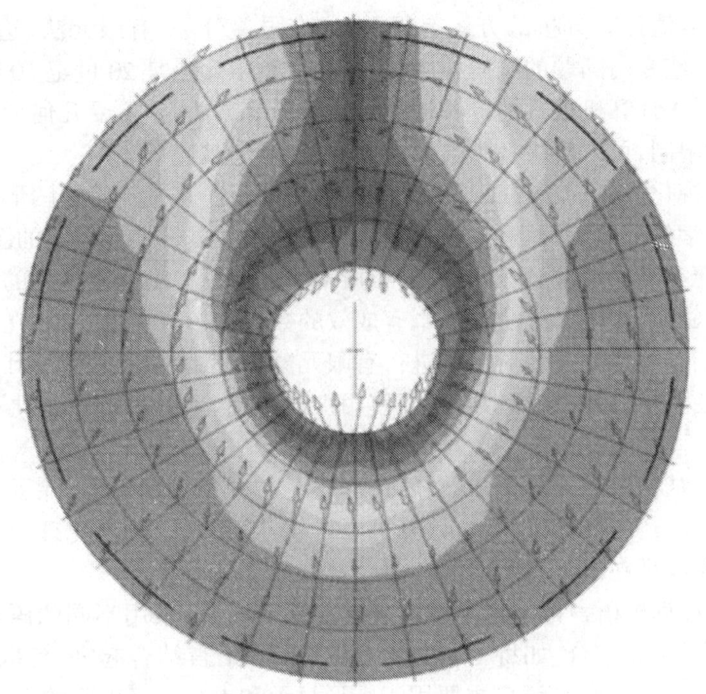

图 4 – 37　某舰船尾部流场伴流的点图标表示

第5章　舰船结构有限元分析中的可视化

对结构进行数值计算分析的方法有很多,如有限差分法、有限元法、边界元法、无限元法,以及适用于一些专门问题的半解析解法等,其中有限元法是20世纪50年代提出并发展起来的,非常适用于计算机处理的一种通用的数值计算方法,它不受几何形状、边界条件、材料性质等条件的限制,可以解决各类连续介质问题和场问题。

科学计算可视化(Visualization in Scientific Computing)是把计算机图形学与图像处理技术应用于计算科学的一门综合学科,其目的在于把科学数据转换成可视的图形,帮助科学工作者更直观、快捷和准确地理解、检查和分析所采用的计算模型以及得到的计算结果。

在结构分析领域,有限元方法是最卓有成效的数值分析方法之一,它在科学研究方面和实际生产设计中有广泛的应用。对结构进行有限元分析时,除了所采用的计算本体程序要正确,能够满足解题要求之外,选择带有良好使用性能的前、后处理的可视化程序也是十分重要的。

近些年来,对结构有限元分析的前、后处理程序的开发发展迅猛,除了与不断增长的可视化需求有关之外,还与计算机技术、计算机语言、有限元以及可视化理论和技术的不断发展密不可分。主要表现在以下几个方面:

1.许多高级计算机语言都丰富了图形表达的功能。可以采用不同的语言混合编程实现计算分析与图形显示相结合。如将FORTRAN语言和C语言结合起来,各取所长,FORTRAN语言主要用于科学计算,而C语言主要用于图形显示和人机交互界面的设计。

2.与新型软件平台相联合。如Unigraphics(UG)、ProEngineer、I - DEAS、CATIA、CADDSS、Euclid、SolidEdge、Solidworks、AutoCAD等各类CAD/CAM软件以及Windows等,丰富程序的表现力。

3.向智能化方向发展。如网格划分与有限元误差分析结合,当误差达不到指定的控制要求时,自动修正网格或者采用不同精度的阶谱单元以满足计算精度的要求;后处理方面,程序能够自动提供图文并茂的有限元分析计算报告等。

这些无疑会使得有限元分析程序的使用性能得到进一步的提高和改进。

与其他领域的科学计算一样,结构有限元分析中,可视化的数据也是对有限空间的一组离散采样,每个采样点上的采样值可以是一种或多种,代表在该点上的一个或多个物理属性值。可视化的结果也是以有限的采样来描述整个场空间。这些数据主要包括:

(1) 标量(如温度);

(2) 矢量(如位移、速度、加速度、力、力矩等);

(3) 张量(如应变、应力等,为 3×3 的矩阵)

处理这三种数据的方法是大同小异的,复杂数据可以通过简化手段变成简单的数据,主要有以下几种:

1) 使用图表来表示数据的分布。如各种曲线图、饼图、柱图等;

2) 伪色彩方法(Pseudo - color method)。如云图等;

3) 轮廓线方法(Contour plots)。如等值线等;

4) 轮廓面方法(Iso - surface)。

5) 体绘制方法等。

本章简要介绍结构分析中有限单元法的基本思想和特点,讨论有限元方法前、后处理中可视化的若干问题以及相应技术的实现和应用。

5.1 有限元方法简介

对于连续介质力学中的许多问题以及场问题,人们已经得到了或者可以通过进一步简化而得到它们应该遵循的基本方程(常微分方程或偏微分方程)。在这些问题中,能够用解析的方法求出精确解的,只是那些方程的性质比较简单、几何形状规则、边界条件简单的少数情况,而对于绝大多数的工程实际问题而言,由于物体(结构)的几何形状比较复杂,或者问题的某些特征(方程或边界条件)呈现出非线性,则难以得到其精确解,也就是说,对这样的问题,如果仅仅借助古典数学的理论和方法,即使是最缜密的应用数学家,也难以凭借当前的技术按照所要求的水平去解决它们。

对于这样一类问题,解决的途径通常有两条。一是引入进一步的简化假定,使得方程和边界条件成为能够解决的形式,从而得到它们在简化状态下的解答。如同求精确解一样,这种近似解法也要求规矩的几何形状、简单的边界条件以及简便的载荷形式,因此它离大多数实际工程问题仍然较远。另外由于过多的简化将可能导致解的不正确甚至完全错误,所以这种方法只是在有限的情况下是可行的。

解决这类复杂问题的另一种方法是在这种背景下应运而生的各种数值方法(如能量法、有限差分法、有限元法、边界元法、无限元法等),它们涉及到十分广泛的问题。其中能量法对给定区域内结构的位能表达式求极小值,它对于某些问题非常有效,但并不是广泛适用的;边界元法可以逼近满足控制微分方程的函数,但不包括边界部分。因为边界单元仅应用于表达求解域的边界,从而减小了求解问题的规模,但是这种方法的应用依赖于对控制微分方程之基本解的认识,而对于稍微复杂一些的问题,这一点是很难做到的;有限差分法用适当的代数方程代替微分方程和边界条件,这种方法可以描述某些不规则的问题,但是复杂的几何形状、边界条件或载荷仍会成为难以克服的困难;有限元法(Finite Element Method)在几何形状、载荷类型、边界条件、材料性质等方面基本上不受到任何的限制,是完成各种复杂结构力学分析的一种十分有效的数值方法,它已经成为有关工程技术和科学研究人员必须掌握的有力工具,并受到工程界的普遍重视。

5.1.1 有限元方法的基本思想及其特点

有限元方法的基本思想是将连续的求解域离散成为由一组有限数目单元组合而成的组合体,将一个有无限多自由度的连续介质力学问题或者场问题转化为由单元节点参数所构成的有限多自由度的问题来进行求解。由于单元可以按照不同的连接方式组合在一起,而且单元本身又可以具有不同的几何形状,因而可以将几何形状十分复杂的求解域进行模型化。有限元方法作为一种数值分析方法的另一个重要步骤是利用在每一个单元内部假设的近似函数来表示全部求解区域上的未知场函数。单元内的近似函数通常由未知场函数在各个单元之节点上的数值以及事先假定的插值函数(形函数)来表示,这样一来,一个结构的有限元分析中,未知场函数的节点值就成为真正的基本未知量。通过能量变分原理或者加权余量法,将连续形式的微分方程转化为关于基本未知量的线性代数方程组。从而使一个有无限多自由度的问题变成离散的、具有有限多自由度的问题。一经求出这些未知量,就可以采用插值函数来确定单元组合体上的场函数。显然,如果所取的单元满足收敛性(连续性和完备性)要求,那么随着单元数目的增加(即单元尺寸的减小),解的近似程度将不断改善,近似解最终收敛于真解。

从理论层面上看,有限元方法用离散化的思想将具有无限多自由度的连续体问题变成有限个单元之节点参数方程的计算,虽然其解是近似的,但如果合适地选取单元的大小和形状,可以使得近似解达到满意的精度。结构的有限元分析,不受几何形状的限制。另外,边界条件的引入也非常简单。因为有限元方法中,边界条件不需要进入单个单元的有限元刚度方程,而是在得到整个集合体的总刚度方程之后再引入,所以无论是结构内部还是边界上的单元都能够采用相同的近似场函数。而且当边界条件发生改变时,这种假定的场函数并不需要改变,这给编制通用化的有限元分析程序带来了莫大的简化。

从应用的角度上说,有限元方法作为处理连续介质问题和场问题的一种普遍适用的数值计算方法,不仅适用于复杂的几何形状和边界条件,而且可以处理各种复杂的材料性质的问题,例如材料的各向异性、非线性弹性、塑性、粘弹性、粘塑性、超弹性,以及随温度或时间变化的材料性质的问题,其应用范围极为广泛。

从有限元方法在计算机上的实现方面看,由于有限元方法通常都是用矩阵形式表达的,因而非常便于编制计算机程序,适应于计算机的运算工作,可以充分利用计算机的优势。

5.1.2 有限元方法的基本解题步骤

以对结构进行静力(强度)分析的位移法有限元为例,其基本的求解过程可以归纳为以下四个步骤:

(1) 网格划分

对要求解的问题进行模型化,由微分方程和边界条件表示的物理模型,根据结构、外载荷和边界条件的特点(如对称性等),建立由节点和单元构成的数学计算模型。即用合理的单元类型、形状和密度,实现用有限个单元代替原来真实的连续结构。并在此计算模型上规定各单元的材料特性、属性(如板单元、平面单元的厚度;杆单元的截面积;梁单元的截面积、惯性矩、惯性积、偏心等),施加载荷(集中力、力矩、分布力、面积力、体积力等)和边界条件(强迫位移、约束等)。

网格划分过程中形成的节点数据(节点坐标、节点编号、节点力等)、单元数据(单元节点编号、单元属性、单元局部坐标等)、材料数据(各种材料参数)、边界条件数据(约束)、载荷数据等是进行有限元分析的最基础的数据。对同一个问题,采用不同的计算模型(如单元形状、大小、密度及其分布)所得到的计算结果可能会大相径庭,因此采用可视化的方法将各种网格划分的数据进行图形显示,将有助于建立合理网格疏密程度的计算模型,并使得模型中材料、单元属性、载荷以及边界条件等更加容易符合实际情况或者使用者的要求。

(2) 单元分析

单元分析包括以下主要内容:

1) 选择位移模式

在有限单元法中,以节点位移作为基本未知量时称为位移法有限元;以节点应力作为基本未知量时称为力法有限元;基本未知量中既包含节点位移又包含节点应力时称为混合(杂交)有限元。其中位移法有限元易于实现计算机自动化,所以应用范围最广泛。

当采用位移法有限元时,物体或结构离散化之后,可以把单元中的一些物理量如位移、应变、应力等用节点位移来表示。如单元内的位移$\{u\}$可以用节点位移$\{\delta^e\}$以及假定的近似函数$[N]$表示成:

$$\{u\} = [N]\{\delta^e\} \tag{5-1}$$

上式称为位移模式。其中$[N]$为插值函数或称为形函数(Shape function),它是坐标变量的简单函数。这样便可以利用假定的形函数和节点位移构造单元范围内连续的位移场。

2) 分析单元的力学特性

单元分析的目的是根据单元的形状、尺寸、节点数目、位置、材料性质等建立每个单元内节点位移$\{\delta^e\}$与节点力$\{f^e\}$之间的关系。在位移法有限元中,节点位移$\{\delta^e\}$是基本未知量,对于每一个单元而言,需要得到如下的单元刚度方程:

$$[k^e]\{\delta^e\} = \{f^e\} \tag{5-2}$$

单元分析最主要的任务是导出单元刚度矩阵$[k^e]$。它是根据位移模式,用弹性力学的几何方程得到单元的应变,用物理方程得到单元的应力,利用虚功原理建立单元应力与单元节点力之间的关系,最终得到反映节点位移$\{\delta^e\}$与节点力$\{f^e\}$之间转换关系的单元刚度矩阵$[k^e]$,这是有限元方法的最基本步骤之一。

3) 计算单元的等效节点力

有限元法中,单元之间只通过节点传递力,但是实际的连续结构中,力是从单元的公共边界上传递到另一个单元中去的。因此,这种不是作用在节点上的表面力、体积力、力矩或集中力等都需要用静力等效的方法转移到节点上,也就是用等效的节点力来替代所有作用在单元上的载荷。

(3) 整体分析

整体分析是对由所有单元组成的整体进行分析和计算,即建立节点外载荷与节点位移之间的总体有限元刚度方程,以求出所有节点的节点位移。在整体分析中一般包括以下内容:

1) 总刚度矩阵、总载荷阵的集成,形成总体有限元方程:

$$[k]\{\delta\} = \{f\} \tag{5-3}$$

2) 引入边界(约束)条件以消除总刚度矩阵$[k]$的奇异性;

3) 求解上述总刚度方程,得到节点位移$\{\delta\}$。

(4) 结果处理

结果处理包括以下主要内容:

1) 由所求得的节点位移计算任意点的位移(位移场);

2) 求单元的应变、应力;

3) 对应力计算结果进行磨平处理;

4) 结果的制表输出和打印;

5) 各类计算结果的图形显示和可视化。

5.1.3 有限元方法中的前后处理

用人工的方法建立有限元模型是费时的和令人腻烦的,而且容易出错。同样,人工处理由计算机打印出的大块有限元结果数据(对于一个中等大小的问题,一般要得到成百万的单个数据)也是相当繁重的任务。有限元的前、后处理程序是一种基于图形的软件包,主要用于辅助有限元模型的生成以及分析结果的显示与说明。

另外,前处理程序可以帮助分析者修改初始的模型。当分析结果表明需要改变或要求做重分析时就是如此。有些前处理软件能够从实体模型或计算机辅助设计与制造(CAD/CAM)软件输入几何数据,把它们作为有限元模型的基础。在好的有限元分析软件中,前、后处理程序应该与分析计算程序集成在一起,或者成为单独的软件包。前、后处理器在有限元分析中的作用如图 5-1 所示。

显然,在结构有限元分析的网格划分(建立计算模型)和结果处理分析阶段,可视化工作都占有相当重要的地位,它将有助于人们对计算模型的合理性以及计算结果的正确性加以直观的分析,并根据分析结果实现网格划分的优化,使得计算结果更加可靠和精确。

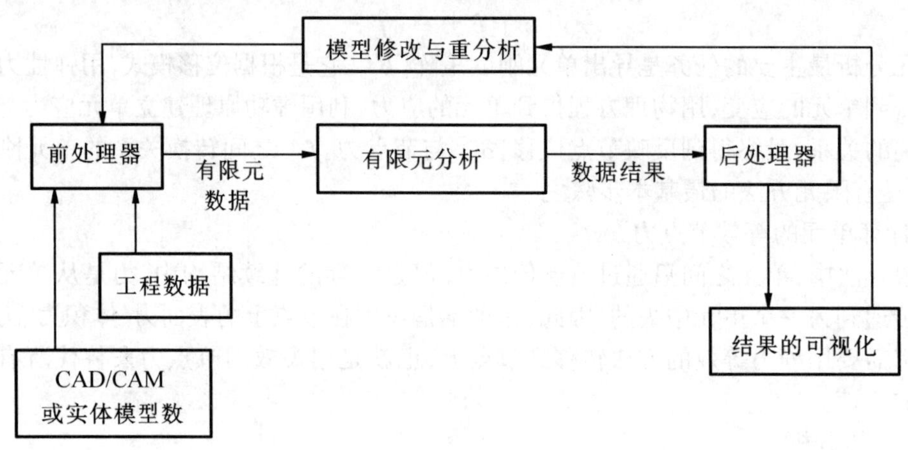

图 5-1　在有限元分析中的前后处理器的作用

下面着重分析和讨论结构有限元计算中前处理和后处理过程中进行可视化处理的方法和要点。

5.2　舰船有限元分析中的前处理及其可视化

对结构进行离散,建立计算模型以及划分网格(单元),是有限元分析计算的基础,也是其关键步骤之一。模型的质量直接关系到计算结果的正确与否。建立一个好的工程结构有限元计算模型,不但需要建模者具有丰富的力学知识,更需要建模者具备不断实践与经验的积累。从某种意义上说,有限元建模不仅是一门科学,而且是一种"技艺"。在建立模型的过程中,有许多问题都是需要仔细考虑和认真对待的,如单元的选取、网格密度的确定、过渡网格的运用、结构对称性的利用等等。

前处理程序的另一个主要的功能是提供使用者一种工具,能方便地将求解域或者其中一部分进行自动的网格划分,并得到有限元离散模型的有关数据,例如节点数、节点编号、节点坐标、单元数、单元节点编码等信息。不具备自动划分网格功能的有限元分析的程序将很难应用于实际问题的分析。网格生成的方便程度是有限元分析程序使用性能优劣的重要标志之一。

因此一个好的前处理器程序应该具有以下功能：

(1) 全面的定义与分析模型的功能，可以方便地定义节点和单元，并将单元属性、材料特性、载荷、约束条件等各类分析信息直接加到有限元网格或几何模型之上，迅速地生成供有限元分析程序所用的输入数据文件；

(2) 综合、全面且先进的网格自动划分技术以及方便的网格修改和处理功能；

(3) 运用SGM(Single Geometric Model)技术，直接从前处理器框架访问现有的CAD/CAM系统数据库，对其几何模型进行读取、转换、修改等操作而无须复制，在CAD几何模型上直接快速地生成有限元计算模型。

5.2.1　网格划分的基本原则

将求解域分割成有限个单元时，单元的形状有许多种，可以根据需要进行选择。除了一维的直线单元之外，平面问题常用的单元有简单三角形单元(3节点)、6节点三角形单元、矩形单元(4节点)、任意四边形单元、曲边四边形单元(8节点) 等，如图5－2。

轴对称问题单元形状与平面问题的单元类似，但它们均为环单元。

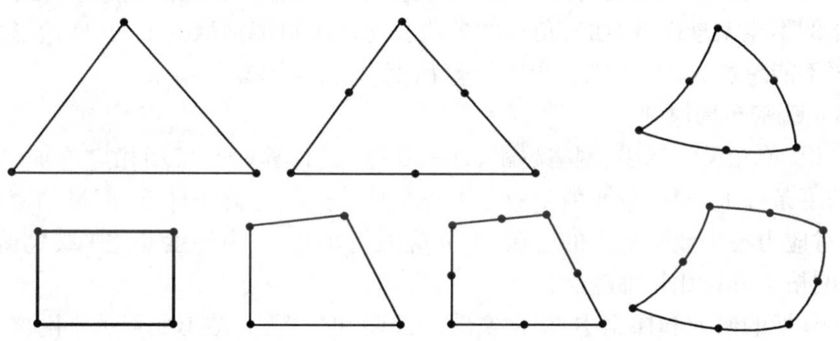

图5－2　平面问题常用的单元

空间问题常用的单元有四面体单元(4节点)，五面体单元、正六面体单元、任意六面体单元(8节点) 以及曲面六面体单元等。如图5－3。

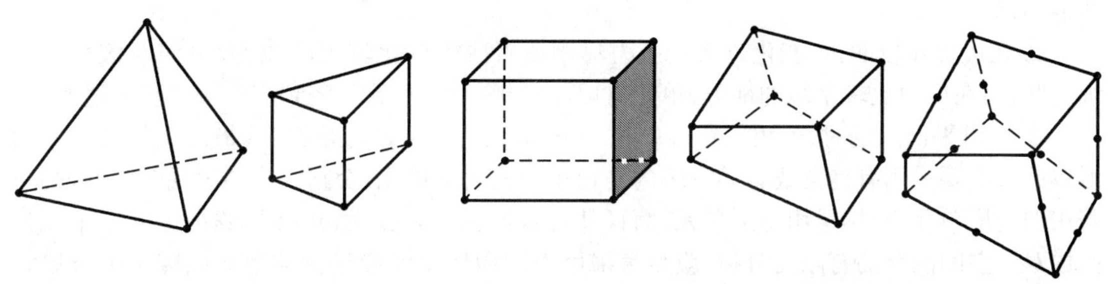

图5－3　空间问题常用的单元

在理论方面有限元方法对于单元的大小和形状并没有太多的限制,因此单元的划分基本上是任意的,有很大的灵活性,而单元的大小主要是根据计算精度的要求、计算机容量以及计算时间和费用来决定。然而有限元网格的大小、形状、疏密都是影响有限元分析结果的重要因素。因此,有限元网格的剖分必须遵循若干基本原则。

(1) 相似性原则

即有限元单元与单元之间不应出现嵌套,也不能出现裂缝,亦即两单元实体正则交为空。

(2) 相容性原则

由于有限元法的基本思想是用有限单元的集合模拟原始的连续体结构,所以对于网格剖分而言,为了保持单元间位移的连续性,单元间的节点必须相容。即任一单元的节点必须同时为相邻单元的节点,而不能为相邻单元的内点,一般情况下不允许存在重合节点。

(3) 精确性原则

为了保证有限元模型的结果能真实地反映原始几何结构的位移状态,网格剖分时,必须保证几何结构的几何点为有限元模型的节点,有限元模型的边界应尽可能地逼近原始几何边界。亦即,当网格剖分得很细时,有限元模型的边界应能精确地逼近原始几何模型的边界。

(4) 形状合理性原则

单元形状取决于几何结构特点和力学状态,但单元的几何形状应满足一定的要求,即各边的长度比例不能太悬殊。例如三角形的各边长比应尽可能地取为1:1,四边形的最长边与最短边之比不能超过3:1,否则会影响计算精度,导致不可靠的结果。

(5) 单元疏密布局原则

一般来说,单元尺寸越小,网格越密,计算量越大,计算时间费用相应增加,通常在保证必要计算精度条件下,网格单元数量应尽可能少些。显然,在此条件下,网格的密度控制原则非常重要。对应力集中或变形大的区域,单元应取得小些,应力梯度变化平缓的区域,单元尺寸应较大,网格剖分得比较稀疏。

人们在长期的研究和探索中,根据实践的经验和分析,总结出如下关于网格划分方面应该注意的几点要求和注意事项。

① 从有限元理论本身来看,原则上单元划分得越细,节点布置得越多,计算结果越精确,但是随之而来的问题是计算时间和费用大量的增加。所以在单元划分时应该兼顾这两方面的因素。另外,成倍地增加单元和节点的数目对计算精度的提高并不是呈现线性的比例关系,特别是在单元“足够”小时,再加密网格将不会明显改善计算的精度,但计算时间却会增加很多,变得不经济。

② 在边界比较曲折(变化较大)、应力集中或者应力变化较大的地方,单元应该划分得细一些,而在应力比较平缓的地方,单元可以相对粗一些。单元从密到疏应该逐步地过渡。

③ 分析平面问题时,若用三角形单元,三条边的边长应该尽量接近(最理想的是正三角形单元),不要采用有钝角或者某一个内角很小的三角形单元,否则结果会出现较大的偏差;若用四边形单元,应尽量用矩形单元,而且其长宽比也不宜太大(最理想的是正方形单元)。同样对于空间问题的有限元分析,应尽量采用正四面体单元和正方体单元以减小由于单元形状歪斜对结果的影响。

④ 一般情况下,任意一个单元的节点必须同时是相邻单元的节点,而不能是相邻单元边界中间或者内部的点。

⑤ 如果计算对象具有不同的材料(或厚度),则在材料(或厚度)改变处应该是单元的边线。也就是说在同一个单元内不允许有不同的材料(物理关系)。

⑥ 在有集中力作用或者分布载荷发生突变处应该布置节点,而且在其附近的单元与应力集中处的单元相似,也应该划分得小一些。

有限元计算模型中所有节点和单元都要进行编号。节点和单元的编号不允许重复或者遗漏。

5.2.2 网格自动生成技术

有限元建模技术发展到今天,制约其进一步发展的主要因素之一是网格剖分技术。如何快速、全自动地生成高质量的有限元二维和三维网格,仍是当今有限元建模技术的研究热点之一。

现有的网格生成方法不下百种,大致可以分为两类:结构化(Construction)网格生成方法和非结构化(Non-Construction)网格生成方法。

结构化网格生成方法对应的是映射法;非结构化网格生成方法又称为自动网格生成方法。所谓自动是指算法程序在接受区域几何表达之后,不再需要任何用户干预就可以在任意复杂的区域生成有效的有限元网格。

自动网格生成技术在有限元分析环境中的有效性取决于所采用的算法和相应程序的具体特征。这些特征主要包括:程序的自动化程度、能否实现密度控制、所能生成的网格单元类型及质量、程序的可靠性、计算效率、与几何造型系统的集成能力、向自适应分析和三维情况的扩展能力等等。

下面简要介绍各类单元的网格自动划分技术,并结合一种最简单和实用的网格划分技术分析其在有限元建模的实现。

5.2.2.1 三角形、四面体单元的网格自动划分技术

三角形/四面体网格划分是目前应用最广泛的非结构化网格划分的方法。目前采用的技术主要有三种:

(1) 八叉树算法

八叉树空间分解法的主要思想是:首先将目标区域用一尽可能小的方盒(正方形或正方体)包容,然后将这个方盒分解成八个子区域,对每个子区域测试其是否完全在目标区域外或是满足密度控制的要求,若满足则停止对子区域的划分,否则将其继续细分。该过程不断执行下去直到达到预定的离散要求为止。在细分的过程中,相邻子区域最多只能相差一级的分划水平。

八叉树已取得相当大的成功,它具有算法效率几乎与单元结点数呈线性增长,网格易于实现密度控制、易于同实体造型系统相结合等优点,但其缺点也同样明显,如生成的网格与所选择的初始栅格及取向有关,网格边界单元质量较差,程序实现复杂等。

(2)Delaunay 算法

到目前为止,最流行的三角形和四面体网格划分算法大多使用Delaunay准则,即任一四面体的外接球不包括第五个结点。Delaunay准则本身并不是一种网格生成的算法,它只为空间点的连接提供准则,因此必须提供算法生成几何点的位置。一种最典型的方法是首先划分几何边界来提供初始点,然后将这些点应用Delaunay准则三角化,再逐步插入新的点来优化三角形或四面体。各种Delaunay算法的区别就在于布置内部点的方法。一般可以将其分为三

大类:1) 计算 Voronoi 图方法;2) 空外接圆法;3) 对角线交换算法。

Delaunay三角化在二维平面域中已取得了相当大的成功,各种性能稳定的二维Delaunay三角化商品软件层出不穷。但是在三维空间域中,基于最大 – 最小角判据的对角线交换规则不再成立,加之三维布点困难,导致该算法应用于三维网格剖分时存在一些困难。

(3) 边界推进法

另一类十分流行的三角形和四面体网格生成算法是边界推进法。这种方法从已剖分的表面向内部逐步生成四面体网格。当算法进行时,像波浪一样向前推进填充剩余的区域。在三维中,对于每个在前波的三角形平面,可计算出位置合理的第四个顶点。并且这样形成的四面体的形状十分好。不过要求检验插入的点是否与对面的前波的四面体相重叠。在这种方法中,定义尺寸函数控制单元的尺寸。

5.2.2.2　四边形、六面体单元的网格自动划分技术

(1) 映射网格的划分

尽管映射网格的划分是一种结构化的方法,但非结构化的代码提供映射网格划分的选项是很普遍的。要应用映射网格,则要求划分网格的区域相对的边必须有相同的等分。三维中,六面体相对的面必须有相同的划分。这需要大量的用户交互将几何区域划分成可进行映射网格的划分的子区域,并指定边界。

另一种映射网格划分的方法称为子映射方法。这种方法并不直接分解几何,而是根据转角的角度和边的方向确定虚拟的分解。独立的可进行映射网格的划分的子区域单独进行网格划分。这种方法适合于有好转角定义的大块体积和象立方体的区域。

扫掠(sweep) 实际上是二维半网格划分,是另一类六面体映射网格划分。四边形的网格沿空间的一条曲线扫过。这种技术可归纳为通过定义源和目标的表面划分一个实体的网格。如果源和目标的表面有相同的拓扑,并且由一系列可映射网格划分的表面连接而成,则源表面的四边形可通过扫掠生成六面体。同时必须注意的是在扫掠过程中内部结点的位置。

(2) 四边形网格剖分的间接方法

非直接四边形剖分方法首先用三角形剖分,然后用各种方法将三角形分割或合并成四边形。

非直接四边形剖分最直接的方法是将一个三角形分割成三个四边形。这种方法保证产生完全是四边形的剖分,但是大量不规则顶点的插入导致单元的质量很差。另一种方法是将相邻的两个三角形合并成一个四边形。随着单元数目的增长,会遗漏下大量的三角形。为了提高四边形的质量,必须注意三角形合并的次序以及相应的算法。

(3) 直接四边形网格剖分方法

直接剖分法直接在面上用四边形剖分,而不需要经过三角形剖分过程。目前已提出许多直接生成四边形网格的方法。这些方法可分为两种类型:第一种方法将整个区域划分为多个可通过模板解决的简单区域。另一种方法使用前推法直接布置结点和边,即开始时在边界上取初始结点,然后将边向内部投影形成一个单元。使用传统的三角形前推法生成两个三角形,再把两个三角形合并成一个四边形。

(4) 六面体单元的网格剖分

与四边形剖分相似,六面体单元的网格剖分也可以分为直接和间接的方法。其中间接方法的做法是;如果一个实体可剖分为四面体单元,则每个四面体可再剖分成四个六面体。由于产生的单元质量很差,大多数有限元前处理软件中,基本上不使用这种方法。

目前,纯六面体非结构化网格生成算法主要有两种:

1) 基于栅格的算法

基于栅格的算法涉及在空间几何体内生成自适应的三维栅格。在规则的六面体栅格不能与空间几何的面重合的地方,插入六面体单元以弥补空隙。这种算法尽管具有很好的稳定性,但在边界上产生的网格质量很差,并且单元与边界不一致。同时,这种算法产生的网格取决于内部栅格的方向,而且单元的大小基本相同。

2) 中面的方法

中面的方法首先对空间的几何体进行分解。作为四边形网格划分中线法的直接扩展,用一系列中面分解空间的几何体,生成了许多可映射网格剖分的区域。在这些区域内采用特定的模板填入六面体。采用线性编程技术来保证从一个区域到另一个区域单元的匹配。这种方法虽然对某些几何证明是有效的,但不一定对所有的几何都是可靠的。生成中面的可靠性问题和中面分解后区域所有类型的定义都是很困难的问题。

5.2.2.3 一种简单的网格生成法——几何分区生成法

网格生成的方法很多,各有长处,现以二维问题为例,介绍其中的一种方法——几何分区生成法,以示启迪。

图 5 - 4 中所示为两个二维有限元分析的实例,一个是带孔的矩形板(双向对称,取 1/4 作计算模型),一个是压力容器的封头接管。它们的外形轮廓可以按照几何特征划分为若干区域,如矩形区、不同心圆弧区、圆弧直边区等。这种特点普遍存在于各类计算模型之中,因此可以选择若干种典型的几何区,解决它们的网格生成及几何区的连接等问题,从而较方便地对计算模型进行网格划分并得到相应的离散模型数据。

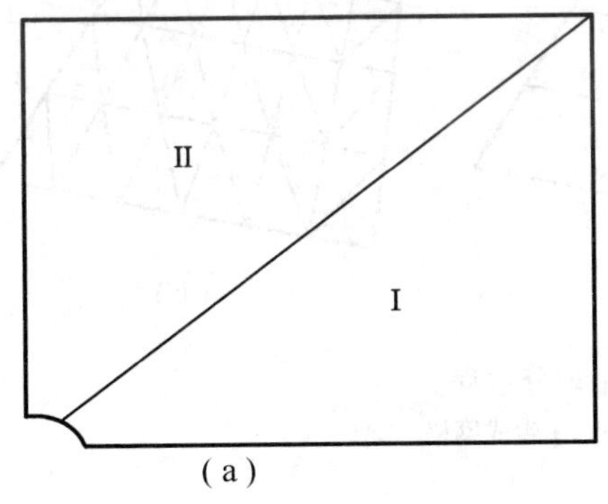

(a)

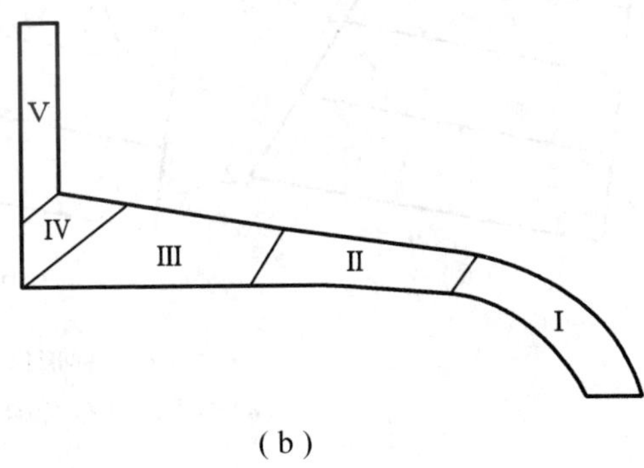

(b)

图 5 - 4 二维问题实例

(*a*) 带孔矩形板;(*b*) 压力容器封头接管

对二维问题,典型的几何区可选取为:梯形区、不同心圆弧区、直边 - 圆弧区以及圆弧区等 4 种几何区,如图 5 - 5。对于每个几何区当 4 个端点坐标、圆弧的半径及圆心坐标等确定时,几何区便唯一的确定了,即可对几何区进行网格生成。

现以梯形区、3 节点三角形单元为例,说明网格形成的步骤和要求:

(1) 布线:沿几何区连接方向划分成线,相邻的两条线之间布置一层单元,因此可称为单元条。这种分割线应该既能够等距分布,也能变间距分布(如按照等差方式分布),以满足有限元分析不同部位精度的要求。

(2) 布点:在每条线上按要求布置一定数目的点(节点),以供形成单元所用。布点同样

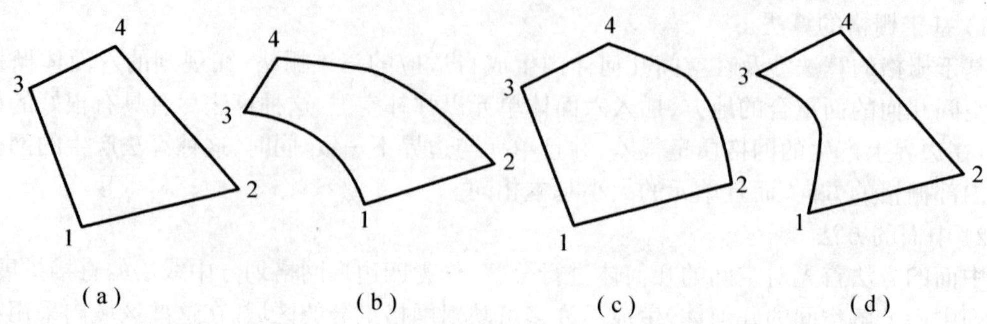

图 5－5　二维问题典型的几何分区

(*a*) 梯形区；(*b*) 不同心圆弧区；(*c*) 直边－圆弧区；(*d*) 圆弧－直边区

需要能够满足等距或变间距的要求。形成节点坐标和节点编号。

(3) 生成网格：按照一定的顺序连接节点，形成单元网格，生成单元编号以及单元节点编码。

以上过程见图 5－6。

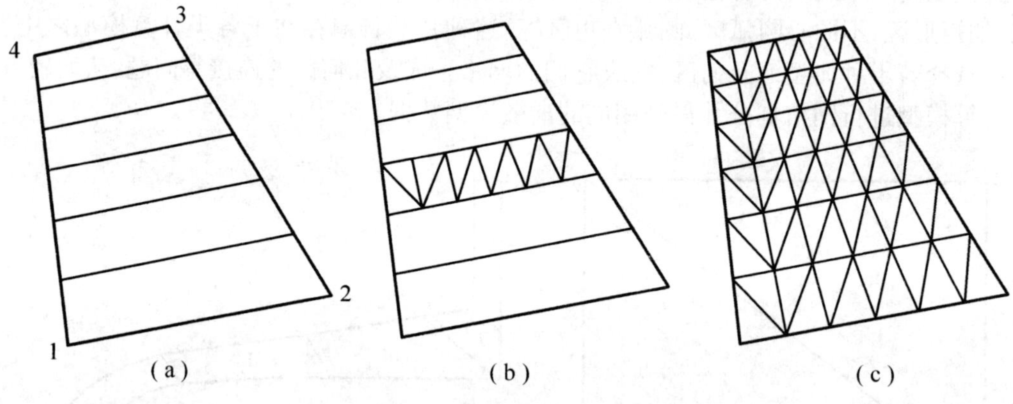

图 5－6　梯形区域网格划分过程

(*a*) 布线；(*b*) 布点形成单元；(*c*) 生成网格

其它几何区的网格生成方法都是同一原理，只是布线的端点坐标采用相应的直线方程或圆弧方程来确定。

有了各几何区的网格生成方案之后，还需要解决各几何区的连接问题。连接方案也应该从实际问题出发，一般可分为：

1) 前后两个几何区首尾节点相连，如图 5－7(a) 所示；

2) 前后两个几何区非首尾节点相连（包括只有首节点或尾节点相连），如图 5－7(b) 所示。

不同的几何区连接给出不同的离散网格信息。按组成计算模型的顺序，逐个几何区生成网格时，后一个几何区的网格应该在前一个几何区网格生成的基础上进行，累计计数形成节点信息、单元信息和其他有关数组。图 5－4 中的两个二维问题实例按照几何分区生成法生成的 3 节点三角形单元的网格如图 5－8 所示。

这种几何分区网格生成法是一种半自动的网格生成技术，可以通过人机交互控制网格的变化以适应有限元分析的要求。应当注意到，对于不同的单元而言，线上布点的要求是不同的：对于3节点三角形单元，线上的点还可以增减，使得单元布置更为合理；而对于4～8节点等参元来说，一个几何区中各单元条上的单元数通常不能改变，只有当几何区之间非首尾节点相连时单元条上的单元数才能发生变化，此时单元的合理布置主要取决于节点的不等间距分布。

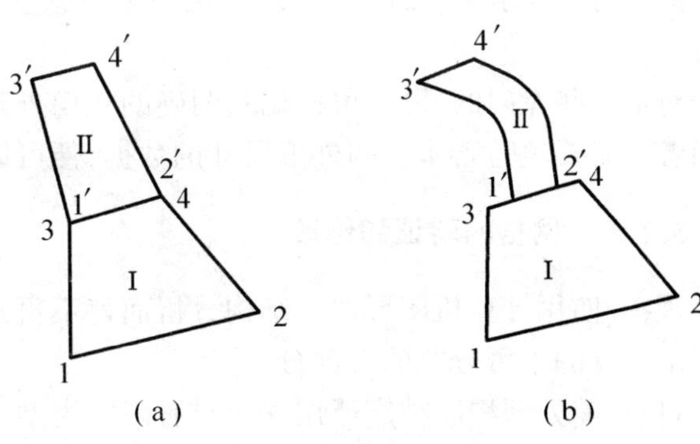

图5－7　几何区的连接

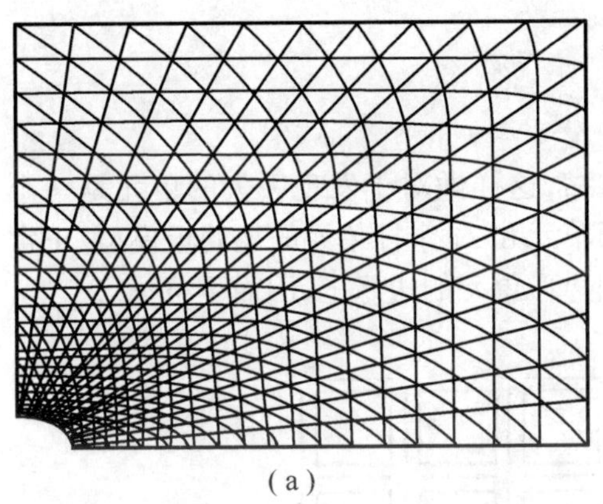

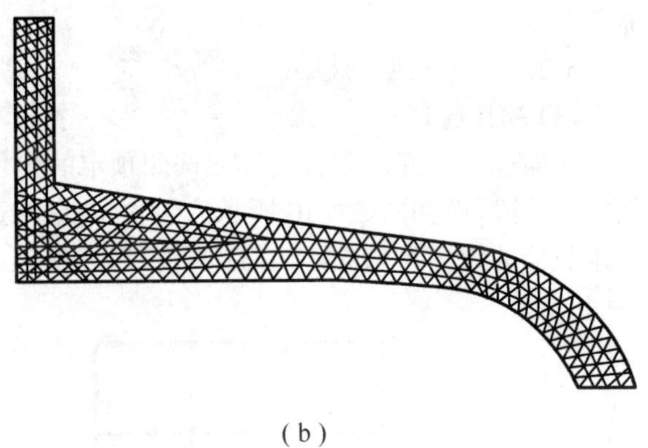

图5－8　二维问题实例网格图

(*a*)带孔矩形板；(*b*)压力容器封头接管

几何分区网格的生成也可以通过等参变换来实现，原理就是等参元的坐标插值。一般采用二次单元作几何分区，即用二次抛物线近似计算模型的边界。利用给定中节点的位置可得到变间距的网格布置。图5－9为用等参变换得到的4×4网格，单元是8节点等参元。可以注意到由于几何分区边界是二次曲线而使几何区内部划分的单元条和单元边都是二次曲线，这原本是不需要的，有时会给后处理（如应力处理）带来困难。

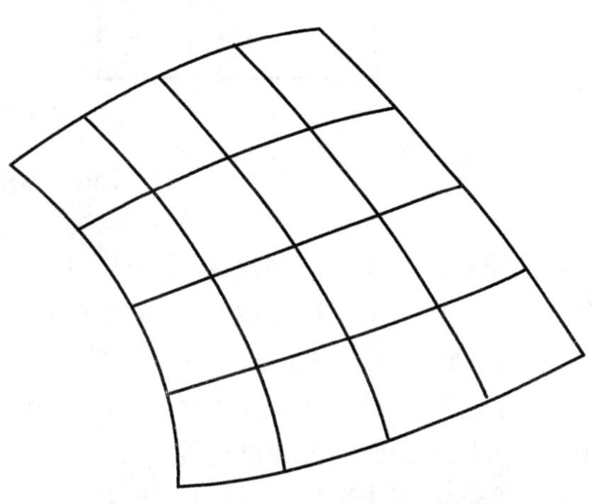
图5－9　等参变换得到的网格

二维网格生成的原则同样可以推广到三维网格的生成。对于半自动网格生成，要求程序的使用者有划分网格的经验。同样，网格划分的合理与否也会直接影响到有限元分析的精度与求解速度,不合理的网格划分甚至导致有限元求解的失败(完全背离真正解)。

对于一些专门的部件,可根据其明确的几何外形,编制网格全自动生成的前处理程序,使用者只需要填写若干控制外形尺寸的数据,便可以得到合理的网格划分及有关数据。

5.2.3 网格的验证和修改

现在,使用计算机图形对于结构分析而言不再是一种奢侈,而是为所有有限元用户提供的标准工具的不可分割的一部分。

目前,前处理程序被广泛用来生成有限元模型。前处理器应该具有即时地图形显示所建立的模型(包括网格、单元属性、材料性质、边界条件、载荷等)的功能,并且对这些图形实现诸如放大、缩小、旋转、改变视图、刷新、变换实体(节点、单元、几何点、线、面、体等)以及背景颜色等等基本操作,除此之外,它们还提供了一些用于模型显示、检查和诊断的工具,帮助人们在正式分析之前提高模型的质量、检查模型中的错误,这些特性可以带来时间和费用的显著节省。

5.2.3.1 模型的显示

(1) 缩比绘图

收缩选项允许使用者把单元按照预定的比例收缩,这样做对于发现丢失的单元是一个很好的手段。例如图 5 – 10 所示的包含 12 个四边形单元和 31 个杆单元的加筋板模型。正常的未收缩的绘图为图 5 – 10(a) 的情形,杆单元在四边形单元的边缘上,因而不可见。

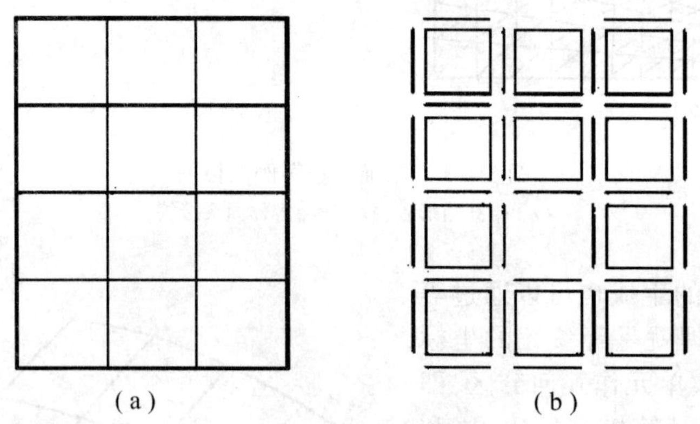

图 5 – 10 缩比绘图示意

现在用收缩选项重新画这个图,见图 5 – 10(b),则很容易发现丢失了一个上方的杆单元和靠近中心的一个四边形单元。如果没有缩比绘图选项,这些丢失的单元很可能检查不出来。当然如果显示单元的标号,则丢失的单元也能够被注意到,对于这个简单的模型确实如此,但若是复杂的模型,如果显示所有单元的标号,图形会十分拥挤使得难以达到目的。对于体单元也可以用类似的方法进行检查。

(2) 隐藏线和阴影线

对于一个复杂的模型,其网格图常常会让人感到模糊不清,而隐藏线和阴影线对于网格绘图是一个很好的帮助。图 5 – 11 就是一个很好的例子,它由 8 节点 6 面体单元组成,在盒子前面开了个洞。如果只看 5.11(a) 的网格图,也许不会注意到在前面有个洞,但是,隐藏线绘图(b 图)、阴影线绘图(c 图) 和阴影带缩比绘图(d 图) 都能够显示前面的洞。进一步说,当使用这些特性时,可以看到结构从后到前的构成情况,使得可以对结构有一个更好的透视。当结构变得更为复杂时,可以从这些特性中受益更多。

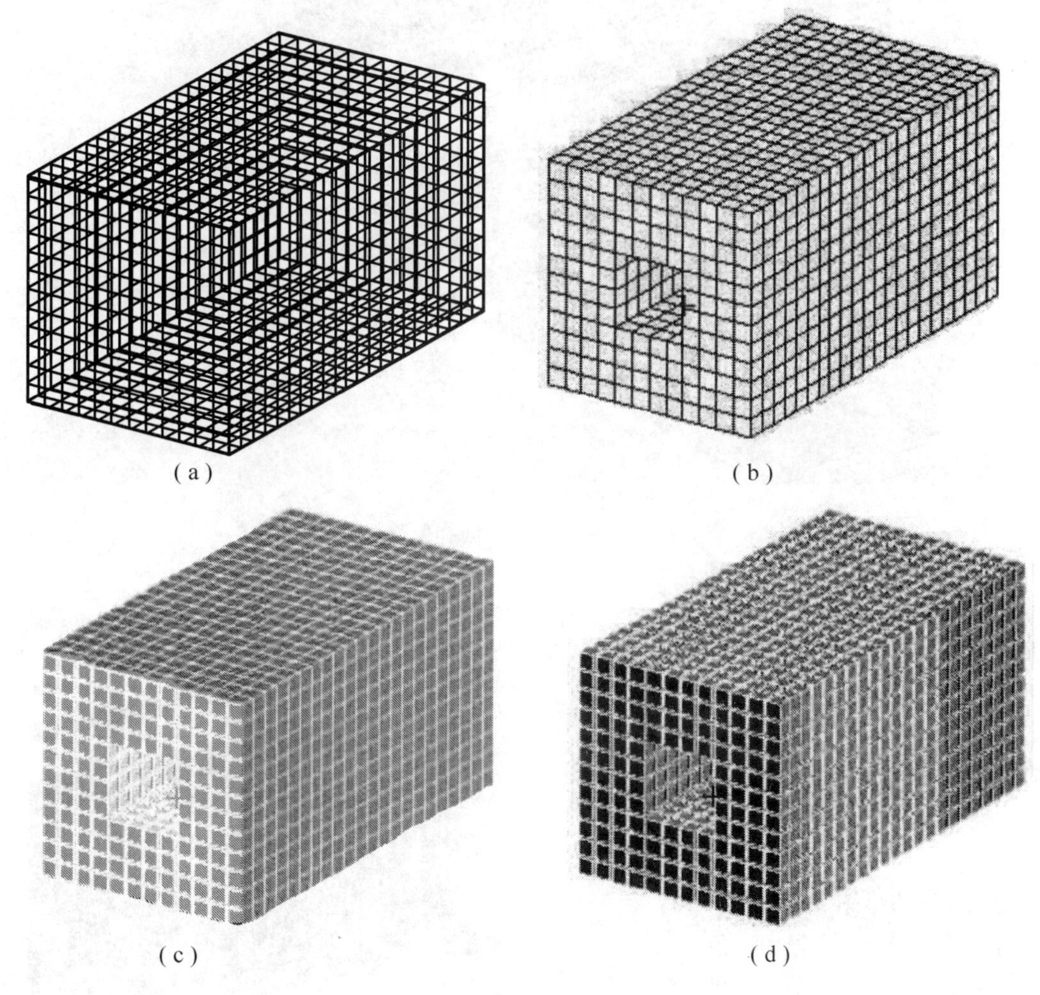

图 5 - 11　网格图、隐藏线图和阴影线图

(a) 网格图;(b) 隐藏线图;(c) 阴影线图;(d) 阴影线加缩比绘图

(3) 梁单元的方向和偏移的绘图

许多用户常犯的一个错误是弄错梁单元截面惯性性质及其方向,而它们对于计算结果有着显著的影响。在前处理软件包中最好包含梁单元的实体绘制功能,或者具有绘制这种偏移量方向向量的功能,以便得到正确的截面及偏心。图 5 - 12 所示为在 MSC/Patran 环境下用实体绘制功能表示的船舶外底板(局部) 上的纵骨(梁单元) 的方向和偏心。

(4) 单元属性 / 材料绘图

可以根据单元的属性(如板单元的板厚、梁单元的截面积等) 的不同给单元分配不同的颜色,这样错误的单元就会变得十分明显。图 5 - 13 所示为一块具有不同板厚的船体外壳板模型的显示图形。

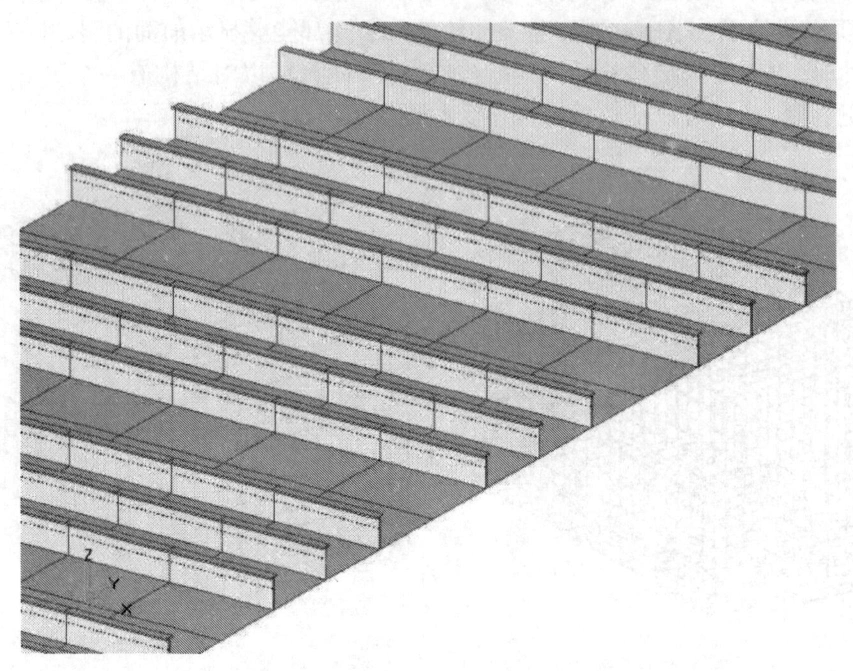

图 5－12　梁单元的方向和偏移检查

不同的颜色也可以用来表示不同的材料性质。

(5) 边界条件的绘图

图 5－14 为用颜色、矢量以及自由度标号表示的某船体中段有限元模型对称面的约束条件。

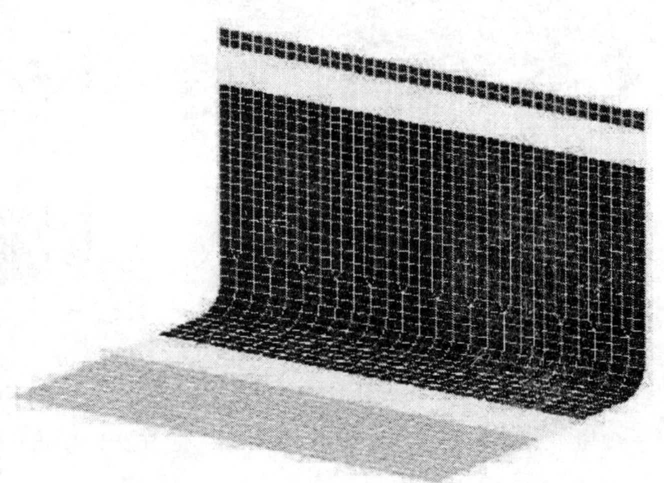

图 5－13　单元属性(板厚) 的图形显示

(6) 载荷的绘图

可以采用各种符号、颜色以区分不同类型的载荷(如集中力、表面压力、体积力、力矩、温度等)。还可以用矢量图、比例矢量图、云图等不同的模式，结合数据、色棒(色谱) 等给出可视化的载荷图形。

图 5－15、图 5－16 和图 5－17 分别为用矢量图和数据、比例矢量图以及条纹图(云图) 所表示的作用在某船体中段有限元模型上的压力。

5.2.3.2　单元检查

在进行有限元分析之前，需要对单元的几何特征进行检查，检查平面单元(三角形单元、四边形单元) 和体单元(六面体单元等) 的形状和连接。这些检查提供三角形单元、四边形单元以及六面体单元偏离正三角形、正方形以及正方体的度量。它对于检查高应力水平或应力

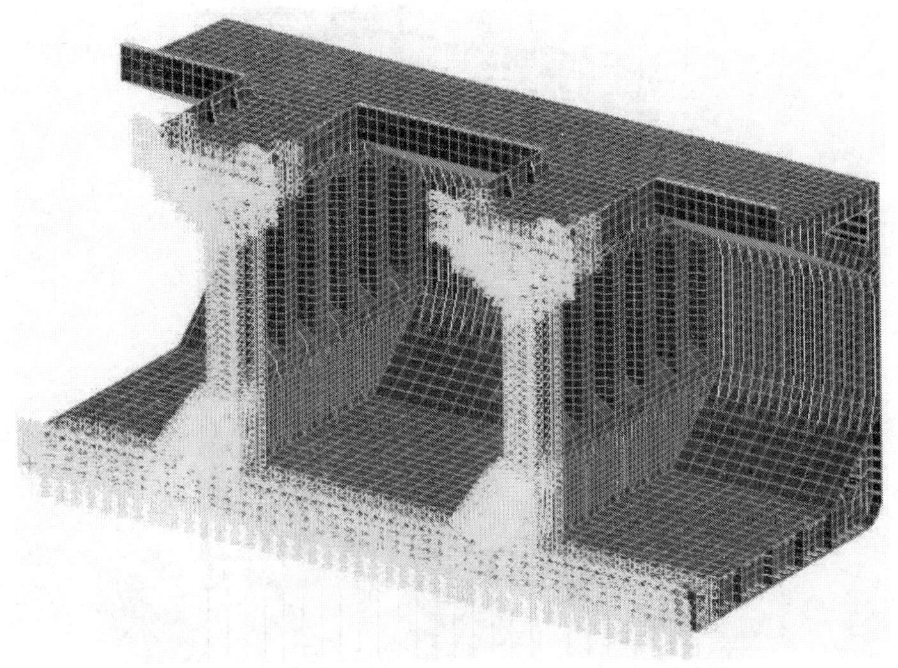

图 5－14　某船体中段有限元模型对称面的约束条件

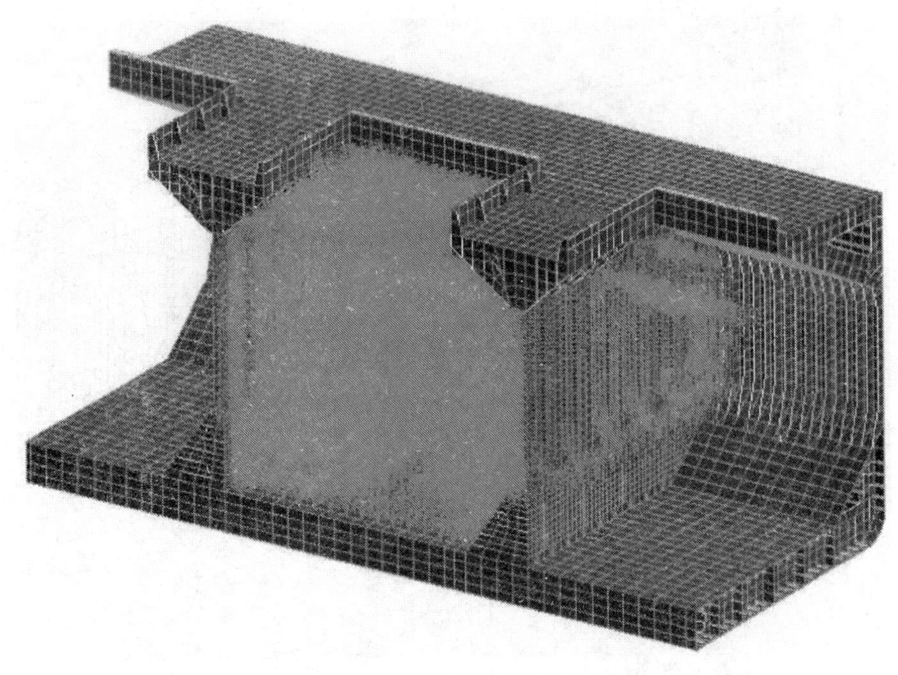

图 5－15　某船体中段有限元模型，中间货舱满载轻货时货物压力(矢量和数值）的图形显示

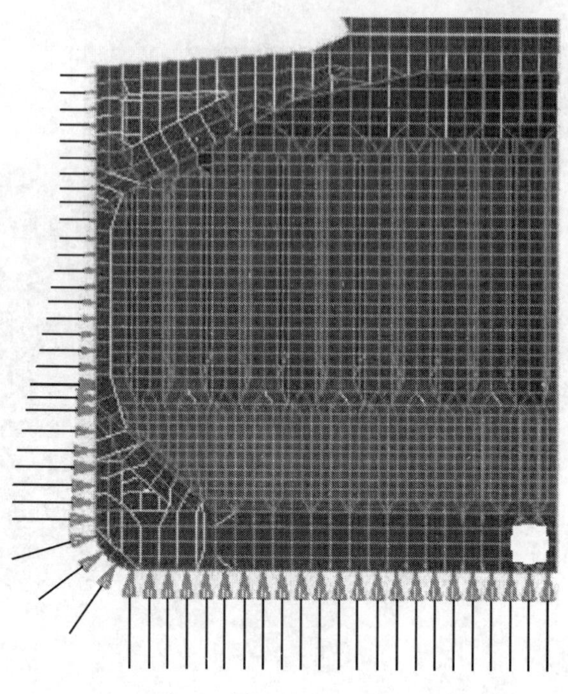

图 5－16　某船体中段有限元模型
外壳板上作用的舷外水压力(比例矢量)的图形显示

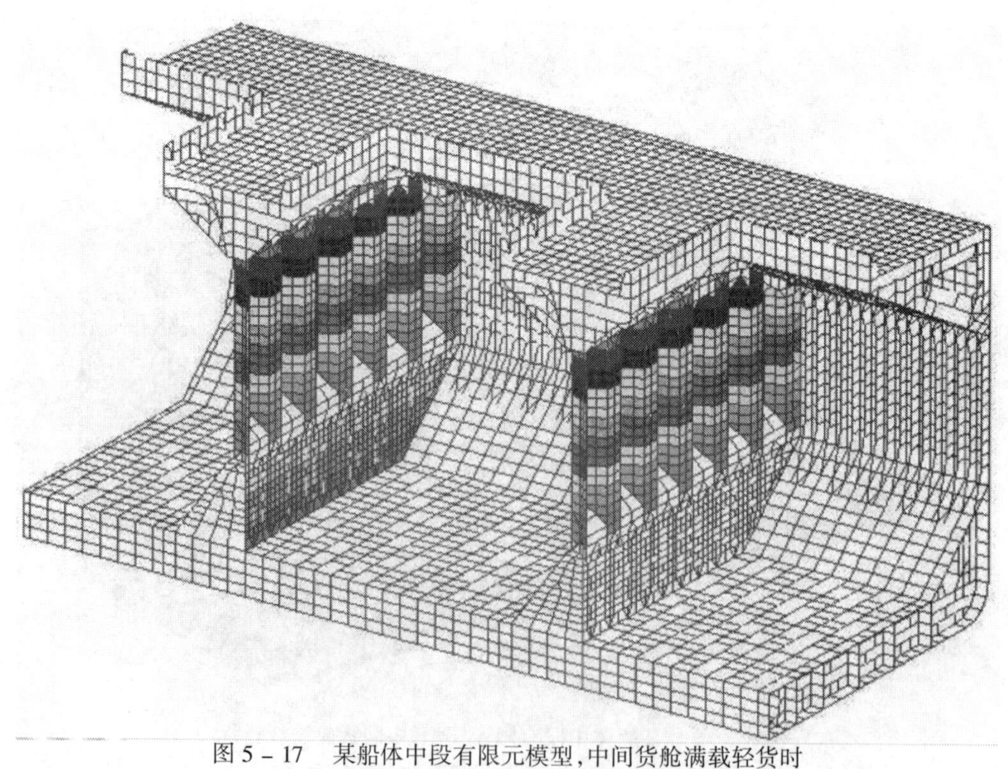

图 5－17　某船体中段有限元模型,中间货舱满载轻货时
作用在横舱壁及底凳面板上的货物压力的云图

梯度的区域是非常重要的;对于常数或低应力区,这种单元的偏差相对而言并不重要。在尽可能的条件下应该避免高度扭曲的单元。好的前处理器中都提供这种检查的可视化功能,以便对存在潜在问题的区域建立更好的计算模型。

(1) 三角形单元的检查

一般对三角形单元作两种几何检查:斜度和边长比。它们都代表了三角形单元偏离正三角形的程度。过大的歪斜和锥度会引起应力结构的误差,越偏离矩形,其精度越低。

斜度(skew)

如图 5 - 18(a),一个三角形单元对应于某个节点的斜度角(Skew angles)定义为 $90° - \alpha$ 的绝对值。夹角 α 由该节点与其对边中点连线,和与该节点相关的两条边中点连线所形成。三角形单元的斜度为该三角形单元 3 个斜度角中的最大值。如果单元是正三角形,则其斜度等于 0。斜度越大,说明三角形单元越歪斜。

图 5 - 18(b) 为三角形单元经斜度检验后斜度超过某一限值的单元的图形显示。

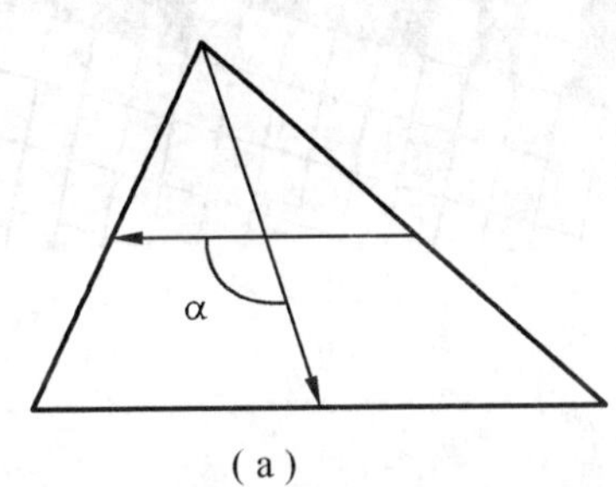

(a)

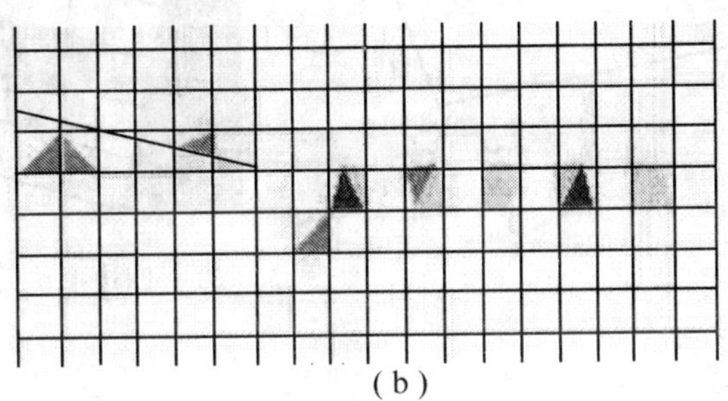

(b)

图 5 - 18　三角形单元斜度的检查

边长比(aspect ratio)

三角形单元的边长比 β 定义为用 3 条边按照下式计算结果的最小值:

$$\beta = 1 - \frac{2h_1}{\sqrt{3}h_2} \tag{5 - 4}$$

式中:h_2 为某条边的长度;h_1 为该边对应的高(如图 5 - 19(a))。如果单元是正三角形,则其边长比等于 0。边长比越大,说明三角形单元越歪斜。

图 5 - 19(b) 为经过边长比检验后的边长比超过某一限值的三角形单元图形显示。

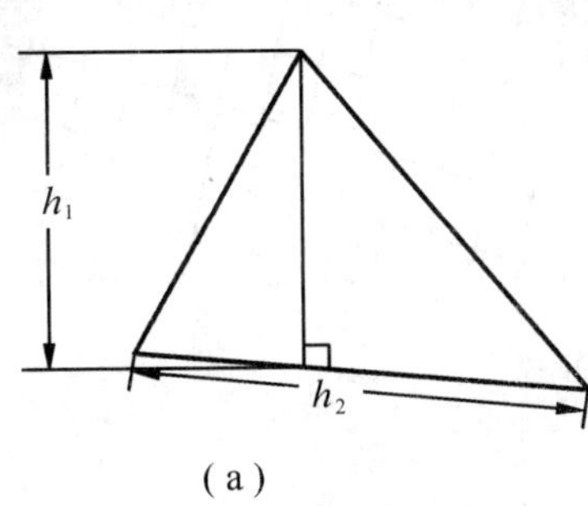

(a)

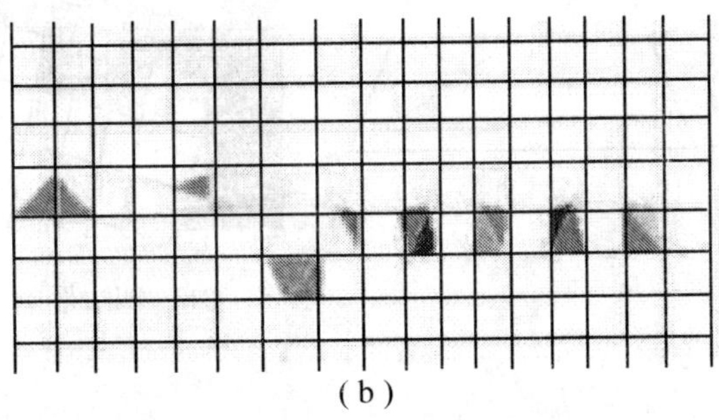

(b)

图 5 - 19　三角形单元边长比的检查

(2) 四边形单元的检查

一般对四边形单元可以作以下几种几何检查:斜度、锥度、边长比和翘曲。它们都代表了四边形单元偏离矩形的程度。过大的歪斜和锥度会引起应力结果的误差,越偏离矩形,其精度越低。

斜度

斜度用四边形单元两对边中点连线的夹角来度量,如果单元无歪斜,这个角度等于90°。当这个角度小于某一个规定值(如30°)时,程序会用高亮度的方式显示该单元,或者给出相应的信息。如图5-20。

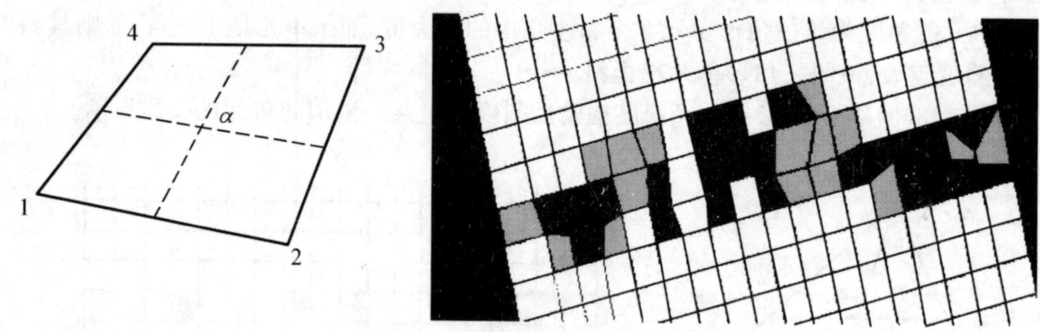

图5-20 四边形单元的斜度

锥度

锥度的计算如下:分别连接四边形单元的两条对角线,计算封闭三角形。令 J_i 是节点 i 及相邻两个节点所构成的封闭三角形面积的1/2。例如在图5-21中的 $J_1 = A_1/2$。设:

$$J_a = \frac{1}{4}(J_1 + J_2 + J_3 + J_4) \tag{5.5}$$

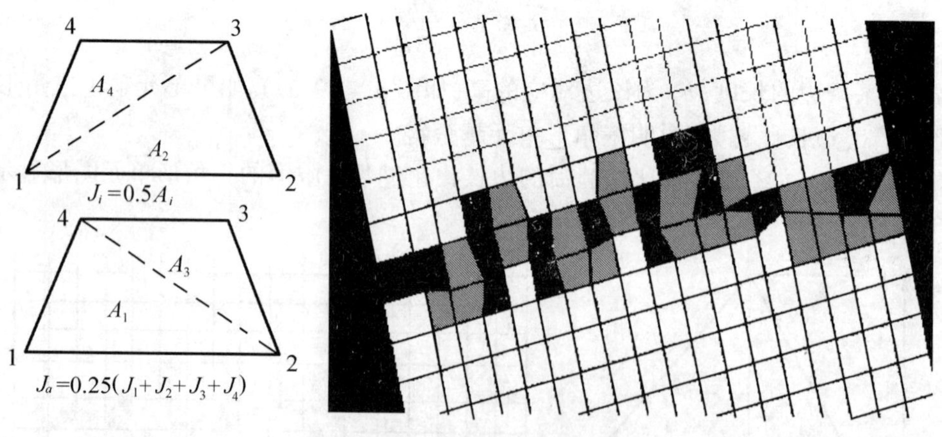

图5-21 四边形单元的锥度

如果 $\left|\frac{J_i - J_a}{J_a}\right| < 0.5 \quad (i = 1,2,3,4)$ 则表示此单元的锥度不符合要求,程序应用高亮度的方式显示该单元,或者给出相应的信息。

锥度是这 4 个三角形面积之一与它们的平均值之相对比值(绝对值),在没有锥度的情况下,这个比值为 1,比值越小说明四边形单元越偏离矩形。

四边形单元的精度主要取决于单元的斜度和锥度,也受另外两个因素的影响(但一般来说影响的程度较低),它们是边长比和翘曲。

边长比是指单元最长的边与其斜边之比;翘曲则是单元偏离平面的度量。是否要对这两个指标进行检查可根据具体要求决定。

(3) 六面体单元的检查

对六面体单元,前处理器中一般作以下两种几何检查:棱长比和面翘曲。因为六面体单元在用于求解非常数应力区域时,其计算精度会随几何形状偏离正方体而下降。

棱长比是六面体单元任意两个棱边的比值。如果这个比值大于某一个指定的值(如 100),则表示它是一个非常细长的六面体单元,程序应用高亮度的方式显示该单元,或者给出相应的信息。

面翘曲表示六面体单元的某个面不是平面。当单元的某个面上由对角线分成的两个三角形的法线方向相互偏离超过一个给定的数值(如 45°)时,说明该单元的面翘曲太大,会影响计算结果。程序应用高亮度的方式显示该单元,或者给出相应的信息。

5.2.3.3 模型的验证

(1) 自由边缘 / 表面

自由边缘是只连接一个二维单元(如四边形单元或三角形单元)的边,它的存在并不一定就意味着模型存在问题。图 5 - 22 是一个粗糙的机翼模型通过自由边检查之后显示的图形,环绕机翼的粗线确实是自由边界。但是机翼内部的自由边界线,是不是自由边界则取决于设计者的意图。如果是自由边,意味着单元 2 和 5 不连,4 和 11 不连;如果设计意图不是这样,那么这个自由边缘就意味着存在一个潜在的建模错误。

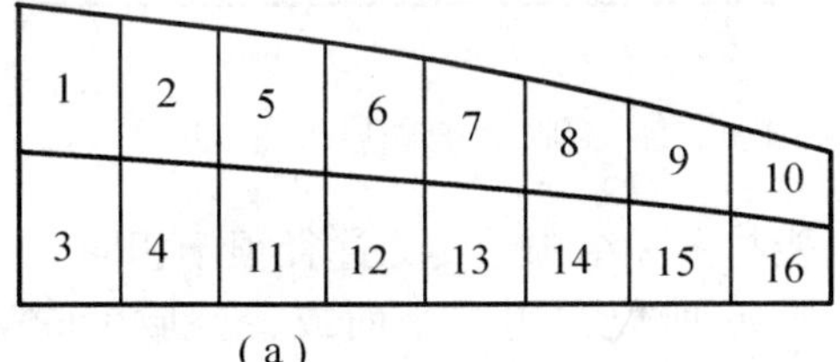

(a)

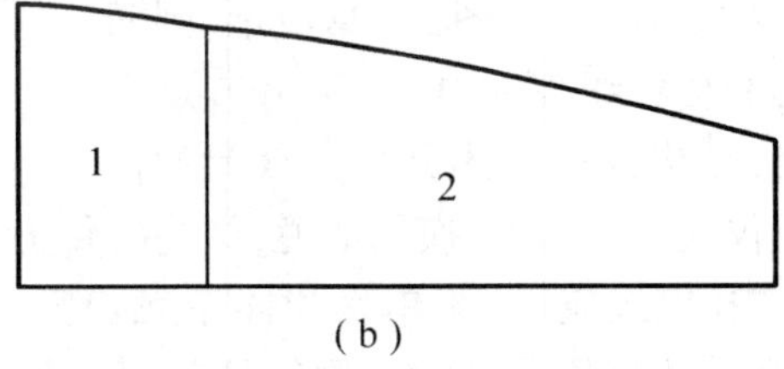

(b)

图 5 - 22 机翼自由边缘检查

(a) 机翼网格图;(b) 机翼自由边检查

多数前处理器都是先生成几何面,然后在每个面上生成有限元网格。由于单元 2 和 5 是分别从两个分离的面生成的,它们连接的节点具有不同的节点号,于是会产生这种自由边。在这些单元生成以后,如果需要使它们共用一个边界,则需要进行某种等价(消除)处理。具体的操作取决于不同的软件包。

自由面的概念类似于自由边缘,它是对三维单元而言的。自由面是只被一个三维单元(如 8 节点六面体单元)所占据的面。图 5 - 23 的例子包含两个区域,在它们分别用体单元划分网格后进行自由面检查。这两个区域的外表面都是合理的自由面,而如果显示两个区域之间的交界面也是自由面,表明两个区域没有连接,这可能不是你的意图。如果不是,很可能有一个建模错误。

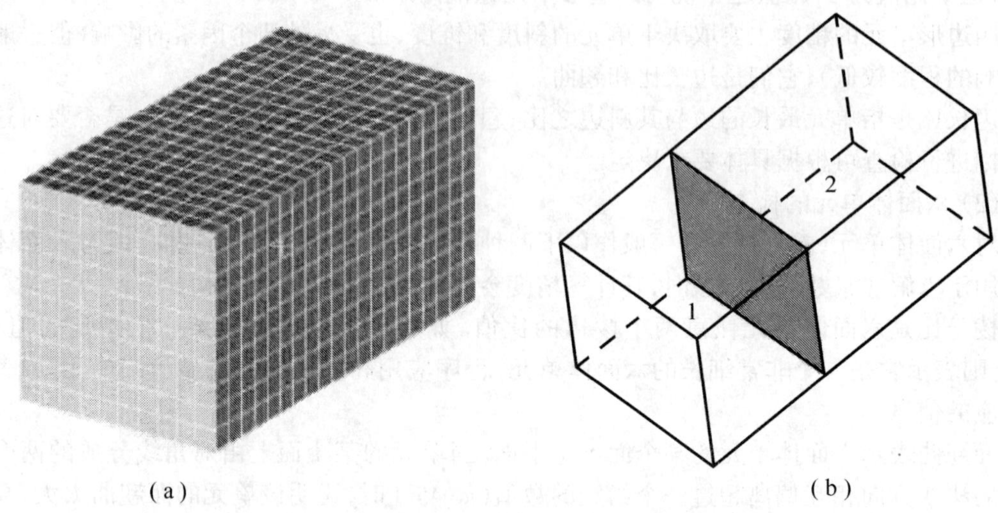

图 5－23 体单元自由面检查

(a) 体单元网格；(b) 自由面检查

(2) 拉链效应

当相邻的面在很少的几个点上连接，交界处在受载时会有开裂的趋势。这看起来就像拉链一样因此称为"拉链效应"。使用图 5－23(b) 中的面重新生成网格，面 1 和 2 分别采用 4×2 和 6×2 的网格，如图 5－24 所示。则两个面的交界线仅在 A、B 两个节点上连接，结构的这两部分之间载荷的传递也仅通过这两点。换句话说，结构的传力途径可能与实际结构的传力途径很不相同。

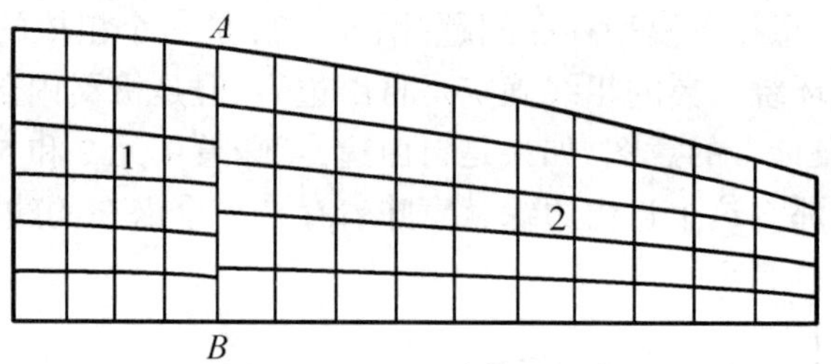

图 5－24 有"拉链效应"的模型

"拉链效应"在板单元和体单元模型中都会出现，所以在用多个面或者区域生成网格时，必须使分界面处于正确的连接。应该经常利用局部放大的方法对界面处的网格进行检查。

(3) 重复节点 / 单元

一般情况下，有限元模型中不应有重复的节点和重复的单元。在付诸计算之前应该进行重复节点和重复单元的检查，以便得到符合结构实际工作状态的计算模型。

"重复节点的检查"功能一般用高亮度的形式显示那些占据相同位置的节点。节点占据相同的位置，可能不是建模的初衷。无意的节点重复可能是在对多个线、面或体进行网格划分之后未实行消除(等价)操作而造成的。有意的节点重复可能发生在螺钉连接的模型当中，以及用刚性弹簧连接两个占有相同位置、但是与结构不同部位相连接的点的情况。

"重复单元的检查"功能类似于"重复节点的检查"，重复的单元往往是由于对同一个线、面或者体进行了不只一次的网格划分造成的。

图 5－25 和图 5－26 分别为重复节点和重复单元检查的示意图。

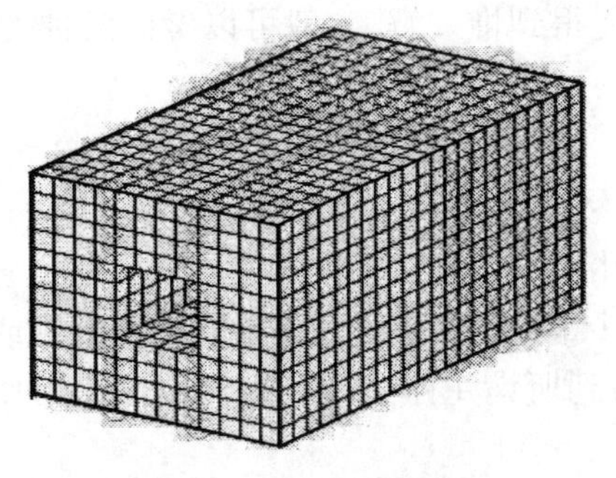

图 5 - 25　重复节点检查

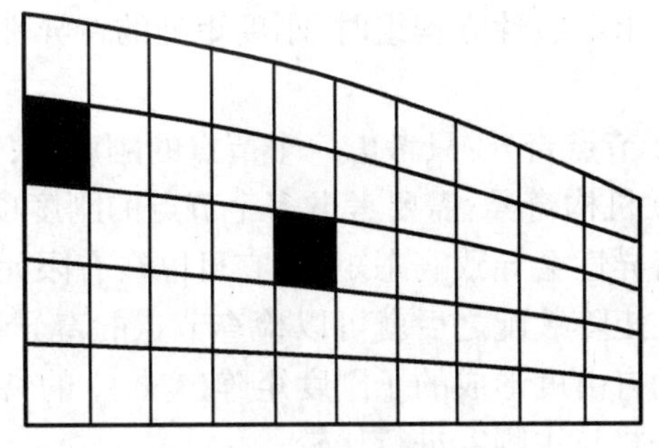

图 5 - 26　重复单元检查

(4) 板的一致法向

在建模的过程中应该总是按照统一的方式生成单元，否则的话则可能会不经意地弄错了载荷的方向。以图 5 - 27 所示的由 4 个四边形板单元组成的承受压力载荷的板模型为例。如果每个单元都按照一致的方式(沿顺时针方向) 连接，则单元的正法线方向都为总体坐标的 ——z 方向，如图 5 - 27(a)。

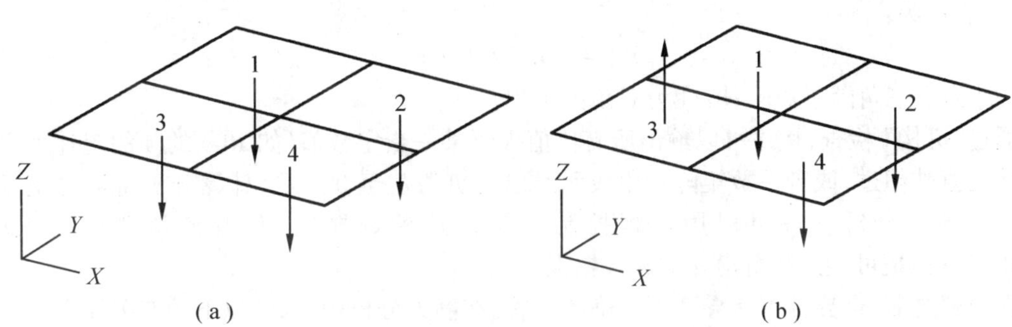

图 5 - 27　板单元法线方向的检查

但是如果因为某种原因，建模时将单元 3 按逆时针方向连接，如图 5 - 27(b)。则需要改变这个单元上压力的符号才能得到与原来一样的载荷，这样便给载荷的施加带来不必要的麻烦。

另外，一般情况下单元计算结果的输出是对单元坐标系进行的。不同的连接方式会影响结果输出的排列，如果不知道这一点，可能会在解读结果时出现错误。

一般的前处理程序都会提供这种单元法线的检查。

(5) 重心和惯性矩检查

进行重量(质量)、重心检查以及剖面惯性矩的检查，对于建立一个合理的有限元计算模型来说具有很好的参考价值，特别是复杂结构的建模。

如果模型网格、单元属性以及材料特性都是正确的，那么由前处理程序的重量生成器得到的诸如质量(重量)、重心位置、剖面中和轴位置、惯性矩等应该与实际情况十分接近。如果不是这样，则需要修改模型参数。

5.2.3.4　模型的诊断

(1) 机构和奇异

在求解线性方程组时,刚度矩阵的奇异性导致不能得到惟一解。一般可以考虑两种类型的奇异:

1) 节点奇异:只考虑一个节点的刚度项;

2) 机构奇异:需要考虑多个节点的刚度项。

奇异性会导致病态矩阵,它可以在有限元分析的几个阶段里进行检查。

在矩阵装配之后就可以检查节点的奇异性:在每个节点处,计算由 3 个平动自由度或 3 个转动自由度形成的子刚度矩阵(3 × 3) 的特征值,得到所谓主刚度。然后将每个刚度项用下列公式与主刚度进行比较:

$$\varepsilon = K_{ii} / K_{max} \tag{5-6}$$

其中 K_{ii} 为矩阵第 I 行的对角元素,K_{max} 为主刚度。如果 ε 小于某个指定的数值(如 10^{-8},一般为缺省值),则认为 i 方向是奇异的。有限元分析程序将输出节点奇异性列表。

在进行矩阵分解时,"机构" 可以根据该矩阵的对角项和因子对角线项的最大比值来检测:

$$\text{MAXRATIO} = K_{ii} / D_{ii} \tag{5-7}$$

式中 K_{ii} 是原始刚度矩阵中第 I 个对角线项,D_{ii} 是对角因子矩阵的第 I 个对角线项。对于对称矩阵,可表示为:

$$[K] = [L][D][L]^T \tag{5-8}$$

其中 $[L]$ 为下三角因子矩阵;$[D]$ 为对角因子阵。

通过"机构" 检查,程序可以输出所有比值大于某一指定数值(如 10^5) 的项的统计列表。当上述比值被超过,或者系数矩阵对角线元素出现负值甚至 0 元素,计算分析将被终止。虽然有些有限元分析软件可以用过程控制来越过这种奇异性,但是应该明白较大的 MAXRATIO 比值可能意味着潜在的建模错误。

在分解之后,奇异性可能导致不正确的解答。在静力分析中,求解以下的有限元方程

$$[K]\{\delta\} - \{F\} = 0 \tag{5-9}$$

以得到(节点) 位移。使用所得到的位移,可以计算如下的"残余" 载荷向量(不平衡载荷向量):

$$[K]\{\delta\} - \{F\} = \{\Delta P\} \tag{5-10}$$

这个不平衡载荷向量理论上应该是 0,但实际上可能由于有舍入误差而不等于 0。为了得到一个正则化的残余载荷值,计算下列误差估算值:

$$\varepsilon = \frac{\{\delta\}^T \cdot \{\Delta P\}}{\{\delta\}^T \cdot \{P\}} \tag{5-11}$$

并且选择相应的输出选项输出大于某个指定值(如 0.001) 的 ε 值。对每一个载荷工况生成一个 ε,其可接受的范围取决于模型的复杂性以及运行的机器平台。ε 的绝对值在 10^{-9} 以内一般认为是可以许可的。

导致方程组系数矩阵奇异的原因包括:

① 因为丢失单元而引起没有刚度的自由度;

② 未约束法向转动的二维板问题;

③ 在顶角处存在未约束转动自由度的体模型;

④ 偏心没有正确处理的梁模型;

⑤ 不正确的多点约束；

⑥ 机构和自由体。如斜板、梁和板连接、梁和体连接，以及板和体连接；

⑦ 转动刚度太低；

⑧ 刚硬的单元与柔软的单元相邻。

(2) 作用载荷的检查

在前处理器中一般可以对模型上所施加的载荷进行两种检查。第一种是给出作用于结构上的所有载荷关于某一指定参考点的总和(合力)，参考点的缺省位置一般位于总体坐标系的原点。另外，也可以要求得到更详细的信息，例如载荷的合力在结构中的作用位置和方向，以便于确认所施加的载荷符合实际情况或者符合使用者的初衷。

(3) 反力的检查

反力是否正确是一种基本的检查。与载荷的检查一样，反力检查时既可以输出关于某个参考点的总反力(显然总载荷与总反力应该大小相等、方向相反)，也可以输出各约束点处反力的大小和方向(边界载荷)。

反力检查的结果可以让使用者明确：

1) 反力是否等于所有施加的外力之合力，使得结构是平衡的；

2) 边界载荷在大小、方向上是否与预期的一致。比如，如果在模拟计算一个受到剪力的螺栓时，得到的却是拉伸的支反力，那么模型的边界条件很可能不对；

3) 载荷在结构上的分布是否符合预期。如果不是，则需要检查计算模型，看看约束点是否符合要求。

(4)1g 载荷检查

当一个计算模型建好之后，可以用在三个坐标方向上分别施加 1g 的重力载荷(同时去掉所有外力) 的方法来检验模型的有效性。这也是一种基本的检查，它可以找到结构中连接松散的或者只有很小刚度的节点。在这些重力载荷的作用下，位移的输出可以显示这些节点与结构中其他部分相比，位移特别大。尤其是在使用了后处理器时可以更直观地发现这些节点和部位。

(5) 未约束平衡检查

如果一个结构真的未约束，则结构中某一点的运动会导致整个结构产生刚体运动。可以用以下的步骤进行未约束平衡的检查：

1) 取消所有约束；

2) 在一个选定的节点(最好靠近结构的重心) 的 x 方向施加一个单位的强迫位移，而将该节点的其他 5 个自由度都约束住。如果结构真的未约束，则结构上其他节点的 x 方向的位移应该也等于单位值。反之，如果某个节点的 x 方向的位移不等于单位值，则表明它可能是过约束的，其原因可能是不正确的刚体元、偏心梁元等；

3) 对其他两个坐标方向重复上述步骤。也可以对转动自由度进行同样的检查，但是结果的解读可能会比较困难。

当然，在做完以上检查之后，别忘记将所有约束再加到模型上去。

(6) 热平衡检查

如果结构上要施加热载荷，也可以通过以下步骤进行未约束的热膨胀检查：

1) 取消所有约束；

2) 约束结构中某个节点的全部 6 个自由度(注意，在只包含体单元的模型中的单个节点

只有 3 个自由度,所以不符合这个要求);

3) 将所有的热膨胀系数都改成一个值,并对整个结构施加一个均匀的温度。

如果模型是未约束的,则结构应该是没有应变的,换句话说,结构中应该没有反力、单元力以及应力。如果不是这样,则在单元力和应力不等于 0 的区域,模型可能有问题需要修改。刚体元和偏移的不正确建模是产生这种错误的通常原因。

在做完以上检查之后,记住把边界条件、热膨胀系数以及温度改回到原来的值。

5.2.4 网格重新划分技术及新旧网格场变量的传递

在对大变形、非稳态的金属成型加工过程进行分析时,用塑性有限元法会遇到由于网格不断畸变而造成的困难。在一般金属塑性成型过程中,塑性区内有些部位的应变值会很大,等效应变超过 2 是非常常见的。另外,变形体与模具接触表面的相对滑动速度在有些部位也很大。在计算过程中,这样大的应变、变形量和相对速度会产生以下的一些问题:

1) 变形体和模具表面之间的相对位移量较大,导致变形体边界的网格与模具表面错开,使得计算和模拟失真;

2) 随着变形体和模具相对位移量的增加,一种网格系统难以适应塑性区模式的不断变化,很难将网格处理成合理的有限元计算网格;

3) 由于局部的大变形和大位移,使得原先的网格发生较大的畸变,增加计算的误差,影响收敛性,使得进一步计算产生困难。当单元的畸变严重时,导致 Jacobi 矩阵行列式为负值,使求解失败。

这个问题必须用较好的网格重新划分技术来克服。重新划分网格的基本思想是在变形的旧网格之上生成一个新的比较规矩的网格,并且将所有与时间历程有关的信息都正确地从旧网格传递到新的网格之上。一般来说,建立在不合理的计算网格系统之上的一切计算,都是不可能得到切合实际的计算结果的。因此,用刚塑性有限元法对形状复杂的成型过程进行模拟计算时,必须不断地重新划分计算所用的网格系统,生成新的计算网格,否则不可能对成型的全过程进行精确地模拟计算。这是刚塑性有限元法计算大变形过程的一个关键问题。

在网格重新划分技术中有两种不同的方法。一种称为自适应网格重新划分(Adaptive remeshing),它可以很好地模拟大变形的情况而无须用户的干预。自适应网格的重新划分又有 2 种不同的途径,即 h - 加密和 p - 加密。h - 加密法的基本思想是不断地增加单元的数目,特别是在误差较大的局部进行加密;而 p - 加密法不改变计算所采用的网格及单元数目,但要不断提高单元插值函数的阶次。

显然自适应网格重新划分技术会使计算量和 CPU 时间不断增大,不利于对塑性加工过程进行高效的分析和模拟。另外,自适应网格重新划分技术还不很完善,目前情况看一种完全自动的自适应重新划分技术仍不现实。

另一种网格重新划分的方法是所谓静态重新划分技术(Static remeshing),它对变形后的计算域进行重新离散,同时将所有与时间相关的变量从旧网格上合理而精确地传递到新的网格之上。

虽然静态重新划分技术自动化程度不高,但可以很有效地避免在奇异点处或者非常不规则的边界处产生过量的误差。而且它不会增加太多的计算量,对计算有利。

当然,如果每计算一步都对计算网格进行调整和重新划分显然是不经济和没有必要的,只有当单元的畸变会引起较大的计算误差时才应该进行网格的重新划分，因此还必须对单元的形状因素所引起的计算误差进行理论上的分析。

因此网格重新划分工作包括三方面的任务：

① 判断是否应该进行重新划分(误差函数)；

② 在变形后的计算域上生成新的计算网格系统，修正边界条件；

③ 新旧网格之间场变量信息的合理传递。

其中重新离散计算域形成新的计算网格，可以用网格自动生成法(如等参映射法等)。而新旧网格上场变量的传递，也是十分重要的一环，必须根据旧网格上的信息，采用合理的数值方法来求得。

5.2.4.1　误差函数

在开始进行每一加工步骤的计算之前，首先应该对累计变形得到的计算网格进行评估，以判断是否应该进行网格重新划分。为此，需要定义一个合适的误差函数。当误差函数超过某一个给定的临界值时，则需要重新离散计算域；反之，则可以不必进行网格重新划分，计算仍在旧网格上进行。

一般误差函数可以定义为各个单元的等效应变与相邻单元等效应变之差，即：

$$E_e = \sum_{i=1}^{m} \Delta\bar{\varepsilon}_e^i = \sum_{i=1}^{m} (\bar{\varepsilon}_e^i - \bar{\varepsilon}_e) \tag{5 - 12}$$

对于轴对称问题，当采用 4 节点四边形单元时，误差函数可以定义为

$$E_e = (D/d)^2 \tag{5 - 13}$$

$$E_e = \left(\frac{M}{m}\right)^2 \cdot \max\left(\frac{1}{|\sin\omega_i|}\right) \tag{5 - 14}$$

其中　D、d 分别为四边形的长、短对角线长度；

M、m 分别为四边形最长、最短边长；

ω_i 为四边形的内角。如图 5 – 28。

(5 – 13) 式表明一个单元与矩形单元的差异程度；而 (5 – 14) 式表明各单元与正方形单元的差异程度。在刚塑性有限元法计算当中，矩形单元，特别是在奇异点附近局部加密的地方用的较多，所以一般都采用(5 – 13) 式作为评估是否应该进行网格重新划分的依据。

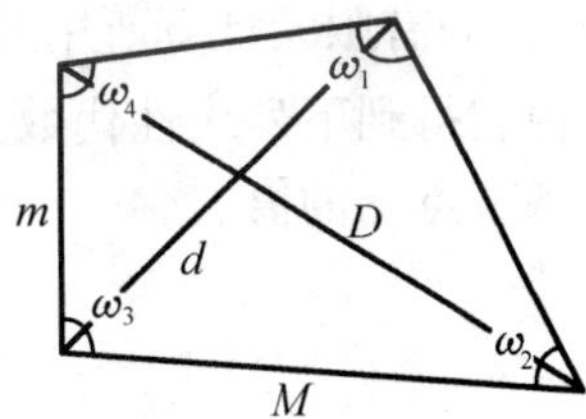

图 5 – 28　四边形单元各参数

5.2.4.2　网格自动重新划分的方法

当上述误差函数达到某一给定值时，则应该重新划分网格。人工手动的方法划分网格显然是不现实的，应该采取自动重新划分网格的方法。

等参映射法是自动生成新的网格的一种很好的方法，这种方法把单元的相关布局(拓扑结构) 简化成一个正方形的网格系统，然后把它映射成求解域的真实形状。要知道的只是周线上各点的坐标，而这些坐标已经由旧网格的边界点给出。全部内节点的坐标都是自动算出的，节点号和单元关联节点的数据也是自动生成的。

更简单的方法是先将求解域划分成几个大单元(Super – elements)，然后再对这些大单元进行细分。其一般步骤是：

1) 根据旧网格决定的求解域的形状，确定大单元，确定大单元生成线的数目和每一条生成线的端点坐标；

2）生成线上的分段数及分段方法（均分、比例放大或缩小），计算各节点的坐标，并对节点进行编号；

3）确定每个单元各节点的节点号。

5.2.4.3　新旧网格场变量信息间的传递

网格重新划分之后，必须要把所有与时间相关的信息从旧网格传递到新网格上。

新旧网格之间的数据传递只能是两种网格节点之间的传递，而刚塑性有限元法中，并不是所有的变量都是在节点上取值。例如用4节点四边形单元分析二维问题或轴对称问题，在计算泛函时，并不是所有项都是用4点Guass积分得到的，其中与体积应变率 $\dot{\varepsilon}_V$ 有关的积分项只是由1点Guass积分求得，也就是说，体积应变率 $\dot{\varepsilon}_V$ 只是在每个单元的中点上取值。因此有必要由每个单元中点上的值求出其节点值。

为了得到各节点上的值，最简单的方法是采用面积加权平均法。该方法用各单元的中点值以及相关单元的面积，加权平均得出某个节点上的值。例如节点 i 的变量值 φ_i 用下式给出：

$$\varphi_i = \sum_{j=1}^{4} \varphi_{j0} A_j / \sum_{j=1}^{4} A_j \tag{5-15}$$

式中 φ_{j0} 为单元 j 中点上的值，A_j 为单元 j 的面积。

这种方法可以大大节省计算时间，但是如果场变量变化梯度较大，则会引起较大误差。

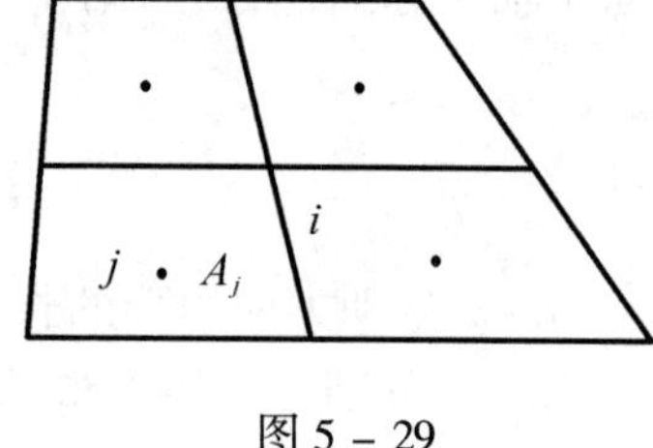

图5-29

比较精确的方法是最小二乘法。它通过对下面的泛函取变分来求值：

$$I = \int \sum_{j} \left(\sum_{i} N_i \varphi_i - \varphi_{j0} \right)^2 \mathrm{d}A_j \tag{5-16}$$

其中 N_i 为有限元计算所用的插值函数。

由它得到下列线性代数方程组，解之可以得到场变量在各节点上的值。

$$\sum_{m} \{G\}\{\varphi\} = \sum_{m} \{H\} \tag{5-17}$$

式中：$\{G\} = \int [N]^T [N] \mathrm{d}A_j$；$\{H\} = \int [N]^T \{\varphi_{j0}\} \mathrm{d}A_j$

然后就可以把各种场变量信息向新的网格节点上传递了。

首先应该判断新网格上的第 k 个节点在旧网格中属于哪一个单元，所用的方法如下：

求下列4个向量乘积

$\boldsymbol{P}_1\boldsymbol{P}_2 \times \boldsymbol{P}_2\boldsymbol{P}_k$；　$\boldsymbol{P}_2\boldsymbol{P}_3 \times \boldsymbol{P}_3\boldsymbol{P}_k$；　$\boldsymbol{P}_3\boldsymbol{P}_4 \times \boldsymbol{P}_4\boldsymbol{P}_k$；　$\boldsymbol{P}_4\boldsymbol{P}_1 \times \boldsymbol{P}_1\boldsymbol{P}_k$

如果这4个乘积均是正的，则说明 k 节点在该单元之内。

再把这个四边形单元划分成如图5-30所示的4个小三角形，k 节点必定位于其中一个三角形单元之内。

例如 k 节点位于 $\Delta P_1 P_2 m$ 之内，则可以用面积坐标由旧网格的数据求出新网格节点上的数据。

$$\varphi_k = (\varphi_{10} A_1 + \varphi_{20} A_2 + \varphi_{m0} A_m)/A \quad (A = A_1 + A_2 + A_m) \tag{5-18}$$

最后可以求出新网格的每个单元的中点值，就可以进行新的计算了。

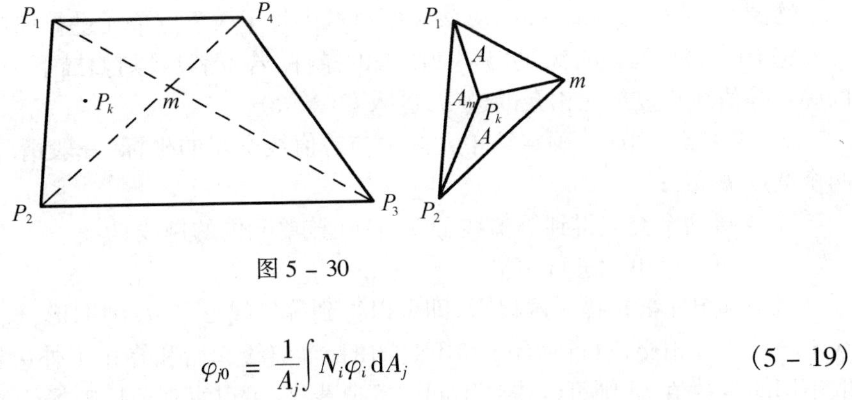

图 5 - 30

$$\varphi_{j0} = \frac{1}{A_j}\int N_i \varphi_i \, dA_j \tag{5 - 19}$$

5.3 舰船有限元分析中后处理的可视化

当用有限元程序完成了一个问题的计算求解之后，摆在使用者面前的也许是最重要的工作，就是分析结果。对于一个大的复杂结构的模型而言，计算结果可能会包含上百万的数据。一页一页地去读这些计算结果无疑是令人厌烦的。有限元的后处理软件是能够帮助使用者解读和吸取大量输出结果的一种图形工具。一个好的后处理软件除了要具有友好的用户界面之外，还应该能够提供多种可视化工具，使用条纹图、等值线图、变形图、向量图、张量图以及动画等各种方式直观地显示有限元分析的结果。

5.3.1 等值线的绘制

等值线通常能够直观地反映场函数在域内的变化，如等温线、等应力线等。等值线分布密集的部位即场函数变化激烈的部位而且达到极值，这些部位一般都是由分析需要特别关注的重点部位。由于等值线能够直观地反映场函数的分布，因此应用极为广泛。

用有限元方法求得的各节点上的场变量的离散值，根据对单元内场变量的假定，可以找到相应的等值点，从而绘制出等值线。绘制等值线的方法有很多。以下是几种最常用的方法。

5.3.1.1 线性插值扫描绘制法

不论有限元分析求解时采用什么样的单元网格，在用所求得的场变量的节点值绘制等值线时总可以按 3 节点的网格进行(例如对于 4 节点四边形等参元，可以在每个单元内增加一条联线把它分为两个三角形网格)。用线性插值扫描绘制法绘制等值线时，认为两个相邻节点之间的场变量呈线性变化。具体作法是：

设场变量为 φ。对于某个特定单元，其节点编号为 1、2、3，相应节点的坐标为 (r_1, z_1)、(r_2, z_2)、(r_3, z_3)，而场变量的节点值为 φ_1、φ_2、φ_3。绘制 $\varphi = C$ 的等值线时，它通过某单元的一条边的条件是：

$$(\varphi_i - C)(\varphi_j - C) < 0 \quad (i, j = 1,2,3) \tag{5 - 20}$$

而该等值线与 ij 边的交点 k 的坐标由下式确定：

$$r_k = r_i + (r_j - r_i)\frac{C - \varphi_i}{\varphi_j - \varphi_i}; \quad z_k = z_i + (z_j - z_i)\frac{C - \varphi_i}{\varphi_j - \varphi_i}, (i, j = 1,2,3) \tag{5 - 21}$$

显然当等值线 $\varphi = C$ 穿过单元的一条边时,必然穿过该单元的另一条边。

绘制 $\varphi = C$ 的等值线时,应该顺序对域内每个 3 节点单元进行扫描:

① 确定该单元是否满足(5 - 20) 式的条件,若不满足,则扫描下一个单元;若满足则可以确定等值线与该单元相交的边 ij,进入 ② 和 ③;

② 按照(5 - 20) 式确定该单元的边与等值线交点的坐标。一般情况下一个单元应该有两个交点 k 和 l;

③ 连接两个交点得到等值线 $\varphi = C$ 在该单元内的迹线;

④ 对下一个单元进行扫描。

当全部单元都扫描一遍以后,即可以得到等值线 $\varphi = C$ 的图形,包括封闭型的(即等值线不与外边界相交,自行封闭) 和不封闭的(等值线起始和终止于外边界上),无一遗漏。而取不同的常数值 C,则可以得到不同的等值线,便可以直观地反映场变量的大小分布和变化情况。

这种方法得到的是由一段段的直线连接而成的等值线,需要的时候可以对这些等值线进行光顺(曲线拟合),但如果网格相当密,可以得到一组视觉效果很好的等值线。

有了等值线图之后,如果在等值线之间填充以不同的颜色,则可以得到色带图,它也是一种很好的图形显示。

5.3.1.2　非线性插值绘制法

这种方法不光是在各单元的边界上寻找等值点,而且利用有限元分析中的插值函数,在各单元内部也寻找显影的等值点。

对于 4 节点四边形等参元,场变量 φ 的等值线轨迹可以用局部坐标(ξ,η) 表示为:

$$\varphi(\xi,\eta) = \sum_{i=1}^{4} \frac{1}{4}(1 + \xi_i\xi)(1 + \eta_i\eta)\varphi_i = C \tag{5 - 22}$$

式中　(ξ_i,η) 为单元 4 个节点的局部坐标;φ_i 为单元 4 个节点上的场变量离散值;

C 为表征某一等值线的常数值。

根据所求得的 $\varphi_i(i = 1,2,3,4)$ 和给定的常数 C,可知等值线在该单元内的任意等值点 P_j 的坐标(ξ_j,η_j) 满足上式。将 ξ 移到等式右边,重新整理得到:

$$\xi = \frac{4C - [\varphi_1(1-\eta) + \varphi_2(1-\eta) + \varphi_3(1+\eta) + \varphi_4(1+\eta)]}{\varphi_3(1+\eta) - \varphi_4(1+\eta) - \varphi_1(1-\eta) + \varphi_2(1-\eta)} \tag{5 - 23}$$

如果分母等于 0,即 $\varphi_3 = \varphi_4$ 且 $\varphi_1 = \varphi_2$,则等值线为平行于 ξ 轴的直线 $\eta = \eta_j$。

同理可得:

$$\eta = \frac{4C = [\varphi_1(1-\xi) + \varphi_2(1+\xi) + \varphi_3(1+\xi) + \varphi_4(1-\xi)]}{\varphi_3(1+\xi) + \varphi_4(1-\xi) - \varphi_1(1-\xi) - \varphi_2(1+\xi)} \tag{5 - 24}$$

如果分母等于 0,即 $\varphi_1 = \varphi_4$ 且 $\varphi_2 = \varphi_3$,则等值线为平行于 η 轴的直线 $\xi = \xi_j$。

生成等值线时,需要将母单元$(-1 \leqslant \xi,\eta \leqslant 1)$ 用 $m \times m$ 的正方形网格覆盖,即把 ξ 和 η 轴分别分割成 m 等份,(m 可任意取值)。显然 m 值越大,等值线就越光滑。

$$\begin{cases} \xi_j = \xi_{j-1} + \Delta\xi \qquad (j = 1,2,\cdots,m) \\ \eta_k = \eta_{k-1} + \Delta\eta \qquad (k = 1,2,\cdots,m) \\ \xi_0 = -1;\xi_m = 1;\Delta\xi = 2/m;\eta_0 = -1;\eta_m = 1;\Delta\eta = 2/m \end{cases} \tag{5 - 25}$$

先取 η_k 代入(5 - 23) 式,求出 ξ_k。如果 ξ_k 位于$[-1,1]$ 之间,则(ξ_k,η_k) 为一个等值点。然后取 ξ_j 代入(5 - 24)式,求出 η_j。如果 η_j 位于$[-1,1]$ 之间,则(ξ_j,η_j) 也是一个等值点。当对 m

循环结束后,可求出母单元内所有的等值点,再根据 ξ 的大小重新排列等值点,则组成一条等值线;对所有单元进行循环,则可以生成所有单元中的等值线。最后再用下式进行坐标变换,求出等值点在整体坐标系中的坐标:

$$r_j = \sum_{i=1}^{4} \frac{1}{4}(1 + \xi_i\xi)(1 + \eta_i\eta) r_i; \quad z_j = \sum_{i=1}^{4} \frac{1}{4}(1 + \xi_i\xi)(1 + \eta_i\eta) z_i \qquad (5-26)$$

依次连接各等值点,便可以得到一条等值线。

生成等值线的具体步骤如下:

(1) 找出变形体中场变量的极大值和极小值。对于四边形等参元,单元内没有相对极值,所以对于整个变形体而言,场变量的极大值和极小值均出现在节点上,因此:

$$\varphi_{\max} = \max(\varphi_1, \varphi_2, \cdots, \varphi_N); \quad \varphi_{\min} = \min(\varphi_1, \varphi_2, \cdots, \varphi_N); \qquad (5-27)$$

式中 N 为总的节点数;$\varphi_1, \varphi_2, \cdots, \varphi_N$ 为各节点处的场变量的数值。

(2) 根据需要,确定等值线的条数和等值线的数值 C_i;

(3) 将等值线的数值与每个单元节点值的最大和最小值进行比较,如 $C_i \in [\varphi_{\min}^k, \varphi_{\max}^k]$,则按照上述的方法找到等值点并进行排序;否则不予考虑;

(4) 绘制并显示各场变量的等值线分布图。

5.3.1.3 追踪法

追踪法也是采用非线性插值函数和等参变换的方法。考虑局部坐标(ξ, η),在单元每点上场变量由下式给出:

$$\varphi(\xi, \eta) = [N(\xi, \eta)]\{\varphi^e\} \qquad (5-28)$$

其中 $[N(\xi, \eta)]$ 是插值函数矩阵;$\{\varphi^e\}$ 是场变量在单元节点上的值。

绘制 $\varphi = C$ 的等值线时,根据等值线的性质有

$$\frac{\partial \varphi}{\partial \xi} d\xi + \frac{\partial \varphi}{\partial \eta} d\eta = 0 \qquad (5-29)$$

当取 dL 作为追踪法绘制等值线的步长,它的方向是沿着等值线的切向,则 $d\xi$ 和 $d\eta$ 是 dL 的两个分量,即

$$d\xi = dL \cdot \cos\alpha; \quad d\eta = dL \cdot \sin\alpha \qquad (5-30)$$

求解方程(5-29)可得 $\tan\alpha$。

如果能找到等值线 $\varphi = C$ 上的某一点,确定步长 dL 后,可根据(5-29)式得到等值线的方向 $\tan\alpha$,沿着 α 方向取 dL 的长度则可以得到该等值线的第二个点。然后重复上述步骤由第2点找到第3点 …… 直至完成整条等值线的绘制。这种逐个由等值线上的一个点去找下一点的方法称为追踪法,如图5-31所示。

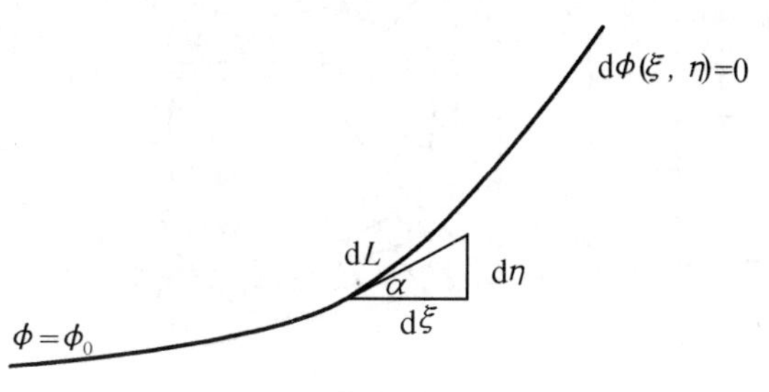

图5-31 追踪法绘制等值线

追踪法有一些明显的问题:

(1) 对封闭型等值线用追踪法时由于逐点追踪之误差的累计,会造成等值线的“漂移现象”。确定封闭的条件比较困难。

(2) 找到一条新的等值线的起点并不容易;

(3) 难以判断是否已经找全了域内所有的 $\varphi = C$ 的等值点。

5.3.2 位移结果的后处理

一般来说,在进行结果分析时,首先应该对每个载荷工况条件进行位移图的绘制,以便确定所得到的计算结果是否合理,并且评估在生成网格的密度以及选择单元类型时所做的假设是否合理和有效。

如果在特定区域内位移有突变,可以进行局部放大来检查该区域的结果是否合理。突变的原因可能是该区域的模型不合适或者某些单元没有连接上。发现问题后,应该修改模型进行再分析。

位移的计算结果可以用变形图、云图、矢量图、透视等值面(线)图以及动画显示等多种形式图形表示,也可以用标准表格输出。

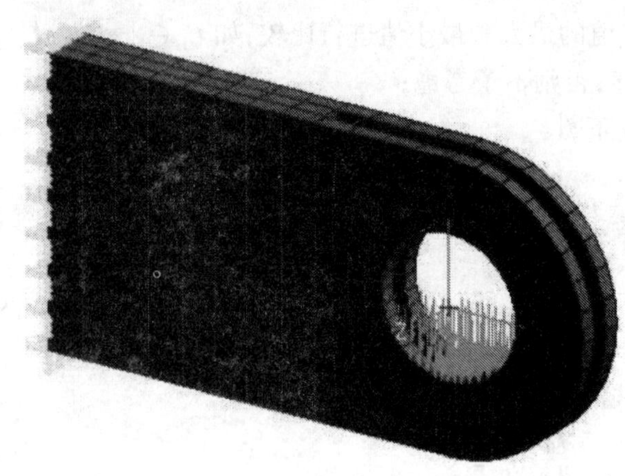

图 5 - 32 U 形夹边界条件及载荷图

以图 5 - 32 所示的一端固定、圆孔内受到向下的分布压力作用的 U 形夹为例。有以下反映位移结构的图形表示方式。

图 5 - 33 为其变形图。其中既可以包含模型原始形状(a 图),也可以只反映变形(b 图)。

图 5 - 34 为其位移云图。其中(a)图为包含原始;(b) 图为不包含原始网格的 y 方向位移云图。

图 5 - 35 为其 y 方向位移的矢量图。

图 5 - 36 为其合成位移的透视等值面图。

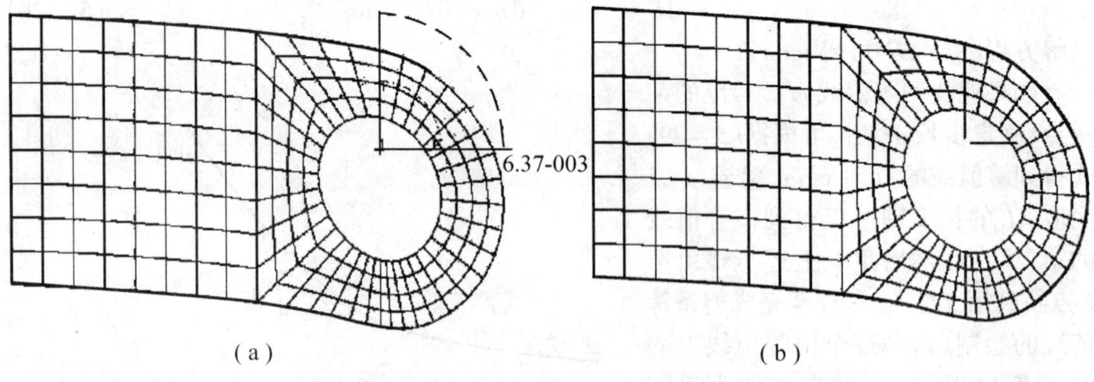

图 5 - 33 U 形夹变形图(合成位移)

图 5 - 37 为 U 形夹位移的报表输出。

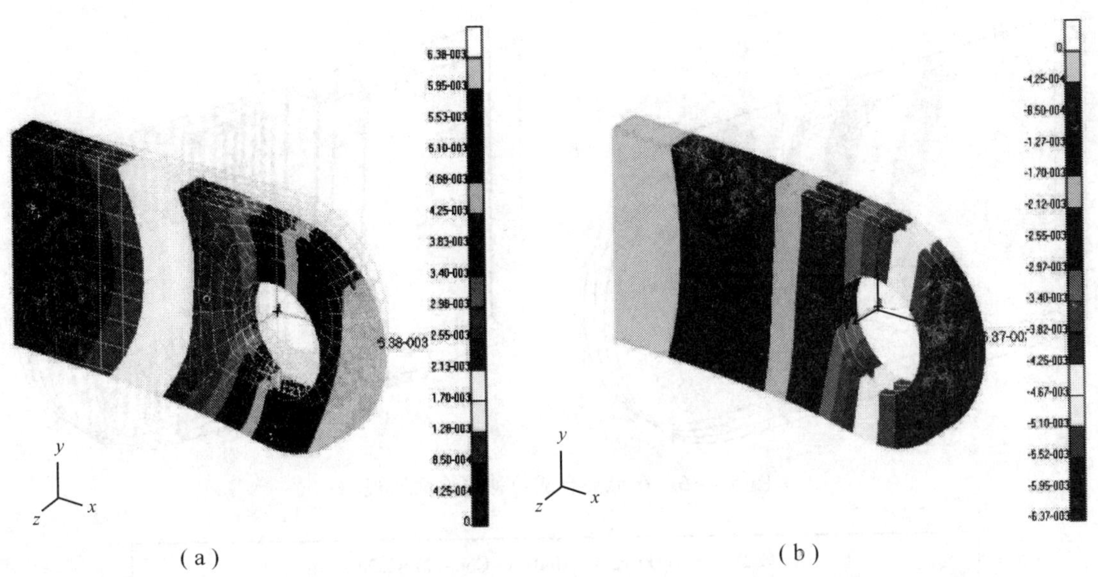

图 5－34　U形夹位移云图

(a) 合成位移；(b) y 方向的位移

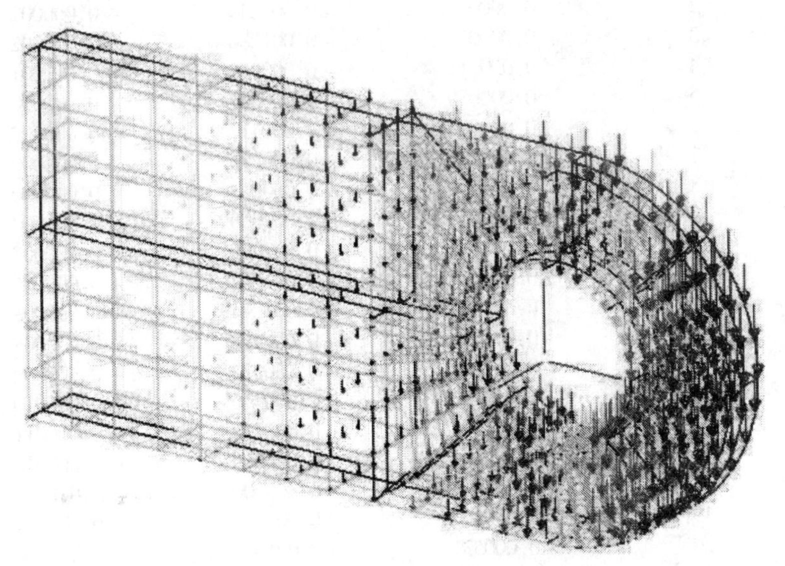

图 5－35　U形夹 y 方向位移矢量图

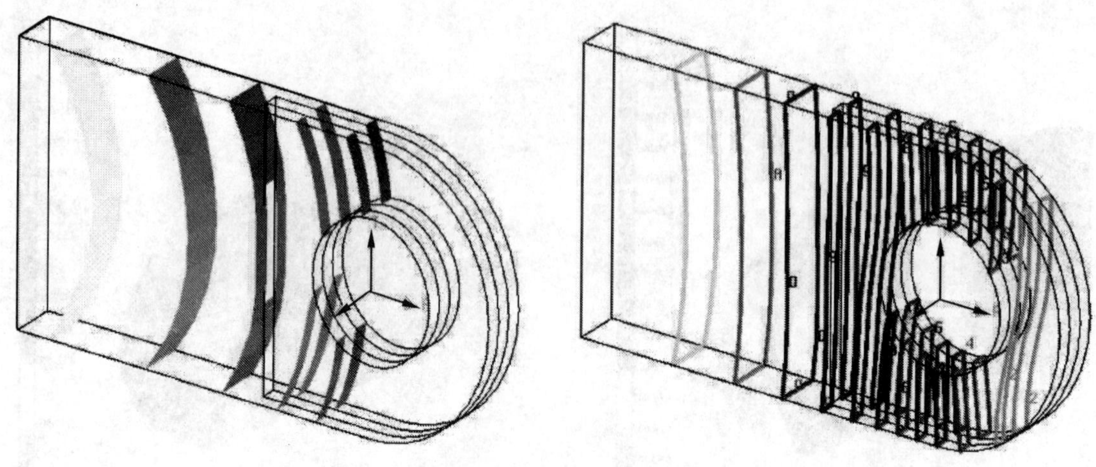

图 5 - 36 *U* 形夹合成位移等值面透视图

MSC. Patran 2000 r2 - Analysis Coda: MSC. Nastran

Load Case: Default, Static Subcase

Result Displacements, Translational-Layer (NON - LAYERED)

Entity: Node Vector

- Entity ID - - X	Component - Y	Component - Z	Component -
1	0.000059	- 0.002042	- 0.000009
2	0.000037	- 0.001644	- 0.000002
3	0.000024	- 0.001286	- 0.000002
4	0.000015	- 0.000958	- 0.000001
5	0.000080	- 0.000667	- 0.000000
6	0.000004	- 0.000417	0.000000
7	0.000001	- 0.000216	0.000000
8	0.000000	- 0.000072	0.000000
9	0.000000	0.000000	0.000000
10	0.000294	- 0.002029	0.000007
11	0.000277	- 0.001647	- 0.000006
12	0.000250	- 0.001294	- 0.000008
13	0.000216	- 0.000968	- 0.000008
14	0.000175	- 0.000677	- 0.000009
15	0.000131	- 0.000426	- 0.000010
16	0.000084	- 0.000222	- 0.000011
17	0.000041	- 0.000075	- 0.000015
18	0.000000	0.000000	0.000000
19	0.000567	- 0.002014	- 0.000009
20	0.000531	- 0.001649	- 0.000008
21	0.000486	- 0.001305	- 0.000013
22	0.000425	- 0.000985	- 0.000015
23	0.000352	- 0.000697	- 0.000017

图 5 - 37 MSC/Patran 环境下 U 形夹位移的报表输出

模态振型、特征向量等的可视化处理与位移结果相似。

图 5 - 38 为一块悬臂板受到横向压力作用时变形的动画显示示意图。

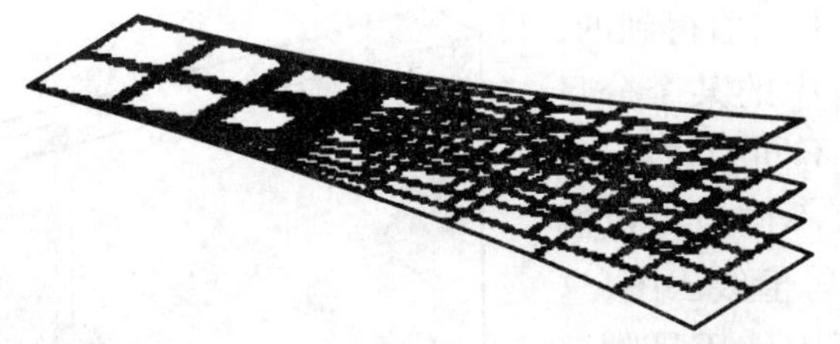

图 5－38　悬臂板受横向压力作用位移的动画显示

5.3.3　应力结果的后处理

一个分析模型中的应力状态肯定是使用者关心的问题。各种反映应力计算结果的可视化图形是帮助使用者判定结构是否满足设计要求以及是否需要重新设计或者重新分析的一种直观的好方法。当然，也可以通过应力计算结果的输出报表(参见图5－44)详细了解每个结构细部(单元)所处的应力状态。

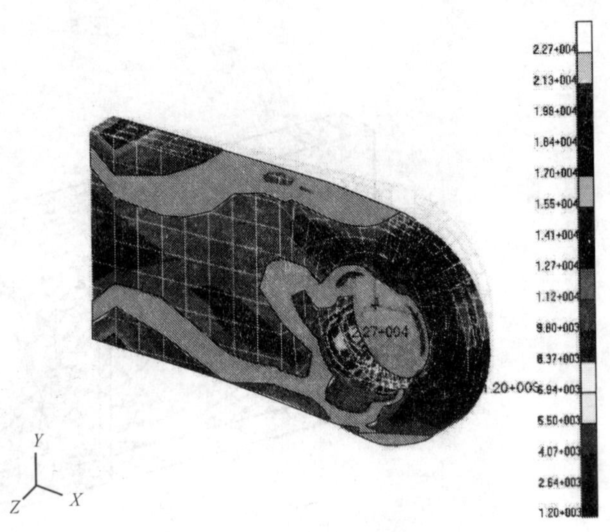

图 5－39　U 形夹 von Mises 应力等值线图(云图)

与位移结果的可视化处理类似，应力的计算结果也可以采用多种图形显示的方式，如应力填充图、等值线图(云图)、各种透视的等值面图以及动画显示(如图

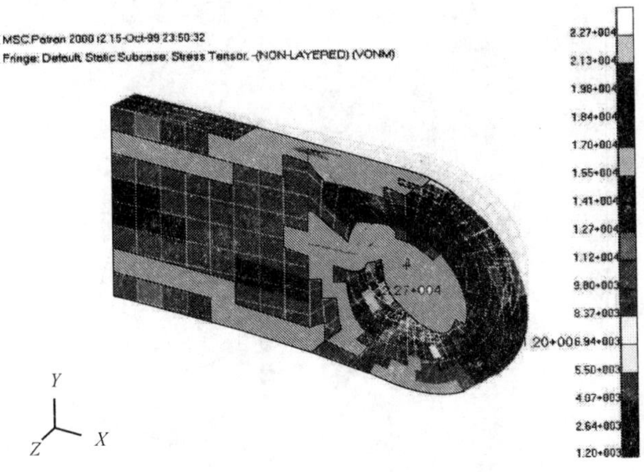

图 5－40　U 形夹 von Mises 应力填充图

5 – 39 ～ 5 – 43)。其中,应力等值线图是根据相邻单元应力的平均值得到的,后处理器按照应力张量中的某个分量的大小给这些应力分配不同的颜色,然后这些应力可以用代表不同应力范围的不同颜色绘制成应力等值线云图。这个功能可能是后处理器中使用最频繁的选项。正确地使用它,可以帮助使用者快速识别高应力区,提供他们洞察模型的能力。

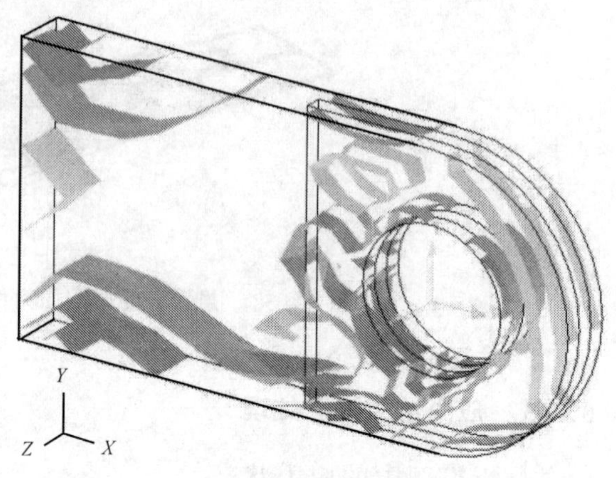

图 5 – 41　U 形夹 von Mises 应力透视等值面图

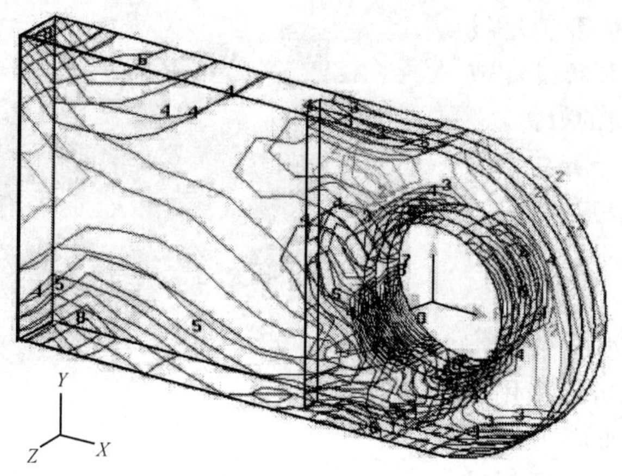

图 5 – 42　U 形夹应力(von Mises) 等高线透视图

图 5 – 43　U 形夹在给定的等 x 面上应力(von Mises) 分布的透视图

MSC.Patran 2000 r2 – Analyais Code: MAC.Nastran

Load Case: Default, Static Subcase

Result Stress Tensoc, – Layer (NCN – LAYERED)

Entity: Node Vector

– Entity ID – von	Mises – X	Component – Y	Component – Z	Component – XY	Component – YZ	Component – – ZX	Component –
1	7065.996094	1434.896484	707.913574	– 93.483498	– 3937.789795	– 678.495972	69.226776
2	5335.736328	1099.499390	119.955101	83.065392	– 3019.917969	124.875824	56.406860
3	4574.470703	621.25269	– 204.996735	– 5.131794	– 2604.754150	– 21.424175	– 5.041973
4	4291.054199	427.958954	– 242.949326	5.562252	– 2453.732910	3.452329	– 2.139809
5	4107.475098	265.661530	– 203.544250	8.830556	– 2359.581299	– 1.482161	1.107299
6	3947.276123	146.029495	– 144.584991	5.225739	– 2274.222168	4.117392	– 0.242909
7	3573.759277	73.659409	– 86.840935	4.029064	– 2061.321533	– 3.554923	– 0.041601
8	2711.890381	28.984009	– 41.438873	1.900940	– 1563.072998	– 17.772610	0.213699
9	2154.066162	11.822029	3.082642	4.812950	– 1221.838867	– 0.000000	0.450396
10	6247.360352	1009.175659	1181.025146	– 68.971550	– 3480.982422	– 586.667419	15.92.0488
11	5054.735352	1472.043579	381.157715	31.920574	– 2812.552490	112.196373	57.699230
12	4786.358887	1870.950928	– 7.005344	– 29.623367	– 2536.262451	– 20.18740	– 1.033988
13	4771.995117	2232.407715	– 142.057907	– 12.827944	– 2407.652344	3.060627	– 3.226401
14	4757.233398	2507.697266	– 146.977570	2.594114	– 2304.941406	– 1.229826	1.438462
15	4746.181641	2713.404541	– 76.051567	– 18.938580	– 2227.382324	3.428968	– 7.681571
15	4746.181641	2713.404541	– 76.051567	– 18.938580	– 2227.382384	3.428968	– 7.68157
16	4445.364258	2717.479980	139.927948	0.165230	– 2059.049805	– 2.262902	31.256237
17	3911.646240	2757.279053	446.244385	– 218.596863	– 1601.279785	– 21.827457	– 40.027882
18	2801.833984	2883.229004	1251.600464	1204.445557	– 1272.710205	– 0.000000	– 156.402008
19	4270.665527	1832.647217	997.006789	– 132.486130	– 2114.508545	– 327.165375	63.235249
20	4093.730469	2585.975830	499.054077	100.870415	– 1916.359619	87.187836	102.968925
21	4689.787109	3219.441162	79.322197	– 39.863876	– 1956.708252	– 21.790495	– 3.274726
22	5284.932617	4022.991943	– 54.641048	– 21.092083	– 1932.829590	4.167486	– 4.954873
23	5763.461426	4696.808105	– 86.526123	7.133541	– 1876.482666	– 2.025641	2.753219

图 5 – 44　MSC/Patran 环境下 U 形夹应力输出报表

另外,还可以通过以下分析和可视化手段,对计算的模型以及结果进行评估。

(1) 应力的误差评估

使用有限元分析的应力误差估计技术,可以帮助使用者识别模型中需要细化网格的区域。

计算节点应力的平均值的过程是:先将这些局部单元的应力分量转化到事先定义的一个公共坐标系上,然后对每个应力分量求出平均值,以得到节点应力分量,最后用节点应力分量来计算节点应力的不变量。

一般情况下,应力分量是 $\sigma_x, \sigma_y, \sigma_z, \tau_{xy}, \tau_{yz}, \tau_{zx}$。

为了便于讨论,用以下公式表示用平均法计算节点处的应力分量:

$$\sigma_g = \sum_{i=1}^{N_e} (W_i \sigma_{ei}) \tag{5-31}$$

式中　σ_g 为节点处应力分量的加权平均值；

σ_{ei} 为连接节点的第 i 个单元的应力分量值，σ_{ei} 与 σ_g 用同一个坐标系。

W_i 为第 i 个单元的加权系数。N_e 个单元的加权系数之和必须等于1，一般可以取相等的加权系数，即 $W_i = 1/N_e$。

一个节点某个特定应力分量的误差计算如下：假设有限元计算得到的与该节点有关的单元之对应的应力分量的值是具有不相关随机误差的数据点，则该节点应力分量的概率误差估算值为：

$$\delta_g = \sqrt{\sum_{i=1}^{N_e} (W_i \delta_{ei})^2} = \frac{1}{N_e}\sqrt{\sum_{i=1}^{N_e} (\delta_{ei})^2 / N_e} \tag{5-32}$$

式中　$\delta_{ei} = \sigma_{ei} - \sigma_g$ 即概率误差 δ_g 是 δ_{ei} 的均方根误差除以 N。

应力误差估算常常是与应力不连续相关的。一般来说，建立静力分析的有限元模型时应该使得所有重要的应力梯度得到充分的反映。如果网格不够细，则无论是用在单元顶角（节点）处输出的应力还是用在单元中心处的应力都会有比较大的误差估算值。正确地利用这些估算值，能帮助使用者合理地细化网格。

(2) 节点应力和应力不连续图

应力的图形输出可以是单元应力（一般为中心点处的应力），也可以是节点应力的输出。如果用节点应力绘制的等值线图与用单元应力绘制的等值线图有明显的不同，那么很可能意味着模型还需要进一步细化，或者存在着单元方向不一致的地方。

应力的不连续是节点之间或者单元之间应力的概率误差的一种度量。应力的不连续绘图可以帮助使用者找到模型中需要细化网格的区域。

(3) 单元应变能绘图

单元应变能绘图可以帮助使用者识别影响设计的最有效的区域。

第6章　虚拟现实及其在舰船设计中的应用

6.1　虚拟现实技术概论

在产品的开发过程中，有关产品的结构、功能、操作性能、生产工艺、装配性能，甚至维护性能等等许许多多的问题都需要在开发过程的前期得到解决。通常，人们借助理论分析、CAD系统和各种比例的实物模型，也可以参考先前产品的开发经验来解决有关新产品开发的各种问题。由于有关装配、操作和维修的问题往往只会在产品开发的后期或在最终产品试车过程中、甚至在投入使用一段时间后才能暴露出来。为了解决这些问题，有时产品就不得不返回到设计构造阶段以便进行必要的设计变更，这样的产品开发程序既效率低、耗时，费用又高。产生这个问题的原因是产品在前期开发阶段，由于缺乏实验用样机，不可能取得足够的实际经验以避免产生潜在的问题和缺陷。

虚拟现实技术将提供解决这些问题的新方法，即在设计的初期阶段，计算机产生的最初模型可以放入虚拟环境进行实验，甚至可以直接在虚拟环境中创建产品模型。这样不仅可以使产品的外表、形状和功能得到模拟，而且有关产品的人机交互性能也能得到测试和检验，使产品的缺陷和问题在当时的设计阶段就能被及时发现并加以解决。

6.1.1　虚拟设计及相关技术的概念

6.1.1.1　虚拟现实技术概念及特征

虚拟现实（VR：Virtual Reality）的思想最早出现在20世纪60年代的美国，20世纪80年代到90年代期间，得到迅速的发展。它的兴起为智能工程的应用提供了新的工具，也为各类工程的数据可视化提供了新的描述方法。虚拟现实系统的雏形是1962年Morton Heilig研制的SENSORAMA仿真器，它是被展示的第一个实际的具有多种感觉信息的（Multi－sensorial）仿真系统，1965年Ivan Sutherland首次提出了包括具有交互图形显示、力反馈设备以及声音提示虚拟现实系统的基本思想，并于1968年最先设计出了头盔立体图形显示器。自此，人们正式开始了对虚拟现实系统的探索历程。

所谓“虚拟现实”是人的想象力和电子学等相互结合而产生的一项综合技术，它利用多媒体计算机仿真技术构成一种特殊的环境，用户可以通过各种传感系统与这种环境进行自然交互，从而体验比现实世界更加丰富的感受。从20世纪90年代以后，由于计算机性能的迅速提高、多媒体技术的崛起和各种传感技术的高速发展极大地推动了虚拟现实的迅速成熟，该项技术才得到了飞速的发展，被广泛地应用到航天、航空、船舶、汽车、生物、医学、分子结构、教育等各种研究领域，取得了十分良好的效益。据20世纪90年代中期不完全统计，在美国至少有25所大学、15所联邦研究机构和100多家公司在从事有关虚拟现实技术和系统的研究开发。

虚拟现实系统不同于一般的计算机绘图系统，也不同于一般的模拟仿真系统，它不仅能够让用户真正感到这个环境的存在,也能够和环境进行自然交互。它具有下述特征。

(1) 自主性:在虚拟环境中,对象的行为是自主的,是由程序自动完成的,要让操作者感到虚拟环境中的各种生物是“有生命的”和“自主的”,而各种非生物是“可操作的”,其行为符合各种物理规律。

(2) 交互性:在虚拟环境中,操作者能够对虚拟环境中的生物及非生物进行操作,并且操作的结果能够反过来被操作者准确地、真实地感觉到。

(3) 沉浸感:在虚拟环境中,操作者应该能够很好地感觉各种不同的刺激,沉浸感的强弱与虚拟表达的详细度、精确度、真实度有密不可分的关系。

虚拟现实技术的根本目的是:不仅能够在多维信息空间仿真建模,而且能够帮助人们获取新的知识和形成新的概念。一般来说,虚拟现实系统可分为四类。

1) 沉浸式虚拟现实系统(Immersive VR):这种系统完全将用户的视角及感觉包容在虚拟世界中。

2) 半沉浸式虚拟现实系统(Semi - immersive VR):部分沉浸在虚拟世界中,如一些物体或部件在虚拟世界中,一部分在真实环境中。

3) 台式虚拟现实系统(Desktop VR):有的文献称这种系统为“世界之窗”(WoW),这种系统使用普通的计算机监视器来显示虚拟世界,用户通过键盘、鼠标来控制世界中的运动。

4) 互连式虚拟现实系统(Interconnected VR):也称作分布交互仿真系统(DIS)。

一个完整的 VR 系统可以分解为视觉、听觉、触觉等子系统。从组成角度来分析,虚拟现实系统包括主机系统、场景显示系统、VR 接口设备(包括方位跟踪系统、触觉传感器、声音系统组成的 VR 硬件以及 VR 软件支撑环境)。

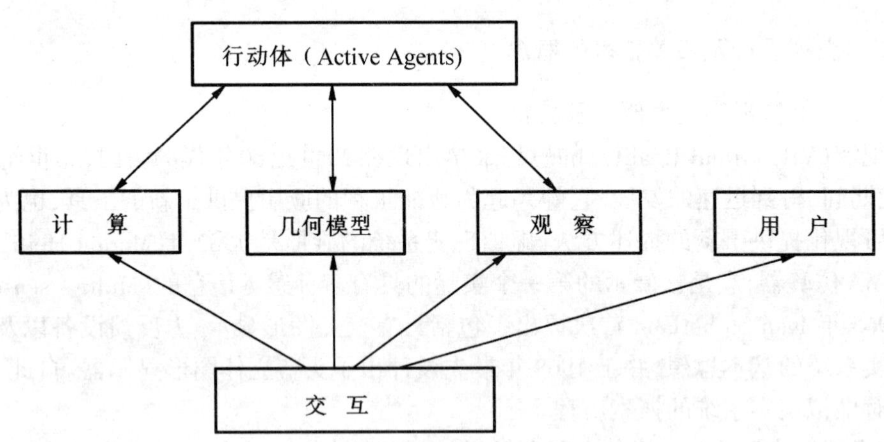

图 6 - 1 虚拟现实应用系统模型

Mark Green 教授给出了一个如图 6 - 1 所示的简明的虚拟现实应用系统模型。其中,计算包括所有应用过程中非图形的计算;几何模型包括一个计算中的数据的高级图形表示,或者说包括科学计算可视化;观察指用户查看应用数据,这是要用真实感图形表示的内容,这个内容的主要目的是向用户提供程序帮助;行动体(Active Agents)是指以同样方式仿真用户与系统中的对象交互。

许多学者认为,21 世纪的信息处理将不再建立在单一的数字空间,也就是说传统的打印输出和电脑显示无法满足信息社会人机交互的需要,因此,要求能通过人的视觉、听觉、触觉、嗅觉以及形体、手势或口令,加入到信息处理环境,这是一个多维化的复杂信息空间。虚拟现实技术是支撑多维信息空间(Cyberspace)的关键技术。近年,位于德国的欧洲计算机工业研究中心的科学家提出了增强的现实,即AR(Augmented Reality)的概念。AR的字面含义是增强现实,实际上,AR是一种增强真实世界用户视觉或增强计算机模型产生的附加信息,比之VR,它能使用户完全沉浸在计算机世界中。

VIEW计划的指导者——美国航空航天局(NASA)的Stephen R.Ellis教授,认为虚拟环境是人机交互的一种新的通信媒介。仿真与多媒体、虚拟现实是目的与表现方式的关系。三者的概念关系可用图6-2表示。图6-3说明了VR技术是逼真自然的人机交互技术的产物,虽然现有交互手段与交互设备在不断更新,但是还远远没有达到成熟的水平。

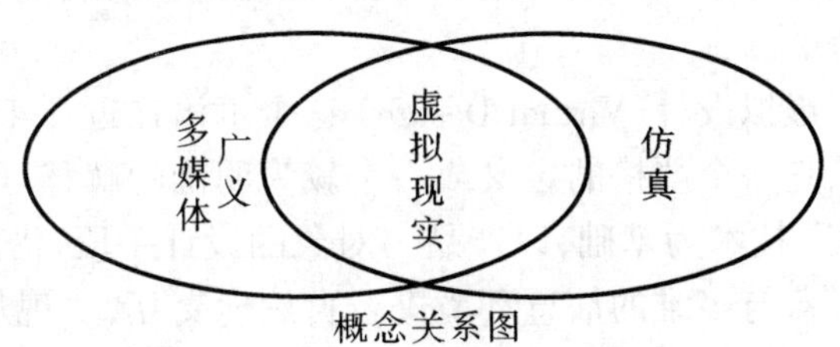

图6-2 仿真与多媒体、虚拟现实关系

虚拟环境软件必须具有三个独立的功能:① 定义行动体及对象的形状和运动;② 根据类似牛顿运动定律的物理行为规则,定义它们自身状态以及和虚拟环境的交互;③ 封闭环境的特性和扩展。一个成功的环境仿真必须提供实现功能的适当通信管道。

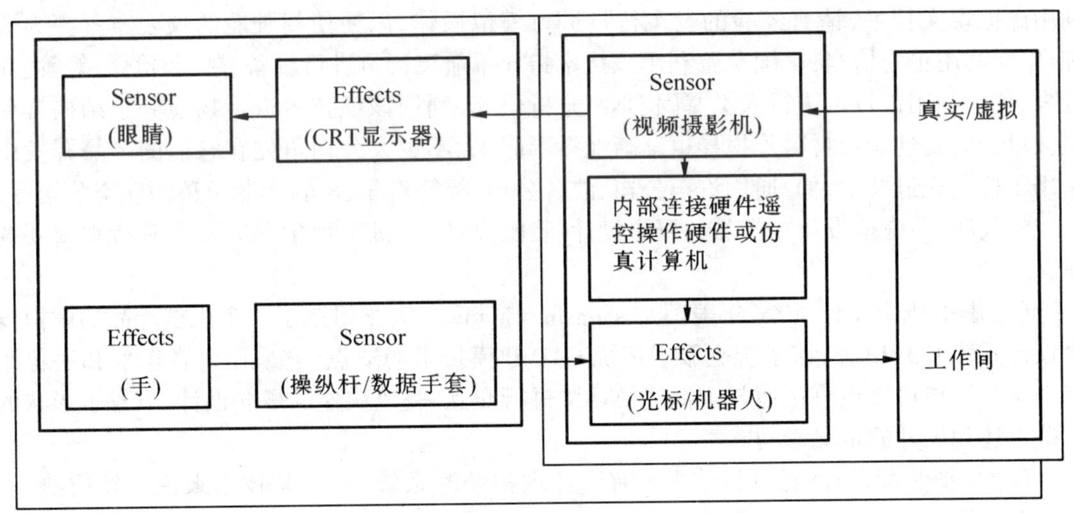

图6-3 虚拟现实系统组成

虚拟现实技术在人工智能、CAD、图形仿真、虚拟通信、遥感、娱乐、模拟训练等许多领域带来革命性的变化。

6.1.1.2 虚拟设计

现行的计算机辅助设计系统,只能从计算机的外部去观察计算处理的结果,只能通过键盘、鼠标与计算环境中的一维数字化信息进行交互,只能主要依靠定量的计算来加深对事物的认识,不能实现自然的人机交互。这样的系统对产品的创新设计几乎起不到什么作用。随着虚拟现实技术的不断发展成熟,在许多行业找到了应用的领域,并已被用于产品设计之中。虚拟现实技术和产品设计的结合不仅可以帮助人们进行图形处理,进行各种计算等繁琐的工作,还可帮助设计人员进行创新设计。这样的设计手段使得设计人员从键盘和鼠标上解脱下来,和设计对象进行更自然、更直观的交互。这样的系统便于操作,适合于具有不同专业背景的人员参与设计。再加上直观逼真的反馈(如三维立体图像、三维环绕声响和精细的触觉反馈)信息,可以使产品的最终用户参与设计。由此可见,这项技术使得计算机在产品的辅助设计方面向前推进了一步,使计算机辅助设计的工作范围从规范性工作向创造性工作迈进。

虚拟设计(Virtual Design)这个术语在近几年的文献中已不罕见,然而至今尚未发现有谁给它一个严格的定义或一个较为明确的解释。可以这样理解:所谓"虚拟设计"是以"虚拟现实"技术为基础,以产品为对象的设计手段。借助这样的设计手段设计人员可以通过多种传感器与多维的信息环境进行自然地交互,实现从定性和定量综合集成环境中得到感性和理性的认识,从而帮助深化概念和萌发新意。虚拟设计技术集许多先进技术于一身。它充分地利用了模拟仿真技术(但它又不同于一般的模拟仿真技术,它具有虚拟现实的特性,如:自主性、交互性、沉浸感),充分地利用了现有 CAD 系统的功能(但它又不同于一般的 CAD 系统,比现有的 CAD 系统具有更强的人机交互能力)。从某种意义上来说,虚拟设计是利用虚拟现实技术在计算机辅助设计的基础上发展而来的一种手段,它可以在设计的某些阶段来帮助设计人员进行开发工作。利用此项技术可以大大地减少实物模型和样机的制造,从而减少产品的开发成本、缩短开发周期。例如,空中客车公司在设计某种型号的飞机驾驶舱时,就利用虚拟现实技术,请有经验的老飞行员进行模拟操作,以便使驾驶舱的仪表布置更为合理、空间利用更为恰当;美国也曾利用该技术指导宇航飞行员进行设备维护和检修,等等。而近来,美国利用该技术进行人类基因 DNA 分析研究、利用该项技术进行物质分子结构排列组合以合成高性能新材料等报导也渐渐地多了起来。不少大公司争先在它们的产品开发中采用了这项先进技术,如:通用汽车公司、波音公司、福特汽车公司、奔驰及英国航空公司等。

实践证明:虚拟设计在产品的概念设计、装配设计、人机工程学等方面具有特别重要的意义。

(1) 虚拟概念设计:1996年美国 Wisconsin - Madison 大学研制了一个机械产品的虚拟概念设计系统 COVIRDS,该系统克服了传统 CAD 建模技术的缺点,它采用语音识别和手势跟踪系统使用户可以更直接地与虚拟建模环境进行交互,完成快速的概念设计,节省了形状的精确描述和尺寸的定义时间。

(2) 虚拟装配设计:尽管目前尚未有商业虚拟装配系统,但就其技术来说已经成熟,人们普遍认为这项技术对产品设计具有非常重要的意义。麦道飞机公司和罗尔斯 —— 罗伊斯公司在它们的飞机发动机设计中均采用了此项技术。

(3) 虚拟人机工程学设计:从社会对商品规格多样化日益增长的需要,取而代之的将是小批量多规格的生产,由于需要在同一条生产线上装配不同规格的产品,因此对设计和制造技术的灵活性提出了很高的要求。虚拟人机工程学设计将为解决这一难题提供很好的帮助。英国航空实验室的研究人员开发了一个虚拟人机工程学评价系统,该系统由 SGI 工作站、三维音响系统、数据手套、头盔式显示器组成,系统还为用户提供了一个真实的轿车座舱。设计人员采用 CAD 系统建立了一辆 Rover400 型轿车的驾驶室模型,经过一定转换后将这个驾驶室模型引入这个虚拟人机工程学评价系统。借助这个系统,设计人员可以精确研究轿车内部的人机工程学参数，并且必要时可以修改虚拟部件的位置，重新进行内部结构设计。

虚拟设计系统可分为两个大类：增强的可视化系统和基于虚拟现实的 CAD 系统。

从某种意义上说虚拟设计技术是虚拟制造技术的重要组成部分，然而它目标明确、支持技术较为成熟、易于启动。这项技术的发展有助于实现真正意义上的虚拟制造。

6.1.1.3 虚拟制造

多年来的实践证明，将信息技术应用于制造业，进行传统制造业的改造，是现代制造业发展的必由之路。自 20 世纪 70 年代以来，CAD 技术是众多计算机应用技术中推广应用最为深入和最为广泛的专业应用领域之一，特别在制造业中的影响力更为突出。20 世纪 80 年代初，以信息集成为核心的计算机集成制造系统（CIMS, Computer Integrated Manufacturing System）开始得到实施；20 世纪 80 年代末，以过程集成为核心的并行工程（CE, Concurrent Engineering）技术进一步提高了制造水平；进入 20 世纪 90 年代，先进制造技术进一步向更高水平发展，出现了虚拟制造、精益生产（LP, Lean Production）、敏捷制造（AM, Agile Manufacturing）、虚拟企业（VE, Virtual Enterprise）等新概念。尽管各种新的制造概念的侧重点不同，但都无一例外地强调了充分利用现代信息技术的成果。但是，当人们试图利用信息技术工具解决制造系统的问题时，必然会遇到制造系统和信息系统之间的“语义鸿沟”（Semantic gap）。也就是说，必须解决如何用信息工具描述制造系统、处理制造活动，如何在信息世界完整地再现真实的制造系统等等。

虚拟制造是沟通信息系统与制造系统的桥梁，为沟通信息技术与制造系统间的“语义鸿沟”提供了有效的工具和环境，它能够提供给我们有效的制造系统及制造活动信息化方法，使制造系统的产品及其制造过程数字化，以便计算机系统处理。因此，在这些诸多新概念中，“虚拟制造”引起了人们的广泛关注，不仅在科技界，而且在企业界，已经成为研究和应用的热点之一。

(1) 虚拟制造的定义

虚拟制造是一个处于发展中的新概念。目前比较通行的说法是：虚拟制造是实际制造过程在计算机上的本质实现，即采用计算机仿真与虚拟现实技术，在高性能计算机及高速网络的支持下，在计算机上群组协同工作，通过三维模型及动画，实现产品的设计、工艺规划、加工制造、性能分析、质量检验，以及企业各级过程的管理与控制等产品制造的本质过程，以增强制造过程各级的决策与控制能力。虚拟制造也可以对想象中的制造活动进行仿真，它基本不消耗现实物质资源，所进行的过程是虚拟过程，所生产的产品也是虚拟的。虚拟制造可以分为三个层次：

第一层是宏观层，指能够覆盖从产品需求、产品虚拟设计、产品虚拟生产到产品虚拟消费、报废循环的整个过程，包含产品生产企业的所有活动以及用户的消费过程，这就需要表达整个制造系统中的物流、信息流、能量流，以及系统各单元间的关系、约束机制等，是指高层次大系统仿真；

第二层是中观层，指对加工环境的仿真，包含生产系统的虚拟布局、虚拟调度等生产系统的仿真，也包含零件的加工过程仿真，如刀具轨迹、加工过程仿真等；

第三层是微观层，指加工过程中制造系统被加工件的各种微观特性的变化，如磨削加工中工件表面状态的变化，铸造（锻压）成型过程中材料的微观现象仿真等等。

(2) 虚拟制造及其相关概念

当前，在先进制造技术的研究过程中，产生了许多新的概念。为了更详细地说明虚拟制造的内涵,需要了解虚拟制造与其它相关概念之间的关系。

1) 虚拟制造和"建模与仿真(Modeling and Simulation)":虚拟制造依靠建模与仿真技术模拟制造、生产和装配过程,使设计者可以在计算机中"制造"产品。建模与仿真是虚拟制造的基础。虚拟制造是建模与仿真的应用,但是它扩展了传统的建模与仿真技术。虚拟制造环境下的仿真是先进的全方位仿真,通过虚拟现实界面,将虚拟产品及其制造、消费过程呈现于人的感官,在人的主观上产生产品的存在感。人可以与虚拟环境发生交互作用,沉浸在计算机产生的三维仿真环境中,感觉到一切都是"真实"存在的,虚拟环境可以加深人们对复杂系统的理解。

2) 虚拟制造与虚拟现实(Virtual Reality)技术:虚拟制造可以看作是产品设计、开发、制造过程采用虚拟现实技术的实现,通过对产品及其制造过程的仿真,使人从主观上产生虚拟产品及其制造过程的存在感。人可以沉浸在虚拟制造环境中,通过对"产品全生命周期"的预演,加深人们对制造过程的准确理解和直观感受。虚拟制造是多学科、多领域知识的综合,其产生的虚拟产品、虚拟制造系统,甚至虚拟企业,需要在计算机上以直觉、生动、精确的方式呈现出来,因此虚拟现实技术是其重要的组成部分。

3) 虚拟制造与虚拟企业:虚拟企业是指分布在不同地区的多个企业利用计算机网络及信息系统作为手段,为快速响应市场需求而组成的动态联盟。虚拟企业把不同地区的合作伙伴的现有资源(技术、信息、知识、设备等),利用网络通讯技术,迅速地组合成为一种跨行业、跨地区的统一指挥、协调工作的临时经营实体。构成虚拟企业的企业实体可以分布于不同地域,具有不同的生产规模和技术组合。在具体表现上,结盟的可以是同一个大公司的不同组织部门,也可以是不同国家的不同公司。

虚拟企业与虚拟制造没有直接的相互依赖关系,虚拟企业主要强调网络,强调资源的集成和共享,而虚拟制造的重点是仿真产品的生命周期中的各个活动。在虚拟企业中伙伴能够共享生产、工艺和产品的信息,这些信息以数据的形式表示,能够分布到不同的计算环境中。虚拟制造技术可以为虚拟企业提供可合作性的分析支持,为合作伙伴提供协同工作环境和虚拟企业动态组合及运行支持环境。

4) 虚拟制造与精益生产:精益生产要求简化生产过程,减少信息量,消除过分臃肿的生产组织,使产品及其生产过程尽可能地简化和标准化。这样做的结果对虚拟制造的建模仿真是十分有利的,即现实生产过程越简化则虚拟制造实现起来就越容易。精益生产的核心是准时化生产和成组技术。实行精益生产为虚拟制造的实现创造了有利条件。

5) 虚拟制造与并行工程(Concurrent Engineering):并行工程是集成地、并行地设计产品及其相关过程(包括制造过程和支持过程)的系统方法。它要求产品开发人员在一开始就考虑到产品从概念设计到消亡的整个产品生命周期中所有因素,包括质量、成本、进度计划和用户要求。为了达到并行的目的,必须实现产品开发过程集成并建立产品主模型,通过它来实现不同部门人员的协同工作;为了达到产品的一次设计成功,减少反复,它在许多部分应用了仿真技术;主模型的建立、局部仿真的应用等都包含在虚拟制造技术中,可以说并行工程的发展为虚拟制造技术的应用提供了良好的条件,虚拟制造将是以并行工程为基础的,并行工程的进一步发展就是虚拟制造。

6) 虚拟制造与敏捷制造:敏捷制造是以竞争力和信誉度为基础,选择合作者组成虚拟公司,分工合作,为同一目标共同努力来增强整体竞争能力,对用户需求作出快速反应,以满足用户的需要。为了达到快速应变能力,虚拟制造为虚拟企业的建立提供全方位的支持,即敏捷制造是以虚拟制造技术为基础的。

7) 虚拟制造与绿色制造:绿色制造是一个综合考虑环境影响和资源效率的现代制造模式,其目标是使得产品从设计、制造、包装、运输、使用到报废的整个产品生命周期中,对环境的影响(负作用)最小,资源的使用效率最高。绿色制造的提出是人们日益重视环境保护的必然选择,发展不能以环境污染为代价,国际制造业的实践表明,通过改进整个制造工艺来减少废弃物,要比处理工厂已经排放的废弃物大大节省开支,因此,当虚拟制造技术发展到一定阶段时,必定要集成绿色制造并为绿色制造提供技术支持。

从以上的分析中我们可以看到:各种先进制造技术是相互关联、彼此交叉的,它们都离不开计算机网络、工程数据库技术、计算机仿真技术的支持,从以技术为中心向以人为中心转变,使技术的发展更加符合人类社会的需要是它们的共同特点。

(3) 虚拟制造的类别

虚拟制造的研究都与特定的应用环境和对象相联系。在虚拟制造的研究过程中,由于应用对象的不同,各有不同的侧重点,因此出现了三种不同的类别:即以设计为中心的虚拟制造、以生产为中心的虚拟制造和以控制为中心的虚拟制造。它们分别涉及到虚拟产品生命周期中不同的方面。

1) 以设计为中心的虚拟制造:以设计为中心的虚拟制造是将制造信息加入到产品设计与工艺设计过程中,并在计算机中进行“制造”,仿真多种制造方案和产生许多“软”的模型,为设计者提供一个设计产品和评估产品可制造性的环境。它的主要支持技术包括特征造型、面向数学的模型设计及加工过程的仿真技术。主要应用领域包括造型设计、热力学分析、运动学分析、动力学分析、容差分析和加工过程仿真。

2) 以生产为中心的虚拟制造:以生产为中心的虚拟制造是将仿真能力加入到生产过程模型中,其目的是方便和快捷地评价多种加工过程,检验新工艺流程的可信度、产品的生产效率、资源的需求状况(包括购置新设备、征询盟友等),从而优化制造环境的配置和生产的供给计划。它的主要支持技术包括虚拟现实技术和嵌入式仿真技术,其主要应用领域包括工厂或产品的物理布局及生产计划的编排。

3) 以控制为中心的虚拟制造:以控制为中心的虚拟制造是将仿真能力增加到控制模型和实际的生产过程,模拟实际的车间生产,评估车间生产活动,达到优化制造过程的目的。它的主要支持技术有:对离散制造 — 基于仿真的实时动态调度;对连续制造 — 基于仿真的最优控制。

(4) 虚拟制造的研究内容及关键技术

虚拟制造技术的研究内容是极为广泛的,除了虚拟现实技术涉及的共同性技术外,虚拟制造领域本身的主要研究内容有:虚拟制造的理论体系;设计信息和生产过程的三维可视化;虚拟环境下系统全局最优决策理论和技术;虚拟制造系统的开放式体系结构;虚拟产品的装配仿真;虚拟环境中及虚拟制造过程中的人机协同作业等。

根据各种相关技术在虚拟制造中的地位,可以把这些技术划分成三个级别:核心技术级,突破技术级和一般技术级。下面给出了该三个级别的各种技术。

1) 核心技术:过程特征的虚拟制造方法学,装配仿真技术,产品和工艺的说明性表达,虚拟制造 Meta 模型的自然语言,费用数据库及集成,VM 用户界面,VM 校验与致效方法及算法和工具,工艺模型与仿真致效,使用 VM 系统的方法学,VM 框架(指南,集成标准等),设计抽象的方法学,支持概念设计工具,基于制造特征的工艺及费用估计的工具,制造工程自动化，仿真体系结构，达到“最好设计”的冲突解决，STEP技术，工作流工具，决策效果的自动评价的决策支持工具，面向对象的动态的函数化语言和基于事件建模。

2）突破技术：制造过程的计算机特征化，体素、子模型、顾客的数据交换及联接，安全性、密码技术，综合可视化技术。

3）一般技术：分布式并行处理与智能协同求解，知识表示方法学、协议、语法，大型集成数据库结构，面向对象的数据库，机器智能，基于知识的系统、基于规则的系统，人工智能、神经元网络、模糊理论，软件模块化与可重构性，混沌理论，计算机硬件性能、高性能计算，联网/通讯。

（5）虚拟制造技术在制造业中的应用

目前，虚拟制造技术应用效果比较明显的10个方面如下：1）产品的外形设计；2）产品的布局设计；3）产品的运动和动力学仿真；4）热加工工艺模拟；5）加工过程仿真；6）产品装配仿真；7）虚拟样机与产品工作性能评测；8）产品的广告与漫游；9）企业生产过程仿真与优化；10）虚拟企业的可合作性仿真与优化。

6.1.1.4　虚拟现实与人类智能关系

人类发明计算机以来，一直梦想计算机具有人类一样的智能，人人都可以像使用简单家用电器一样使用它。虽然人工智能发展到知识工程的水平，有许多实用的专家系统投入使用，但知识的表达依旧以抽象知识为主，形象思维知识的表达十分困难，传统的计算机并不适合处理形象思维知识。因此，开发新的知识获取工具，研究知识获取时自然的人机接口形式，将形象思维知识用抽象思维表达形式自动翻译，对专家系统的构造具有很大的价值。推断与推理是问题求解的基本类型之一，由于它是基于知识和经验基础上进行的，因此它是感性知识和理性知识相结合的产物，其结果可以增加和改变原有的知识。因此，智能系统中的对象不仅能够表达知识，而且能够通过VR描述，形成智能AGENT，借助虚拟现实接口，人们可以直观的获取知识，所以虚拟现实接口是理想的智能计算机的人机接口。

国家“863计划”对智能计算机给出一个基本描述，认为“智能计算机”是一个功率分布系统，主要特点是：具有计算、感知、记忆、推理、学习功能，具有能以汉语拼音、汉字、图形和图像与系统交互作用的和谐人机环境，具有较丰富的软件生产能力和研制智能应用系统的开发环境。汪成为教授在介绍我国智能计算机发展战略的一篇文章中，认为该类课题重点在突破可以扩充的智能化综合信息分析管理系统。智能化的含义包括：在人机接口方面实现汉语、图形图像的自动识别和输入技术，逐步应用多媒体及虚拟现实技术；在软件方面将面向对象和面向智能体等技术，实现多专家系统的协调合作及知识共享，以及开发有实用潜力的智能软件环境。

6.1.2　虚拟现实硬件与软件简介

从硬件系统来分类，虚拟现实系统可分为基于PC机和基于图形工作站两种。不管是基于PC机的还是基于图形工作站的虚拟设计系统其构成原理大同小异，都包括两大部分：其一是虚拟环境生成部分，这是虚拟设计系统的主体；第二部分是外围部分包括各种人机交互工具以及数据转换及信号控制装置。

6.1.2.1　PC机与工作站

从计算机诞生以来，工作站一直占据着主导地位，尤其是在要求高清晰度、高实时性图像和大计算量的应用场合。由于虚拟设计等基于虚拟现实技术的应用系统一般对计算机的性能要求较高,所以工作站一直是这个领域的主流平台。以往绝大多数工具软件大都是针对工作站研制的。

个人电脑 PC 机,近年来以惊人的速度发展,而且大有与工作站一争高低的趋势,PC 机已经以较高的性价比抢占了低档工作站的市场,并正在迅速地对中高档工作站形成威胁。

由于虚拟设计系统等对计算机的三维实时运算能力要求较高,所以过去人们一般选用工作站作为硬件平台。然而自从有了 PC 机使用的三维图形加速卡,PC 机便进人了虚拟设计领域。在一台普通的 PC 机上添加一套这样的图形加速卡,其三维运算速度在某些指标上可以达到或超过普及型的 SGI 工作站,另外 PC 机和图形卡的价格与工作站相比具有明显的优势。

同时,用于 PC 机的虚拟现实应用开发工具软件也正在飞速发展,如 Senses 公司的 WTK、Superscape 公司的 VRT,微软和 SoftImage 公司也联合推出了著名的三维建模软件 Softlmage 的 NT 版本。

PC 机价格便宜,对于小型虚拟设计系统的开发研究非常适宜,并且 PC 机用户广泛因而具有很好的市场前景,随着 PC 机性能的迅速提高,越来越多的问题完全可以利用 PC 机解决。然而目前 PC 机的发展仍然不够充分,难以胜任大型复杂产品(如船舶、飞机、汽车等)的虚拟设计,因此对于这些复杂产品的虚拟设计系统,高档的工作站仍然是不可取代的硬件平台。

在实际工作中也可以根据现有的设备,采用工作站进行图像处理,采用一台或多台 PC 机来完成其他的工作,这样既可以充分利用现有的资源,又可以提高系统的工作能力。

关于用于交互的外围硬件设备可参见 6.1.4 节交互技术简述。

6.1.2.2　典型配置

下面以美国密歇根大学虚拟现实实验室为例介绍虚拟现实的典型软硬件配置,该实验室的研究方向为 CAE/CAD/CAM、几何建模、自由曲线曲面设计、计算机图形学、科学可视化与虚拟现实。目前,从事的研究课题有虚拟现实在产品开发中的应用、虚拟现实在海军潜艇设计中的应用等。该实验室 VR 系统装备良好,具体软硬件配置如下:

(1) 计算机系统

vr1:Onyx Reality Engine 2 dual processor graphics workstation from Silicon Graphics

vr2:Indigo2 Extreme graphics workstation from Silicon Graphics

vr3:Indy graphics workstation from Silicon Graphics

vr4:Indigo2 High Impact graphics workstation from Silicon Graphics

vr5:Indy graphics workstation from Silicon Graphics

vr6:O2 graphics workstation from Silicon Graphics

vr7:Octane SSI graphics workstation from Silicon Graphics

Macintosh Quadra 660AV from Apple

(2) 虚拟现实交互设备

BOOM3C (color) head -- coupled display from Fakespace

BOOM2C (monochrorne) head -- coupled display from Fakespace

DataGlove Model 2 + data glove from VPL Research

2x Pinch Glove data gloves from Fakespace

IsoTrack six degrees of freedom motion tracker from Polhemus

3x FastTrack six degrees of freedom motion tracker from Polhemus

Bird six degrees of freedom motion tracker from Ascension

VR4 head - mounted display from Virtual Research Inc.

(3) 其他设备

UC630 scanner from UMAX

SVHS video equipment from Panasonic

Video equipment from Sony and General Electric

Field - sequential monitor from Tektronlx

(4) 虚拟现实相关软件

Adobe, Illustrator　平面设计软件

Adobe, Photoshop　平面图像处理软件

Autodesk, AutoCAD　CAD 软件

CoryPhaeus Software　实时仿真软件

Dassault, Catia　大型 CAD 软件

Division, dVISE　分布式虚拟现实软件

Javasoft, Java Development Kit Java　开发软件

Lightscape, Lightscape　室内设计软件

MultiGen, Smartscene　直观虚拟现实建模软件

MultiGen, ModelGen　虚拟现实建模软件

Silicon Graphics Inc, CosmoWorld　VRML 软件

Silicon Graphics Inc, CosmoCode　VRML 软件

Silicon Graphics Inc, CosmoCreate　VRML 建模软件

Silicon Graphics Inc, Open Inventor　三维图形开发环境

Silicon Graphics Inc, OpenGL　三维图形标准库

Silicon Graphics Inc, OpenGL　Optimizer SGI 公司 CAD/CAE/CAM 开发标准

Silicon Graphics Inc, Performer　实时仿真软件

Paradigm Simulations　仿真软件

Softimage, 3D Extreme　动画软件

Softimage, Eddie　动画软件

World Up, Sense8　VR 软件

WorldToolKit, Sense8　VR 软件

6.1.3　虚拟环境生成系统

虚拟环境生成部分是虚拟设计系统的核心部分，它的功能是根据任务的性质和用户的要求，在工具软件和数据库的支持下产生任务所需的、多维的、适人化的情景和实例。它由计算机基本软硬件、软件开发工具和其他配件（如声卡、图形卡等）组成，实际上就是一个包括各种数据库的高性能图形计算机系统。数据库中包含着对虚拟对象的描述，以及对象运动、行为、碰撞等性质的描述。虚拟环境构造程序由一系列子程序构成，主要用于完成对虚拟环境中物体及其运动、行为、碰撞等特性的描述，生成左右眼视图的三维立体图像，处理用户的输入数据实时显示图像和播放声音，并根据碰撞检测结果向用户提供触觉信息。虚拟环境生

成部分可能包括多台计算机,这些计算机协调作业完成图像的实时显示以及处理其他各种数据。这个部分还包含着三维声音处理器、计算机仿真模拟管理器和应用系统等。

几何造型系统提供描述虚拟物体外形、颜色、位置等的各种信息。当虚拟设计系统生成虚拟视景时,需要调用和处理这些信息。几何造型系统一般用现有的几何造型软件作平台,来为虚拟环境中的几何对象建模,获得线框模型,而且还要进行立体图像生成、剪裁、消隐、光照等处理,为几何对象加上颜色、纹理、阴影以及物理特性等。这个系统是虚拟设计系统的关键。

6.1.4 交互技术简述

虚拟设计系统的特点之一就是它具有更多、更自然的交互工具。这些交互工具包括:能为用户提供各种感受的输出工具,如头盔式显示器、立体声耳机、触觉装置等,以及能测定视线方向、识别手势和语音等的输入装置,如头部方位探测器、数据手套等。目前对于虚拟设计系统交互技术的研究集中于三个方面:触觉、视觉和听觉。对于每一种感觉系统都存在两种模式:输入和输出。在目前的虚拟设计技术中人们重视对六种交互方式的研究:视觉输入、听觉输入、触觉输入、视觉输出、听觉输出和触觉输出。

实践证明,在利用虚拟设计系统进行产品及零件设计时,语音命令和手势命令比视线命令更为有效,视觉反馈比听觉和触觉更为重要,但听觉和触觉对视觉的辅助补充作用不可忽视,尤其是对于虚拟装配设计。

6.1.4.1 视觉输出

视觉输出是虚拟设计系统最重要的反馈,立体视觉的显示与普通计算机屏幕显示有所不同,它要求提供大视野和双眼立体显示。虚拟现实技术的发展已为视觉输出提供了多种的显示设备,如桌面显示器及光闸眼镜、头盔式显示器(HMD)等,并且这些设备已很快地被引入虚拟设计系统之中。人们也常根据视觉输出设备的不同对虚拟设计系统进行分类,如采用桌面显示器和光闸眼镜输出的系统被称为桌面虚拟设计系统,采用沉浸性好的头盔式显示器或双目全方位显示器的系统被称为沉浸式系统等。

(1) 桌面显示器及光闸眼镜

由计算机分别为左右眼生成独立的图像,同时或交替地输出到桌面显示器上,用户需要通过光闸眼镜来接收屏幕上显示的图像。眼镜的作用是保证用户的左眼只能看到屏幕上为左眼显示的图像,而右眼只能看到屏幕上为右眼显示的图像,大脑将接收到的左右眼图像合成立体视觉。其原理主要有红蓝式、偏振光式和奇偶帧式几种。StereoGraphics 的 CrystalEyes 就是一种典型的用于桌面显示器的光闸眼镜。

这样的显示器置于桌面,可多人共享。用户头部压迫感小,易于实现交互。但视角小,无环绕视觉感,用户头部和身体不能自由运动以始终保持显示器在其视野范围之内。一般要求桌面显示器与光闸眼镜(如图 6-4) 配合使用,并配有头部跟踪装置。

图 6-4 光闸眼镜

(2) 头盔式显示器

头盔式显示器 HMD,也有人称它是虚拟现实眼镜,是一种比较高级的视觉显示装置。它将图像直接提供给眼睛,而将所有的无关视觉信息进行过滤。这种显示器要配合头部跟踪设备一起使用,跟踪设备将用户头部的位置及方向告诉计算机，计算机就可以调整用户所要看到的视景。目前已有不少的单位正在研制开发头盔式显示器，市场上典型的产品有 Liquid Image Corp. 的 Virtual—I/O i—glasses 和 MRGZ、Virtual Research System 公司的 VR4 以及 General Reality 的 CyberEyex 等。其中 VR4 头盔具有 742 × 230 像素的分辨率，真彩色。该公司新出产的 VR6 头盔分辨率已经达到了 640 × 480，并且更加轻便舒适。

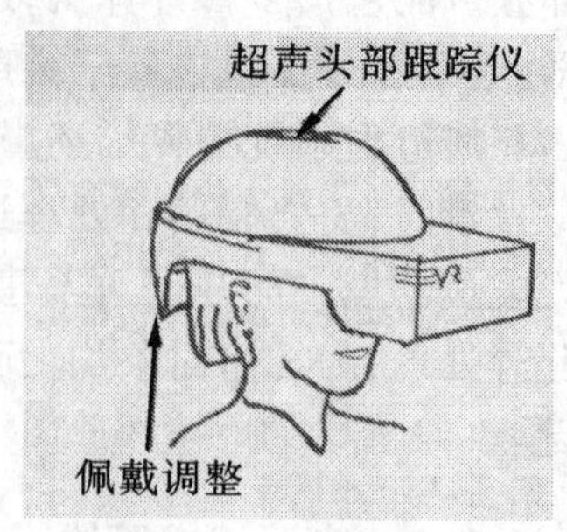

图 6－5　头盔式显示器

头盔式显示器(图 6－5)一般由两个液晶显示器协调工作为用户实时提供三维立体图像。头盔中安装有广角光路，同时附有头部运动检测装置，用户走动自由，但约束感很强，另外液晶显示器分辨率较低。

(3) 双目全方位显示器

头盔式显示器具有沉浸感强、用户行走方便等很多优点，但它也有无可否认的缺点。第一，它的重量是用户头部的负担，对用户有压迫感。第二，当戴上头盔后，若需要查看和处理现实空间中的事物时不得不将头盔摘下。为了克服这些缺点，人们提出了更为灵活的设计方案，即可移开式显示器。用户可以方便地把显示器置于眼前，并可快速移开。例如，由 NASA 研制的双目全方位显示器 BOOM 就是典型的可移开式显示器。这种视觉装置除采用了 LEEP(Large Expense Extra Perspective) 光学元件外，其构造与 HMD 相差无几。BOOM 系统中没有使用液晶显示器，而使用了小型阴极射线管。阴极射线管可以产生更小的像素，所以图像比较柔和。BOOM 所用的阴极射线管的对角线尺寸为 6.5cm，分辨率为1 280 × 1 024 像素。

BOOM 显示器装在一个小盒子里，而小盒子挂在机械支撑上。用户的位置及姿势由跟踪系统测量，精度较高。用户用手操纵，约束感适中，便于“戴上”和“取下”，显示器的分辨率比头盔式显示器有较大提高。

(4) 洞穴型视觉装置

洞穴式自动虚拟环境系统 CAVE 是另一种完全沉浸型系统。CAVE 显示器是一个 300cm × 300 cm × 300cm 左右大小的空间，在这个空间内，前、左、右和地板均有向内的投影屏，它允许多人完全投人该虚拟境界，其中有一人做向导，跟踪装置对它的位置进行跟踪从而控制虚拟环境，而其他的人则是被动观察者。所有的人员都需要佩带光闸眼镜。这种显示系统有利于邀请产品的最终用户参与设计。

这种系统视角大、分辨率高、环绕视觉感强。用户只须佩带一副光闸眼镜即可，其约束感小，可多人共享，但需较大的工作空间和复杂的投影系统，因此造价较高。

6.1.4.2　三维声音处理器

三维声音处理包括声音合成、3D 声音定位和语音识别。在虚拟环境中，错综复杂的临场感通常需要立体声音的配合。为了得到立体声音需要创建各种静、动态声源，并需要建立一个动态的声学环境。三维声音输出可以作为一个独立的反馈通道与视觉反馈并行处理，在三维声场中，声音会根据具体的视觉场景使用户听到的声音好像发自相应的物体，从而达到增强虚拟场景的真实感受。

6.1.4.3　触觉反馈系统

为了增强用户在虚拟环境中身临其境的感觉，应该尽可能地为用户提供一些诸如运动、力量和接触等的反馈信息。触觉反馈是指系统提供给用户的有关物体表面纹理、运动阻力等感觉。这些感觉对虚拟装配系统来说是很有意义的，无疑应加强研究，一旦有所突破将会极大地改进虚拟设计系统的工作性能，也将大大地增强虚拟环境的真实感。常见的模拟不同触觉纹理的方法是利用电信号或振动来刺激人手的相应部位，例如 Virtual Technologies Inc. 的 CyberTough 触觉反馈系统。提供力量反馈的常见方法是采用一些机械装置来抵抗用户对虚拟物体的作用力，例如 Sensible Devices Inc 的 Phantom 力量反馈接口和 EXOS Inc 的 SAFIRE 力量反馈系统。

6.1.4.4 跟踪探测

跟踪探测技术是虚拟设计系统实现实时反馈的关键技术之一，跟踪探测设备是必不可少的，这些设备质量的好坏以及使用是否得当直接影响着系统的反馈精度。常见的跟踪探测设备有：头部跟踪器、跟踪球和三维探测器等。

(1) 头部跟踪

在虚拟环境中一切物体都有自己的坐标位置和姿态，用户也不例外。用户看到的景象是由头的位置和视线的方向决定的，如果用户挪动头的位置或改变注视的方向，那么视景就会跟着改变。而在一般的计算机图形技术中，视景的改变是通过鼠标和键盘实现的，景象的改变与用户的头和眼睛的运动没有必然的联系，这样的视觉系统缺乏沉浸感。在虚拟环境中通过对用户头部跟踪来相应地改变就会增强视觉上的逼真程度。另外，用户不仅可以从双目立体视觉中获得对环境的认识，而且还可以通过头部的运动来观察认识环境，这样往往可以得到更多的关于距离远近的信息。

跟踪器多种多样，除常用的跟踪器外，还有大范围跟踪器和自跟踪器(Self - tracker) 等。下面针对最常用的电磁式跟踪器、超声波式跟踪器以及大范围跟踪器作一简单介绍。

1) 常用头部跟踪器：常见的头部跟踪器有两种：电磁式和超声波式。这是最常见的视觉位置跟踪器，它需要发射器和传感器配合使用。

① 电磁式跟踪器(如 Polhemus tracker) 这种跟踪器目前用得最多，发射器可以置于某一固定的位置，那么接收器就要置于用户的头盔上。不过，也可以反过来布置，即将发射器置于用户的头盔上，而将接收器置于某一固定的位置。优点是体积小，价格便宜，缺点是滞后时间长、跟踪范围小，且周围环境中的金属和电磁场会使信号畸变，影响跟踪精度。

② 超声波式跟踪器(如 Logitech tracker) 其原理与电磁式跟踪式相仿。重量小，成本不高，但空气密度的改变及物体遮挡等因素会降低跟踪精度。

2) 大范围跟踪器：常见的跟踪系统最大限制是测量范围小，因而限制了用户的活动范围。为了打破这个限制，北卡罗来纳大学研制了一个叫做“Smart Ceilings” 的系统。这个系统将一系列发光二极管以及它们的驱动电路嵌入天花板内，二极管发射出红外线，用户头盔上装有三个接收器用于接收二极管发出的红外线。计算机控制二极管的开关顺序，接收器将接收到的光信号通过光电反应转化为电信号，再经过一系列计算机处理便能算出用户头的位置。这样用户就可以在一个真实的房间里自由行走，沉浸于相应的虚拟世界之中。这种跟踪器定位精度为 2 mm，方向精度为 0.2°，滞后在 20 ~ 60 ms之间，刷新率可达 50 ~ 70 Hz。可以通过对天花板的扩展来扩大跟踪范围。

(2) 视点跟踪

人们对眼睛跟踪系统的研究历史与头部跟踪系统一样长，现已有各种各样的系统问世，既有装在眼镜边框上的简单系统，也有基于电子肌动技术的高技术尖端系统。但由于现有的大多数眼睛跟踪系统尚存在技术问题，所以在虚拟设计系统中并没有得到广泛应用。

(3) 手、手势及人体姿势的跟踪

为了实现对三维对象的方便操作,人们研制了各种各样的三维交互工具,如:数据手套、三维跟踪球以及数据衣等。

1) 数据手套:数据手套是最有用的三维输入工具,它可以将手的运动转化为计算机输入信号。当人手活动时,数据手套对这些活动进行检测并向计算机送入相应的电信号,而后计算机将这些信号转换为虚拟手的动作,这样虚拟手就可以随着用户手的移动而移动。数据手套可以跟踪手的位置和手势命令,这样的系统有助于对虚拟物体的定位、移动等操作。常见的数据手套有 DataGlove、PowerGlove,和 TalkingGlove 等。

2) 三维跟踪球:三维跟踪球可以看作是由鼠标演变而来的数据输入工具。与其相似的三维跟踪设备还有力矩球、操纵杆、操纵棒、浮动鼠标器和其他三维探测器等。

① 三维球:三维球在一个球形体里面装有三维传感器,球上有开关可以用来选择对象。用户手握这个三维球在空间运动,球的运动就会转换为虚拟空间中物体的运动。这个系统可用于短时操作和导航。

② 力矩球:力矩球可以进行上下、左右、前后、俯仰、摇摆和滚动运动。当用户转动或侧向推动小球时,就能移动和操纵虚拟物体。它的显著特点是这个球和底座是放置在桌面上的,而不像三维球那样需要拿到半空中。Spaceball Technologies 公司生产的 Spaceball 3003 是力矩球的代表,球体半径为60 mm。

3) 数据衣:在虚拟环境中,如果只是利用一个漂浮的虚拟手来表示人,那是不够理想的。若要使用户真正成为虚拟环境中的角色,那么就要求计算机系统能够识别人体的姿势,如身体的位置、面部表情以及人体其他各部位的动作。人们在这个方面进行了不少的探索,已经取得了一些进展。NPL公司研制了一种叫做"数据衣"的全身计算机输入系统。数据衣采用了和数据手套相同的光纤弯曲传感技术。数据手套中测量 5 个手指的弯曲一般用 12 根或 15 根光纤导线,而数据衣要对人体大约 50 个不同的关节进行测量。包括膝盖、手臂、躯干和脚。另外数据衣上也使用了四个磁跟踪器:每只手上一个,头上一个,另一个装在衣服的背部。这种数据衣的确是很理想的数据输入工具,但是由于结构复杂、过于笨重以及标定困难等问题,目前很难普遍采用。

6.1.4.5 语音输入

交谈是人与人之间以及人机之间最快的通讯方式,因此语音输入和语音识别技术已成为虚拟现实技术研究的重要课题。

语音识别是一门跨学科的技术,是在语音学、声学、生理学及自动化理论研究的基础上发展而来的,这些基础研究取得的进展才使自动语音识别成为可能。但是要让计算机识别人的语音是相当困难的,因为语音信号和自然语言具有多变性和复杂性。例如,因为在连续语音中词与词之间没有明显停顿,同一字词的发音受前后字词的影响。不仅不同人发音有所不同,就是同一人因受环境、心理和生理的影响对同一字词的发音也会有所不同。

为了避开连续语音识别中这些复杂的语言现象,最初的研究都是针对孤立的词进行的,词汇量也很小,并且大都限定了说话者。20 世纪 70 年代初人们开始研究能够理解连续口语句子的识别系统。这些系统利用人工智能与计算机语言学等知识,把各种类型的知识源如词法、句法、语义等结合到语音识别系统中。即使低层声学识别率很低,高层处理仍能给出较高的识别率。这些系统的代表有 CMU 的 Happy 系统、Hearsay 系统以及 BIN 的 HWin 系统。这些系统在实时性和稳定性方面不够理想,从语音识别的角度来看,这些系统算不上成功,不过人们从中得到了一个经验:对于理想的语音识别系统,高层处理固然有益,但低层声学处理也是非常重要的,此后人们就把精力转移到了低层方法的研究上。

1976年人们首次将Markov模型用于连续语音识别,20世纪80年代中期开始的神经网络的第二次浪潮也为语音识别带来了一片生机,新的技术具有组织和自动学习等各种复杂分类边界的能力,同时又有很强的区分能力。这些技术为语音识别的真正成功奠定了基础。

语音识别的另一个研究方向是"语音理解",这对于虚拟环境系统可能更加重要。在这个系统中,并不关心发音中的每个词,关键是整个句子的正确意思。通常可以采用关键词检出的方法来实现识别。这种系统可以在噪声环境下正常工作,而且不限定说话者。

在当前的虚拟设计系统中,语音识别系统已成为最重要的命令输入工具。不过相对而言,虚拟设计系统的情景毕竟比较简单,不需要很多的对话,语音识别主要用于对虚拟对象的一些操作,不必要使用很长的句子,所以现有的语音识别技术基本上可以满足虚拟设计系统目前的需要。

6.1.5 虚拟现实接口及其任务

众所周知,现行的CAD系统人机交互效率较低,尤其是在产品的概念设计阶段这些系统显得相当笨拙。其主要原因有二:其一,这些系统采用二维的交互工具,而用户加工的对象却是三维的模型或产品。其二,这些CAD系统大都要求定义零件的尺寸,而在产品的概念设计阶段这些尺寸可能无法精确得到,或者没必要精确定义。为了克服这些限制,人们开始将虚拟现实的交互技术引入CAD系统之中,从而形成了基于虚拟现实技术的CAD系统。

从图形学的角度来看,产品的形状设计一般包括基本形体的生成和形体组合两个过程,而每个过程都包括着多个步骤。不管整个产品的设计多么复杂,我们应该抓住任何产品概念设计过程中的共同任务,例如零件的几何设计和产品的装配设计。

利用虚拟设计系统,设计人员可以置身于虚拟现实环境之中,利用语音命令、手和手指的动作来创建三维形体,可以用手抓握物体使其在设计空间中移动、将其从部件上拆下或将新的零件添加到部件之上。在这样的场景中,多维的人机交互系统扮演着非常重要的角色。一般说来,在产品的形状设计中存在三个大类的基本活动:生成、修改和查看。"生成"是指零部件从无到有的设计活动,"修改"是对现存零部件的变更,"查看"是指对设计结果从不同方面、不同角度的考察。

6.1.5.1 零部件的生成

零件是构成部件的基本单元,零件一般会包括各种形体,我们称之为"属性"。在生成一个零件时,设计人员向系统发出语音命令,系统就会根据命令提供一个具有缺省尺寸的形体,然后设计人员便可在其上添加不同的属性。设计人员可以设定零件或属性的尺寸、位置和方向,当完成各项设定后,属性就可以被添加到零件之上。

有些形状属性不符合形体标准,例如自由表面。对于这些属性,设计者需要显式地向计算机进行"描述",例如可以利用手的运动配合语音命令方式加以实现。虚拟设计系统允许用户像进行泥塑造型一样用双手在设计空间中来回运动,塑造自由表面直到满意为止(这里触觉反馈系统显得非常重要)。

部件的生成涉及到对现有零件或小部件的修改、平移、旋转和组合等过程。利用现行的CAD设计系统进行部件组合时,用户需要通过传统的二维接口(屏幕、鼠标和键盘等)来定义零部件的结合面以便系统能将它们组合在一起。由于利用二维接口进行三维操作的能力限制，所以部件的形成耗时太大。

虚拟现实接口为设计人员提供了更为直观的部件生成手段。设计人员可以用双手拿住两个零件或小部件，使它们的结合面靠近，等靠近到一定程度时，发出组合的语音命令，这样计算机便将两个零件或小部件组合成新的部件。

6.1.5.2 零部件的变更

零部件的变更主要是指对其形状、尺寸、位置以及属性间关系的修改。在进行修改前，需要选定接受修改的实体(如尺寸、点、棱、曲面、属性及其关系)。

对于简单的几何体，可以在它的上面标明实体的编号或名称，设计人员可以直接呼叫实体的编号或名称来实现选择。但是对于复杂的几何体，实体的编号或名称不得不加以隐藏以便减少环境的混乱。在这种情况下，要对需要修改的实体进行选择时，设计人员可用手指"指向" 实体，而后发出诸如"选择立方体"、"选择曲面" 或"选择棱" 的语音命令。当一个实体被选中后，便可以通过眼、手的运动和语音命令进行修改。例如，要变更一个盲孔的深度，设计人员可以选择盲孔的深度尺寸，发出像"将深度改变为 20mm" 的语音命令，也可以用手将盲孔拉伸或压缩到理想的尺寸。

若要改变属性的位置，需要首先将这个属性与零件分离，这个过程可以采用像"分离" 这样的语音命令也可以利用手势来完成。将属性和零件分离之后，便可以将其移到新的位置。若要从零件上删除某些属性，可以通过向系统发出像"删除" 这样的语音命令。限定或修改属性和零件的关系需要首先选择相关实体，然后发出语音命令对属性关系进行修改。例如，要将两孔的间距限定为常值，当选择了两孔后发出语音命令来设置这个尺寸约束。设定约束以后，当一个孔移动时，另一个孔也会随着移动。

部件的设计变更涉及到装配关系的改变，它包括诸如从部件上选择零件、拆卸零件，然后将拆下的零件删除或安装到其他位置上等。这些活动与在虚拟环境中修改零件属性的过程相似。

需要注意的是在部件的变更过程中，一般要对现有的零件进行修改和生成新的零件。因此可以说：零件的生成和变更是部件生成和变更的子集。

6.1.5.3 设计效果查看

虚拟设计系统应该能允许设计人员从不同的方面和不同的角度来考察零部件的设计效果。为了不增加系统的复杂度，在查看过程中，系统一般不要提供对产品设计的变更功能。这样查看过程只涉及到两项基本任务：① 零件、部件及属性的选择；② 零件、部件及属性的查询。选择的方式与上节谈到的选择方式相同，查询是指对设计对象某个方面信息的询问。例如通过询问来断定属性在零件上的位置，若要得到这个信息，用户可以发出像"位置" 这样的语音命令，接着系统就会有声音输出："这个属性的位置是 ……"。当然系统也可以通过视觉输出来回答用户的询问，视觉输出的方式对于复杂零部件的查询更加有效。

在查看过程中，设计人员也可以考察两个零件的关系。例如当设计人员询问一根曲轴和其周围所有零件的关系时，只需指着曲轴发出查询所有零件关系的语音命令即 可。

6.1.5.4 虚拟现实接口的任务

根据前面的对产品设计过程的讨论，可以确定虚拟现实接口在产品设计过程中的各项任务。正如前面所述产品的形状设计涉及到三种基本的活动：零部件的生成、修改和查看。这里我们可以通过研究这三项基本活动的操作来定义虚拟现实接口的各项任务。前面已经提到，生成零部件的方法有二：其一是利用系统提供的缺省尺寸的形体或属性，其二是利用双手塑造自由表面。其实我们还可以调用设计人员已存入数据库中的任何零部件或属性用来生成新的零部件。当我们得到了这些原始素材之后,就可以为它们设定尺寸、形状、位置和方向,然后将它们组合起来。

通过这个分析可知,零部件的生成过程包含如下的各种任务:① 生成缺省实体/调用已有实体;② 调整实体的尺寸/调整实体的形状;③ 移动实体/旋转实体;④ 组合实体/拆分实体;⑤ 限定实体间的关系/修改实体间的关系。这里的实体指的是一个或多个参数尺寸、相对关系、点、棱、面、属性、零件和部件。

若对零部件进行设计变更首先就要选择需要修改的实体,然后才能进行对实体的移动、旋转、组合、拆分、删除、尺寸形状调整、各种关系的限定等操作。由此可见对零部件变更的任务包括:① 选择实体;② 调整实体的尺寸/调整实体的形状;③ 移动实体/旋转实体;④ 组合实体/拆分实体;⑤ 限定实体间的关系/修改实体间的关系,以及删除实体。

对于设计的查看活动,设计人员也需要首先选择实体,然后对所选的实体进行询问。所以查看活动中的任务可以分解为:① 选择实体 ② 询问实体。

总的来说,在产品的形状设计过程中,虚拟现实接口的任务包括8项,它们分别是:① 生成缺省实体/调用已有实体;② 调整实体的尺寸/调整实体的形状;③ 移动实体/旋转实体;④ 组合实体/拆分实体;⑤ 选择实体;⑥ 限定实体间的关系/修改实体间的关系;⑦ 删除实体;⑧ 询问实体。

6.1.6 虚拟现实在舰船设计中的作用

在舰船科研设计领域,目前有如下几个方面的问题亟待解决。

(1) 涉及舰船产品的各个方面都希望越来越早地介入到产品设计生产过程中来,希望尽早地能亲临“现场”,看到他们所期待的“产品”,甚至希望进行一些“操作”和检验,提出自己的意见和希望,以使他们尽早地确信所设计的产品能满足他们的要求。

(2) 为了最大限度地利用产品从设计、生产到使用过程中所产生的信息,人们提出了产品全寿期服务的概念。这当中,产品的设计信息充分利用是全寿期中至关重要的部分。如何把这些信息不仅只局限于数据,还要生动形象地描述出来,这是搞好全寿期服务的非常重要的一环。

(3) 在舰船总体设计领域,存在着大量的课题,希望能通过一种有效的手段来定量、或着哪怕是定性地予以描述,以帮助舰船设计人员来合理地选择各种总体参数。由于计算机性能的不断提高,人们越来越对全数字模拟仿真技术产生了浓厚的兴趣,希望通过这种方法来加快舰船科研设计。

(4) 为了进一步提高舰船设计速度,缩短设计周期,并行设计是一种比较有效的技术手段。但如何协调并行设计进程中的各个方面,以确保产品设计的正确性和可靠性,这是一个需要十分重视的问题。这就需要为设计的主管人员提供一种工具来进行设计过程的检查。

(5) 为了保证产品设计技术的连续性,必须考虑到过去的设计手段和设计方法的连续性,保证过去开发的舰船设计 CAD 系统及其产品能够在虚拟现实技术中得到继承。

上述各项内容,都是围绕如何缩短舰船设计周期、提高舰船设计质量这样一个大问题提出来的。这些问题都可以采用虚拟现实技术来加以解决。

6.2 虚拟设计及系统结构

6.2.1 虚拟设计系统结构

虚拟设计系统包括两大部分:第一部分是虚拟环境生成部分,这是虚拟设计系统的主体;第二部分是外围部分又称为效果产生器,它包括各种人机交互工具以及数据转换及信号控制装置。图6-6示例了一个典型的虚拟设计系统的基本结构。

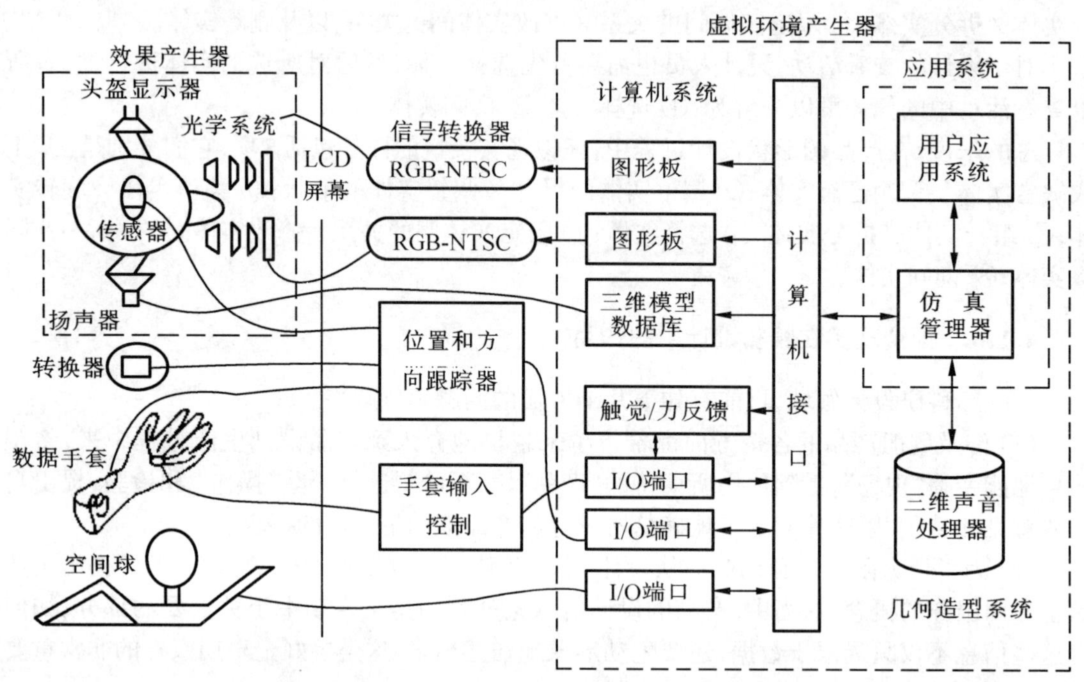

图6-6 典型虚拟设计系统的结构

6.2.1.1 虚拟环境产生器

虚拟环境产生器是VR系统中的核心部件,它由计算机软硬件系统、软件开发工具及配套硬件(如图形加速卡和声卡)组成。它实质上是一个包括数据库和产生立体图像的高性能计算机系统,数据库包括虚拟环境中对象的描述中对对象的运动、行为及碰撞作用等性质的描述。可见,虚拟环境产生器实际上是一个环境构造程序,它由一系列子程序组成,用于设计参与者在虚拟环境中将会遇到的景和物。它的功能主要有:对虚拟环境中物体对象及其运动、行为、碰撞作用等特性进行描述;生成左、右眼视图合成三维立体图像;为声音定域系统实时地提供参与者头部的位置和方向信号;不仅产生和显示一个虚拟境界,还需处理输入、输出数据,并将这些数据融合在虚拟环境中。它的输出要转换成参与者的视觉和听觉信息,因此它是VR感觉反馈的一个关键部件。

虚拟环境产生器可以产生和处理虚拟境界,它可包括一台或多台计算机,用于组合、处理和显示与产生一个虚拟境界有关的全部数据，包括发送给参与者或从参与者发来的全部信息，或早已存在 VR 系统中的任何数据。由于人们主要是通过视觉来获得信息的，因此虚拟环境产生器构造的虚拟环境必须逼真，其立体图像的生成必须实时，才能真正使参与者有身临其境的幻觉。

虚拟环境产生器包括用于声音合成、3D 声音定域和语音识别的三维声音处理器；用于跟踪观察者各肢体的位置和方向跟踪装置；提供所能接触到的触觉刺激的触觉／力反馈系统和提供了描述仿真对象物理属性（外形、颜色、位置等）信息的几何构造系统。

6.2.1.2　效果产生器

效果产生器是完成人与虚拟环境交互的硬件接口装置，包括能产生沉浸感受的各类输出装置，例如头盔显示器、立体声耳机等，以及能测定视线方向和手指动作的输入装置，例如头部方位探测器和数据手套等。

由于人们通常是通过视觉和听觉来识别物体与形状的，所以虚拟环境产生器所生成的三维立体图像必须在最短的时间延迟内考虑参与者头部的位置和方向，系统内的任何通信延迟都将表现为视觉的滞后。如果这种滞后是可以感知的，在某些条件下就会使参与者产生晕弦的感觉。这表明 VR 系统的外围设备并非简单地串在一起，需要仔细地分析外围设备与系统的延迟，以便系统的视觉滞后达到一个可以接受的范围。

为增加沉浸感觉的程度，可采用立体眼镜和头盔显示器。其中，头盔显示器所能提供的沉浸感比立体眼镜要好得多，因此虚拟现实系统大多采用头盔显示器。

6.2.2　设计空间接口界面

虚拟设计系统一般应具有两个基本模式：漫游模式和造型模式。在漫游模式下，用户可以在设计空间中，依靠手、眼的运动和语音命令的导航来查看已经生成的几何形体，系统为用户提供实时三维图像、声音和触觉反馈。在造型模式下，用户可以通过手、眼的运动和语音命令来创建和修改几何形体，系统也为用户提供视觉、听觉和触觉的反馈。设计人员在产品设计过程中可以在两种模式间方便地切换。虽然基于眼睛运动（眼神）的输入和触觉输出在目前的虚拟设计系统中尚未得到真正的应用，但作为理论上的探讨不应将其排除在外。

用以定义用户行为的结点网络是建立界面结构的基础，用户的每一个行为都用网络的一个结点来表示，由于一个行为的前后又有可供选择的行为，因此这个网络就形成代表这个关系的数据结构。初步的分析认为与漫游模式和造型模式关系最密切的结点有 10 个（也就是一种行为）：漫游、生成／调用、选择、尺寸定义、定位、拆卸、删除、关系定义、询问和添加。设计人员可以在这些结点间自由切换并通过语音命令来创建形体。例如生成形体的行为可以后续尺寸定义和定位行为。下面将讨论根据结点网络定义的交互方法。

6.2.2.1　设计空间

虚拟设计系统将设计人员的工作环境称为设计空间。设计人员可以在工作台上通过手、眼的动作以及语音命令来进行零件设计。为了帮助设计人员在虚拟空间中用手来准确指定具体位置，可以在虚拟手的食指指尖处引出一条射线。为了在设计空间中漫游，用户可以“抓住”整个设计空间进行平移和旋转。另外用户可以通过语音命令对视景进行缩放处理。

虚拟设计系统可以为用户提供三种输入模式（语音命令、手的运动和手势、眼的运动）来创建几何形体，在这三个输入模式中，语音命令具有高级优先权。这是因为语音命令能够更有效、更直接地将用户的意图传送给计算机系统。例如，要生成一个立方体，用户可以用手拖拉立方体的尺寸，但如果用户同时发出“高度为 50mm” 的语音命令，那么系统就会响应语音命令将立方体的高度设定为 50mm。在这种情况下，系统忽略手对高度的改变。

6.2.2.2 结点间的转移

设计人员可以通过两个结点进入造型模式：① 生成缺省实体 / 调用已有实体；② 选择实体。语音命令是进人“生成'、“调用” 和“选择” 的最有效方法。进入造型模式以后，就可以利用下面的语音命令在各结点间转移：“尺寸定义”、“定位”、“拆卸”、“删除”、“关系定义”、“询问” 和“添加”。无论在任何结点都可以发出“撤消” 的语音命令来返回上一个结点，同时放弃在当前结点的操作结果。

除“拆卸” 结点外，用户可以从任何结点直接返回漫游模式，而不必通过其他结点。“拆卸” 结点比较特殊，当用户从组合体上拆下一个实体后，必须在设计空间中重新放置这个实体或者从设计空间中删除这个实体，而后才能返回漫游模式。若要返回漫游模式，只需发出像“完成” 这样的语音命令。由于系统对尺寸和位置设定有缺省值，所以在退出造型模式前系统不要求用户对形体的所有尺寸和位置进行显式定义。这样，当用户在进行造型设计时，会感到系统更友好，使用更方便。

6.2.3 虚拟概念设计

“概念设计”(Conceptual Design) 指的是对产品或零件从头开始的设计。在概念设计中，制造细节如形状特征和准确尺寸并没有严格的规定，设计者有一定的自由来确定产品的形状和尺寸。“虚拟概念设计”(Virtual Conceptual Design) 是指利用虚拟现实技术进行概念设计的方法。一般的虚拟概念设计系统将提供语音识别、手势跟踪等输入设备以及立体视觉、声音、触觉等的反馈系统，实现用户与建模环境的多感知交互。这样的交互更加自然、更加直观，有利于实现快速的概念设计，极大地节省用于形状描述和尺寸精确定义的时间。

6.2.3.1 概念设计

产品的设计过程可以概括为两个主要步骤：概念设计(Conceptual Design) 和构型设计(Configuration Design)。前者的目的是制定出设计方案，后者的目的是设计出具体构型。概念设计是设计的初步阶段，它的目的是获得足够多的有关产品式样和形状的信息。它是设计过程的重要阶段，因为产品成本的60% ~ 70% 是由这个设计阶段决定的。在概念设计阶段，人们需要研究大量的可行的设计方案，从而确定经济效益最好的设计。

利用现行的 CAD 系统，若要在短时间内考察大量的设计方案是有困难的。这是因为 CAD 系统要求规则的几何形状和确定的几何尺寸，而这些细节在产品的概念设计阶段可能无关紧要或者根本无法确定。另一个原因是这些 CAD 系统往往采用鼠标和键盘作为输入工具，使没有经过系统训练的人员无法与系统进行流畅地交互。

Wisconsin 大学开发的虚拟概念设计系统 COVIRDS 克服了上述缺陷。它使用虚拟现实技术为设计者提供了基于语音识别和手势跟踪的输入方式，设计者可以很方便地在三维虚拟环境之中操纵产品及零件，进行各种形状建模和修改。利用这种系统进行零件的计算机建模，无须精确的尺寸定义。虚拟现实技术消除了鼠标、键盘等的输入方式给用户带来的限制，同时系统还可以为用户提供三维立体图像，设计者可以在三维空间中对设计对象进行观察和操作。

6.2.3.2 CAD 交互手段的变革

十几年来，虽然 CAD、CAM 领域得到了快速的发展，但 CAD 系统的人机交互技术却没有多大的变化,大部分仍然采用标准的鼠标和键盘作为输入设备。

二维的鼠标、一维的键盘无法与三维环境进行流畅地交互。由于缺乏三维交互装置,所以很少有 CAD 系统的开发者考虑为系统增添三维交互功能。然而,近年来虚拟现实技术的崛起,为实现与 CAD 系统的三维交互提供了条件。现在,在设计活动中出现了两类基于虚拟现实技术的机械设计系统:增强的可视化系统和基于虚拟现实的 CAD 系统。

增强的可视化系统:利用现行 CAD 系统进行建模然后通过适当的数据转换将其输入虚拟环境。在虚拟环境中,设计人员便可以利用三维交互设备如:数据手套、三维监视器等在一个“真实”的环境中对模型进行不同角度的观察。增强的可视化系统通常采用空间球、飞行鼠标等进行导航,并采用三维立体显示系统进行图像显示。VENUS 工程就是这样的一个系统,Clemson 大学也正在进行这种系统的研究。目前投入使用的虚拟设计系统,大都属于增强的可视化系统,这是因为基于虚拟现实的建模系统还不够完善,相比之下,现行的 CAD 建模技术比较成熟。

基于虚拟现实的 CAD 系统:利用这样的系统,设计人员可以在虚拟环境中进行各项设计活动。与纯粹的可视化系统相反,这种系统不再使用传统的二维交互手段来为产品或零件建模,而直接进行三维设计。这种系统提供各种基于虚拟现实技术的输入设备(数据手套、三维导航装置等)与虚拟环境进行交互。另外,它们也支持其他的输入方法,如语音识别和手势跟踪等。

Stanford 大学研制的“设计室”(Design Space)就是一个基于虚拟现实技术的 CAD 系统。这个系统提供语音识别和手势跟踪功能,设计者可以在网络的虚拟环境中进行概念设计和装配设计。

还有一些基于虚拟现实技术的 CAD 系统,尽管它们不一定是专为概念设计而开发的,但可以采用三维交互方式进行形状设计。利用这些系统提供的三维交互系统,设计者可以在三维空间中画草图。

6.2.3.3 虚拟概念设计系统(COVIRDS)

虚拟概念设计系统 COVIRDS(Conceptual Virtual Design System)弥补了一般 CAD 系统的缺陷。虚拟现实技术是这个系统的关键,它采用了语音识别和手势跟踪的交互系统代替了传统的鼠标、键盘,使人机交互更直观和更自然。下面简要介绍 Wisconsin 大学开发的 COVIRDS 系统。总的来说该系统包含三项技术:CAD 建模软件、用户交互设计和虚拟现实技术。

(1) 设计建模模式

COVIRDS 提供两种建模方式:参数建模和自由式建模。创建标准形状如圆柱、圆锥、立方体等规则形体采用参数建模,参数建模是使用各种参数来定义设计对象。这样的设计原理允许设计者使用高级几何形体(如表面模型、实体模型等)来进行产品形体设计,而不再采用低级的实体(面、边、顶点等)。另外,既然设计者可通过改变参数来获得不同的设计,那么参数建模系统就更利于对设计对象的查看和变更。

要创建不能用标准几何形体描述的零件,需要采用自由式建模方式来进行设计。在许多 CAD 系统中,自由式建模常采用所谓“制控点”法来完成对对象表面的定义。用这种方法定义表面的困难在于难以确定制控点的位置以便形成满意的表面形状。最理想的情况是设计者不必定义制控点位置便可直接建立具有自由表面的形体,实现快速的概念设计。利用 COVIRDS 系统,设计者可以用双手的活动勾画三维表面的草图。三维表面的草图创建以后,便可利用先进的“非制控点”法进行修改。

(2) 人机交互模式

开发 COVIRDS 系统的目的之一就是为设计者提供更加自然的人机交互方式,使设计人员可以轻松自如地创建三维计算机模型。为了更好地模拟自然的交互方式,该系统把语音命令和手势命令配合起来,用以定义零件的形状尺寸。

下面举例说明,设计者可以在手势描述的同时发出语音命令:"这么宽,这么高"(当说到"这么"的时候设计者手的位置确定了零件模型的尺寸)。零件的尺寸就这样以隐含的方式得到了定义。在给定精确尺寸的时候,使用手势定义难以准确表达。这时,设计者可以只需通过发出语音命令而不再需要手的姿势。再例如需要绘制具有自由表面的零件时,设计者可以发出口令:"绘制这样形状的零件",同时通过手的移动来定义零件的形状。

上述例子表明:在这样的交互中,语音命令赋予双手动作的内容。为了在人机交互中更好地利用这些功能,系统定义了一套形体建模命令。它们可分为显式命令和隐含命令。

1) 隐含命令方式

在隐含命令方式下,语音命令定义双手动作的内容,手的位置定义对象的尺寸等参数,不再通过口头或键盘给参数赋值。

① 对象选择,用户指着一个对象并说"选择"。对象被选择后,用户便可改变它的属性(如颜色)或改变它的位置。

② 对象创建,发出要创建对象长度的命令:"对象 A 的长度",同时以双手的间距来定义对象的长度。这里语音命令定义了双手间距的意义即对象 A 的长度。

③ 自由形状表面也可用这样的方式来创建,首先将系统的建模模式设置为"自由形状建模",而后以手的运动轨迹定义表面的形状。

④ 对象操纵,可用来改变被选对象的位置和方向。如:用户可以对已被选择的对象发出"移动"的语音命令,而用手的位置来定义对象要被移到的位置。

2) 显式命令方式

在显式命令方式下,用户双手动作的内容以及对象的参数均由语音命令来定义,即仅通过语音命令来确定操作内容和参数定义。这种交互方式在已存在的对象上"挖去"任何不必要的部分是非常有效的。如挖孔,倒圆角等。

① 对象创建,尺寸的定义依赖于被设计对象的特征。用户若要添加一个立方体,便可发出语音命令:"创建立方体,长 10,宽 10,高 5"。

② 对象操纵,可用来改变被选对象的位置和方位。如用户发出语音命令:"放置对象于:$X = 10, Y = 10, Z = 10$"。

系统同时提供两种这样的交互方式是非常必要的。根据所要创建对象形体的类型,用户可以选用不同的命令方式。如:要建立自由表面形状,通常使用隐含命令方式,但要精确定义对象的几何尺寸,便可使用显式命令方式。

(3) 修改模式

开发 COVIRDS 系统的第二个目的是为用户提供一个快速检查、修改设计的环境。为此,该系统提供了基于语音识别和手势跟踪的交互式修改模式,设计人员可以方便地修改对象的参数或自由表面的形状。下面介绍一下形状修改和几何尺寸修改的基本方法。

1) 参数修改

设计者可以通过语音命令与手势动作相配合的方法对被选择对象的参数进行修改,根据要修改的内容,选择使用显式命令方式或隐含命令方式。例如:要改变某一对象的半径,若对象具有精确的尺寸定义便可以采用显式命令方式；如果修改的目的是为了观察一下半径增大一点或缩小一点的效果，那便可以采用隐含命令方式，即以语音命令定义双手动作的意义，并用双手来拉伸或挤压物体，使其半径改变到理想的大小。

又如：若要为现有的一个对象添加一个孔，用户可指着需要打孔的位置并发出语音命令："打孔，直径 12，深 15" 一个孔就这样在该位置上被创建了。这里对打孔位置的选择采用了隐含命令方法，当然也可以采用显式命令方式。如选择对象后，发出语音命令："打孔，位置 $X = 10, Y = 10, Z = 10$，直径 12，深 15"。这里强调了显式命令方式有时是更好的选择，尤其是在知道孔的确切位置，但又难以用手指出的情况下，使用这样的方式显得非常快捷。

2) 表面修改

修改表面属性的传统作法是改变表面制控点的位置。虚拟现实技术为在虚拟环境中"塑造" 新的形状提供了巨大的灵活性。它省掉了制控点之类的细节，并给用户提供一个利用语音和手势进行交互的环境，另外该系统还提供对其他表面属性进行修改的办法。在表面修改模式下，设计人员可以对物体的材料类型、表面特征进行变更，也可以利用系统提供的虚拟工具对物体表面进行精细的修改加工。现分别介绍如下。

① 材料类型，材料可能是塑性的也可能是弹性的。在塑性模式下，对象的表面会表现出塑性物质的特性如不能抵抗变形等；在弹性模式下，对象的表面会表现出弹性物质的特性，如果对象表面的某一区域发生变形，其邻域内的变形存在着确定的关系，从而较好地模拟了实际物质的物理行为。

② 表面特征，这个修改工具允许用户通过语音命令为对象表面添加"凸台"、"过渡曲面" 或其他高层表面特征。如：当要在一个已经创建的自由表面模型上进行一些微小变更时，设计者不必采用手势重新"塑造" 对象表面，只需发出语音命令便可为表面添加"凸台" 或"过渡曲面" 等。

③ 虚拟工具，虚拟工具可帮助设计者设计出更加复杂的表面形状。例如可使用球面工具，圆锥面工具加工出高层的过渡曲面。系统提供的虚拟工具越多，设计者就越容易加工出理想的表面形状。

如果扩展一下虚拟工具的定义范围，那么设计者的手本身也可被认为是一种虚拟的成型工具，它可用于推、拉或展平一个表面。另外，手这个有力的设计工具，本身变形灵活并便于控制，手掌、手指有分工也有配合。用手来创建或修改对象有些与陶匠塑造陶器相似。

典型的 CAD 软件程序包括三个基本部分：输入部分，应用部分和输出部分。输入部分接收和加工用户输入(一般来自鼠标和键盘)，并为应用部分提供数据。应用部分支持用户进行模型的创建和编辑(修改)，直到获得满意的结果。输出部分提供所建模型的图像渲染并反馈给用户。系统在运行过程中，不断地检查是否有用户的输入，并以适当的方式对用户输入作出响应，并在屏幕上以图像的方式显示所创建的模型。

一个虚拟设计系统，虽然三个部分的适用性大为加强，但组成部分仍基本不变。在输入部分，需要有软件来驱动三维输入设备以取得数据；应用部分需要加工数据以确定用户及其手的位置。这里可能用到碰撞检测技术，以判断手与零件模型之间是否进行了交互。输出部分，如果用头盔式显示器(HMD) 作视频输出，那就需要把计算机的视频信号转换为可被 HMD 接受的信号。

显然，开发一套虚拟设计系统是一个相当复杂的任务，因为它需要集成一系列的软件和硬件。采用现有的虚拟现实工具箱是通常采用的解决方法。工具箱通常包括用 C 或 C^{++} 编写的程序库，它们可提供一系列函数以解决虚拟环境中各方面的交互问题。工具箱一般提供与各式各样的输入输出设备进行交互的内置驱动程序，同时它们也提供图形渲染功能，用于添加阴影，纹理等。另外工具箱还能提供在虚拟环境中创建新类型对象或几何体的功能。

6.2.4 虚拟快速成型

将虚拟原型从 CAD 系统中传送到仿真系统中去，可以加快仿真模型的建立，这些信息将补充到仿真所需的信息中去。由于昂贵的计算费用和不断提高的可靠性要求，以及日益加重的产品责任，对于虚拟原型的仿真试验还不能完全替代实物试验。因此，在必须缩短产品开发时间的压力之下，近几年来出现一种越来越被人们熟悉的新技术，这就是“快速原型”(RP – Rapid Prototyping)。

在产品整个开发阶段，从概念直到进入市场都需要原型。为了辅助设计过程需要制作原型，原型用来作为比例模型和人机工程模型，以及设计样品。绝大部分原型都被用来在结构设计阶段或详细设计阶段对产品功能和承载能力进行试验，原型仅作为直观模型的情况很少。而目前为制作原型需要花费较长的时间。快速原型技术是制作物理模型的所有过程在组织和信息技术方面的结合。通过应用 RP 技术，从任务分配到原型制造直到它们的应用，所花的时间可以大大缩短。

RP 包括生成式加工方法及受迫成型方法。和 NC 加工方法及传统的加工方法相比，RP 工艺方法的主要特点是：在不使用成型工具或制模的情况下制作出模型和样品。

原型可分为设计原型、功能原型和技术原型。设计模型可用来测试触觉、美学和比例方面的要求，以及产品的结构设计和预设计。设计样品是应用 RP 方法由聚碳酸酯、聚酰胺或类似木头的材料制成的，特别用来对产品的准确形状包括预期的表面质量进行可视化的处理。

为了测试和优化产品的功能，在产品设计中需要使用功能模型。无需总是使用系列材料，但是功能原型应该用系列零件揭示出可以比较的强度特性。技术原型由系列材料和尽可能用成批的加工方法制成，主要用来测试顾客的可接受性或者检测加工方法。

原型可用作为零件、产品原型和原型工具。产品原型通常由多个单独原型组成，它们必须进行装配，从中可得出对产品原型的尺寸精度和形状精确度更高的要求。

应用快速原型法能够在产品开发阶段的早期就得到成本原理的原型，从而可能对产品进行面向加工和装配的优化，并且在开始加工之前就把可能的错误排除掉。这样一来，不仅成本降低了，而且可以进行无问题的批量生产。开发时间的缩短允许对产品进行更进一步的完善，对原型尽早的优化使得批量生产能够提前进行，而且把出错的风险降到了最低。

选择合适的原型加工方法的基本原则取决于原型几何的复杂程度。例如，如果某个原型是旋转对称的，那么就采用传统的加工方法一 NC 车削加工。在这个领域里使用目前提供的 RP 工艺方法已没有多大的节约潜力可挖了。但是大多数在工业中应用的原型都具有复杂的几何元素，如自由曲面和凹腔，在原型制造领域里制造这样的元素是一个要求非常高的任务，如果用手工制作则既花金钱又花时间。与此相反，RP 工艺方法没有几何上的限制，尤其是制作具有复杂几何形状的原型时，缩短时间和降低成本的潜力非常大。

选择加工方法的其他原则，体现了零件测量和所要求的质量，如形状精度、尺寸精度和表面质量。

CAD/CAM 技术的引入使在虚拟产品模型的基础上直接制作原型成为可能。利用 RP 工艺方法无需铸模和工具就可以在最短的时间内生成几何模型。RP 工艺方法的共同特点就是：工件的成型不是去除材料的方法（传统的切削加工方法就属于这种情况），而且通过添加材料或者将流态材料或粉末材料转换成固体状态的方法来完成的。RP 工艺方法还有一个特点就是：为了生成 NC 数据，CAD 系统中生成的零件几何体在一个“切片”过程中，首先被切成相互堆叠的薄片层，然后，根据由薄片形成的边界轮廓，在一个真正的成型过程中，工件由这些薄片一片一片地堆叠而成。RP 工艺方法之间的不同之处在于加工原理和加工过程的不同。

RP 工艺方法一方面可以根据输出材料的状态来分类，另一方面也可以根据原型产生的方式来分类。用于 RP 工艺方法的输出材料有液态、粉末或固态。原型产生的方式有两种：一种是直接三维成型，另一种是通过薄层连续相互叠加成型。目前，工业上使用的 RP 工艺方法有：立体印刷法（STL – Stereolithographic）、实体底层固化法（SGC – Solid Ground Curing）、选择性激光烧结法（SLS – Selective Laser Sintering）、熔化沉积法（FDM – Fused Deposition Modelling）和分层实体制造法（LOM – Laminated Object Manufacturing）。

6.2.5 虚拟装配设计

“虚拟装配设计”（Virtual Assembly Design）可以看作是“虚拟设计”（Virtual Design）的组成部分。借助虚拟装配设计系统，设计人员可以在虚拟环境中使用各种装配工具对设计的机构进行装配检验。在产品设计中最常见的也是最难发现的问题，就是装配和维修方面的问题。对于这样的问题，通常只能靠设计人员的知识和经验尽可能地加以避免。

虚拟装配设计技术的出现为彻底解决这个问题带来了希望，它可以帮助设计人员及时地发现设计中的装配缺陷。虚拟装配设计涉及到虚拟环境、虚拟环境中的物体建模、实时碰撞检测、几何约束以及表示装配路径的曲面和空间。以下简单介绍相关概念。

（1）虚拟环境

随着虚拟现实技术的不断成熟，根据机械产品设计的特点，目前已出现了各种各样的虚拟环境，如虚拟概念设计环境、虚拟装配环境、虚拟人机工程学环境以及虚拟制造环境等。

为了便于设计人员考察产品的装配和维修性能，目前已经开发出了专门用于装配和拆卸的虚拟环境。利用这样的设计环境，设计人员可以考察装配和拆卸的路径以及所需空间。

虚拟人机工程学环境，也有人称其为“虚拟样机（Virtual Prototype）系统”。研制这样系统的目的是代替实物样机和模型，从而降低研制成本、缩短开发周期。另外它允许不同技术背景的人们直接与设计的产品进行交互、评价产品的性能。由于虚拟样机“制造”方便、费用较低，所以可以在产品开发的初期快速地“制造”出来并可不断地修改变更。这样设计人员可以考察更多的设计方案从而选择最好的设计。

在虚拟制造环境中，设计人员可以对零件进行各种加工。在这种环境中，切削刀具和配套工具均被表示为可动但不变形的几何模型，工件被表示为可以加工的固体模型。这些系统往往还可以计算各种切削用量及需要从工件上切下的体积。

（2）碰撞检测

碰撞检测对虚拟装配系统有着特别重要的意义。当两个零件发生接触时，它们应能按设计的关系进行装配，而不应发生一个零件无端穿入另一零件的现象。要做到这一点，系统必须能够实时地、精确地判断虚拟物体之间是否发生碰撞。

解决碰撞检测问题常用的方法是“包罗盒（Bounding Boxes）法”，此法采用能够包围虚拟物体的最小长方体来代替虚拟物体进行碰撞检测。这种方法计算简单，容易实现快速碰撞检测，但是对于虚拟装配系统只靠包罗盒是不够的，所以不少人提出了较为精确的碰撞检测方法。然而精确的算法势必要求系统具有更大的计算能力，为此又有人提出了一些改进办法。例如 Youn 和 Wohn 提出的"分层描述"的办法就有利于简化物体的碰撞检测。这种分层描述的物体由多个彼此相关的部分组成，该算法首先确定最有可能发生碰撞的接触点清单，而后确定在这些接触点之内的形体是否发生碰撞。

(3) 几何约束

一般的虚拟环境系统缺乏有效的几何约束管理工具、运行过程中的约束检测以及操纵过程中约束连续性的维持。而在虚拟装配中必须满足操纵过程中约束的几何关系、维持装配关系以及各虚拟物体间的相互约束。

(4) 装配扫过曲面及空间

当物体在时间和空间中沿任意轨迹运动时，就会扫过一个曲面和一个空间，在航空发动机维修和机器人安全路径规划上常使用这样的概念。对于维修，扫过的空间或工作空间指的就是零部件在拆装过程中所需空间。它扫过的轨迹可以通过一系列的刚体运动来描述，包括平移和旋转。模型步进式地完成这一系列的运动从而形成所需的三维空间，最后以这个空间确定零件装配时所要扫过的曲面。

(5) 虚拟装配

虚拟装配是在产品设计过程中，为了更好地帮助进行与装配有关的设计决策，在虚拟环境下对计算机数据模型进行装配关系分析的一项计算机辅助设计技术。

虚拟装配虽然被定义为一门技术，但其实它是几门技术的综合，这些技术包括：虚拟现实技术、高级可视化技术、仿真技术、决策理论、装配制造工艺及工具的开发等。

评价虚拟装配设计系统能否受到用户的欢迎应考虑下面一些问题：

1) 虚拟装配系统能否满足工程人员查看有关装配问题的需要；

2) 系统能否帮助工程人员作出决策；

3) 这些技术能否真正用于目前和将来产品设计及制造的实践；

4) 一般工程人员能否容易地进行作业，系统是否提供虚拟现实硬件及人机交互接口；

5) 虚拟装配系统的信息能否方便、精确地与其他设计制造系统进行交换。

针对工业应用的试验研究有助于确定新技术、新方法和新标准的推广范围。对虚拟装配系统工业应用的试验研究对这项技术的进一步发展起着指导作用，并有助于开发出合乎商业化虚拟装配标准的下一代 CAD、CAE 工具、方法和技术。

6.3 三维立体图像实时动态显示技术

三维视觉是虚拟设计系统最重要的信息反馈通道，它能够使设计人员随时看到自己设计的零件，并可使设计人员产生身临装配现场的感觉。三维产品模型的创建以及实时动态显示，即动态虚拟环境的建模及三维立体图形显示处理是虚拟设计技术的重要内容。建模的目的是为了获取描述实际环境的三维数据，并根据实际应用的需要，利用获取的三维数据，建立相应的虚拟环境模型。通常对于规则环境，可以采用已有的造型系统来获得三维数据，但更多的应采用视觉建模技术。建模要依据三维立体图实时生成的原则，因此要求建模和立体图生成采用快速处理方法，以达到最佳的实时显示三维立体图像的效果。

6.3.1 三维立体图像显示原理

眼睛是我们与外部世界之间的一个复杂接口,它可以处理各种视觉信息。我们从外界获得信息的近 80% 是通过眼睛得到的。为了理解视觉在虚拟设计系统中所起的作用,我们首先需要了解视觉器官的工作原理,进而探索实现视觉建模及成像的途径。

6.3.1.1 从视觉原理到计算机成像

在现实世界中,人们可以看到各种物体,实际上我们看到的是物体反射过来的光波。眼睛的晶状体集中这些反射光,并把它们折射到眼球后面的视网膜上。视网膜内的神经接收器视杆和视锥把接收到的光转换形成神经脉冲,并通过视觉神经将其送到视觉皮质。正是在大脑的这个区域里神经脉冲被转换为我们所看到的景物。

在我们看到物体的颜色和形状的同时,也看到了它的深度和运动。因此在用计算机产生虚拟图像时应考虑这些因素。应该特别注意:人们是用两只眼睛从稍稍不同的观察点去观察三维景物的,然后大脑将这些稍有不同的图像组合成一个立体图像,这样人们就能感到图像的深度,这就是人们的立体视觉。明白了这一点对利用计算机图形生成有真实感的景物是非常重要的。

在虚拟环境中,人的眼睛并没有直接接收来自真实世界的反射光波,而是计算机首先在虚拟设计系统中的显示设备上产生出真实世界的代替光波,然后将其送入眼睛,人的大脑同样对它进行反映,造成参与者可以看见真实世界的感受。

虚拟设计系统中的显示设备就是要将计算机生成的信号变换成可见光,然后送入人的眼睛,它可以方便地用计算机生成的景物代替现实物体。

6.3.1.2 虚拟设计系统中的三维图形

三维图形能更自然地反映工程中的实体,使人们产生更高的兴趣,帮助设计人员表达已有的实体和设计出新的东西。但三维图形的生成比二维更加困难,其原因在于我们的图形输入设备和图形输出设备基本上都是二维的,用这些二维的图形设备去创建三维空间实体自然会非常困难,需要应用许多特殊的处理方法来完成三维图形的生成。

通常所说的三维图形有如下几种:一种是采用线框图构成的三维图形,这是最基本的,也是最简单的。它实际是在二维屏幕展示具有三维效果的图形;另一种是三维实体图形,它是以各种颜色、图案、纹理等填充过的图形,在视觉上具有三维的效果;再有一种是三维立体图形,它借助于光照、浓淡和明暗技术,产生了真正的三维立体效果。但这些还不是我们所说的虚拟设计系统中的三维图形。

虚拟设计系统中的立体图形与一般图形系统的三维图形有所不同,它们的主要区别是:在虚拟设计系统中三维立体图以左右眼为视点,分别计算它们的透视投影视图,然后把这两幅视图信息分别送到左右眼显示器;通常这种立体显示设备在两只眼睛前面的显示器是彼此独立驱动的,显示的图像是根据对应该眼的视点坐标分别计算出来的。当左右眼接收到图像后,再通过大脑把左右眼分别观察到的两幅图像叠加并融合到一起,这便产生一幅具有深度感的三维立体图像。

而普通三维图形的透视图只考虑了单个视点,左右眼视线交于屏幕的同一点。它的视觉立体感效果是通过透视、消隐、阴影纹理等处理而获得的,其立体感不强,而且常依赖于人的经验和想象。

另外,虚拟设计等虚拟现实系统要求实时动态逼真地模拟环境,要求随着眼睛的转动显示系统产生新的画面,以达到动态实时响应。为了实时运行三维模型,其建模方法与以造型为主的建模方法有很大的区别。虚拟系统的建模大都采用模型细节分层、纹理映射等技术,而不是以增加几何造型复杂度的方法来提高逼真度。

6.3.2 三维立体图形的视觉成像

对三维场景建模完成之后,必须用适当的方法生成既有好的视觉效果,又可实时显示的动态图像。这里的动态既包括虚拟世界中物体的自主运动,也包括因用户的运动(如漫游和飞行等)而引起的周围物体的相对运动(即景象的变化)。实时地产生上述动态图像,并对图像进行立体显示是产生沉浸感和交互感的关键。为此,要求生成的图形应是具有色彩、阴影等视觉效果的三维立体图像。

三维立体图像与传统的计算机三维图形在成像技术上至少有下面几点不同:

(1) 成像速度快,通常应在1/10 ~ 1/25秒产生一帧图像,而传统的计算机三维图形需要几分钟甚至几小时产生一帧图像;

(2) 成像质量较好,具有较强的真实性,但又不同于要求很高的所谓真实感图像;

(3) 采用具有接近人眼视觉深度的成像模型;

(4) 能产生大范围、复杂的环境图像,包括复杂的地形、建筑物等,并能清楚查看物体的细节。

当前,人们在立体图像生成方面已取得了不少成果。如:限时成像算法、多细节层次的模型方法以及超大型环境数据库创建等。但这个问题目前只是得到了初步解决,仍有一些深层的问题急待研究。本节主要讨论基于投影变换原理的立体图生成算法和基于相关性原理的立体图光线跟踪算法。在实际工作中除了上述两种重要的成像算法外,还有快速全息成像算法等,限于篇幅在此就不一一介绍了。

6.3.2.1 基于投影变换原理的立体图生成算法

同计算机图形学中三维图形处理一样,对 VR 中的物体,首先要进行建模,通过投影变换生成线框图,然后对物体进行成像,即在线框图中添加颜色、纹理、阴影以及其他的物理特性,从而生成一幅逼真的图像。

(1) 单视点透视投影

标准投影变换是计算机图形学中常用的一种三维图形显示技术,它用单个视点投影,也称单视点投影。在左手坐标系中,以视点为投影中心,将三维物体的点投影于某投影平面上,便在该平面内产生三维物体的像。如图 6 – 7 所示,对于三维物体上的一个点 P 来说,透视投影的任务在于求得该点到投影中心 C 的连线 PC 与投影平面 xoy 的交点(投影点)。

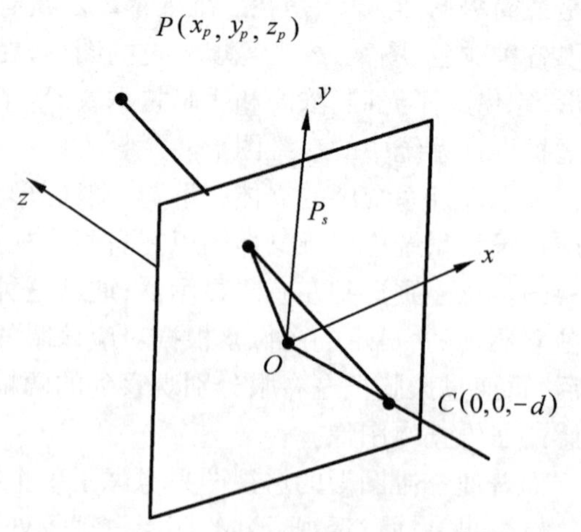

图 6 – 7 单视点投影原理图

在图6 – 7中,$C(0,0,-d)$ 为投影中心,d 为视点到投影平面的距离,$P(x_p, y_p, z_p)$ 为三维物体上的一点,P 点在投影面 xoy 上

的投影点为$P_s(x_s, y_s, 0)$,则有

$$x_s = x_p \cdot d/(z_p + d)$$

$$y_s = y_p \cdot d/(z_p + d)$$

(2) 左、右眼双视点投影

对于立体图像,要求生成左、右眼的不同视图。两只眼睛从不同的位置观察景物,这样两只眼睛看到的不是同一画面。我们的目的是要根据不同的投影中心生成这些视图。

在如图 6 – 8 所示的左手坐标系中,投影面位于 $z = 0$ 处,两眼距离为 e,对应于左眼视图的投影中心(左视点)$C_L(-e/2, 0, -d)$,而右眼视图的投影中心(右视点)$C_R(e/2, 0, -d)$,d 为视点到投影平面的距离,$P(x_p, y_p, z_p)$ 为三维物体上的一点。以左视点 CL 为投影中心,点 P 在投影面 xoy 上的投影点为 $P_{sL}(x_{sL}, y_{sL}, 0)$,则有:

$$x_{sL} = (x_p - z_p \cdot e/2)/(z_p + d)$$

$$y_{sL} = y_p \cdot d/(z_p + d)$$

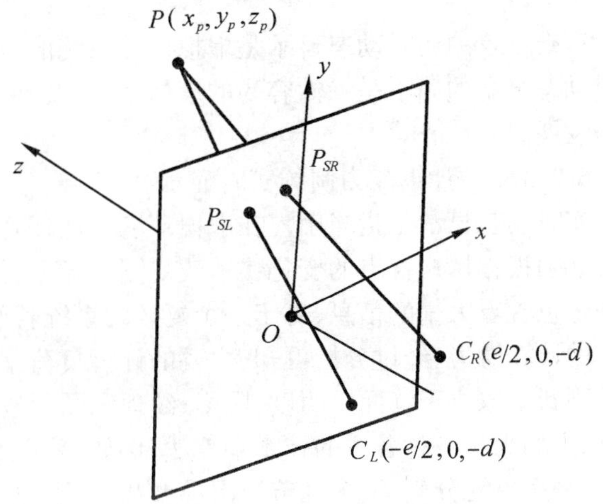

图 6 – 8　双视点投影原理图

同一点 $P(x_p, y_p, z_p)$ 若以右视点 $C_R(e/2, 0, -d)$ 为投影中心,在投影面 xoy 上的投影点为 $P_{sR}(x_{sR}, y_{sR}, 0)$,则有

$$x_{sR} = (x_p + z_p \cdot e/2)/(z_p + d)$$

$$y_{sR} = y_p \cdot d/(z_p + d)$$

由上述投影关系可知,对于物体上的同一点其左右眼视图的投影点具有相同的 y 轴坐标,而 x 轴坐标满足以下关系:

$$x_{sR} = x_{sL} + z_p \cdot e/(z_p + d)$$

也就是说,物体上的同一点在左右眼视图上位于同一水平线上,但相距一定距离。这个距离的大小是由 z 轴的深度 z_p、视点到投影面的距离 d 以及两个视点间的距离 e 决定的。

由上面的分析可见:这种算法简单,只利用了标准投影变换和平移变换,这样在较少增加计算量的条件下,提高了图像的深度、增强了图像的逼真感。

6.3.2.2　基于相关性原理的立体图光线跟踪算法

1990 年,Ezell 和 Hodges 提出了一种根据左眼的光线跟踪图导出右眼视图的方法,它采用重投影方法来产生可见面光线跟踪场景,即把第一个视图的像素移到第二个视图的相应位置。1993 年,Adelson 和 Hodges 对上述算法进行了改进,利用此算法生成双视点立体图形只比单视点图形增加 5% 的计算量,极大地提高了立体图的生成效率。

由上节计算可知,物体上的同一点在左右眼投影图中水平坐标值满足下式:

$$x_{sR} = x_{sL} + z_p \cdot e/(z_p + d)$$

因此在进行重投影计算时,只需将左视图中的像素按照上式复制到右视图中相应的位置即可。但需要注意下面的特殊情况。

丢失像素:投影后,右视图中有些像素没有值。这些像素易于发现,只需对这些像素点进行光线跟踪计算补上即可。

坏像素:当从左视图向右视图投影时,偶尔可能出现其他对象的投影挡住了远物体的投影。对这些其他对象的投影应予以清除。

重像素:当从左视图向右视图投影时,偶尔可能出现多个像素重投影到同一个像素上,这时必须确定使用哪个像素值。

6.3.3 三维立体图像实时显示技术

三维场景的实时动态显示是虚拟设计系统的重要特征之一,要实现对复杂的场景进行实时动态显示的确不是一件容易的事情。它涉及到一系列软硬件技术,极大地依赖于高新科技的发展。

6.3.3.1 计算能力制约实时显示

实时动态显示是指当用户在虚拟环境中从任意视点及方向去观察三维场景时,计算机系统必须根据用户视点的变化快速改变图形显示,使用户感觉不到视景刷新的迟滞。三维立体图像包含着大量的信息,对于一个复杂的系统若要进行实时动态显示,则要求计算机具有强大的计算能力。经过分析可知,主要的计算负荷来自于图形成像,即同一硬件系统实时显示的刷新率取决于画面照明度、阴影、纹理和图形复杂度。因此为了减少计算负荷提高显示速度,人们采用各种各样的技术和算法。例如:采用 Phong 和 Gouraud 光照模型来进行光亮度计算,采用单元分割法、多细节层次模型和可见消隐等方法来降低场景的复杂度,采用辐射度方法对图像进行预处理运算。

虽然人们在模型的创建、图形成像方面采用了不少很好的方法,大大地减小了计算负荷。然而系统硬件性能的好坏,计算能力的大小才是本质的问题,硬件技术必须进一步提高,才能适应复杂系统的实时显示的需要。

6.3.3.2 实时图形加速器

虚拟画面的复杂度是由它的多边形总数决定的。若想得到更加逼真的画面,那么就必须使用更多的多边形来描绘。然而提高画面的复杂度,就会降低系统的刷新率。为了解决这个矛盾,人们在探索各种简化算法的同时,又引入了图形加速器来减小系统的计算压力。

目前已经开发出不少的基于PC机平台的虚拟现实应用系统。而且由于三维图形加速卡的出现,使PC的图形处理能力大幅提高。三维图形加速卡分担了CPU大量的计算任务,并减少了通过 PC 总线的通信。图形命令由 CPU 以压缩形式发送给图形卡,然后分别对两眼视图进行成像处理。有些图形加速卡的输出信号采用的是 RGB 格式,这样格式的信号无法直接在头盔式显示器上显示,故需要两个 RGB - NTSC 转换器。另外,PC 机串口上接有头部位置跟踪仪,主板上还插有三维声卡并通过耳机进行声音输出。

PC机用图形加速卡品种不断增多,性能也不断提高,但其工作原理基本不变。常见的PC机图形加速卡有 Action.media、Fire、Stride、Podview 和 AGC—GL,Geforce 系列等,这里就不一一介绍了。

虽然基于 PC 机的虚拟现实应用系统(包括虚拟设计系统)的图形处理能力已有很大的提高,但是还是难以满足产品开发的需要,因此图形工作站仍然是虚拟设计系统的主要硬件平台。工作站巨大的计算能力是 PC 机无法比拟的,此外它还具有磁盘空间大、通信快等优势,所以基于工作站的虚拟设计系统更受大公司的青睐。

6.3.3.3　分布式实时处理

分布式实时处理的基本思路是将系统工作任务按照一定的规律进行化分，利用不同的处理器或工作站来完成不同的任务，从而实现对复杂系统的虚拟设计。但是由于目前计算机本身、操作系统以及传递信息的网络等的实时性能都较差，所以要真正实现分布式实时处理还需要大量的科研投入和相当长的时间。不过无论如何，分布式处理技术代表着虚拟设计系统的发展方向，尤其是基于 PC 机的分布式系统。

将计算载荷分配给不同的处理器从而减少对中央处理器的压力并不是一个新鲜的事情，前面介绍的图形加速器系统就是常见的例子。而这里所说的分布式系统是指通过局域网或以太网相连的计算机系统。这样的系统突出的优点是能充分利用资源，为了实现实时显示可以通过网络将计算任务分给已有的计算机，而不必重新购置计算机。它的另一个优点是可以实现远程计算机访问和加入模拟，这样就可以实现多用户共同参与产品设计。一旦实现这样产品设计系统，那么对实现产品的异地设计和制造大有好处。

常见的分布式系统大都采用客户机／服务器模型，服务器由中央处理器担任，在模拟中它负责维持所有虚拟物体的状态，与 I/O 接口工具进行交互协调大多数模拟活动，并执行图形成像工作。

为了加快网络的工作速度，各服务器之间的通信应当加快，并允许实时协调模拟，这样可以减少传输的数据量。另外协调作业的服务器处理速度要匹配，不然会造成更大的延迟。

6.3.4　细节层次处理

对一个完整的机械产品进行虚拟设计(包括概念设计、装配设计和人机工程学设计等)时，应用系统的几何模型和物理模型都会非常复杂。数目庞大的多边形使得成像及交互花费昂贵。如果计算机硬件无法满足显示要求时，就不得不牺牲刷新率降低虚拟环境系统的交互性。因此，在创建系统模型时，应用开发人员应想方设法对虚拟世界的模型进行处理，使虚拟环境中的零件既具有可以接受的真实感，又具有较好的交互性。这里重点介绍“单元分割法”和“多细节层次模型” 及其相关技术。

6.3.4.1　单元分割法

在动态显示几何模型时，假设观察点位于某一封闭物体之内，那么该物体之外的其他物体是不可见的；相反，若观察点位于封闭物体之外，该物体之内的内容是不可见的。对于不可见的物体和内容不必进行成像处理。此外，落在观察范围之外的物体也为不可见物体，同样不必作成像处理。因此，对于一个较为复杂的系统可以预先将其按照一定的规律分割成小的空间，计算出不同的空间以及物体之间的可见性，并将计算的结果存储起来，这样将大大减少在动态显示时对可见性的测试和计算。

把虚拟环境划分为更小的“空间” 或“单元” 的过程称为“模型分割”。在运行经过模型分割处理的程序时，系统只需对当前的物体模型进行成像处理，因此明显降低了被处理模型的复杂度。在此情况下，大部分模型在给定的视域内根本不需要处理，这样当视点移动的速度不超过一定的限度时，每幅图像中显示的多边形集合随着视点的移动缓慢地改变。在设计人员完成了建模工作且不再轻易改变时，分割处理便可离线进行，因此不影响实时动态显示的速度。

6.3.4.2　多细节层次模型

对于实时显示的虚拟设计系统，在进行场景建模时，模型的处理只靠进行单元分割是不够的，还必须考虑对各种细节层次的区别处理以减轻实时显示的负荷。因为在复杂模型的动态显示中，当观察点离某一物体很近时，该物体的图像在屏幕上要占据较多的像素点，而当观察点离这个物体很远时，该物体的图像在屏幕上只占据很少的像素点。在后一种情况下，用大量的多边形面去精确描绘该物体是不必要的。为了更好地实现三维复杂模型的实时动态显示，将三维物体用多种不同的精度表示(例如用精确模型和简化模型两种精度表示)，并根据观察点位置的变化选择不同的精度模型用于成像，实践证明这是一个有效的方法，这里称此方法为“多细节层次模型”(Level of Details)。

我们可以为每个物体提供多个不同的LOD(Level of Details)模型，这样在交互式图形应用中可以明显地提高图像显示的刷新率。提供物体的多个LOD描述具有许多好处。

如果物体仅覆盖屏幕的一个小区域，那么在成像时就不必使用物体的精细模型，使用较粗的模型可以有效地减少成像的时间。

物体的特征可以按物体的不同LOD表示分类，这种特征识别方法，近来在图像处理和模式识别中也得到了应用。

在动态显示时，可以根据两种不同的判据来选取模型：一是距离判据，即根据观察点与物体距离的远近来选择模型；二是屏幕像素判据，即根据某物体的图像在屏幕上所占据的像素来选取模型。两种或多种不同模型的选择可以用静态的方式或动态方式进行。静态方式是指预先设置好有关距离或像素的阈值，当进行实时显示时就根据此阈值选择模型；动态方式是指保证实时动态显示的前提下，动态地确定阈值并选取模型，以求得较高的图像质量。显然，动态方式比静态方式要复杂得多。

构造一个物体的多种不同细节层次模型并不容易，由于常见软件创建的物体模型一般都比较精确，对这些模型进行简化是相当复杂的。常见的复杂模型简化方法有两种：其一是通过几何简化来实现；另一种是通过变换来实现。

(1) 几何简化：几何简化常见的处理方法是，将多个相邻的共面或几乎共面的三角形合并为一个多边形，将厚度很小的六面体用一个两面均可见的平面来代替等。有的几何简化算法可以保持简化结果在拓扑结构上的一致性，有的则不能，简化结果中可能出现非正则形体。利用预处理对复杂的模型实施多精度表示虽然可以提高动态显示的实时性，但是需要更多的存储空间，并且在不同细节层次模型间切换时还会引起视觉上的突跳感。为了克服这个缺点，人们又提出了复杂模型多精度表示的实时生成和切换，并已取得较好的实时动态显示效果。

(2) 变换简化：变换简化最常用的方法是采用小波变换来得到几何模型的多精度表示，其优点是能在简化的模型中较好地保持原模型的局部特征。但是并非任意形状的复杂模型都能利用小波变换予以简化。

Photo VR桌面虚拟现实系统使用了一种简化的双分辨率算法。当用户移动时，全部画面的成像分辨率是256×240；当用户停下时，画面分辨率会增大到512×420。另外Photo VR系统还采用单元分割和约束限制的方法降低画面的复杂度，它的约束机制通过程序限定用户不得进入模型的一定的区域。

6.3.4.3　多细节层次模型自动生成算法

限时计算的概念不同于传统计算的概念，传统计算的正确性与计算所用的时间无关，而限时计算要求计算必须在规定的时间内完成，否则认为计算结果为错。

虚拟环境是限时计算和限时图形成像技术的典型应用。为了实现限时成像，系统可以采用不同细节层次 LOD 的场景模型、并行处理技术、以及不同复杂度成像的技术。在多细节层次模型技术中，可以采用三角形网格自动生成不同细节层次简化模型的算法。该算法多次遍历现有三角形网格模型的每一个顶点，使用局部几何拓扑特征，在满足简化标准的情况下移去剩余的顶点，对移去顶点后产生的多边形区域进行局部三角形化，多次执行上述过程，结果形成不同细节层次的三角形网格模型。

物体的多个 LOD 描述对系统的限时成像大有好处，因此得到了充分的肯定和重视，然而手工创建物体的不同 LOD 描述是极其费时的，所以必须寻求自动生成 LOD 模型的途径。

各国研究人员在不同的应用中对 LOD 方法进行了探讨，商用造型软件 Software systems 的 ModelGEN、Coryphaeus Software 公司的 Designers Workbench 能在一定程度上处理 LOD 描述，但没有提供生成多 LOD 的专业工具。德国 Darmstadt 图形研究所对 LOD 技术在虚拟环境方面的应用进行了初步的探索，针对特定的造型软件开发出一种交互式的多 LOD 场景建模工具，但其所需的计算量很大，处理速度较慢。

下面简单介绍自动生成多 LOD 描述的网格简化算法。

(1) 多 LOD 模型的自动生成

在计算机图形学应用领域，经常采用多边形网格(特别是三角形网格)来描述物体模型。然而在采用这种方法来描述复杂物体时，需要成千上万的多边形才能描绘出复杂物体的细节，结果导致庞大的物体模型。由于所需的成像时间和存储空间与多边形的数目成正比，因此过于庞大的物体模型通常实用性较差。对于复杂的虚拟环境，为了达到图像的实时生成，可以对场景中的物体采用多个 LOD 来描述。

基于网格化的LOD模型生成算法，对于给定的场景 S，基于网格化的多LOD模型的算法可描述如下：

1) 确定 LOD 模型中要求的细节层次个数 N，设层次分别为 $L_i(i = 1,2,\cdots,n)$；

2) 对于不同的层次 L_i，计算网格简化计算的终止条件(如要删除顶点的个数)；

3) 对于每个所需的层次 L_i 进行网格简化，将所生成的网格模型保存到多 LOD 模型库中；

4) 结束。

从最常用的三角形网格模型到一般的多边形网格模型，其 LOD 模型的自动生成方法都遵循上述的基本步骤。由于三角形网格简化算法最为简单，所以人们首先定义了三角形网格简化的方法，而后将其推广到多边形网格简化方法上。具体算法这里不再详述。

(2) 实现网格简化算法的数据结构和策略

尽管三角形网格算法的基本思路比较简单，但要实现一个有效的网格简化必须妥善解决下面两个问题：第一，由于要存储和读取大量的数据，所以要设计出高效的数据结构；第二，三角形算法本身要设计得简单有效。

数据结构：数据结构必须包含每个顶点的坐标信息和用顶点序号表示的每个三角形的定义信息。另外，由于经常要使用围绕每个顶点的三角形环，因此还需要保存使用每个顶点的三角形表。所以，三角形网格简化算法所使用的主要数据结构为：顶点表、三角形定义表和使用每个顶点的有序三角形环所组成的表。

实现策略：在实现网格简化算法时，顶点删除和局部三角化可按照不同策略交替或顺序执行。

对任一候选顶点，估算其距离标准 d（候选点到公共边界的距离），如果 d 小于给定的阈值，则删除该点及其相关的所有三角形，再对由有序顶点环所围成的区域进行三角化。重复以上过程，并适当增大阈值，直到某一结束条件为止。

对所有的候选点，估算其标准距离 d，如果 d 小于给定的阈值，则置该点删除标志为真，重复以上过程，并适当增大阈值，直到每个结束条件满足为止。然后，一次性删除所有的删除标记为真的顶点。再调用相应的三角化算法，直到获得简化的三角形网格模型。

用多边形网格描述物体的原因：用多边形网格来描述物体目前仍然是计算机图形学模型表示中最广泛采用的形式，原因有二：其一是图形工作站可以快速地成像多边形；其二是有许多技术可以把一定的模型转换成多边形数据集。

6.3.5 可见性裁剪

目前，随着虚拟现实（VR）技术应用层次的不断深入，人们对虚拟场景真实感的要求不断提高，导致虚拟世界越来越复杂。复杂大型场景的实时绘制与交互成为当今虚拟现实研究的热点。

在保证场景高度真实感的前提下，有效地减少绘制的面片数，降低模型的复杂度是实现复杂场景实时绘制的关键所在。提高虚拟场景绘制速率的有效途径是采用预处理技术，将显示流程中尽可能多的工作事先计算好存储下来，场景生成时只需调用这些信息即可实现实时绘制。可见性预计算技术就是基于这种思想的一种消隐算法。在构造显示场景的过程中，预先进行可见性判断，剔除了不可见图元，这样可以显示绘制流程。复杂场景的可见性计算成为图形实时显示流程中重要的一环，并日趋受到广泛重视。下面简要介绍可见性裁剪的算法。

（1）坐标转换

一般情况下，视域裁剪之前要经过物体坐标系到世界坐标系以及世界坐标系到视点坐标系两次坐标转换。从世界坐标系到视点坐标系的转换决定于系统采用的摄像机模型。通常情况下，设视点 $E(x_e, y_e, z_e)$，参考点 $C(x_c, y_c, z_c)$，观察向上矢量为 $\boldsymbol{Up}(x_{up}, y_{up}, z_{up})$。取视点 E 作为视点坐标系的原点，视线方向 EC 为 z 轴，取 x 轴同时垂直于 z 轴与观察方向的向上矢量 $\boldsymbol{Up}$，y 轴垂直于 x 轴和 z 轴。世界坐标系向视点坐标系变换矩阵为：

$$M_{WtoE} = \begin{bmatrix} 1 & 0 & 0 & 0 \\ 0 & 1 & 0 & 0 \\ 0 & 0 & 1 & 0 \\ -x_e & -y_e & -z_e & 1 \end{bmatrix} \times \begin{bmatrix} (\boldsymbol{C}-\boldsymbol{E}) \times \boldsymbol{Up} \\ (\boldsymbol{C}-\boldsymbol{E}) \times \boldsymbol{Up} \times (\boldsymbol{C}-\boldsymbol{E}) \\ (\mathbf{C}-\mathbf{E}) \\ 0 \end{bmatrix}$$

（2）视域多面体计算

设视点与近平面距离为 D，与远平面距离为 F，y 方向视角为 fovy，视区比率为 aspect（即 x 方向宽：y 方向长），则 x 方向视角 Hangle 为：

$$\text{Hangle} = \arctan(\text{aspect} \times \tan(\text{fovy}));$$

若点 $P(x, y, z)$ 满足：

1）$-z \times \text{aspect} \times \tan(\text{fovy}/2) \leqslant x \leqslant -z \times \text{aspect} \times \tan(\text{fovy}/2)$；

2）$-z \times \tan(\text{fovy}/2) \leqslant y \leqslant -z \times \tan(\text{fovy}/2)$；

3）$D \leqslant z \leqslant F$

则：点 P 在视域多面体内。

设场景结构树上的节点包围盒中，满足上述条件的顶点个数为 N，则 $N = 8$ 表示物体在视域多面体内，$1 < N < 8$ 表示物体与视域多面体相交，$N = 0$ 表示物体在视域多面体外，绘制时不予考虑。

在特殊情况下，包围盒会把整个视域多面体包围，当判断出节点不可见时，通常通过判断视点是否位于包围盒中和视域中心点是否在包围盒中来进一步确定节点的可见性。

另外对地形块的视域多面体裁剪，我们可以充分利用地形数据的规则性，直接定位可能可见的地形块集合。系统中使用的地形数据是网格点高程数据，非常规则，进行可见性判断时，我们先将视域多面体投影到 $x-z$ 平面，获得四边形区域，然后利用与分块规则相同的原则，计算投影区域所在的地形块号，然后转换成地形数组的下标，以此直接定位到地形节点，迅速获得可能可见的地形块集合，便于其可见性做进一步判断。这种方法避免了对场景中的每个地形块逐个比较，加快了处理速度。

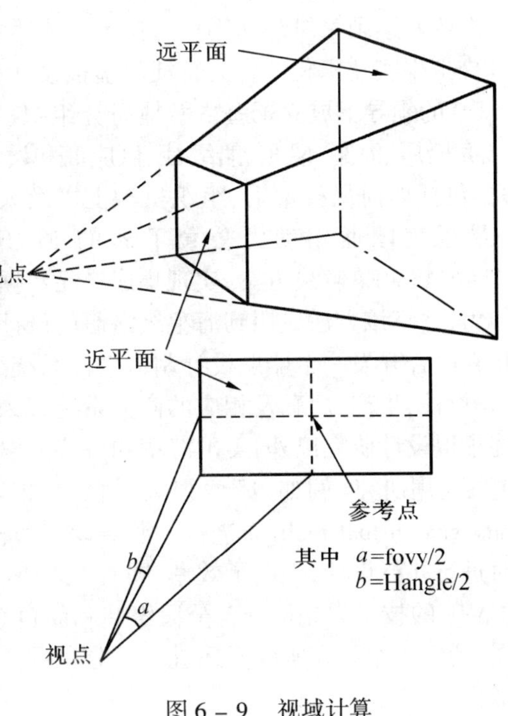

图 6－9　视域计算

(3) 遮挡裁剪(Occlusion Culling)

采用分层进行遮挡判断的方法。可以根据地形的可见区场景的复杂程度，即包含物体的个数多少，和浏览的类型决定是否进行遮挡判断。若地形上物体少，分布稀疏，相互间的遮挡不多，进行遮挡判断并不能明显减少绘制的多边形面片数且耗费了时间，另外如果对地形进行全局高空浏览时，物体之间的存在遮挡关系的情况相对较少，所以此时利用遮挡裁剪也不能有效减少绘制的面片个数，通常利用 LOD 模型来提高绘制速度。一般采用 BSP 树或 Z－buffer 算法来进行遮挡判断。

6.4　舰船虚拟设计制造技术

6.4.1　舰船设计制造中虚拟现实技术的应用现状

舰船虚拟设计与制造仿真是将数字信息技术和计算机技术应用于舰船设计和建造，对舰船研制过程实现两个层次的虚拟过程：一是设计阶段使用户能够参与，达到预先体验产品性能的目的；二是制造系统层次上强调生产制造性能进行有效的评价。舰船虚拟设计的主要技术内容：虚拟建模、网络化并行设计、工程分析及设计参数的交互式可视化。舰船制造仿真是实际制造过程在计算机上的本质实现，即采用计算机仿真与虚拟现实技术，在计算机上群组协同工作，实现产品的设计、工艺规划、加工制造、性能分析、质量检验，以及企业各级过程的管理与控制等产品制造的本质过程,以增强制造过程各级的决策与控制能力。

造船发达国家纷纷利用信息技术给造船业带来的各种机遇,积极开展船舶以数字化描述和虚拟现实技术相结合为特征的虚拟设计和制造仿真技术的研究。美国于20世纪90年代在DOD的领导下成立了海事敏捷研究组织(Maritime agility group),该组织由来自Leigh大学、5家船厂、海军、船东、船级社、供应商和设计部门的代表组成.从事有关造船的敏捷制造研究,包括如何从技术上、组织机构上以及人力资源上使现有的船建造方式过渡到敏捷制造。最近美国通用动力公司下属的Electronic Boat Corp,采用如Dassault Systems的CATIA/CATWEB解决方案,实现集成产品数据环境中可视化,提高造船企业中各个部门的合作能力,并将该方法应用到海狼级潜艇的设计中,极大地提高了效率。目前美国CAD/CAM厂商正在联合开发一个船舶设计制造软件系统Virtual Design,目的是通过无缝的多学科集成(工程设计、生产、后勤及相应的商务系统),来减少船舶设计50%以上的时间和成本。除了上述虚拟设计研究以外,美国海军和一些大学还开展了有关虚拟现实及其在舰船设计和制造中的应用研究。例如,密西根大学(UMICH)虚拟现实实验室采用浸沉式虚拟现实技术(Immersive virtual reality)进行了游船设计和相关的船舶应用,使得来自不同领域的专家可同时进行并行设计,提高了效率。同时UMICH还利用虚拟观实技术实观生产过程的仿真,通过CAVF的技术预先检查各分段组装和船台总装过程,修改虚拟生产设计和生产计划中的错误。美国海军研究实验室还进行了分布式仿真研究,针对不同的作战情况实现舰艇训练的虚拟化。

近几年来英、美等国家已将虚拟现实技术较广泛地应用于舰船总体设计制造的各个阶段。在1992年,美国国防部高级研究计划署(DARPA)的一项研究中,已证明了虚拟原型系统中降低舰船设计费用的作用。在美国海军新一代舰船设计中,虚拟技术已成功地应用于空间布置效验、维修空间检测、作战能力分析和实战模拟等方面,并有效地缩短了设计周期和设计成本,提高了设计质量。

1992年秋,美国国防部高级研究计划署(DARPA)以公开招标的形式,希望有关公司、企业和机构能联合开发一种集虚拟样机技术(Virtual Prototyping Technology)和仿真技术(Simulation Technology),并对船舶设计、制造、生命周期维护等各项过程兼顾的新一代船舶设计系统。这一举动在以后的数年内引发了一种新的船舶设计方法的探索,即基于虚拟仿真的船舶设计方法(Virtual — Simulation Based Ship Design, VSBSD)。并且由于参加机构的不断扩大和新的设计思想的不断引入,使得这种设计方法不断完善,同时呈现出越来越明确的应用前景。事实上,VSBSD的出现就是网络计算机技术和大型数据库技术发展后,在造船工业中应用的必然产物。DARPA对中标的三个合包商:洛克希德导弹与空间技术公司、新港纽兹船厂以及国际科能公司就明确提出了在开发VSBSD系统时必须解决好以下问题:(1)虚拟现实;(2)高性能并行计算机技术;(3)超大型复杂数据库技术;(4)最优化技术;(5)复杂数据可视化技术;(6)人工智能;(7)并行技术;(8)高性能网络技术。VSBSD从根本上是对传统船舶设计方法的突破。它具有以下特性:(1)着眼于船舶全生命周期(Total Life Cycle)的设计;(2)更加无缝的设计过程(Seamless Design Process);(3)加强了设计过程中客户(船东)和分包商的并行参与;(4)它是一种建造驱动的设计方法;(5)它也是一种经济的设计方法。VSBSD以虚拟现实技术为设计对象的操作媒介,所以VSBSD具有许多传统设计方法无法实现的优良特性。大的方面,可以实现船舶的整体设计贯穿,虚拟船厂模拟;小的方面,可以完成构件的功能有效性测试,实体间的干涉检查,船舶空间的人流路径设计。此外,由于VSBSD

始终以可制造为目标，因此在 VSBSD 中可以单独讨论构件（设备）的可制造性；而且由于 VSBSD 以船舶生命周期为最后目标，在 VSBSD 中也可以讨论船舶构件（设备）的可维护性。总的来说，VSBSD 是一种大而统的设计方法，它以虚拟船舶为设计目标，将船舶设计的触角延伸到建造、维护、设备使用效果以及客户需求等传统设计方法无法达到的领域。目的是消除设计中存在的，可能在船舶生命周期中的后面环节暴露的设计弊端，将建造过程简化为简单的构件组合，由此提高设计产品成功率，降低耗费，提高船舶产品的生产竞争力。

美海军还开发出一套基于虚拟环境的潜艇辅机舱监视站训练器，它允许艇员进行机舱巡视、熟悉设备的布置、按规程练习分合开关、操纵阀门、从仪表上读取参数、对辅机进行持续监视等训练。这套虚拟环境模拟装置已成功地对一批将要登艇的舰员进行了培训。

英国海军在 1992 年成立了一个虚拟环境联合小组来开发适应于发动机研制和核潜艇设计的虚拟现实系统，其提出的目标是：在整机试验前，不要生产硬件，最终取消发动机模型。目前，所开发出的 TRENT 发动机虚拟模型已能够使用手臂和工具对设计中的发动机进行装配验证和可维修性检查。

荷兰 TNO 机构下属的人机工程研究所正在把虚拟现实技术用于帮助荷兰海军的 LCF 护卫舰的舰桥设计。设计者戴上数据头盔就可以置身于虚拟环境中，通过驾驶室翼桥上的一个护栏或舰桥本身的一张桌子等物理参照物，可以快速标绘出可能影响视野的障碍物并进行修正。目前，TNO 正在建立一个 LCF 护卫舰的虚拟环境的原型系统，并试图省去建造舰桥、作战情报中心和机舱的详细物理实体模型。挪威和英国对这项研究也产生了深厚的兴趣。

在其它造船技术发达国家和地区，日本大力开展造船 CIMS 和 CALS 研究及原型系统的实施；韩国也大力开展了有关敏捷制造、电子采购系统、基于 Agent 造船设计和生产调度计划系统，以及电子商务等的研究；欧盟也进行了 G8—MARVEL 等的研究，为新一轮的市场竞争做好技术储备。

国内机械制造行业，由计算机集成制造技术研究的牵引，虚拟设计与制造仿真技术研究开展得比较早，并取得较好得研究成果。造船工业也积极从事船舶先进设计制造技术的研究。

6.4.2　舰船虚拟设计制造系统研究内容

船舶工业是一个集诸多基础工业为一体的产业，它既是劳动密集型产业，又是技术密集型产业。舰船是各专业高科技产品的集成体，舰船设计与制造是一项庞大而又复杂的工程，如何在有限的空间内布置各种装置和设施，如：动力、武备、通信、导航、控制等设备及各种生活设施，各种复杂的管系和电缆等，保证有机地集成并有效地运行，化费了设计人员大量的心血，常常得不到非常满意的结果。随着 CAD/CAM/CAE 技术的发展以及被广泛地用于舰船研制过程，质量、效率不断提高，但至今商用软件系统仍难达到现代复杂的舰船装备研制工作要求的广度和深度，仍需要制作大量的物理模型、试验模型和实尺模型来对设计方案进行补充和验证。在保证满足舰船使用要求的前提下，如何提高设计建造质量，缩短研制周期，降低成本，是长期需要解决的课题。随着信息技术和计算机技术的发展，虚拟设计与制造仿真为解决这类问题提供了有效的手段。舰船虚拟设计与制造仿真研究的主要研究内容包括以下几方面。

(1) 基于 STEP 数据交换标准，建立全信息舰船数字模型（电子样舰），实现电子样舰研制全过程的信息集成与共享近几十年来，舰船设计与建造单位一直使用模型技术（比例模型件）来解决设计、工程及建造上的问题，成本高，研制周期长。三维计算机技术在近 10 ~ 15 年用于结构、管系等方面，最近在舾装、电气及内装等方面也有一定的应用。但目前完整的三维舰船模型还相当少。电子样船能够完整表征数字化舰船的特性。如图 6 – 10 ~ 图 6 – 13 所示为电子样船部分示例。

图 6 – 10　电子样船外观图

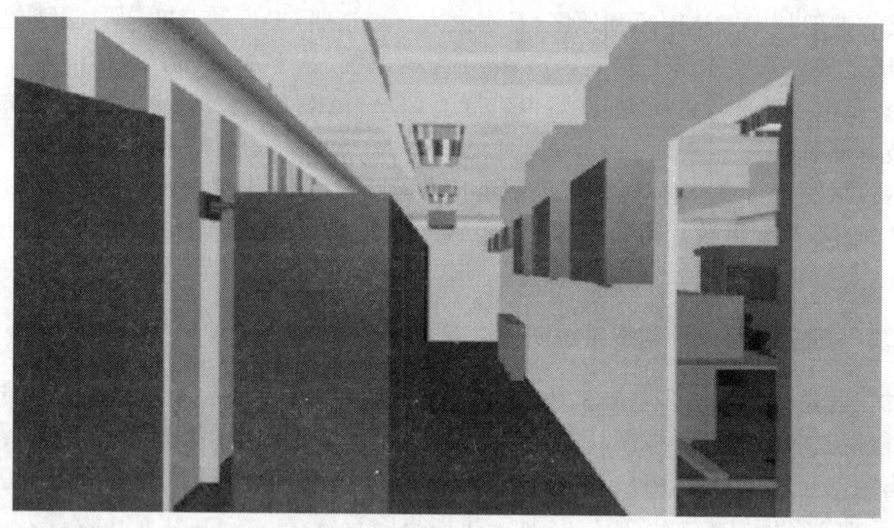

图 6 – 11　舱室三维效果图

电子样船主要特点：1）虚拟现实性：利用电子样船，在项目审查会议或介绍中，相关人员可以非常容易地理解对象的各种特征，如舱室、设备布置、性能等。在讨论时，还可以在多种已有设计方案中方便快速地切换选择或比较。2）实时性：新的设想、新的空间布置和安排可以可视化表达，比图纸、素描或卡通更加方便、有效。一艘电子样船可以放大投影在屏幕上，使得有船东、船厂、建造师、顾问及供应商等在内的会议介绍变得更为简化。我们可以按照会议人员指定路线或根据预定路径在船中行走或飞行来观察全船设计。3）干涉检查便利性：空间使用情况的检查也可以在电子样船中采用虚拟仿真软件来实观。这些仿真包括甲板

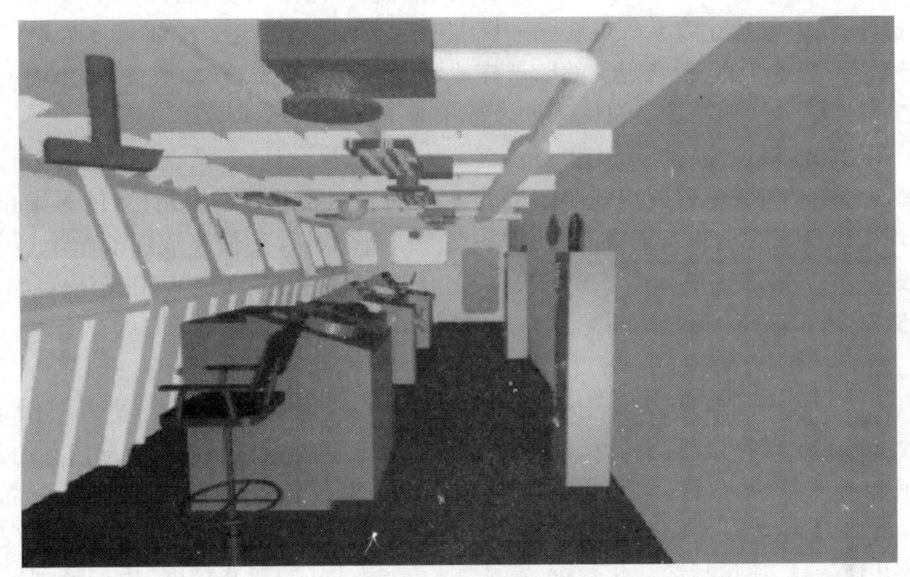

图 6 – 12　电子样船驾驶室

图 6 – 13　电子样船舱段结构图

操作、武备操作、逃生仿真、厨房操作等。4) 设计多重交互性：不同的设计方案可以同时显示，以便分析、选择。在审查会议当中，可以随时修改，如布置、结构、设备等。大的更改也许需要隔夜完成。更改或不同方案的选择可以实时显示，这样使决策更为方便及可靠。5) 训练和海战的虚拟化：电子样舰还可以通过虚拟浏览仿真器与虚拟战场模型联系起来进行仿真。

电子样船的工程应用：电子样船模型可以用来作为后续设计的基础，系统原理图也将在此模型中生成,其中包括系统特征及主要的空间预留以保证风管、管路及电缆托架等的放样。分段划分、任务包及建造流程可在同一模型中定义及仿真。电子样船可作为船厂建造流程准备模型。一个详细的、正确定义的电子样船可以作为合同文档(加放在 CDROM 中) 在订单签订之后传递下来,使协调、设计、采购及准备等工作可以迅速展开。

电子样船的建模理论:基于 STEP 标准建立 CAD 以及设计、制造、管理一体化的多层次开发活动信息交互与共享的虚拟舰船模型。该模型反映的需求,支持设计者的思维和决策活动;融合现代设计方法学和人工智能的原理,支持从概念设计到最终舰船的整个开发过程。建模方法:1) 用户需求建模和需求分析决策;2) 方案辅助建模;3) 应用领域分析;4) 建造过程规划;5) 工艺、制造需求适配建模。

(2) 全信息数据库管理技术

虚拟设计过程中的信息共享,由于不同的设计单位应用软件的不同,设计的不同阶段所要求的数据形式也不完全相同,为了能够保证在产品全生命周期中实现设计信息的共享,必须采用国际标准来进行设计信息的表示。产品模型数据交换标准(STEP: Standard for Exchange of Product Model Data)是一套描述产品全生命周期中产品数据的标准,不仅能够描述产品的几何信息,还包括参数化数据、特征、非几何数据(如建造精度、生产计划),还将进一步扩展以生产过程设计规划和加工知识等高层次的设计信息,实现产品数据管理和生产计划的制订(工作流 ——workflow 的实现)。除此之外,还可通过三维数据模型保存历史资料,实现基于知识的设计,加速新船型的开发。日前在国际标准化组织的 ISOTC/184/SC4/WG3/T23 小组领导下,各国船级社(LR、GL. ABS, DNV)、CAD 软件商(如 KCS 等)、船舶设计商和船厂等进行了相关船舶 STEP 标准的联合开发。已开发出应用协议有船舶布置(AP215)、船舶表面线型(AP216)、船舶管系(AP217)、船舶结构(AP218) 和船舶机械系统(AP226) 等。

船舶设计与建造过程中涉及大量的数据,产品数据管理(Product Data Management, PDM) 系统是进行设计过程管理的有效工具。PDM 是一项用于管理"产品生命周期中需要的所有信息" 的技术:1) 与产品相关的所有信息 —— 任何描述产品的信息,例如零部件信息、产品配置、文档、CAD 文件、审批信息等;2) 与产品相关的所有过程 —— 过程的定义和管理,包括设计的组织者、设计人员、信息的控制,权限的审批和分发等。

(3) 设计过程规划与管理

在复杂人工设计过程中所形成的一套基于纸面图纸文档的审批制度,到了工程设计过程自动化阶段已不再适用。人们不得不把计算机内的数据重又绘成图纸而遵循传统的审批手续,计算机技术所创造的利益就大打折扣。因此,需要用电子方式定出文件经历审查过程的路径,以支持设计过程,无纸化工作流减少了产品开发周期。

虚拟设计过程管理包含追踪每个产品和零件的来龙去脉及其有关文件,对设计合理化的检查、设计过程的记录、设计冲突的检测及对产品全生命周期数据的存储和管理,以保证设计出来的产品的可制造、可装配,而且在性能上也完全符合设计要求。

(4) 基于虚拟环境的舰船制造仿真

造船生产设计 20 世纪 50 年代末起源于日本,其特点是在借鉴汽车生产流水线的核心概念即"中间产品" 的基础上,按阶段、区域、类型,进行二维图画上的"模拟造船",并以设计的方式对造船方法、总体方案和具体施工方法进行全盘研究、分析和比较之后,通过优化,提供造船施工用的尽可能全面细致的"工作图" 和"管理图表",作为施工命令用来指导和组织生产,解决“怎样造船”和“怎样合理组织造船生产”的问题。

制造仿真技术强调在实际投入原材料于产品实现过程之前完成产品设计与制造过程的相关分析,以保证制造实施的可行性。其主要目的是提高产品设计、过程设计、工艺规划、生产规划以及车间控制中的决策与控制水平。

制造仿真是基于计算机和信息技术的一种新的先进制造技术,可以看作CAD/CAE/CAM技术发展的更高阶段,是数字化制造的具体体现,被认为是新产品开发的有效手段。制造仿真是以产品的数字模型为核心。制造仿真所考虑的制造资源、制造环境等,如:船厂的生产线,设备、场地和人员等也须建立数字化模型。

包括结构、主要管系、风管、主要设备在内(包括信息属性)的完整的电子样船,与包含生产线、起重机、放样区域在内的虚拟船厂连接起来,实现舰船的虚拟建造,并实现分段放样、模块化建造过程优化,建立以“中间产品”为导向、壳舾涂在空间上分道、时间上有序的一种现代建造模式。制造仿真的表现形式:1) 基于动画真实感的虚拟舰船的装配仿真;2) 生产过程及生产调度仿真;3) 物流控制仿真。

制造仿真技术应用范围。

1) 在生产设计方面,制造仿真技术支持产品形状设计、工艺设计、装配设计以及生产规划设计等,为设计人员提供更为直观更为直接的形状生成与修改的手段。制造仿真技术可以支持基于虚拟产品原型进行动态特性和其它性质的仿真与分析;可以支配装配序列的生成与评价,通过虚拟地按照装配序列进行产品装配;可以发观不合理的装配规划或者产品结构本身的缺陷,及时发现许多潜在的问题,并实现多种方案的优选。

2) 在生产方面:制造仿真技术可以支持车间/生产线的布置与运行控制、产品实现过程仿真、生产准备、人员培训等。应用制造仿真技术实现车间级或生产线级的设备布置、生产规划与调度、物流控制仿真等,获得优化的生产规划和以经济的设备配置以完成要求的生产能力。其次,加工过程仿真、装配(拆卸)过程仿真、测试仿真、设备维护仿真,为设计人员提供充分的制造与生产信息,实现产品与过程的同时优化。

(5) 舰船虚拟设计与制造仿真关键技术

1) 全信息电子样船建模理论与体系:根据舰船设计制造特征,研究建模的流程规范,二维实体模型与信息库间的关联原则。

2) 知识驱动的设计方法:面向对象知识库技术,包括知识的获取、推理与应用,设计信息和知识的合理流向转换与控制,设计知识的融合、管理与共享,网络并行设计技术等。

3) 设计过程规划、集成与优化:设计活动的预规划,实时动态规划,设计活动网络规划,设计过程的冲突管理与处理方法,设计审核机制。

4) 虚拟现实技术:构成虚拟环境,支持制造全过程仿真,基于规则或方案的制造性能评价体系。

5) 系统集成支撑技术:含造船集成供应链、造船管理信息系统、造船生产信息系统、造船设计信息系统等。

第7章　可视化系统和工具

近10年来，在美国、德国、日本等发达国家的著名大学、国家实验室及大公司中，科学计算可视化的研究工作及应用实验十分活跃。其技术水平正在从后处理向实时跟踪和交互控制发展。并且已经将超级计算机、光纤高速网、高性能图形工作站及虚拟现实四者结合起来，体现出这一领域技术发展的重要方向。

本章结合科学计算可视化研究工作，主要介绍在科学计算可视化中常用的可视化软件系统及在舰船设计中常用的可视化软件工具。

7.1　科学计算可视化硬件和软件平台

7.1.1　科学计算可视化硬件工具

可视化工具包括硬件平台与可视化软件两大类，可视化的硬件平台包括计算机与外部设备。计算机应具有高速运算能力与较强的图形处理能力，然而至今没有哪一类计算机能同时满足这两个要求。超级计算机是拥有最高运算速度的一类计算机，最适用于科学计算任务。然而超级计算机几乎没有任何图形处理等显示功能，需要高性能图形终端提供图形处理与显示能力。图形工作站在一般工程设计中应用普遍，因为它拥有最好的图形处理功能，又拥有相对较高的运算速度。因此，对于极其复杂的科学计算可视化任务，通常应用超级计算机作科学计算，将结果通过高速网络传送图形工作站作图形综合处理与显示；对于计算量相对较少的可视化任务可以直接由图形工作站承担。由于工作站网络系统的普及，应用联网工作站系统的分布计算与分布图形处理能力，可大大提高处理速度。这种联网工作站系统必将成为科学计算可视化的低成本、高性能的硬件平台。如图7－1所示，适用于科学计算可视化的计算机平台主要有以下四种。

(1) 超级计算机 — 图形终端模式

超级计算机承担应用计算和图形生成计算，图形终端仅完成图形显示功能，这种系统无交互功能。后来，用工作站来代替图形终端，从而增加了图形显示能力和交互性。

(2) 工作站模式

工作站完成应用计算、图形处理、交互操作及图形显示等全部功能。由于工作站的运算能力较低，只能解决计算量相对较小的应用问题。

(3) 工作站网络模式

通常将应用计算与图形处理分布在工作站网络系统上进行，显示功能由一台工作站完成。

(4) 超级计算机 — 工作站网络模式

由超级计算机完成应用计算，图形处理由整个分布系统完成，其中运算量特别大的图形处理系统分配给超级计算机完成。

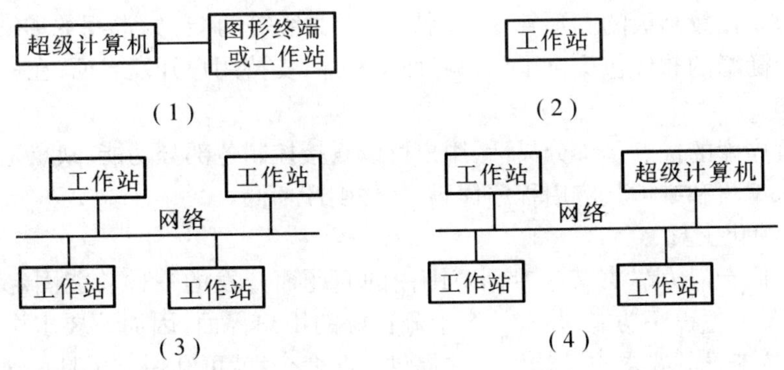

图 7－1　可视化硬件环境的四种模式图

目前，后两种分布式硬件平台用得较多，特别是第(3)种工作站网络模式具有成本低、性能好的优点，应用较普遍，同时也是研究的重点。第(4)种模式大多装备在超级计算机中心内，我们把这两种模式上的科学计算可视化称为分布式科学计算可视化(简称 DVISC)。

除了以上所述的四种适用于大规模科学计算可视化的四种模式外，近年随着 PC 机的性能快速发展，由 PC 机及其组成的网络环境也在科学计算可视化中得到了广泛的应用。

7.1.2　科学计算可视化软件工具及系统分类

可视化软件工具的功能主要包括图形综合、图像处理与计算机视觉三大功能。在科学计算可视化发展的初级阶段 20 世纪 80 年代中期，没有专门的可视化软件问世，而是直接应用上述三个学科已有的支撑软件工具从事可视化的研究。进入 20 世纪 80 年代后期，才有一些专门为科学计算可视化研究的软件工具问世，如 AVS，apE，Explorer 以及 Inventor，Performer 等。综观这些商品化的可视化软件，大多集中在图形综合功能上。通常包括将数值数据变换成图形基本元素的模块；或将数据直接映射到颜色空间的模块，同时提供调用可视化过程的图形元素的接口，使研究人员可以交互地操纵这些图形元素，并作出灵活的图形解释。作为图形综合功能的最基本模块应包括传统图形处理的全过程，从造型、几何变换一直到三维绘制。可视化软件强调人机交互功能、动态控制与修正各类参数的能力，以便于达到驾驭计算过程的目的。

可视化系统是指一个集成环境，在其支持下，人们可通过直观的手段对复杂数据进行有效的研究。可视化工具则一般只支持某一方面的可视化技术。可视化软件发展至今，经历了由简单到复杂的一段演进过程，我们可以依照这一过程将可视化软件分为三大类：可视化子程序、专用可视化工具和通用可视化系统。

(1) 可视化子程序库

这一类软件是传统中人们分析和观察数据的工具，包括各种图形库和随机赠送的软件包，它们提供了各种子程序，主要用于可视化应用开发。用户在调用这些子程序来开发应用时，必须自己编程实现应用的各部分功能，包括主程序、用户界面、数据处理与几何造型和绘制部分。

有的图表库只提供一个图形设备的接口，如 PLOT10 库是 Tektronix 终端的图形接口，还有的图形库则提供比较高级的图形算法、支持坐标、曲线等功能，如常用的 GKS，CL，PHIGS 等。有的 PC 机上随赠的软件包提供了用户界面子程序，支持用户开发界面，在一定程度上减轻了用户的负担。

可视化子程序库的优点是十分灵活，用户可以直接控制各部分功能。缺点是人们必须花费大量的精力来编写和维护其应用程序代码，软件生产率低。

(2) 专用可视化工具

这一类是人们专门为解决某一专用范围内的问题而开发的一种功能固定的可视化工具。工具本身具备了主程序功能，并有一个十分良好的用户界面，因而不要求用户编制程序代码，用户只要按工具的要求将数据输入并提供一些命令，就可利用该工具快速得到所需的分析结果。

这类软件的最大特点是其功能固定，用户不能对其修改和扩充，因而它们往往只能帮助人们解决某一范围内的问题。有些软件专用于某一应用领域，如石油储藏分析、分子建模、建筑造型等。另外一些软件则适用范围广一些，它们并不局限于某一应用领域，但它们提供的可视化技术是事先就固定好的，因而它们解决的问题仍是有限的，如只适于处理某类风格的数据或某一类问题。

这类软件的优点是其性能优越，因为它们是针对某一范围内问题开发的，对这一范围内的用户需求都能很好地满足，且相关的技术也都发挥得淋漓尽致。其缺点是缺少灵活性，功能比较局限。

为了增强灵活性，有些专用可视化工具还提供了子程序库，以供用户用来开发可视化应用。如 UNIRAS 既提供了交互式工具也提供了 UNIRAS 子程序库。

(3) 通用可视化系统

这类软件实际上是一种用于可视化应用构造与运行的支撑环境，故又称应用构造器(application builder)，它们大多基于数据流机制，拥有一个模块库和一个高层可视编程界面，用户通过该界面从模块库中选取一些适当的算法模块，直观交互地将各模块用数据通道连接起来，构成一个可视化应用的数据流图，然后用户就可以对这些流图加以运行和控制，实现其可视化需求。这里，系统的模块库是可以扩充的，用户可将自己开发的模块转换成系统可接受的形式，并可替换或扩充原有模块库，这样，用户可以采用这些新模块来构造可视化应用程序，故系统可以扩充到各个应用领域，所以我们称之为通用可视化系统，并称之为开放式的。

通用可视化系统结合前两类可视化软件的特点。其每个模块的功能是固定的，相当于一个专用的可视化工具，而整个应用又是由多个模块灵活组织而成，因而又类似于用于程序库开发的应用程序，具有灵活性。在这类软件中，用户通常也无需编程，只要学会如何将模块直观地组成应用程序数据流图。只有当现有模块库中模块功能不能满足用户需求时，用户才编制模块程序，而这种用户是模块开发人员，可以与前一种用户明确分工。

通用可视化系统的优点是良好的灵活性、通用性与开放性。

7.2 常用可视化系统

7.2.1 通用可视化系统

本节主要介绍 AVS(Advanced Visual Systems) 公司的 AVS/Express 可视化系统。AVS/Express 可视化系统广泛应用于工程分析、航空航天、国防、石油工业、地理信息与遥感、环境、电信、有限元分析、流体力学计算、医学、金融等方面。AVS/Express 与许多功能软件和格式都有直接的接口,如 MSC - NASTRAN、ANSYS、FLUENT、DXF 等,它是一个具有强大的可视化功能的软件集成平台。

(1) 多平台的可视化应用开发环境

AVS/Express 开发版是一个可在各种操作系统下开发可视化应用程序的平台,使用它可以快速建立具有交互式可视化和图形功能的科学和商业应用程序。开发者可以使用其面向对象的可视化编程环境,在一个开放和可扩展的环境下快速建立应用程序原型,处理海量数据问题。AVS/Express 开发版提供了有关图形、图像、数据可视化、数据库接口、注释和硬拷贝输出等方面的许多先进技术。AVS/Express 的可视化编程环境提供了一个易于使用的编程接口,这个环境增加了软件的可重用性,提高了软件开发的效率。

开发版具有大量预制的可视化编程对象,以提供一个功能强大的可视化开发环境。开发者除了可以使用诸如 2D 和 3D 图形观察器之类的高级对象之外,还可对这些高级对象进行重新定制(例如:重新设置一个观察器中光线的数目)。

开发版对其支持的所有平台均是授权的,用户可将其应用程序生成各种平台下的标准执行程序,脱离 AVS/Express 单独执行。由于对应用程序采取了高级的可视化描述,从而使用户应用程序可方便地实现跨平台移植。用户只需要做少量的工作,即可使用户的应用得到可视的表示,然后在选定平台上编译成独立的可执行程序。

(2)AVS/Express 开发版的组成部分

1) 图形显示软件包(Graphic Display Kit)

图形显示软件包提供对文本、二维图像、二维或三维几何对象(非结构网格) 和体(三维均匀计算网格和三维显示空间) 进行显示和处理的图形组件基本技术。该软件包主要包括:统一的二维 / 三维显示通道、图形硬件加速或软件显示器、直接数据显示和超高速缓存模式;包括视图、照相机和灯光、图像、线、多边形等在内的显示元素和显示基元;用户界面编辑器、交互器、拾取操作器、以及图形对象、可在任意图像、二维 / 三维图形上显示高质量的注释,支持 Postscript 和 CGM 的硬拷贝输出。

2) 数据可视化软件包

数据可视化软件包包括为可视化和分析大范围数据集而特别设计的对象、数据结构和函数库。AVS/Express 的数据模型已被精细地调整,以便对图形敏感应用中经常出现的所有类型数据,包括图像、体、有限元、散列点和几何数据,或者更一般地说是任何多变量数据,进行最有效和最优化的处理。

数据可视化软件包的对象是多态的,因此每个对象都可操作许多不同的数据类型(包括原始数据类型如字节、字符、短整型、整型、单精度型、双精度型数据) 和不同的类型的集合数据，比如无结构数据集、结构数据集（非规则数据集、正交数据集和均匀数据集）等。

数据模型是建立在“数据 —— 引用”结构基础上的。数据结构可以分层定义，特定数据结构的组件，可被引用作为计算对象的输入。如果一个应用程序需要非常特殊的数据类型，它们可以非常方便地进行定义。另外，一个应用中的数据结构，可以组合到数据模式的基本数据类型，即域数据类型中，从而提供一个单一的数据结构，其中除了可视化数据之外，还包括应用程序特定的属性信息。

3）图像处理软件包

图像处理软件包是一个分析和处理图像的函数库。用图像处理软件包，用户不仅可以处理单频段图像，还可处理多频段中各个频段的图像、子图像或任何感兴趣区域的图像。这个软件包的关键功能包括：分析、运算、绘图、编辑、滤波、几何光学处理系统、快速富里叶变换、形态变换和格式转换。

4）数据库软件包

数据库软件包提供了与几个基于结构化查询语言（SQL）的关系数据库管理系统（RDBMS）如 Oracle，Sybase 和 Informix 的直接接口。此外，数据库包还支持开放数据库互连（ODBC）接口。一个可配置的可视化对象库可以提供与一个或多个关系数据库的连接；还可以显示数据库表格和以 SQL 表达的组件；并且简化了从 SQL 查询中返回数据的可视化。

5）用户接口软件包

用户接口软件包使用户可以在 Motif 和 Windows 的环境中，确定应用用户接口的结构和设计。应用开发是通过简化传统的图形用户接口（GUI）编制工具包中的“编辑 - 编译 - 连接”过程而形成流程。在用户接口包中，包括所有创建 GUI 所需的组件，如菜单、对话框、按钮、列表框、组合框、滚动条、图标、拨号盘、滑动条、文本框等等。另外，用户接口包中还包括用于捕获鼠标的组件，以实现应用程序鼠标驱动的完全交互。

6）地理信息系统（GIS）处理包

地理信息系统处理软件包，包括对输入和运行地理信息系统进行宏观优化的模块，数据输入模块，地图投影和用户接口。AVS 公司在 1997 年 6 月与在地理信息系统和测绘软件方面占领先地位的 ESRI 结成联盟。现在，在 AVS/Express 开发版中设有地理空间接口（SDI），可以和 ESRI 的地理空间数据引擎（SDE）相连接。

7）支持的平台

Digital UNIX，Hewlett - Packard HP - UX，IBM AIX，Silicon Graphics IRIX（SGI），SunOS，Sun Solaris，PC（Windows 9x and NT，2000），Solaris 7.0（C/C++ 编译器升级到了 Sun Workshop 5.0），HP - UX 11，Compaq Tru64 UNIX 4.0E，Red Hat LINUX 6.0。

（3）AVS/Express 开发版的特点

1）面向对象开发环境

AVS/Express 是一个面向对象开发平台。AVS/Express 中所有元素均为对象，包括对象模板，数据对象和图形对象。

2）图形显示功能

AVS/Express 提供了功能强大的图形图像显示引擎，提供各种图形显示要素对象，包括调色板、灯光、照相机等对象；提供多种图形显示器，包括软件显示、硬件图形加速（如 OpenGL，PEX，XGL，XIL，MPU 等各种图形库支持）、硬拷贝输出；提供多种图形显示技术，如光线跟踪、BTF 等。

3) 多维可视化软件

AVS/Express 是一个多维的可视化软件。AVS 的数据可视化基于其核心数据结构 Field，该结构可以轻松表示任意维的数据。AVS 力图利用最简单的图形来表达最复杂最丰富的数据信息。AVS 提供了多种可视化技术，包括标量和矢量显示技术，每一种可视化技术均力图表示尽可能多维的数据信息。图 7－2 为 AVS/Express 可视化示例。

4) 开放和可扩展性

AVS/Express 是一个开放的体系结构，除本身提供了上千个预制组件供用户使用外，还允许用户利用模块生成向导快速添加自己的组件。AVS/Express 开发版也允许用户打开任何系统预制组件，对其进行修改以满足用户自己的需要。目前已经有许多第三方软件商提供的 AVS 组件和软件包可供使用，比如任何用户均可从国际 AVS 中心免费获取大量的 AVS 组件，这些组件可以非常容易地加入用户的系统，从而快速扩展 AVS/Express 的功能。

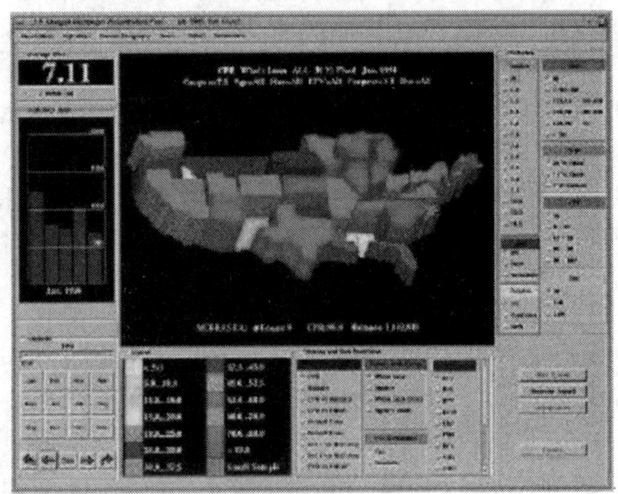

图 7－2　AVS/Express 可视化示例

5) 可视化快速编程环境

在 AVS/Express 的可视化快速编程环境 — 网络编程器(NE) 中，用户可以交互方式非常容易地快速生成自己的可视化应用程序。它以流程图方式显示用户的应用程序结构，用户可以在其中图形式地连接对象，调用模块，从而组建一个可视化网络。网络可以做为一个应用程序或对象被保存，重复使用或修改，从而可提高应用程序开发者工作效率。

6) 多种编程手段

AVS/Express 提供了以下几种编程手段。① 利用 AVS/Express 提供的预制组件，在 NE 中用鼠标进行简单的拖一放，按需要建立自己的可视化网络，从而快速生成应用程序。② 利用 AVS/Express 提供的功能强大的高级描述性语言 V，快速进行应用程序开发。③ 利用 AVS/Express 提供的模块生成向导快速封装已有的 C、C^{++} 和 Fortran 源代码、目标代码甚至已有的应用程序，或是利用用户代码接口封装已有的 C、C^{++} 结构，构造出新的模块。④ 利用 AVS/Express 提供的应用程序编程接口(API)，包括 C，FortranAPI 和 C^{++} 类库，调用 AVS/Express 提供的丰富的图形函数库，开发用户自己的功能强大的图形应用程序。

7) 广泛的应用程序分发方法

AVS/Express 为用户提供了广泛的应用程序分发(Distribution) 方法。①V 语言文本文件——用户可将自己的应用程序用 V 语言以文本文件保存，从而可使复杂的可视化应用程序，以极小的文本文件发送，这种方式特别适合网上分发。② 可视化网络 —— 以图像的方式拍下网络编程器中应用程序可视化网络。③ 生成标准的执行程序 —— 应用程序开发者可以将自己开发的可视化程序编译生成单独的可执行程序，使得使用者可以脱离 AVS/Express 环境单独执行。④ 生成 C^{++} 类库 —— 应用程序开发者可以将自己的模块以 C^{++} 类库的方式分发,使用者可在自己的 C^{++} 开发环境使用该类库。⑤生成 Active - X 控件——应用程序开发者也可将自己的模块,以 Active - X 控件的方式分发,从而可在 VB,VC,Office,浏览器等广泛领域使用。⑥ 生成网景(Netscape) 公司浏览器插件。⑦ 以 VRML 语言保存。⑧ 创建自己的 Web 服务器图形引擎。

8) 数据输入 / 输出

开发版包含的数据库软件包,除支持 ODBC 外,还提供了对 Oracle、Sybase 和 Informix 的直接数据库接口。同时,空间数据接口 SDI 还提供同 ESRI 的 SDE 的接口。

提供了各种数据输入 / 输出模块,包括输入图像、电子表格数据、几何图形、netCDF、UCD、体、AVS 域、Web 服务器上的域及几何图形、CIA World DataBank II、USGS DEM 等;输出图像、AVS 域、netCDF、PS 格式、VRML 等多种格式文件。

AVS/Express 提供一个统一的域数据结构,任何数据转换成该结构后都可在 AVS 中进行处理和显示。根据网格类型可将域分为四种类型:均匀网格、正交网格、非规则网格和非结构网格。

AVS/Express 提供的工程数据接口(EDI) 包含了许多用于数据输入 / 输出的模块,用户可以使用它读取许多工程软件的输出文件。用户也可以自己添加数据输入 / 输出模块,或者也可从国际 AVS 中心免费获得许多这样的模块。

9) 海量数据处理

AVS/Express 提供了许多技术用于处理大数据量问题。AVS 对于大数据量问题的处理贯穿其所有模块,如 fileobj、slice、crop、downsize 等模块,当然 AVS 也有专门的算法用于处理大数据量问题。

10) 多媒体生成模块

AVS/Express 具备动画生成能力。AVS 具有专门生成动画的模块,该模块可将 AVS 图形对象的属性进行关键帧插值,然后将插值后的属性连续变化,AVS 图形显示引擎则动态更新图形对象,从而生成逼真的动画效果。再利用 AVS 的多媒体生成模块,可输出标准的 MPEG、AVI 等多媒体文件。

11) 授权方式及各种版本

AVS/Express 分为开发版和可视化版两种版本,AVS/Express 可视化版主要是面向最终用户设计的软件产品。可视化版预置了 500 多个模块,具有开发版的所有基本功能。

AVS/Express 的开发版和可视化版在 PC、UNIX 的界面和功能是完全一样的,在 PC 或 UNIX 上编译的程序移植到 PC 或 UNIX 上,无需任何改动,可直接使用。

AVS公司还在此基础上针对某些特定操作系统和用户开发了新的版本,例如,AVS/Express 最近又推出了专门支持 LINUX 系统的版本(AVS/Express for LINUX)。

AVS/Express MPU(Multi - Pipe Edition) 是 SGI,KGT Inc.,曼彻斯特可视化中心和 AVS公司最新的合作结果,是专门为 SGI 的 Onyx2 Multi - Pipe 高性能工作站设计的。MPU 灵活、可扩展且易于使用,还为虚拟现实系统提供宽幅的可视化能力。

7.2.2 舰船三维设计工具 CADDS5 系统

CADDS5 是美国 PTC(Parametric Technology Corporation) 公司的参数化机械设计软件,它在通用机械设计模块的基础上增加了船舶设计模块。PTC 公司的产品除了 CADDS5 以外,还有 Pro/ENGINEER Wildfire、Windchill、Pro/MECHANICA、Pro/DESKTOP、DIVISION 等。本节介

绍 CADDS5 的主要功能及特点。

7.2.2.1　CADDS5 核心模块

CADDS5 Modeling Foundation Package(CMFP) 是 CADDS5 的核心模块,它提供了集成的多重应用的设计环境,一体化的多种几何造型工具,并将清晰造型(Explicit Modeling) 功能和参数化造型(Parametric Modeling) 特征合并在一个单一的、集成的系统中。无论用户是否建立一个清晰模型或参数化模型,所有的图形信息都被储存在同样的文件集里,而不是各自的数据库或图形信息的复制。

(1) 参数化造型:参数化造型提供尺寸驱动的几何变量,用户可快速地开发一种产品模型,然后用交互式检查模型变化的效果。CMFP 最重要的参数设计工具包括:集成参数化线框、曲面和实体造型;约束管理;二维草图设计;三维草图设计;基于特征的造型。三维参数化造型通过记录几何体之间的所有相互依存关系,自动地捕捉到设计的意图。例如,对一个矩形基板,在每个角处都有螺栓孔,当这个矩形基板长度改变时,螺栓将自动地移到相应的位置。

(2) 约束管理:在产品开发过程中,需要建立模型中特定部件之间的关系或约束,而这些关系或约束与对模型所进行的修改无关,在整个设计过程中这些约束必须保持。CMFP 提供了约束管理,在参数化造型环境中嵌入了一个符号解算器,它被设计成用来解算联立非线性方程组。这样可允许用户用变量名定义复杂的代数方程,这些变量名直接依赖于模型中的参数。一个约束模型和方程解算系统能使许多的设计自动进行,并且可以保证设计中所要求的一致性。

(3) 变量几何和智能化草图设计:变量几何用数学方法提供尺寸驱动的几何。用草图设计先定尺寸,后施方法。当几何完全生成后,用户定义的尺寸将用来约束模型。在草图设计过程中,几何结论(如垂直度、相切性和共线性) 以图形方式传递给设计者。如果所推出的约束被接受,它就变成定义分布的几何关系。在修改过程中,这些约束帮助维持分布的整体性和几何关系。

(4) 基于特征的造型:Foundation 提供了一个预先定义的特征、内容全面的库。基于特征的造型允许设计者用工程或制造专用名词(如孔、螺栓、槽) 代替几何名词(如柱体、盒),在模型上添加一些细节。CADDS 5 基于特征的造型也提供添加用户定义特征的方便,这样允许团体建立特征库来满足特殊的需要。基于特征的应用采用了模型智能化的优点,允许用户快速地把设计意图汇合到他们的产品设计中。

(5) 清晰造型:CADDS 5 中清晰造型的操作是非常全面的,它也可使用户用线框、曲面和实体模型几何来开发一个精细的非参数模型。所有的几何形状被集成一体并可以拆卸。例如,可以用标准的线框技术建立一个原始外形,很容易地建立一个曲面或实体模型。为清晰造型提供的辅助操作包括节点结构、示例图形的产生与处理、对实体的非几何特征赋值和用于详细操作的文本安排。

7.2.2.2　应用模块

(1)NURBS Surface Design 高级曲面设计:该模块采用非均匀有理 B 样条(NURBS) 曲线和曲面技术来构造大型而复杂的形状,并提供曲面光滑几何算法、曲面编辑、图形曲面和曲线品质分析。

(2)Solid Detailing 实体详细设计:该模块提供一套集成工具用于绘制线框、曲面和实体模型的工程图,包括实体隐线消除(HLR) 和实体剖切,实体 HLR 自动产生精确的三维实体消隐线型视图,实体剖切自动地产生实体的剖视图。

(3)Physical Properties 物理特性计算:Physical Properties 软件是一个集成的分析工具,用户可利用该模块自动计算二维或三维组件或组件装配体的几何特性和惯量特性。

(4)Parametric Multipart Design 参数化多部件设计:Parametric Multipart Design 使各个用户能够规划和设计多部件的配置。为了编辑和说明各个部件的特征,用户能够对其中的部件作动态转换。用户也能够在配置中将一部分参数相对另一部件参数作调整。

(5)Concurrent Assembly Mock up 并行装配:该模块提供大装配的规划、设计和模拟工具,通过允许工程项目组全体成员的协同工作来缩短复杂项目的研制周期,其主要功能为:1) 并行的多用户支持,协同工作;2) 装配结构和装配部件几何的同步显示;3) 动态部件开关;4) 部件间参数约束;5) 参照部件;6) 零件图与其它备份图;7) 自动生成部件报表。

(6)Interference Checking 干涉检查:可对大型项目 /AEC 模型中的基本原形及一个实体模型内分隔实体目标间作干涉检查。对于一个实体模型,可以进行逐点测量、最小距离计算、最小间隙检查、相交的轨迹和相交的实体。对大型项目 /AEC 模型,它使用户能够对管道、钢结构设备、HVAC 暖通管路及其它实体确定间隙公差。

(7)Assembly Interference Detection 装配干涉检查:该模块用于装配部件间的干涉检查,一个专门的显示窗口用来显示、分析和报告装配部件干涉发生现象和结果。

(8)CADDS SHADE II 上色模块:CADDS SHADE II 软件包允许你在工作站屏幕上交互式地生成、处理及编辑着色和消隐图像。

(9)EPD Visualizer 工程视觉系统:该软件使用户形象地进入 CAD 模型,从不同角度对产品结构的外表获取更全面的理解,主要功能包括:1) 动态的干涉检查功能,可用于大型工程的预装配,检修、维护的方案评估;2) 提供实时的漫游功能和动画制作功能;3) 提供无级调色板、多种彩色光源用于模型的渲染。

(10)CVMAC 图形语言:CVMAC 编译器提供一套二次开发的扩展能力,用以增强 CADDS5 软件的应用系列,包括为 UNIX 和 CADDS5 应用程序而定制的宏命令。用 CVMAC 语言编写的程序作为单命令执行,CVMAC 可直接读和写数据库。

7.2.2.3　船舶专用模块

(1)ASM (Advance Structure Model) 高级结构设计模块

该模块主要用于船舶结构的 3D 建模和详细设计部分。1) 开放性的型材库,型材体素用户可自定义;2) 开放性的工厂标准切口库、流水孔、穿越孔、肘板、补板及端切口库;3) 可方便定义的船体结构件,包括曲面板、空间扭曲构件;4) 提供参数化的修改和编辑功能;5) 提供标准焊接连接形式,并自动计算各类焊接长度及焊接重量;6) 提供结构件,零件的材料统计及重量、重心计算;7) 提供任意定义生产信息功能;8) 提供三维模型与外部数据库 ORACLE 的接口。

(2)Hull Fabrication 船体加工模块

这一模块主要用于船舶结构的生产设计及施工设计,主要包括以下功能:1) 全船或局部外板展开;2) 提供以 3D 船壳为基准面,精确定义板缝、分段缝、纵骨、肋骨等结构基准线;3) 自动从 3D 模型中提取信息生成零件加工图,包括外板、肘板、补板、零件板等,提供加工样线及放样余量控制;4) 自动从 3D 模型中提取信息生成肋骨型材展开草图,以及拟直线等放样信息;5) 自动从 3D 模型中提取信息生成型胎架图,提供栓顶高度以及平面放样数据;6) 自动从 3D 模型中提取信息生成板型胎架图,并可提供加工放样信息;7) 自动从 3D 模型中提取信息生成任意平面的施工平面图;8) 自动从 3D 模型中提取信息生成任意肋位的剖视图;9) 自动从 3D 模型中提取信息生成纵向剖视图;10) 提供加工零件的套料接口。

(3)Piping 三维管道设计模块

该模块由 Piping Layout 三维管道设计,P&ID 二维工艺流程图,Piping Isometric 管路加工图组成,主要功能为:1) 开放性的二维、三维设备建库及管件库;2) 支持预定义的设计标准及规范、自动检测设计规程;3) 管线设计过程的自动级配;4) 自动地管线修改,管件更新功能;5) 提供分系统材料统计、分区域材料统计功能及托盘表;6) 提供管道支架及支架库;7) 提供管道应力分析接口;8) 自动生成管路布置详图;9) 自动生成管路系统安装图以及管路加工小票图;10) 提供三维模型与外部数据库 ORACLE 的接口。

(4)HVAC 三维风管设计模块

HVAC 可完成风管设计的草图设计、详细设计和风管的制造详图,主要具有以下功能:1) 参数化的管件库;2) 自动计算风管截面,自动级配管件;3) 提供风管设计过程的压力平衡计算;4) 方便的风管修改及管件自动更新功能;5) 自动化全线等截面换算;6) 自动生成风管加工小票图;7) 自动展开风管管件,生成零件加工图;8) 分系统、分区域材料统计;9) 提供 3D 模型与外部数据库 ORACLE 的接口。

(5)Contral Piping 控制管线设计模块

该模块主要处理液压、油压控制系统的小管径管路束,主要包括下列功能:1) 开放性的二维三维管件图库;二维工艺流程图;三维控制管线布置;自动匹配管线支架和夹具;自动生成任意管路的截面详图;提供材料统计;自动生成管路其夹具加工图;提供三维模型与外部数据库 ORACLE 的接口。

(6)Supports 支架系统

该模块主要用于各类管道支架 Piping Support 和设备基础 Equipment Support,提供以下主要功能:建立标准管道支架库和设备支架库;三维支架建模并自动调整支架高度及宽度;材料统计及属性报告;提供支撑系统加工图;提供外部数据库 ORACLE 的接口。

(7)Ship Electrical 船舶电器

该模块主要用于船舶电器的三维设计,包括下述主要功能:开放性二维三维电器零件库;二维电器原理图布置;三维电缆通道布置和电缆支架布置;可供选择的自动布线系统和人工交互布线;自动搜索最小路径,检测通道填满度,提供优选通道;自动生成电缆通道剖面图;自动计算电缆长度以及电器零配件统计;提供与外部数据库 ORACLE 的接口。

7.2.3 虚拟产品开发平台 DIVISION 系统

DIVISION 系统同样是美国 PIC 公司的产品。DIVISION 工具应用于产品开发过程,可以大大减少对物理原型的需求。该工具可以进行仿真装配和功能分析以及后续过程,比如装配/拆装顺序、维护程序、培训方案和交互式客户设计。同时,它可以公布设计信息,以便让参与产品周期的每个人都可以使用、检查和发布。

7.2.3.1 ProductView

ProductView 提供了信息可视化功能,它通过提供基于 Web 的访问产品和过程生命周期中包含的各种信息类型的能力,来支持企业协作。用户可以访问多个企业系统管理的信息,可以浏览异构产品信息,进行标记和分析功能。产品和过程信息可以在整个企业流动,不仅改进产品设计和开发小组之间的交流,而且改进整个广义企业中的交流。它包括设计、销售、支持、会计、质量保证、制造和装配部门以及供应商和客户。

ProductView 具有以下功能：

(1) 浏览异构产品信息

ProductView 能让企业的用户浏览多种与产品相关的信息—从 Microsoft Office 文件等文档到 2D 制图和 3D 模型，用户可以在一个单一的，集成的环境中浏览系统，查看模型和导航产品结构及相关信息。用户可以浏览、查询和标记不同类型的 2D 和 3D 标准和本身格式，以建立支持工程更改需求的材料，并保持在线查看。

(2) 浏览产品结构和元数据

开发和制造一件产品需要多种数据。描述产品的数据被称为元数据。产品结构提供了可以按一种容易被理解的方法来浏览这些信息的功能。ProductView 提供了一种导航产品结构的直观方法。相关信息可以是文档、图像、电子表格、URL 或列表等格式。元数据直接与组件相关，易于浏览。

ProductView 提供了浏览 CADDS5 文件系统管理的产品结构信息和元数据的能力。产品结构可以由各种数据类型组成，其中包括 3D 模型、2D 图形、办公文档、图像、影片和 DIVISION MockUp 仿真。

(3) 浏览和分析 3D 模型

ProductView 提供了独立于 CAD 的浏览功能，它能让参与产品和过程生命周期的人员计算质量属性、建立渲染图像、通过拖拽对象，移动或旋转它们，来剖析部件、透视大型部件以及建立一个部件的截面。

ProductView 包括动态剖切等高级分析工具，它可以详细调查部件设计。在 2D 和 3D 模式中采用简单的拖拉鼠标操作，来动态定位，可以调查各种结构模型。设计的不同配置可以被保存起来供以后再用。

ProductView 测量功能支持精确的长度、角度、半径和曲面间隔测量以及点、中心、边缘和曲面之间的测量。另外，可以浏览源 CAD 系统的特性和属性信息。ProductView 3D 模型浏览和分析功能，可以向非 CAD 用户发布宝贵的产品信息，从而支持企业协作。

(4)2D 浏览

ProductView 支持多种 2D 图形、矢量、图像和文档格式，从而允许企业参与者浏览、处理和覆盖几乎所有类型的 2D 数据。

(5) 关键的标记和分析功能

ProductView 能让参与者标记或用红线标出所有产品信息类型，并保存和恢复结果信息。标记可以作为 HTML 文件通过 Web 被分发出去，并且，既可以被 Windchill，也可以被工作组信息管理系统管理。例如，工程管理人员可以用要求的主要设计标准来标记图形，然后采购员可以把这些信息发送给供应商征求意见。2D 和 3D 的标记功能都包括注释、尺寸、强调部分和印章。可以对同一图形作多处标记，然后查看。另外，用户还可以定制用于注释的线宽和字体设置等图形属性。

7.2.3.2 DIVISION MockUp

它是一个 3D CAD 模型分析、仿真和实时设计协作工具。DIVISION MockUp 提供了一种的可视化、共享、检查和理解产品的虚拟设计工具。DIVISION MockUp 可以与 Pro/ENGINEER、CADDS5 和许多其它 CAD 系统和图形标准交互使用。DIVISION MockUp 使用虚拟，而不是物理原型方法来管理可用性、可制造性和设计检查，从而确保在设计过程的早

期发现设计缺陷,减少成本和开发时间。它具有以下功能:

(1) 大型部件管理

DIVISION MockUp 使用快速装载和实时导航功能可以处理大型部件(具有成千上万个零件和几十亿字节 CAD 数据)。该程序的渲染技术提供了实时可视化功能,它支持复杂部件的交互式透视浏览。

(2) 异构 CAD 支持

DIVISION MockUp 为多种 CAD 系统和标准格式提供了集成,它能够把混合的 CAD 数据集中到完整的产品表示中。该程序也可以访问从许多 CAD 系统转换的 CAD 数据;基础软件包从 Pro/ENGINEER 和 CADDS 5 以及 Inventor、VRML、STL、GBF、MultiGen、3D Studio 和 IGES 等标准格式导入数据。

(3) 可视化和交互作用

利用 Windows 型用户界面,它通过分层和图形选择以及支持直接在虚拟环境中选择和拖拽组件的功能,简化了导航。采用减少 95% 的数据库压缩,可以快速简单地导航超大型部件。

(4) 分析形状、装配和功能

支持冲突分析、实时取横截面和约束以及部件的动态导入。它可以实时建立和分析多个截面,在 3D 场景或 2D 窗口中浏览截面,更改零件位置,以便研究、提交和处理替代方案。对"硬"和"软"冲突以及"刚刚接触"条件进行试验并使用交互式报告来快速分析冲突。当移动零件和执行动画时,同时使用实时冲突检测引擎,在零件上建立连接,以使用定义的自由度约束运动。

(5) 交流工具

DIVISION MockUp 通过简化生产以及频繁的设计检查和交互式描述,有助于小组成员、管理层、供应商和客户之间的交流。浏览在 CAD 模型中获取的元数据,使用由 Motion Planning 选件定义的简单和复杂仿真,输出为 MPEG 格式的影片。把 3D 仿真公布在以互联网为中心的 DIVISION EchoCast(一个 DIVISION MockUp 仿真分布式放映工具)中,然后使用 Netscape 浏览器来交互式浏览仿真。

(6) 实时的多用户协作

DIVISION MockUp 是以分布式体系结构为基础建立的,它支持可以在互联网以及大多数局域网和广域网上使用的 TCP 协议。这种体系结构能让多个入网的客户参考分布式数据库并实时交互作用。消息体系结构只交流虚拟模型中的更改信息,因此需要较窄的带宽。

(7)DIVISION MockUp 的选项

DIVISION 运动规划选件:通过使用智能模型及实用的行为仿真功能,能够建立动画路径和序列,它可用于定义和计划装配,拆装顺序以及建立培训信息。

DIVISION 人体模型检查选件:通过提供人体模型库、身体处理、视野和活动范围分析来支持人机工程和人体定位研究。

Manikin Review 选件扩充了 DIVISION MockUp 的核心功能,使其包括了虚拟产品的人为因素和人机工程测试。Manikin Review 选件支持把虚拟人从标准或定制库添加到虚拟环境中,并支持实时掌握范围、能见度和定位等。可以使用人体模型来研究或展现人是如何影响、使用、装配或维护设计的。启用 DIVISION MockUp 的冲突检测和突现功能,可以检查虚拟产品上的波及范围和人机工程逻辑关系。

7.2.4 CFD 软件工具 Fluent 系统

Fluent 系统被广泛应用于航空航天、船舶工业、旋转机械、石油化工、汽车、能源、计算机、电子、材料、冶金、生物、医药等领域。下面从网格技术、解算方法、物理模型、和软件的界面等方面介绍 FLUENT 的技术特征。

7.2.4.1 网格技术

网格生成是 CFD 计算的第一步，网格质量的好坏对流场计算具有举足轻重的作用。好的网格是计算顺利进行的必要条件，可以大大减少工程师的工作量，加快解算的收敛；反之，差的网格将导致计算难以收敛，计算结果失真。而非结构化网格生成能力是衡量一个 CFD 软件好坏的重要标准之一，因此目前几乎所有的商用 CFD 软件都在致力于非结构化网格技术的开发。

(1)FLUENT 的网格技术

Fluent 公司于 1998 年推出 CFD 网格生成器 GAMBIT。GAMBIT 软件拥有结构化和非结构化网格生成能力。GAMBIT 的网格功能主要体现在以下几个方面。

1) 完全非结构化的网格能力：GAMBIT 能够针对复杂的几何外形生成三维四面体、六面体的非结构化网格，有数十种网格生成方法，包括 Cooper、Tetrahedral Mesh、Stair - Step 等。GAMBIT 提供了对复杂的几何形体生成附面层内网格的重要功能，而且附面层内的贴体网格能很好地与主流区域的网格自动衔接，提高了网格的质量。另外，GAMBIT 能自动将四面体、六面体、三角柱和金字塔形网格自动混合起来，这对复杂几何外形来说尤为重要。

2) 网格的自适应技术：FLUENT 采用网格自适应技术，可根据计算中得到的流场结果反过来调整和优化网格，从而使得计算结果更加准确。这是目前在 CFD 技术中提高计算精度的最重要的技术之一。尤其对于有波系干扰、分离等复杂物理现象的流动问题，采用自适应技术能够有效地捕捉到流场中的细微的物理现象，大大提高计算精度。

FLUENT 软件具有多种自适应选项，可以对物理量值、物理量的空间微分值(如压力梯度)、网格容积变化率、壁面 y^*/y^+ 值等进行自适应。对于船舶外流场的模拟，壁面 y^*/y^+ 自适应的作用不可替代。

3)CAD/CAE 接口：ACIS(.sat,.sab 6.3 之前的任何版本)，Parosolid(文本文件或二进制文件，11.1 之前任何的版本)，Pro/ENGINEER，STEP(AP203 和 AP214)，IGES(包括 MSBO 实体，自动清理不匹配或重复的几何)，STL，I - DEAS(FTL)，Optegra Visualizer，来自其它软件供应商的兼容转换器可以完成多种格式的转换(包括 Catia，Pro/ENGINEER，I - DEAS，Unigraphics，Parasolid，DXF，CADDS - 5，STEP，IGES，VDAFS，and STL)。

4) 网格输入：ANSYS，PLOT3D，NASTRAN，PATRAN，I - DEAS，FIDAP，Hypermesh，输入的网格可以被用来定义重新划分网格时所需要的几何，读入网格时自动提取单元组(边界区)信息，根据读入的网格交互式地调整几何边和面。

7.2.4.2 解算器

解算器是 CFD 软件的“心脏”，它决定了 CFD 解算能否快速收敛、能否得到可靠的结果。FLUENT 软件采用有限体积方法，提供了三种数值算法。

(1)Segregated Solver：该算法源于经典的 SIMPLE 算法。其适用范围为不可压缩流动和中等可压缩流动。这种算法不对 Navier - Stokes 方程联立求解，而是对动量方程进行压力修正。该算法是一种很成熟的算法，在应用上经过了很广泛的验证。

(2)Coupled Explicit Solver:这种算法由 Fluent 公司与 NASA 联合开发。该方法与 SIMPLE 算法不同,而是对整个 Navier - Stokes 方程组进行联立求解,空间离散采用通量差分分裂格式,时间离散采用多步 Runge - Kutta 格式,并采用了多重网格加速收敛技术。对于稳态计算,还采用了当地时间步长和隐式残差光顺技术。该算法稳定性好,应用极为广泛。

(3)Coupled Implicit Solver:该算法是其它所有商用 CFD 软件都不具备的。该算法也对 Navier - Stokes 方程组进行联立求解,由于采用隐式格式,因而计算精度与收敛性要优于 Coupled Explicit 方法,但却占用较多的内存。该算法另一个突出的优点是可以求解全速度范围,即求解范围从低速流动到高超音速流动。

7.2.4.3 物理模型

FLUENT 软件提供了各种的物理模型,包括理想气体、真实气体模型,各种物性参数,旋转系统模型,传热模型,针对外流场与内流的特定的边界条件等。另外,FLUENT 软件包含了十多种工程上常用的湍流模型(包括 1992 年提出的一方程的 S - A 模型,双方程的 k - ε 模型,k - ω 模型,雷诺应力模型和最新的大涡模拟等),而每一种模型又有若干子模型。

针对船舶外流场分析,FLUENT 提供了 k - ω 模型湍流模型,以降低网格对壁面 y^*/y^+ 自依赖程度。针对在船体尾部伴流场的分流、二次流等特性,FLUENT 提供了雷诺应力模型以精确模拟伴流场的复杂流动效应。针对螺旋桨的运动,FLUENT 软件提供了单运动坐标系模型(模拟敞流情况),多运动坐标系模型(模拟螺旋桨与船体干扰总体效应)。滑动网格模型(精确模拟螺旋桨与船体干扰总体效应);针对螺旋桨的空泡分析,FLUENT 软件提供了专用的空泡模型。针对喷水推进等非常规推进,FLUENT 软件提供了专用于喷水推进的双方程 Realizable k - ε 模型。

7.2.4.4 统一集成环境

FLUENT 采用 Windows 界面风格,采用了单一模块和集成化的后置处理环境,避免了多模块给用户带来的不便。另外,FLUENT 软件还提供了与许多主流 CAD/CAE 软件的接口,提高了软件的规范性,并为使用者提供了方便。

7.2.4.5 FLUENT 在船舶工业的应用

FLUENT 软件可以在船舶领域有着广泛的应用,主要包括:船舶外部流场分析及阻力计算、船舶推进器模拟,包括螺旋桨模拟和喷水推进等非常规推进 CFD 分析、螺旋桨空泡分析、船体与螺旋桨的干扰对流场的影响、海水与空气液面(波浪)对船体与螺旋桨的影响、各种船用泵、风扇的模拟、船舶内各种管路内的流动分析、船舶复杂舱室内的通风换热分析、船舶发动机流场分析、减摇水舱模拟。

7.2.5 结构计算分析软件 MSC - NASTRAN 系统

大型通用结构有限元分析软件 MSC.Nastran 是 MSC.Software Corporation(简称 MSC.Software)的产品。

7.2.5.1 MSC.Software 公司产品

(1) 企业级产品

1)MSC.Nastran 是大型通用结构有限元分析软件,也是全球 CAE 工业标准的原代码程序。它能够有效解决各类大型复杂结构的强度、刚度、屈曲、模态、动力学、热力学、非线性、焊接分析、(噪)声学、流体 - 结构耦合、气动弹性、超单元、惯性释放及结构优化等问题。此外,程序还提供了开放式用户开发环境和 DMAP 语言及十余种 CAD 接口,满足用户扩展求解功能和完成数据转换的特殊需要。

2)MSC.Patran是集几何访问、有限元建模、分析求解及数据可视化于一体的框架式软件系统,通过其"并行工程概念"和工程应用模块,将各种CAD/CAE/CAM/CAT(测试)软件系统及用户自编程序融为一体。MSC.Patran独有的SGM(单一几何模型)技术可直接在几何模型一级访问各类CAD软件数据库系统,包括UG、Pro/ENGINEER、CATIA、CADDS5、Euclid、SolidEdge、Solidworks、AutoDeskMDT及I-DEAS等任意CAD/CAM软件数据库及访问Parasolid,ACIS,STEP203/209,IGES几何。此外,MSC.Patran具备布尔实体操作,能够简单快捷建立复杂的几何模型。

3)MSC.Dytran主要用于求解高度非线性、瞬态动力学、流体及流-固耦合等问题,可用于解决复杂的工程问题,如:金属成形(冲压、挤压、旋压、锻压),(水下)爆炸、碰撞、搁浅、冲击、发射、穿透、汽车安全气囊(带)、液-固耦合、晃动、安全防护等问题。

4)MSC.Marc是处理高度组合非线性结构、热及其它物理场和耦合场问题的高级有限元软件。具有很强的单元技术和网格自适应及重划分能力、广泛的材料模型、处理高度非线性问题能力和基于求解器的开放性,被广泛应用于产品加工过程仿真、性能仿真和优化设计。此外,MSC.Marc独有的基于区域分割的并行有限元技术,能够实现在共享式、分布式或网络多CPU环境下非线性有限元分析,

5)MSC.Fatigue是专业耐久性疲劳寿命分析软件系统。可用于结构的初始裂纹分析、裂纹扩展分析、应力寿命分析、焊接寿命分析、整体寿命预估分析、疲劳优化设计、振动疲劳分析、多轴疲劳分析、点焊疲劳分析、虚拟应变片测量及数据采集等各种分析,同时还拥有疲劳断裂相关材料库、疲劳载荷和时间历程库等,能够可视化疲劳分析的各类损伤、寿命结果。

6)MSC.GS-Mesher是几何模型网格生成器。可直接读入各种CAD几何模型,并自动识别和修复模型中存在的缺陷,快速产生有限元网格。。

7)MSC.Mvision是商品化材料数据信息系统。通过它,用户可得到材料数据信息,如材料的构成图像(含金相)、材料的成分含量、材料的各种特性数据、材料数据的测试环境信息、生产厂家及材料出厂牌号数据等,并可将材料特性作为设计变量用于设计、分析阶段的整个过程。此外该软件的材料构造器和评估器可帮助用户建立和评估自己的材料数据信息系统。

8)MSC.Enterprise Mvision是基于互联网向用户提供Mvision材料库的系统,可向流行的CAD/CAE软件直接提供材料数据的电子文档。

9)MSC.Super Model是在CGSA基础上发展的集CAE过程、文件及分析管理于一体的集成系统,其中包含了针对大型结构和组装件的先进的建模特征。适用于航空航天、汽车、船舶等大型结构。

10)MSC.Flight Loads & Dynamics是专门针对各类航空航天及武器系统等各类飞行器设计的飞行载荷及动力控制仿真系统。主要功能包括:亚音速/超音速及稳态/非稳态气弹计算,亚音速/超音速气动载荷及干扰系数AIC计算、飞行环境设定(轨迹、重量等)、气动边界、飞行控制准则定义、机动飞行定义、飞行器外载荷与内载荷的转换/处理/可视化、外部风洞数据/CFD软件数据/用户自编飞行控制软件的连接与访问等。

11)MSC.Nastran-OPTISHAPE是在MSC.Patran界面环境下,基于MSC.Nastran求解器的拓扑及形状优化概念化设计软件系统。利用该软件,用户可按照设计性能的需要改变结构材料分布,构造新的拓扑关系和几何特征,进而通过非参数形状优化光顺拓扑优化模型降低应力级别,提高产品设计寿命。该软件可在网格自适应技术的基础上实现网格重划分功能,

处理多种载荷及边界条件。在产品的概念设计阶段，能够提供既满足设计要求又具有最小重量的初始几何形状。

12)MSC.Acumen 是实现特定任务客户化的工具箱，为客户定做专门的产品设计和分析界面，使特定的客户产品设计分析过程按步骤自动进行。该系统的核心是 MSC.Patran，借助其 CAE 前后处理界面和开发环境(PCL)，利用工具箱提供的多种网页制作技术，驱动获取专家建议的分析流程，在图形界面中自动激活底层由 MSC.Patran 函数库支持的各种 CAE 功能。使复杂的操作流程简单化和规则化，大大缩短原来按标准 CAE 分析的设计周期。

13)MSC.Marc AutoForge 是 2D 和 3D 体成型过程仿真的专用软件。在求解技术上利用 MSC.Marc 求解非线性和热 – 结构耦合问题，同时具有 2D 四边形和 3D 六面体网格自动重新划分功能。该系统可广泛应用于冷热锻、挤压、轧制、摆碾、旋压、多工序体成型过程及焊接和热处理等工艺过程仿真。

14)MSC.Super Forge 是在 MSC.Dytran 核心的基础上开发完成的全三维及二维锻造工艺过程数值仿真系统。适用于模拟冷锻、热锻及多工序加工，同时可以考虑各类热传导效应、塑性摩擦和库仑摩擦的影响，提供描述材料硬化、应变率敏感特性和温度效应的材料模型和材料库。针对锻造工艺要求增加专门的算法，采用用 Euler 模式仿真工件的材料流动，并用 MSC.Dytran 独特的快速流 – 固耦合算法对模具与工件间的相互作用自动处理，无需网格重新划分，比传统的有限元方法计算速度提高 5 ~ 10 倍。

(2) 专业级产品

MSC.Nastran for Windows 是实体建模功能，前后处理及求解器于一体的运行在 PC – NT 环境下 MSC.Nastran 产品。在集成的环境下，利用其求解功能可方便地进行结构应力分析、模态分析、屈曲分析、稳态或瞬态热分析、非线性结构分析、动力响应分析、结构优化及 CFD 高级流体力学计算等。

(3) 桌面级产品

MSC.visual Nastran Desktop 是集有限元分析优化、机构运动学与动力学和可视化技术于一体的虚拟仿真系统，并可通过与 AutoDeskMDT、SolidWorks、SolidEdge、Pro/ENGINERR 的无缝集成完成整个产品设计过程。该系统包括：1)MSC.visual Nastran 4D 将机构运动学与有限元分析集成，快速实现装配级产品的运动学及动力学仿真和有限元分析；2)MSC.visual Nastran Motion 全三维样机机构运动学及动力学仿真软件；3)MSC.visual Nastran Desktop FEA 专门面向设计人员的有限元分析仿真系统，采用 MSC.Nastran 的技术核心，全智能化的图形引导器，实现基于装配的线性静力、模态、屈曲、热传导、形状优化等强大的分析功能；4)MSC.visual Nastran View 三维动态可视化及标识(注释) 工具；5)MSC.visual Nastran Studio 在“View” 的基础上增加了高级渲染、多位成像、多光源设置、及相关属性定义等功能。

MSC.Linux 是内核开放的 Linux 操作系统，其稳定性和高效性能充分利用计算机资源，如并行计算、咨询服务等。

MSC.visual Collaboration 是基于因特网的多方在线实时协作设计平台。

Engineering – e.com 是电子商务，主要是在网上提供产品、服务和工程技术交流，分仿真中心和工程交流两大版面。

7.2.5.2 MSC.Nastran 介绍

(1)MSC.Nastran 的分析功能

1) 静力分析

静力分析是工程结构设计人员使用最为频繁的分析手段，主要用来求解结构在与时间无关或时间作用效果可忽略的静力载荷（如集中/分布静力、温度载荷、强制位移、惯性力等）作用下的响应，并得出所需的节点位移、节点力、约束（反）力、单元内力、单元应力和应变能等。该分析同时还提供结构的重量和重心数据。支持全范围的材料模式，包括：均质各项同性材料、正交各项异性材料、各项异性材料、随温度变化的材料等。方便的载荷与工况组合，包括单元上的点、线和面载荷、热载荷、强迫位移，以及各种载荷的加权组合。

2）屈曲分析

屈曲分析主要用于研究结构在特定载荷下的稳定性，以及确定结构失稳的临界载荷，包括线性屈曲和非线性屈曲分析。线弹性失稳分析又称特征值屈曲分析；可以考虑固定的预载荷，也可使用惯性释放；非线性屈曲分析包括几何非线性失稳分析、弹塑性失稳分析、非线性后屈曲分析。在算法上，MSC. Nastran 采用微分刚度概念，考虑高阶应变－位移关系，结合特征值抽取算法，可精确地判别出相应的失稳临界点。此外，MSC. Nastran 提供了另外三种不同的 Arc－Length 方法适用于非稳定段和后屈曲问题的求解，不但可帮助分析准确地找出失稳点，而且还可跟踪计算结构的非稳定阶段及后屈曲点后的响应。

3）动力学分析

MSC. Nastran 动力学分析功能包括：正则模态及复特征值分析、频率及瞬态响应分析、（噪）声学分析、随机响应分析、响应及冲击谱分析、动力灵敏度分析等。针对中小及超大型问题不同的解题规模，用户可选择 MSC. Nastran 不同的动力学方法加以求解。MSC 开发的通用动力缩减算法（GDR 法）在运算时可自动略去对分析影响不大的自由度。此外 Sparse 矩阵解算器适用所有的动力分析类型，半带宽缩减时的自动内部重排序功能及并行向量化的运算方法可使动力解算效率大大提高。

为求解动力学问题，MSC. Nastran 提供了求解所需齐备的动力和阻尼单元。MSC. Nastran 可在时域或频域内定义各种动力学载荷，包括动态定义所有的静载荷、强迫位移、速度和加速度、初始速度和位移、延时、时间窗口、解析显式时间函数、实复相位和相角、作为结构响应函数的非线性载荷、基于位移和速度的非线性瞬态加载、随载荷或受迫运动不同而不同的时间历程等。模态凝聚法有 Guyan 凝聚、广义动态凝聚、部分模态综合以及精确分析的残余向量。

MSC. Nastran 的高级动力学功能还可分析复杂的工程问题如控制系统、流固耦合分析、传递函数计算、输入载荷的快速富里叶变换、陀螺及进动效应分析、模态综合分析等。所有动力计算数据可利用矩阵法、位移法或模态加速法快速地恢复，或直接输出到机构仿真或相关性测试分析系统中去。

4）非线性分析

很多结构响应与所受的外载荷并不成比例。由于材料的非线性，结构可能会产生大的位移、大转动或两个甚至更多的零件，在载荷作用下时而接触时而分离。要想更精确地仿真实际问题，就必须考虑材料和几何、边界和单元等非线性因素。

由于线性的结构分析因过于保守，而不能赢得当今国际市场的激烈竞争，很多材料在达到初始屈服极限时往往还有很大潜力可挖，通过非线性分析可充分利用材料的塑性和韧性。非线性分析还可解决蠕变问题，这对于高聚合塑性和高温环境下的结构件尤为有用。接触分析也是非线性分析一个很重要的应用方面，如轮胎与道路的接触、齿轮、垫片或衬套等都要用到接触分析。

5) 热传导分析

热传导分析通常用来校验结构零件在热边界条件或热环境下的产品特性。利用 MSC.Nastran 可以计算出结构内的热分布状况，并直观地看到结构内潜热、热点位置及分布。用户可通过改变发热元件的位置，提高散热手段，绝热处理或用其它方法优化产品的热性能。

MSC.Nastran 提供了温度相关的热传导分析支持能力。可以解决包括传导、对流、辐射、相变、热控系统在内所有的热传导现象。并真实地仿真各类边界条件，构造各种复杂的材料和几何模型，模拟热控系统，进行热－结构耦合分析。

MSC.Nastran 提供多种自由对流的边界条件、强迫对流边界条件、辐射边界条件、温度边界条件和初始条件，可以施加各种热载荷，分析各种热控制系统，并且输出分析结果的各种图像显示。另外，MSC.Nastran 提供的重启动功能，可直接矩阵输入至传导和热容矩阵，集中质量和离散导体。

MSC.Nastran 提供了适于稳态或瞬态热传导分析的线性、非线性两种算法。其非线性功能可根据选定的解算方法自动优选时间步长。

6) 空气动力弹性及颤振分析

气动弹性问题是应用力学的分支，涉及气动、惯性及结构力间的相互作用，在 MSC.Nastran 中提供了多种有效的解决方法。人们所知的飞机、直升机、导弹、斜拉桥乃至高耸的电视发射塔、烟囱等都需要气动弹性方面的计算。

MSC.Nastran 的气动弹性分析功能主要包括：静态和动态气弹响应分析、颤振分析及气弹优化。

7) 流－固耦合分析

流－固耦合分析主要用于解决流体(含气体)与结构之间的相互作用效应。MSC.Nastran 中拥有多种方法求解完全的流－固耦合分析问题，包括：流－固耦合法、水弹性流体单元法、虚质量法。

8) 多级超单元分析

超单元分析是求解大型问题一种十分有效的手段，特别适用于对现有结构件做局部修改和重分析时。超单元分析类似于子结构方法，但具有更强的功能且更易于使用。子结构可使问题表达简单、计算效率提高、计算机的存储量降低。超单元分析则在子结构的基础上增加了重复和镜像映射和多层子结构功能，不仅可单独运算而且可与整体模型混合使用，结构中的非线性与线性部分分开处理可以减小非线性问题的规模。应用超单元仅需对那些所关心的受影响大的超单元部分进行重新计算，从而使分析过程更经济，更高效，避免了总体模型的修改和对整个结构的重新计算。

多级超单元分析是 MSC.Nastran 的主要功能之一，适用于多种的分析类型，如线性静力分析、刚体静力分析、正则模态分析、几何和材料非线性分析、响应谱分析、直接特征值、频率响应、瞬态响应分析、模态特征值、频率响应、瞬态响应分析、模态综合分析(混合边界方法和自由边界方法)、设计灵敏度分析、稳态、非稳态、线性、非线性传热分析等。

9) 高级对称分析

针对结构的对称、反对称、轴对称或循环对称等不同的特点，MSC.Nastran 提供了不同的算法。类似超单元分析，高级对称分析可大大压缩大型结构分析问题的规模，提高计算效率。

10) 设计灵敏度及优化分析

设计优化是为满足特定优选目标如最小重量、最大第一阶固有频率或最小噪声级等等的综合设计过程。设计优化意味着有在满足约束的前提下产生最佳设计的可能性。MSC.Nastran优化过程由设计灵敏度分析及优化两大部分组成,可对静力、模态、屈曲、瞬态响应、频率响应、气动弹性和颤振分析进行优化。除了具有这种用于结构优化和零部件详细设计过程的形状和尺寸优化设计的能力外,MSC.Nastran新版还集成了适于产品概念设计阶段的拓扑优化功能,以最小平均柔度或指定阶数的最大特征频率、计算频率与指定频率的最小频率差为目标函数,在一定体积约束下,寻找最优的孔洞尺寸和壳体或实体单元的方向厚度,可用于静力和模态分析的拓扑形状优化。

MSC.Nastran所集成的从概念设计的拓扑优化到详细设计的形状和尺寸优化的统一环境,为产品设计提供了完整的优化设计功能。

11) 复合材料分析

在MSC.Nastran中具有复合材料分析功能,并有多种可应用的单元供用户选择。借助于MSC.Patran,可方便地定义如下种类的复合材料:层合复合材料、编织复合材料、Halpin - Tsai连续纤维复合材料、Halpin - Tsai不连续纤维复合材料、Halpin - Tsai连续带状复合材料、Halpin - Tsai不连续带状复合材料、Halpin - Tsai粒状复合材料、一维短纤维复合材料和二维短纤维复合材料。判辨复合材料失效准则包括:Hill理论、Hoffman理论、Tsai - Wu理论和最大应变理论。MSC.Nastran的复合材料分析适于所有的分析类型。

12)P— 单元及H、P、H—P自适应

H— 法是在以往有限元分析中经常使用的算法,适用于大多数分析类型,对于高应力区往往要通过网格的不断加密细化来满足分析精度。与H— 法相比,P— 单元算法则是通过提高单元阶次减少高应力区的单元划分数量,P法是通过减少单元划分数量提高形函数的阶次来保证求解精度。P法网格划分的规模一般仅相当于H— 法的1/10或更小,且对形状极不规则的模型仍能给出精确解。在MSC.Nastran中,P— 单元的阶次可达9阶,并且在3个方向具有不同的阶次,并允许同一模型中H— 法与P— 法混合使用而不存在单元相溶性问题。MSC.Nastran的P自适应算法可通过应力不连续、能量密度和残余应力估计分析中的误差,自动地调整形函数阶次进行计算直到满足误差精度为止。

(2)MSC.Nastran的高级求解方法

MSC.Nastran能有效地求解大模型,其稀疏矩阵算法速度快而且占用磁盘空间少,内节点自动排序以减小半带宽,再启动功能能利用以前计算的结果。

并行计算功能以及线性静力、正则模态分析、模态及直接频率响应分析的分布式并行计算可提高分析速度,复特征值问题速度提高3倍以上,虚拟质量计算速度提高2倍以上,静力气弹分析速度提高30%以上。MSC.Nastran具备基于几何区域的并行Lanczos法,基于频域的并行Lanczos法和并行的自动部件模态综合(PACMS)法,大大地提高了大模型的计算效率。

(3)MSC.Nastran的单元库

针对实际工程应用,MSC.Nastran中开发了有近70余种单元独特的单元库。MSC.Nastran采用自行开发的“单元派生技术”,可根据解题问题的需要通过变换单元缺省参数获得100多种分析单元,所有这些单元可满足MSC.Nastran各种分析功能的需要,如动力学、非线性分析、灵敏度分析、热分析等。而当分析类型改变时,也仅仅需要很少的一些参数修改。此外,MSC.Nastran的新版本中还增加了更为完善的梁单元库和焊接单元,可方便地模拟点到点、点到面、以及面到面焊接;同时新的基于P单元技术的界面单元的引入,可有效地处理网格划分的不连续性(如实体单元与板壳单元的连接),并自动地进行MPC约束,使组合结构的建模更加方便。

(4) 用户化开发工具 DMAP 语言

作为 MSC.Nastran 的开发工具 DMAP (Direct Matrix Abstraction Program) 语言可以深入 MSC.Nastran 的内核,能帮助用户改变或直接产生新的求解序列,通过矩阵的合并、分离、增加、删除、或将矩阵输出到有限元后处理、机构分析、测试相关性等一些外部程序中,DMAP 还允许在 MSC.Nastran 中直接执行外部程序。另外,用户还可利用 DMAP 编写用户化程序,操作数据库流程。

(5) 平台支持

MSC.Nastran 具有广泛的平台适用性,可在通用和专用计算机不同的操作系统下运行。支持的操作系统有 UNIX,Linux,PC - NT,Windows2000 等。

此外,MSC.Software 的产品还允许在计算机网络上以限定使用权方式被任何机器激活有效地通过网络进行各种计算。

(6)MSC.Nastran 及相应产品与 CAD/CAM 软件的接口

MSC 的主要解算器产品 MSC.Nastran、MSC.Dytran 等采用统一的数据管理模式,其输入、输出格式及结果数据可作为中性文件被所有的 CAD/CAE/CAM 和相关软件容易地移至不同的平台上任意读取而不受应用软件的版本限制。MSC 的补充精度技术保证数据以最高的精度进行传递。

MSC 的产品同时全面支持国际认可的其它各类图型和数据传递标准。一方面,MSC.Patran 具有很好的开放性,与当今众多的 CAD/CAE/CAM/CAT 产品有着十分紧密的集成和信息传递关系;另一方面,几乎所有的 CAD/CAE/CAM 软件厂商为方便其图形和数据与 MSC 产品的传递,竞相开发了与 MSC 产品间的专用接口。

7.2.5.3 MSC.Patran 软件介绍

MSC.Patran 是并行框架式有限元前后处理及分析系统,其开放式、多功能的体系结构可将工程设计、工程分析、结果评估、用户化身和交互图形界面集于一身,构成一个完整 CAE 集成环境。

(1) 集成化的工程分析系统

MSC.Patran 可以实现从设计到制造全过程的产品性能仿真,主要特点如下。

1) 实用性:MSC.Patran 的用户界面容易使用且方便记忆。这使得有经验的使用者可以专著于他们的问题而不是如何使用软件,而新用户也可以很快成为熟练的使用者。

2)CAD 模型的直接访问和几何建模:用户可以采用直接几何访问技术,直接从一些世界先导的 CAD/CAM 系统中抓取几何模型,甚至参数和特征。此外,MSC.Patran 还提供了完善的独立几何建模和编辑工具,以使用户更灵活的完成模型准备。

3) 智能化模型处理:MSC.Patran 允许用户直接在几何模型上设定载荷、边界条件、材料和单元特性,并将这些信息自动地转换成相关的有限元信息,所有的分析结果均可以可视化。

4) 自动有限元建模:MSC.Patran 不断增加的灵活方便的智能化工具,以及自动网格及最先进的映射网格划分功能,使用户快速完成他们想做的工作。

5) 完全的分析集成:将世界先导的不同类型的分析软件和技术集成在一个公共的环境中共用一个模型,使用户能够在短时间内根据多种类型的仿真结果对产品的整体设计给出正确的判断,提出相应的改进建议。

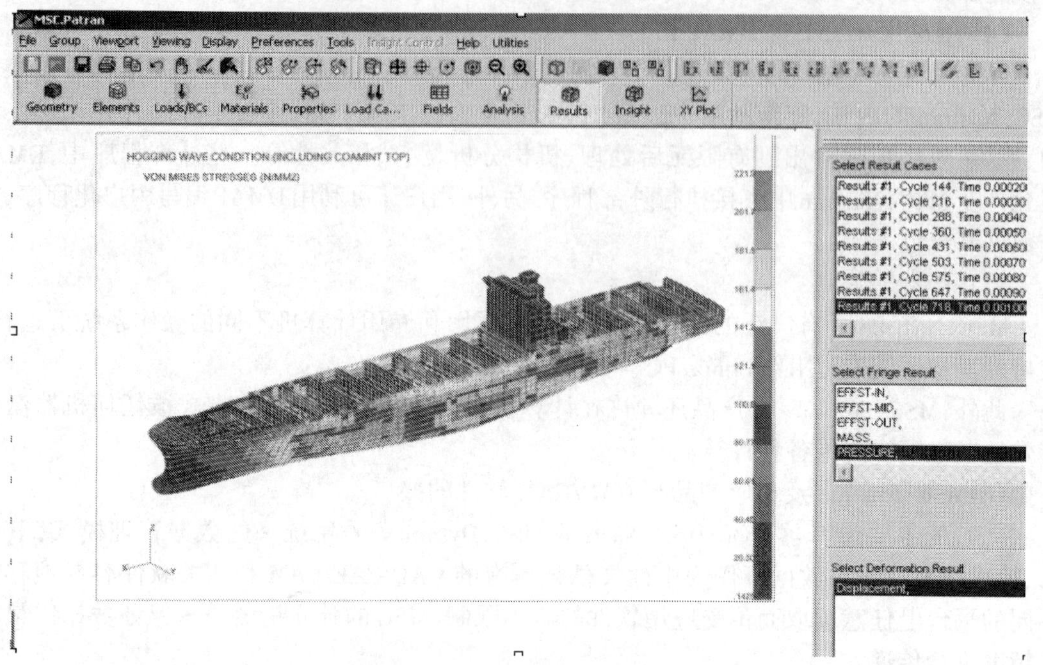

图 7－3　MSC. Patran 的界面

6）高级文档帮助：提供了交互式的全文本在线帮助系统，可使用户随时得到相关的电子文档帮助。另外相关命令过程的自动文件记录可方便地编辑修改并用于模型的参数化研究。

7）数据库不同平台相互兼容：MSC. Patran 的一致数据库可使用户实现不同工作平台间的数据相互传递和资源共享。

8）用户化技术：作为前后处理器，可以利用 PCL 语言和编程函数库把自行开发的应用程序和功能及针对特殊要求开发的内容直接嵌入 MSC. Patran 的框架系统，或单独使用或与其它系统联合使用，提高市场竞争能力。

9）结果可视化处理：MSC. Patran 结果后处理功能可使用户直观的显示所有的分析结果，在产品投放市场前对产品性能进行认定，并可通过图表文件等方式进行文档整理。

(2) 开放式几何访问及模型构造

1）图形用户界面

MSC. Patran 采用符合 Open Software Foundation（OSF）Motif 标准的图形用户界面，直观的鼠标驱动菜单和表格系统可用于输入命令。

2）CAD 几何模型的直接访问

MSC. Patran 是分析前后处理器。其独有的几何模型直接访问技术为基础的 CAD/CAM 软件系统间的几何模型沟通，及各类分析模型无缝连接提供了完美的集成环境。可直接在 MSC. Patran 框架内访问现有 CAD/CAM 系统数据库，读取、转换、修改和操作正在设计的几何模型而无需复制。MSC. Patran 支持的不同的几何传输标准，包括：Parasolid，ACIS，STEP，IGES 等格式。

对于任意其它 CAD 均可依据其所遵循的标准进行访问。以上读入的 CAD 信息包括：几何点、曲线、曲面和实体、Unigraphics 的特征。其中，对于 Unigraphics 的特征不但可以读入 Patran，而且可以在 Patran 中根据分析的要求进行更改，随后特征仍可返回 UG 供 CAD 设计修改使用。

3) 几何造型功能

MSC.Patran 提供了一系列的基于 Parasolid 的几何造型和编辑功能。不但可以编辑导入的 CAD 几何划分有限元网格，而且可以通过布尔运算独立创建各种复杂的几何模型。统一的菜单形式支持各种主要的建模功能，支持多种几何要素(点、曲线、曲面、Parasolid 实体、Trimmed 裁剪曲面、三参数实体、B - rep 实体) 和多种生成选项，包括：平移或拷贝、转动、比例缩放、镜象；滑动拉伸、法向拉伸、抽取点、线、面、导角；直接定义 *XYZ* 坐标；任意方向拉伸、旋转生成；复杂要素分解为简单要素；要素相交产生新的要素；重叠在指定的面上产生线、面；投影点、线、面；由有限元网格生成曲面；通过组的变换生成几何项；几何项序号的重新排序；此外还包含了曲线、曲面合并功能；任意的局部坐标系设定选项、重心、形心、转动惯量等几何模型的质量和几何特性计算等等。

(3) 分析集成

MSC.Patran 按“事件分类”的分析解算器选择功能，分析选择可根据不同分析软件包设置不同的工作环境，可满足用户对使用效益和集成的需求。MSC.Patran 界面内可直接选择的求解器包括：MSC.Nastran, MSC.Dytran, MSC.DropTest, MSC.Super Forge, MSC.Fatige, MSC.Mvision, Star-CD, CFX, Fluent, ABAQUS, ANSYS, MARC, LS-DYNA3D, PamCRASH, SAMCEF, SINDA, MSC.Flight loads and Dynamics 等。

另外，MSC.Patran 还可以选择自身的求解器和分析功能，包括：通用结构分析 Patran-FEA，非线性结构分析 Patran-AFEA，专业热分析包 Patran-Thermal，专业疲劳分析包 Patran-Fatige，高级分析管理器 Patran-Analysis Manager，高级层板复合材料建模器 Patran-Laminate Modeler。

中性文件选择使 MSC.Patran 方便地与任何第三方分析器可通过此格式与 Patran 集成在一任意的分析求解器，一方面用户可通过中性文件选择与其它第三方分析求解器进行连接，另一方面可通过 MSC.Patran 强大的 PCL 功能直接将用户自编的软件嵌入 Patran 的框架系统。

(4) 有限元建模

MSC.Patran 提供了满足各种分析精度要求的复杂有限元的建模能力。其网格划分技术，为用户根据不同的几何模型提供了多种不同的生成和定义有限元模型工具，包括：多种网格划分器，有限元模型的编辑处理、单元设定、任意梁截面建模、边界和载荷定义、及交互式计算结果后处理。

1) 网格划分器

① 快速曲面网格划分器：任意 2D 曲面网格生成和缝合；用户定义局部或全局单元尺寸；网格自动光顺以确保网格质量；网格密度控制包括曲率检查；无曲面的面网格；板壳元中性面自动提取与网格划分；先进的算法保证在边界和特殊区域的网格形状最佳；p - 单元算法产生较少的单元以用于 p - 单元的方法分析。

② 自动实体单元网格划分器：四面体网格；任意几何体 3D 网格划分；强大的网格密度控制功能，包括曲率控制和基于邻近面的网格划分；先进的算法保证在边界及重要区域网格有最佳形状；先进的算法保证在边界和特殊区域的网格形状最佳；四面体网格诊断信息详尽，

能准确定位几何缺陷。

③ 可靠的映射网格划分器:通用 1D、2D、3D 有限元网格划分,单一命令多种网格划分选项,均匀、非均匀控制,网格过渡控制,网格种子控制,用户控制的网格光顺处理,两条线之间产生面单元等。

④ 扫略网格生成器:1D、2D 和 3D 单元可从低一阶次的单元扫略形成,扫略方法有很多种,包括圆弧方向、柱面径向、拉伸、球面径向、滑动、滑动 - 导轨、法向、球面周向矢量域等。

⑤ 在拓扑相近的四边形网格之间产生实体单元。

2) 单元库

线性、二阶、及三阶的线、面和体单元,包括杆、三角形、四边形、四面体、楔形单元和六面体等,以及一些特殊类型的单元,包括:质量单元、弹簧元、阻尼单元、弹性支撑、自由度集、多点约束(MPC) 等。

3) 有限元模型的编辑处理

除网格划分技术外,MSC.Patran 还拥有一些独特的网格处理功能,如网格的优化处理、单元验证试验、节点和单元编辑等。具体包括:自动节点生成,自动产生高阶单元的边中、面中、或中心节点,单元平移、转动、镜象和比例缩放以及复制和管理单元,节点和单元的修改编辑,单元细化,一个几何体多种不同网格划分并存在于同一个数据库中,节点号、单元号、及其偏置用户可完全控制,几何体修改后网格自动修改等。

方便的选项可用来产生位置重合的节点用于生成零长度单元,如间隙单元和滑移线单元。重合节点自动消除功能选项包括:根据拓扑或几何关系,用于检查重合的节点可根据组定义、个别选择或整个模型,检查单元不连续和特殊单元,预览将删除的重合节点,选择节点不进行重合检查等。

4) 有限单元检查确保所有分析模型的完整性

壳单元的细长比、翘曲、扭曲、阶梯性及法向的一致性检查,高阶壳单元的法向和切向便置检查,实体单元的细长比、内角、扭曲、表面扭曲、表面阶梯性、表面翘曲、四面体间隙、单元连接、及重合检查,雅可比测试,单元特性、材料、及边界条件的图形显示,单元自由边和自由面的图形显示等。

5) 任意梁截面定义

梁作为工程领域最为常用的一种结构形式,在结构分析中也因此占据了十分重要的地位。如何高效地处理梁的或板梁实体组合的有限元模型是所有结构分析工具必须面临的问题。

在 MSC.Patran 中设计人员可方便的处理各种梁或梁的有限元组合模型。对于通行的标准梁截面如 I 型,L 型等 Patran 内嵌的梁单元库中均以参数的方式提供给用户,并通过三维摆放保证分析模型的正确性。

除常规梁单元库外,MSC.Patran 还提供了任意梁截面计算和模型处理方法。使得设计工程师能够选择各种形状的梁截面,设计出他们认为更合理的结构产品,而不是苦于如何简化梁模型。

6) 载荷边界条件

结构分析所施加的载荷和边界条件可直接作用于几何或有限元模型上。

(5) 材料

完整的材料信息模型可方便地建立或定义,包括各向同性、正交异性、各向异性、复合材料、热各向同性、热正交异性和热各向异性、粘弹性材料。

密度和材料主方向随空间位置变化可直接加在几何或有限元模型上。所有数据均可用彩色图显示出来以检查,每个特性值均自动根据分析器被指定一个名字。

MSC公司的MSC.Mvision材料数据库信息系统可完全集成到MSC.Patran中,并通过MSC.Patran Materials Selector材料选择器将来自材料数据库的材料信息直接嵌入有限元或CAD几何模型。

(6) 结果交互式可视化后处理

MSC.Patran提供了多种计算分析结果可视化工具,帮助工程师理解结构在载荷作用下复杂的行为,如结构受力、变形、温度场、疲劳寿命、流体流动等。分析的结果同时可与其它有限元程序联合使用。其主要功能包括:

① 多种结果彩图显示类型

② 可选的输出结果颜色范围

③ 选择组合结果

④ 可定义的屏幕显示标题

⑤ 可选择的输出图形格式,如BMP、JPEG、MPEG动画文件、PNG、TIFF、VRML

⑥ 多种张量和矢量显示方式

⑦ 用 $x-y$ 曲线方式显示沿梁单元的结果分布

(7) 高级用户化工具——PATRAN-PCL命令语言

MSC.Patran命令语言(PCL)是MSC.Patran一个模块化结构的编程语言和用户自定义工具,类似于C语言和FORTRAN语言,可用于生成应用程序或特定的用户界面。显示自定义图形、读写Patran数据库、建立新的或增强功能,同时通过PCL,其它商品化或自编分析程序可被集成到MSC.Patran软件系统中。

PCL的主要功能包括:命令行表达式输入;可编译的命令库函数;丰富的表格及菜单库供开发用户图形界面;递归的子程序和函数调用;同类函数归于一个类;条件分枝语句;条件循环语句;用户可定义的表格生成功能使用户的PCL函数可通过菜单选项来执行;数据库的访问存取工具;整型、实型、逻辑型、字符串变量及常数;局部、全局、静态变量及类变量;任意变量类型的数组;虚拟内存数组及数组内存管理功能;跟踪调试工具;数组排序和搜索;字符串函数,包括大小写转换和缩写检查;二进制及文本文件读写功能;多种数学函数程序;丰富的图形函数;模型管理程序;系统实用工具。

(8) 系统配置要求

MSC.Patran目前支持绝大多数计算机平台、操作系统和图形显示卡,可高效运行在主机,服务器,工作站和PC-NT环境下或由相关机器所组成的网络上。MSC.Patran所需的系统资源与许多因素有关,如整个模型的大小及复杂程度等。目前支持的平台及操作系统包括:

①Compaq Tru64 UNIX4.0E或以上;

②HP9000 HP-UX10.2或以上;

③IBMRS/6000 AIX4.3.2或以上;

④Silicon Graphics IRIX6.5或以上;

⑤Sun SPARC Solaris2.7或以上;

⑥Intel PC Windows NT 4.0或Windows 2000以上。

参考文献

1 石教英,蔡文立.计算机可视化算法与系统.北京:科学出版社,1996

2 唐泽圣等.三维数据场可视化.北京:清华大学出版社,1999

3 Doi A,Koide A.An Efficient Method of Triangulating Equi—Valued Surfaces by Using Tetrahedral Cells.IEICE Transactions.E74(1):214 ~ 224,1991

4 Gallagher R S,et al.An Efficient 3 – D Visualization Technique for Finite Element Models and Other Coarse Volumes.Computer Graphics,23(3):185 ~ 194,1989

5 Gelder A V,Kim K.Direct Volume Rendering with Shading Via Three – Dimensional Textures. Proceedings,Symposium on Volume Visualization,October:23 ~ 30,1996

6 Helman J L,Hesselink L.Visualizing Vector Filed Topology in Fluid Flows.IEEE Computer Graphics & Applications,May:36 ~ 46,1991

7 Hesselink L,Post F H.Research Issues in Vector and Tensor Field Visualization.IEEE Computer Graphics & Applications,March:76 ~ 79,1994

8 Hultquist J P M.Interactive Numeric Flow Visualization Using Stream Surface.Computing in Engineering,12(4):349 ~ 353,1990

9 Lacroute P,Levoy M.Fast Volume Rendering Using a Shear – Warp Factorization of the Viewing Transformation.Computer Graphics,Proceedings,July:451 ~ 458,1994

10 Levoy M.Display of Surfaces from Volume Data.IEEE Computer Graphics & Applications, 8(3):29 ~ 37,1988

11 Lorensen W E,Cline H E.Marching Cubes:A High Resolution 3D Surface Construction Algorithm.Computer Graphics,21(4):163 ~ 169,1987

12 Max N.Optical Models for Direct Volume Rendering.IEEE Transactions on Visualization and Computer Graphics,1(2):99 ~ 108,1995

13 Nielson G M,Foley T A,Hamann B,et al.Visualizing and Modeling Scattered Multivariate Data.IEEE Computer Graphics & Applications,May:47 ~ 55,1991

14 van Walsum T,Post F H.Selective Visualization of Vector Fields.Computer Graphics Forum, 13 (3):C339 ~ C347,1994

15 Westover L.Footprint Evaluation for Volume Rendering.Computer Graphics,24(4):367 ~ 376,1990

16 Wilhelms J,Gelder V.A Coherent Projection Approach for Direct Volume Rendering. Computer Graphics,25(4):275 ~ 281,1991

17 Wilhelms J,Challinger J,Alper N,et al.Direct Volume Rendering of Curvilinear Volumes. Computer graphics,24(5):41 ~ 47,1990

18 陈莉.三维矢量场可视化的基础算法研究:[学位论文].杭州:浙江大学.1996

19 梁训东.向量场可视化技术的研究与实现:[学位论文].北京:中国科学院计算技术研究所.1996

20 王文成.三维数据场体绘制技术的研究与实现:[学位论文].北京:中国科学院软件研究所.1998
21 周勇.三维数据可视化技术的研究与实现:[学位论文].北京:清华大学.1995
22 周勇,唐泽圣.适应于体绘制技术的三维有限元网格剖分 .计算机学报,18(5):339 ~ 350
23 熊振翔,李心灿,王日爽.曲线 曲面 光顺.北京:国防工业出版社,1979
24 卢振荣.计算机绘图初步.西安交通大学出版社,1985
25 杨蜡,张仁颐,仰书纲.电子计算机辅助船舶设计.上海交通大学出版社,1985
26 孙家广,陈玉健.计算机辅助几何造型技术.北京:清华大学出版社,1990
27 施法中.计算机辅助几何设计与非均匀有理 B 样条(CAGD—NURBS).北京航空航天大学出版社,1994
28 朱心雄等.自由曲线曲面造型技术.北京:科学出版社,2000
29 Donald Hearn M.Pauline Baker.计算机图形学.北京:电子工业出版社,1998
30 罗振东,廖光裕.计算机图示学原理和方法.上海:复旦大学出版社,1993
31 李定,周连弟.计算流体力学的可视化系统.水动力学研究与进展,1993(3)
32 李定,周连弟.三维组合体消隐算法和显示技术.中国造船,1992(3)
33 王赤中.浮体摇荡运动的水动力研究及其有限元数值解法:[学位论文].武汉:华中理工大学.1999
34 王勖成,邵敏.有限元法基本原理和数值方法.北京:清华大学出版社,1997
35 巴斯 K J.工程分析中的有限单元法.北京:机械工业出版社,1987
36 刘北辰.工程计算机力学 —— 理论与应用.北京:机械工业出版社,1988
37 张汝清,詹先义.非线性有限元分析.重庆大学出版社,1990
38 王国强.实用工程数值模拟技术及其在 ANSYS 上的实践.西安:西北工业大学出版社,2000
39 Akin J E.有限元法的应用与实现.北京:科学出版社,1992
40 Zienkiewicz O C.有限元法.北京:科学出版社,1985
41 陈如欣,胡忠民.塑性有限元法及其在金属成型中的应用.重庆大学出版社,1989
42 谢水生,王祖唐.金属塑性成型工步的有限元数值模拟.北京:冶金工业出版社,1997
43 吕丽萍.有限元法及其在锻压工程中的应用.北京:冶金工业出版社,1991
44 杜平安.有限元网格划分的基本原则.机械设计与制造,2000(1):34 ~ 36
45 胡恩求等.有限元网格自动生成中的网格加密新方法.华中理工大学学报,1996(5):24
46 郑志镇,杨国道,李尚健,李志刚.一种全四边形网格生成算法.华中理工大学学报,1997(11):76 ~ 78
47 雷永刚,卫原平,阮雪榆.三维有限元网格自动生成典型方法与发展方向.机械科学与技术,1999(2):311 ~ 313
48 郑志镇,李尚健,李志刚.曲面网格划分算法的分类与比较.计算机辅助工程,1998(11):53 ~ 58
49 陈永府,张华,陈兴,李得群.任意曲面的三角形网格划分.计算机辅助设计与图形学学报,1997(5):396 ~ 401
50 杜群贵,邓达华,基于 Delaunay 剖分有限元网格结点和单元一体化生成方法.计算机辅

助设计与图形学学报,1997(1):60 ~ 65
51 吴淑芳,张树仁.四叉树法生成网格的几何复杂度.兵工学报,2000(3):282 ~ 285
52 郑志镇,李尚健,李志刚.复杂曲面上的四边形网格生成方法.计算机辅助设计与图形学学报,1999(6):521 ~ 524
53 胡于进,吴俊.有限元模型中等值面的快速体绘制算法.计算力学学报,2000(3):320 ~ 325
54 施云生,沈国强.基于边界适应的有限元网格自动生成及局部调整技术.锻压技术,1998(4):28 ~ 30
55 罗特军,罗季军,汪榴.有限元网格优化方法.四川联合大学学报(工程科学版),1999(3):65 ~ 72
56 Barata Marques M J M,Martins P A F.An Algorithm for Remeshing in Metal Forming.J. Mater.Proc.Tech.24:157 ~ 162,1990
57 Cheg J H,Kikuchi N.A Mesh Rezoning Technique for Finite Element Simulation of Metal Forming Processes.Int J.Num.Meth.Eng.23:219 ~ 228,1986
58 Cheg J H.Automatic Adaptive Remeshing for Finite Element Simulation of Forming Process. Int J.Num.Meth.Eng.26:1 ~ 18,1988
59 MSC.Software,MSC.Patran User's Manual,2000
60 MSC.Software,MSC.Nastran Reference Manual,2000
61 Lo S H.Generation of high quality gradation finite element mesh,Eng.Fracture Mechanics, 41(2),1992
62 Lo S H.Delaunay Triangulation of non - convex planar domains,Int.J Num Meth Eng, 28(12),1989,
63 Lo S H.Automatic mesh generation over intersecting surfaces.Int.J Num.Meth Eng,38:943 ~ 954,1995
64 Baumannt M,Schweizerhof K.Adaptive mesh generation on arbitrarily curved sheel surfaces. Comput.Struct.64(1):209 ~ 220,1997.
65 Piergl L A,Richard M A.Algorithm and data structure for triangulation multiply connected polygonal domains.Comput.Graphics.17(5):563 ~ 574.1993
66 Lo S H.Finite element mesh generation over curved surfaces,Comput.Struct,10:731 ~ 742, 1988
67 曾芬芳.虚拟现实技术.上海交通大学出版社,1997
68 曾隆杰.船舶 CAD.北京:人民交通出版社,1998
69 刘宏增,黄靖远.虚拟设计.北京:机械工业出版社,1999
70 施普尔,克劳舍.虚拟产品开发技术.北京:机械工业出版社,2000
71 杨宝民,朱一宁.分布式虚拟现实技术及其应用.北京:科学出版社,2000
72 张圣坤等.舰船虚拟设计与制造仿真.上海造船,2001(2)
73 陈定方等.虚拟设计.北京:机械工业出版社,2002

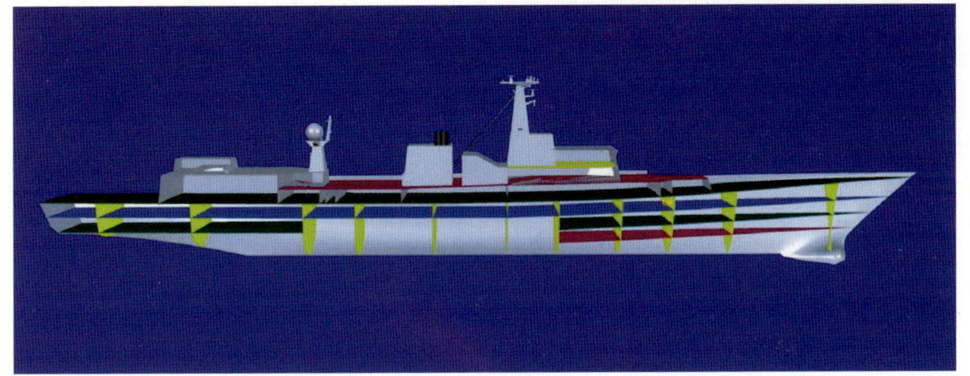

●图 1-7 某舰的船体曲面及分舱造型

●图 1-8 虚拟环境下某船舱室示例

●图 1-9 采用三维设计技术的某船舱段结构示例

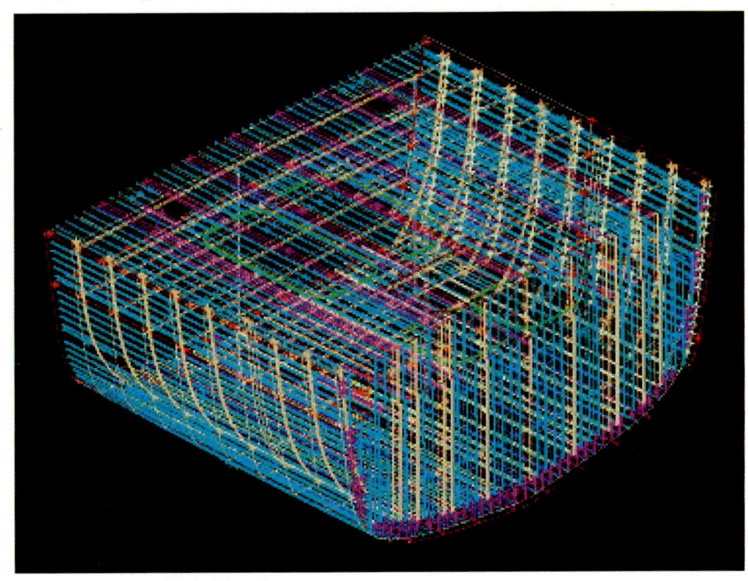

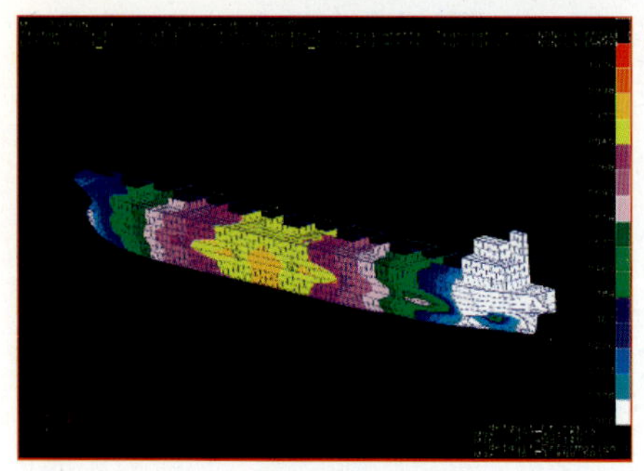

图 1-10 采用有限元方法的某船结构分析示例

图 1-11 采用 CFD 的某船艏部流场示例

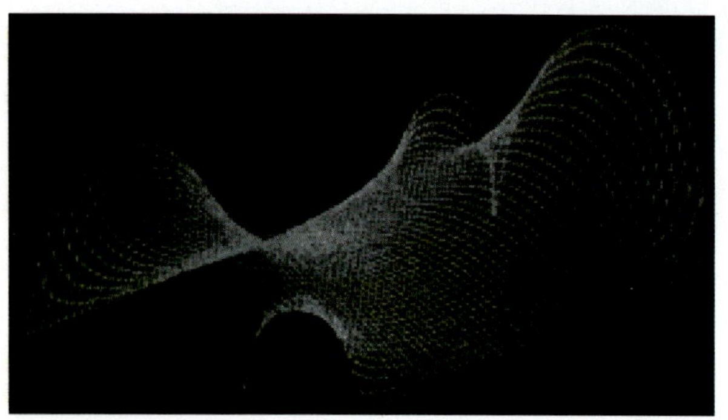

图 3-20 在两对半圆之间构造过渡面

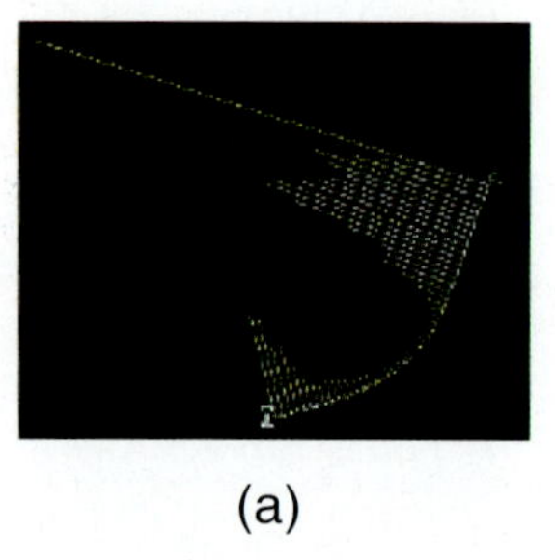

(a)

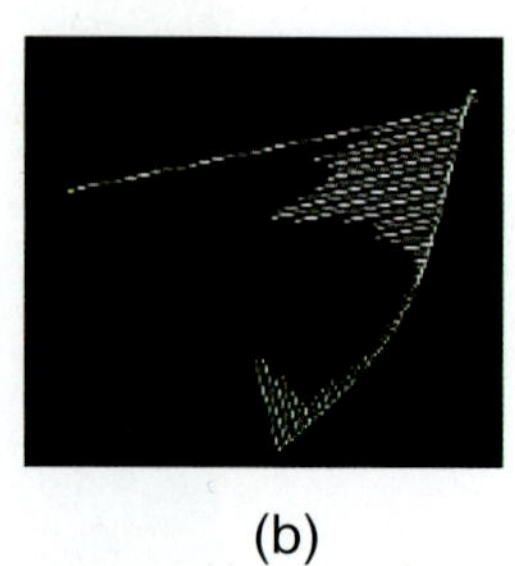

(b)

图 3-28 肋骨样条的刺猬线

(a) 肋骨样条刺猬线（平面）　(b) 肋骨样条刺猬线（空间）

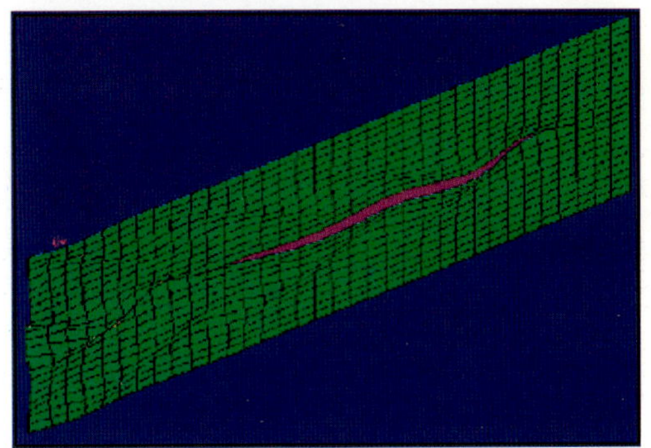

图 4-13 某舰船兴波波形

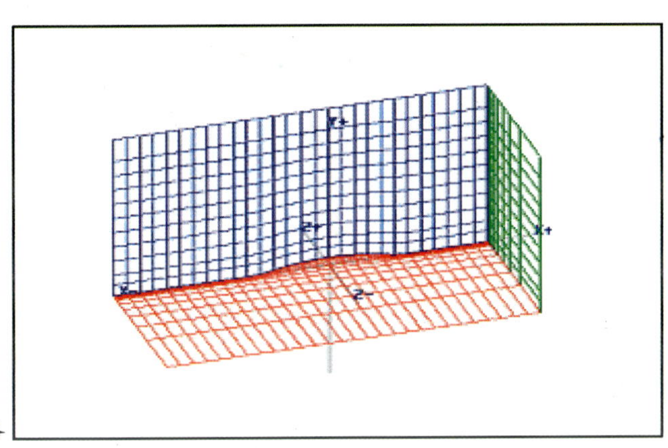

图 4-17 某舰船的空间网格

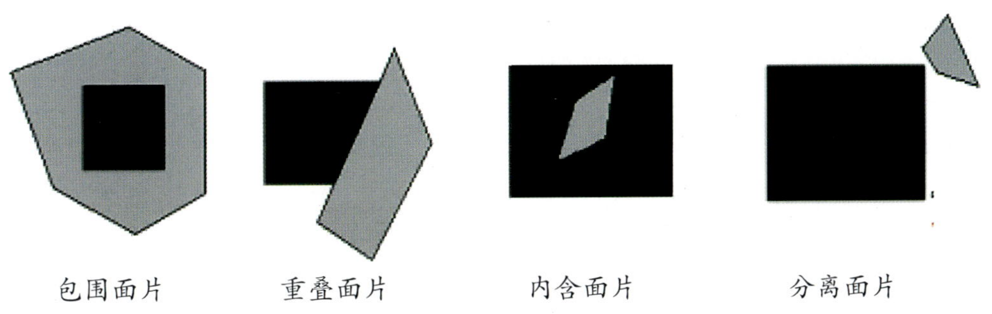

图 4-19 多边形面片与矩形区域之间可能的关系

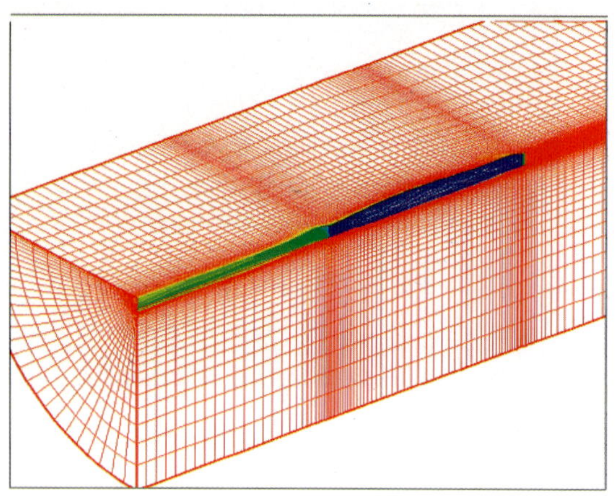

●图 4-22 某舰船消隐后的空间网格

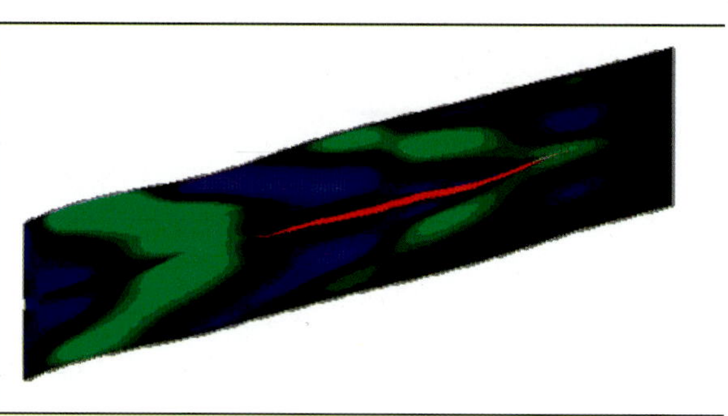

●图 4-25 某舰船兴波表面波高的等值线云图

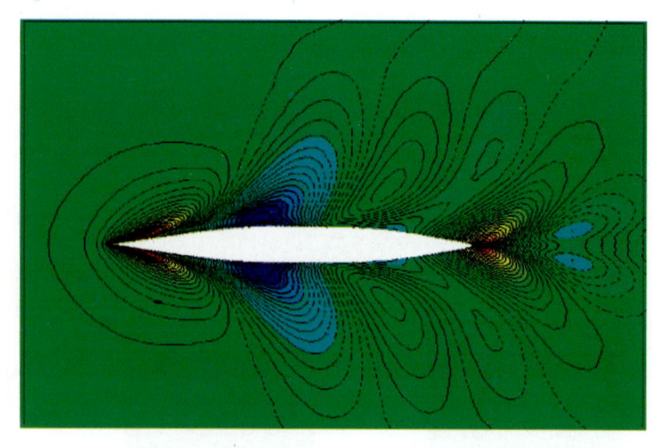

●图 4-26 某舰船兴波表面波高等值线

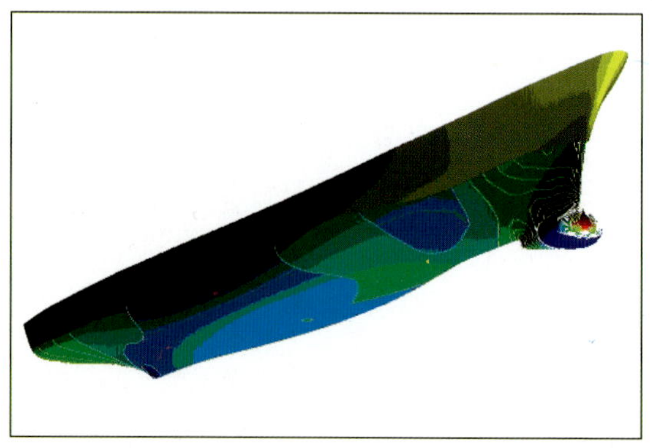

●图 4-27 某舰船船体表面的压力等值线

图 4-30 某舰船采用明暗模型的兴波表面

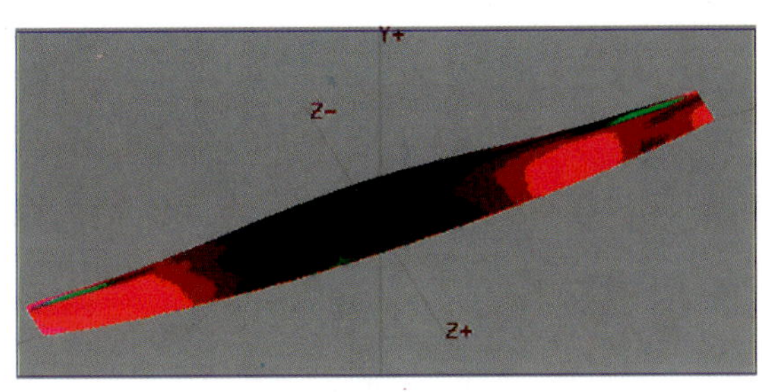

图 4-33 某舰船船体表面压力的纹理表示

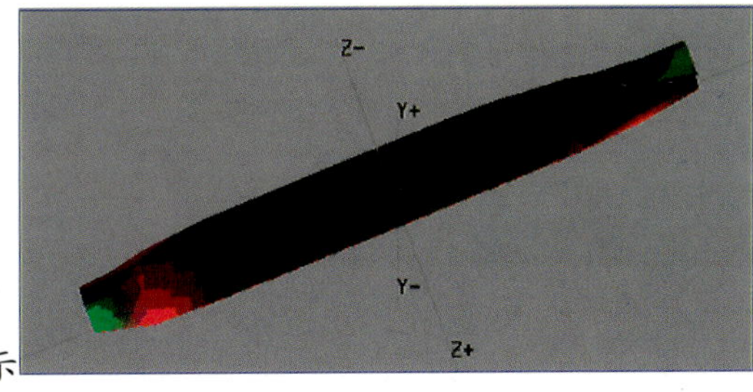

图 4-34 某运输船舶船体表面压力的纹理表示

图 4-35 某舰船船体表面的流线显示

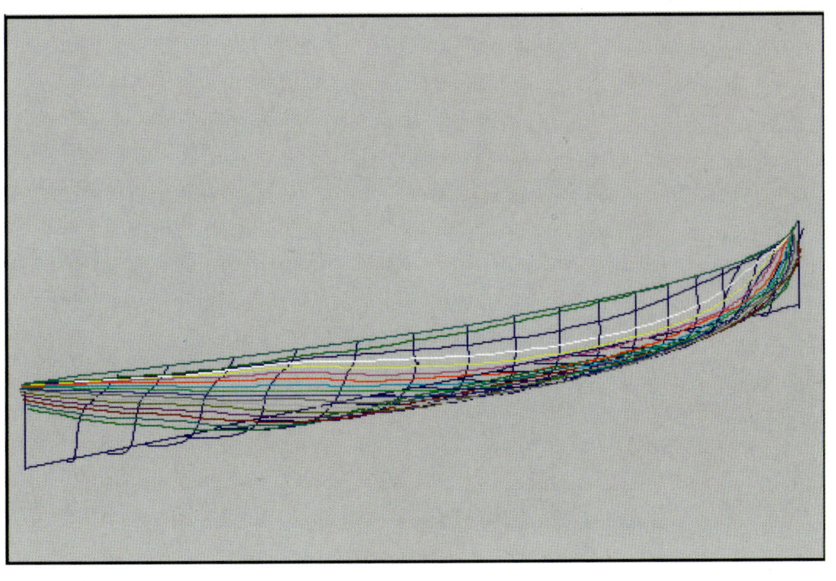

图 4-36 某物体周围流场的粒子表示

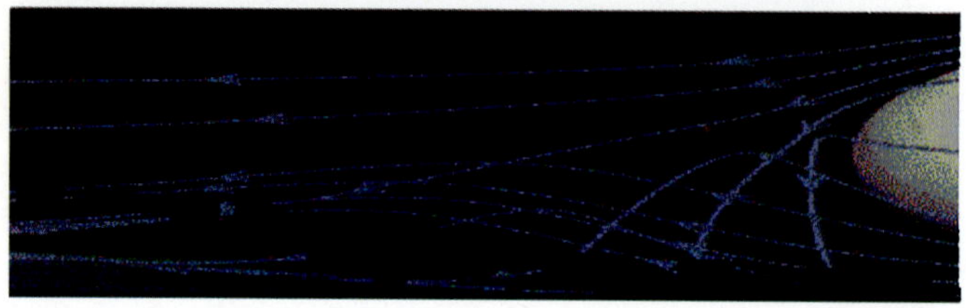

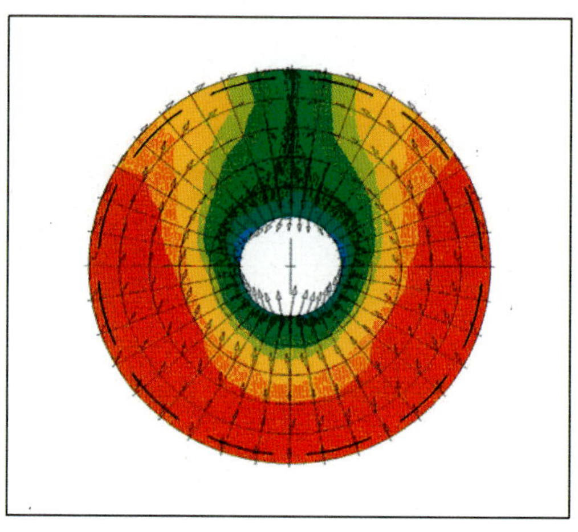

图 4-37 某舰船尾部流场伴流的点图标表示

图 5-11 网格图、隐藏线图和阴影线图

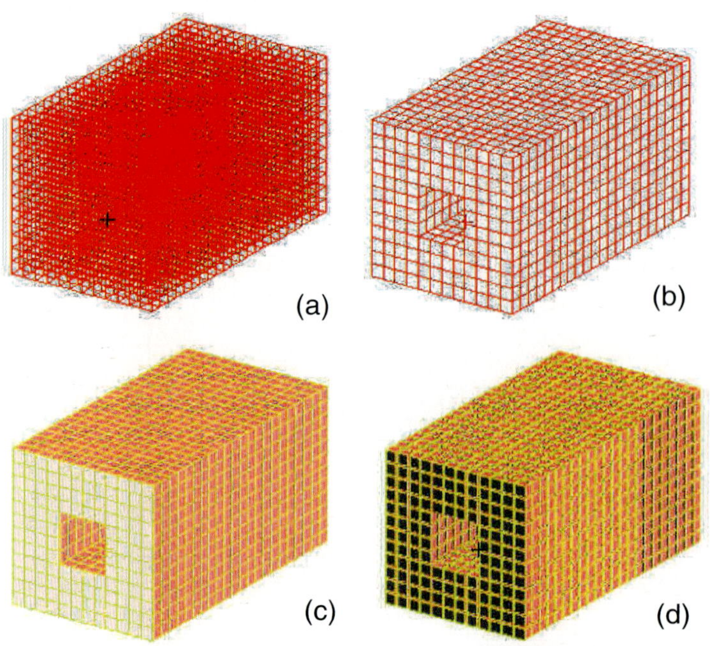

(a)网格图
(b)隐藏线图
(c)阴影线图
(d 阴影线加缩比绘图

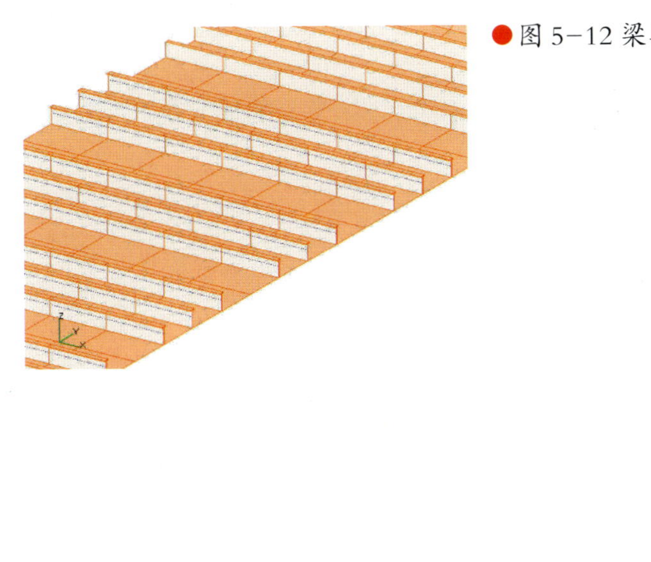

图 5-12 梁单元的方向和偏移检查

图 5-13 单元属性（板厚）的图形显示

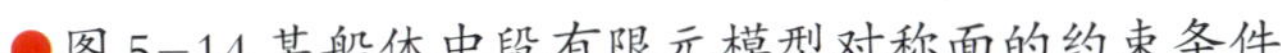

图 5-14 某船体中段有限元模型对称面的约束条件

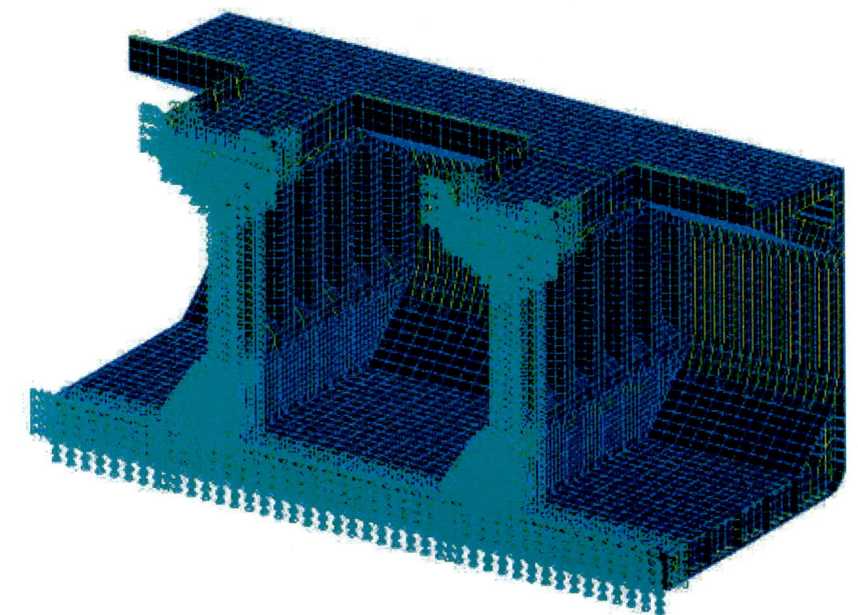

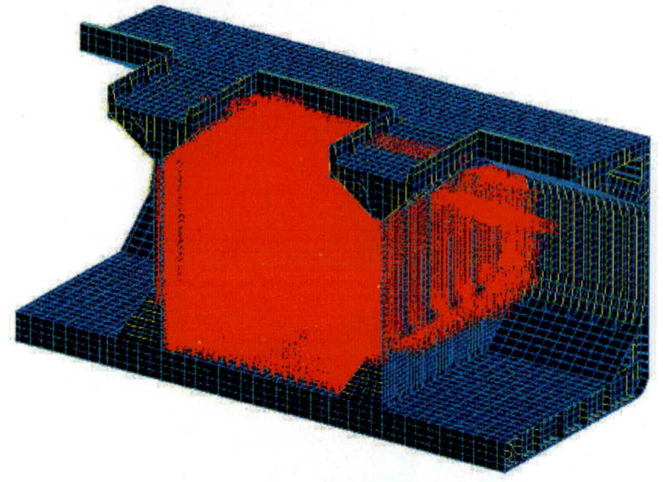

●图 5-15 某船体中段有限元模型，中间货舱满载轻货时货物压力（矢量和数值）的图形显示

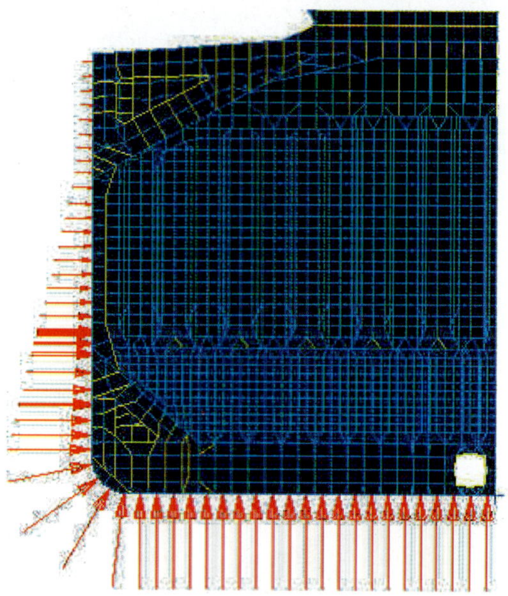

●图 5-16 某船体中段有限元模型，外壳板上作用的舷外水压力（比例矢量）的图形显示

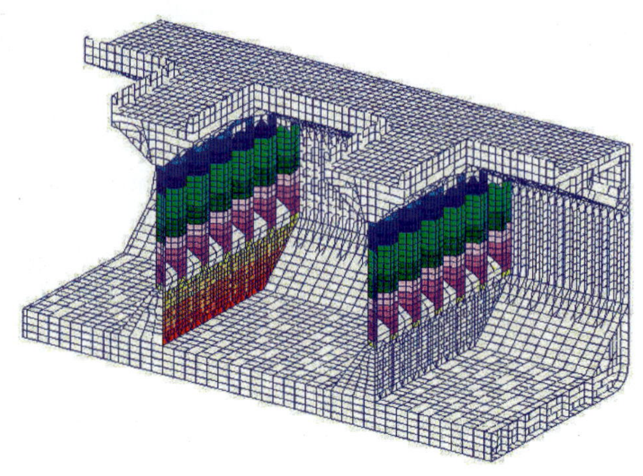

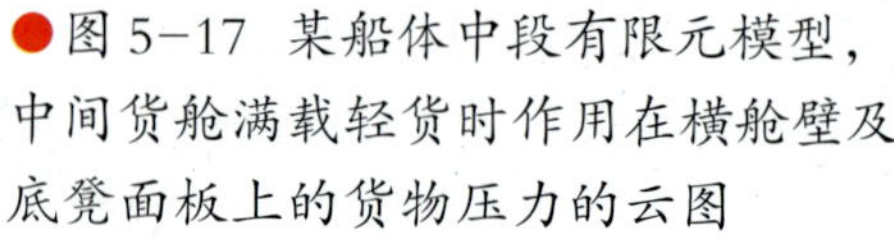

●图 5-17 某船体中段有限元模型，中间货舱满载轻货时作用在横舱壁及底凳面板上的货物压力的云图

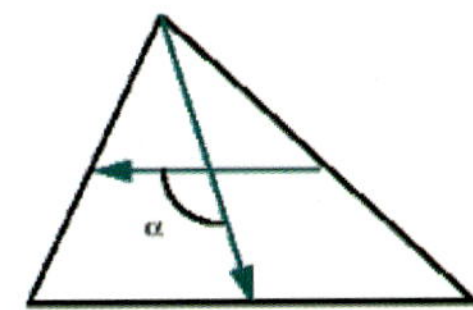

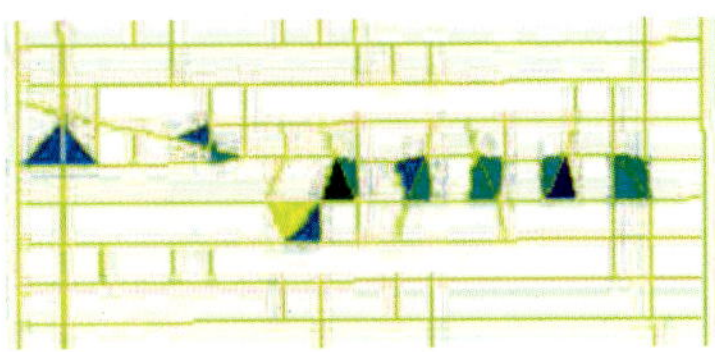

●图 5-18 三角形单元斜度的检查

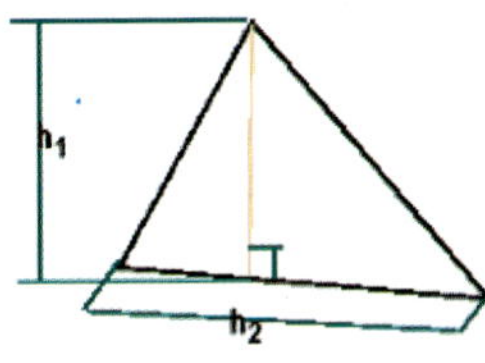

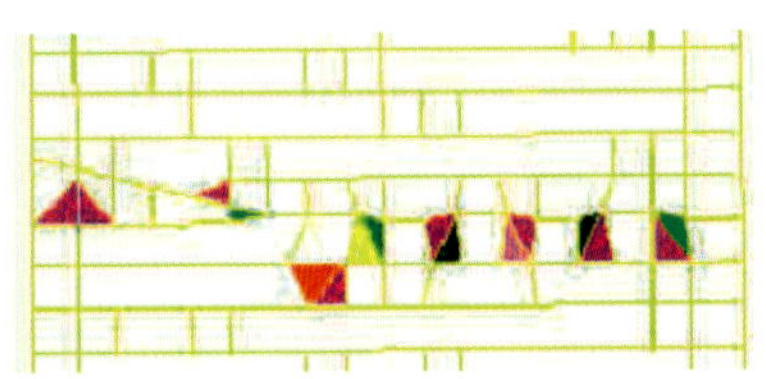

●图 5-19 三角形单元边长比的检查

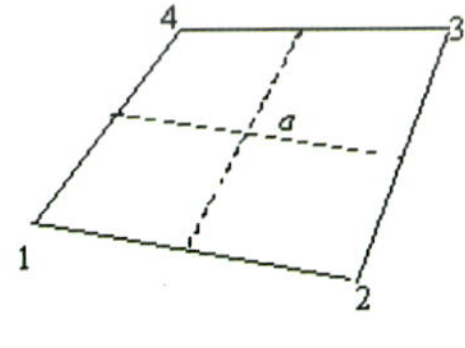

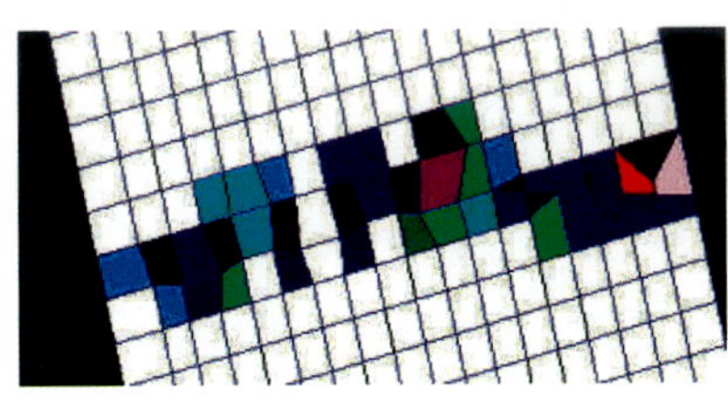

●图 5-20 四边形单元的斜度

●图 5-21 四边形单元的锥度

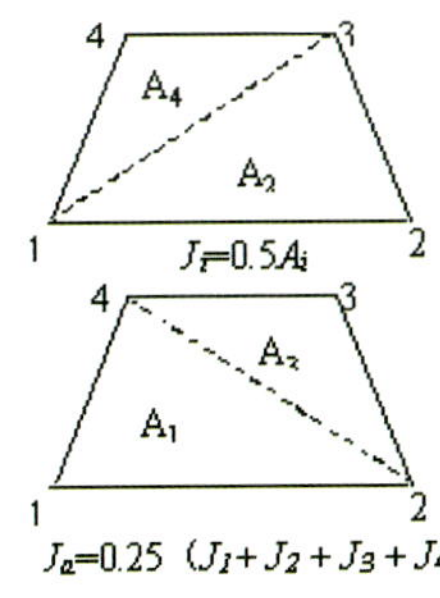

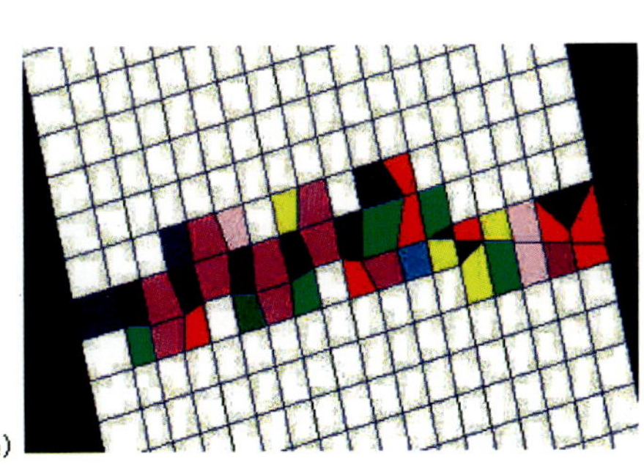

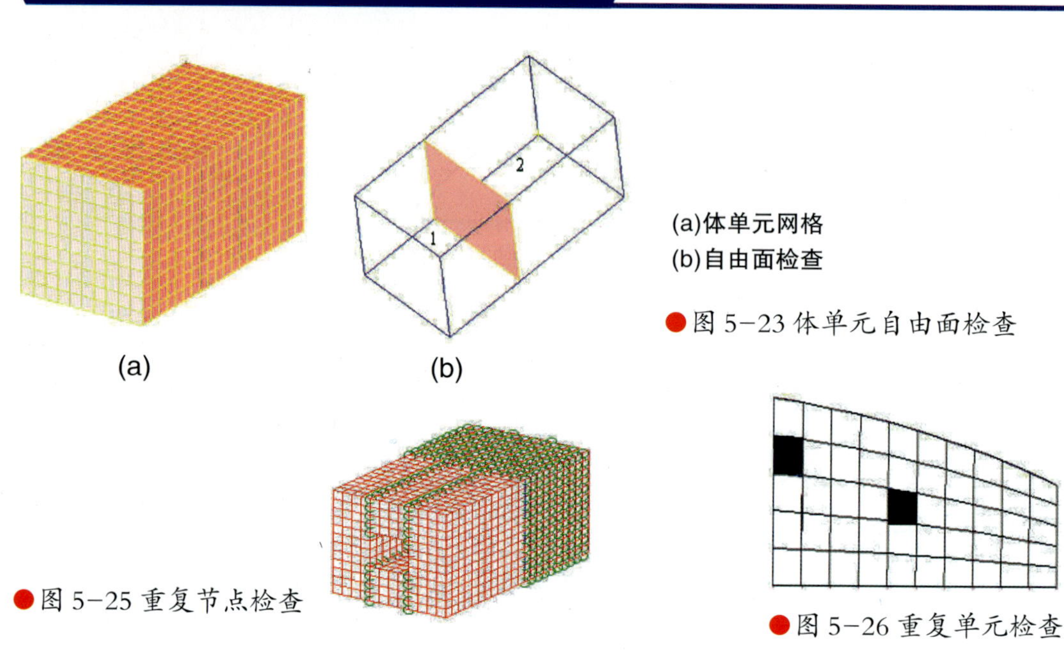

(a)体单元网格
(b)自由面检查

图 5-23 体单元自由面检查

图 5-25 重复节点检查

图 5-26 重复单元检查

图 5-32 U 形夹边界条件及载荷图

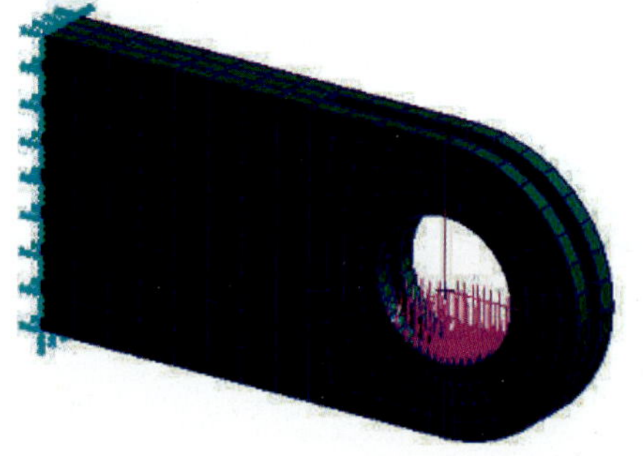

图 5-33U 形夹变形图（合成位移）

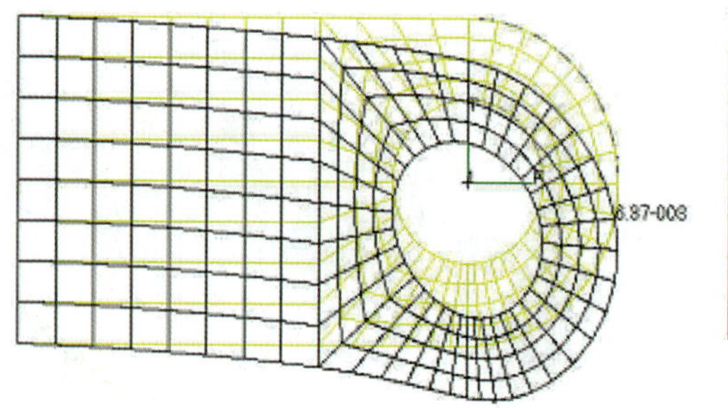

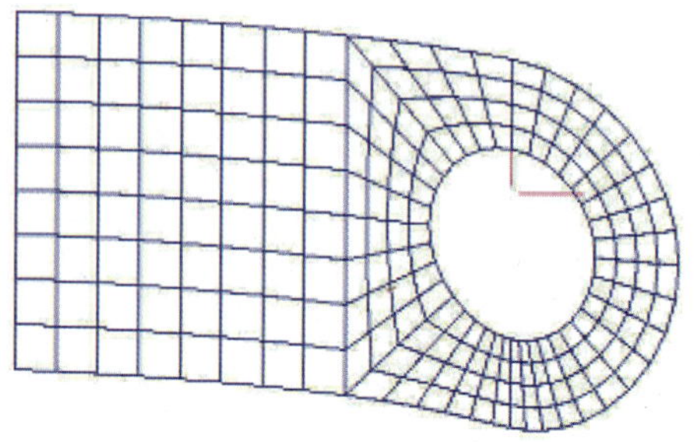

●图 5-34 U 形夹位移云图

(a)合成位移

(b)y 方向的位移

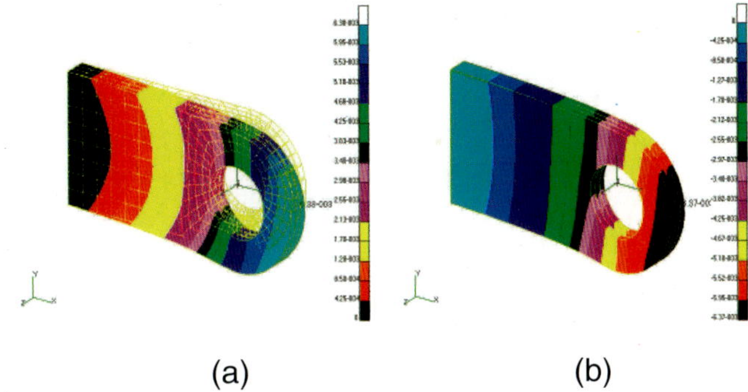

(a) (b)

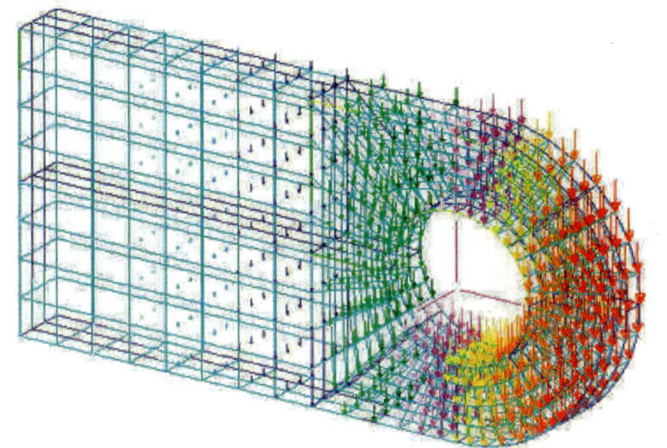

●图 5-35U 形夹 y 方向位移矢量图

●图 5-38 悬臂板受横向压力作用位移的动画显示

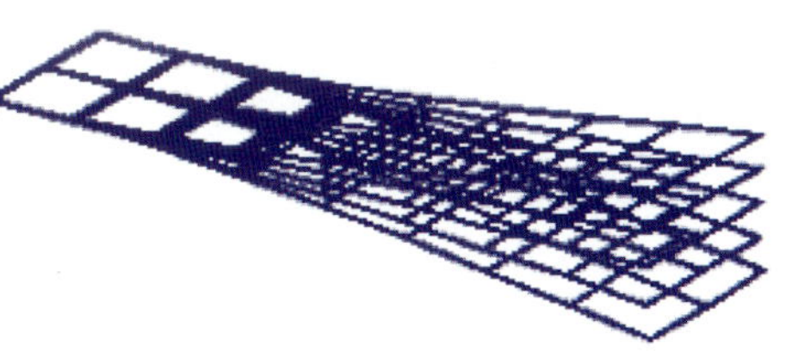

●图 5-36U 形夹合成位移等值面透视图

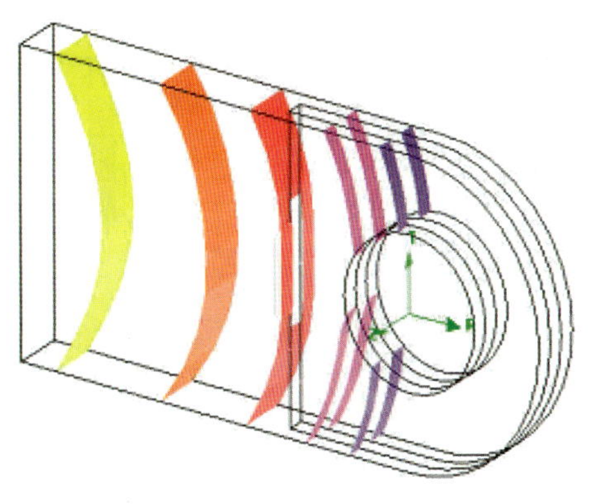

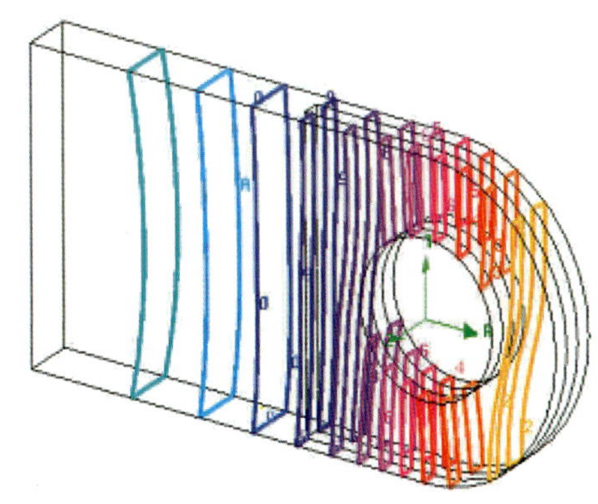

●图 5-39U 形夹 von Mises 应力等值线图（云图）

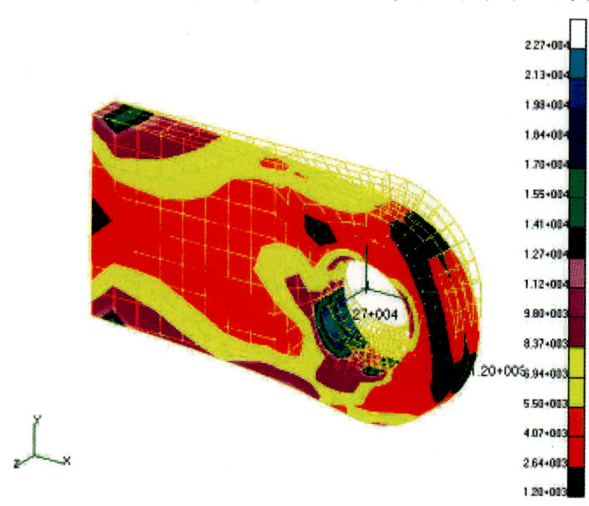

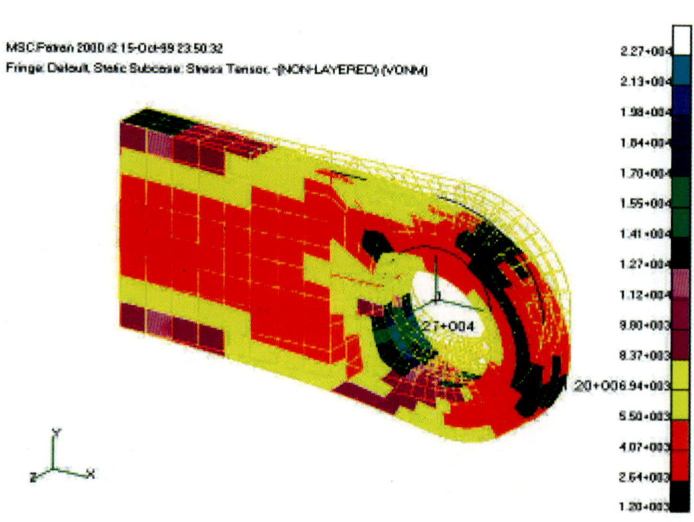

●图 5-40U 形夹 von Mises 应力填充图

●图 5-41 U 形夹 von Mises 应力透视等值面图

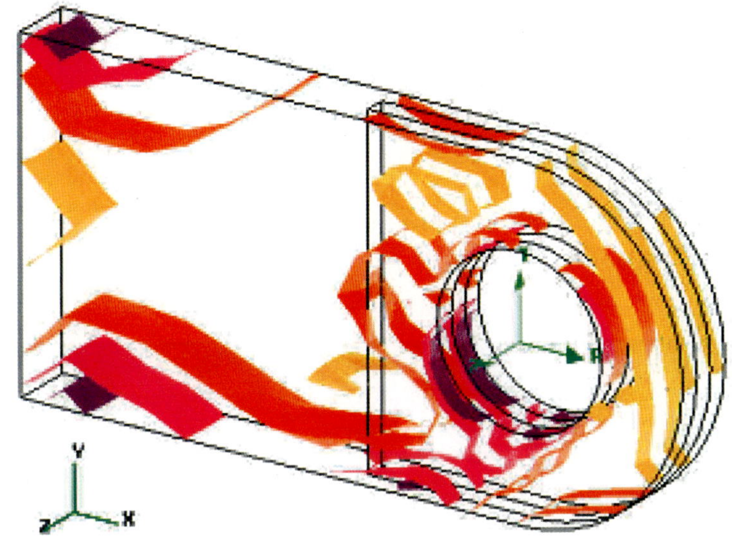

●图 5-42 U 形夹应力（von Mises）等高线透视图

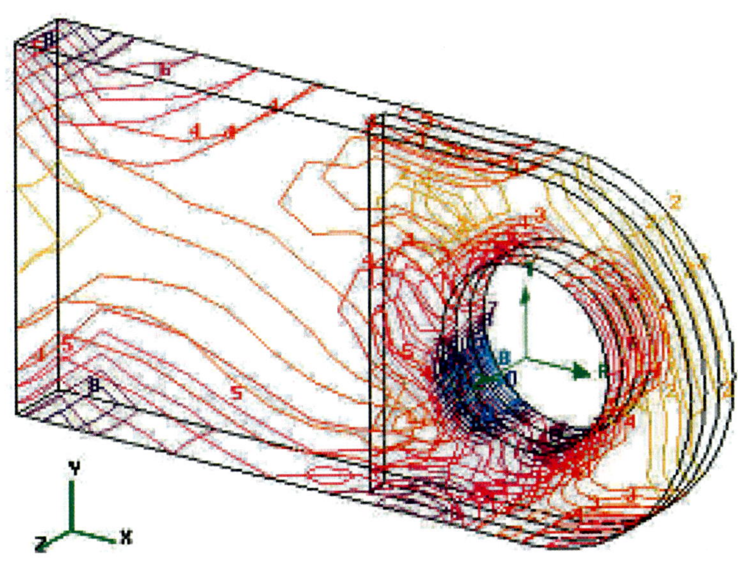

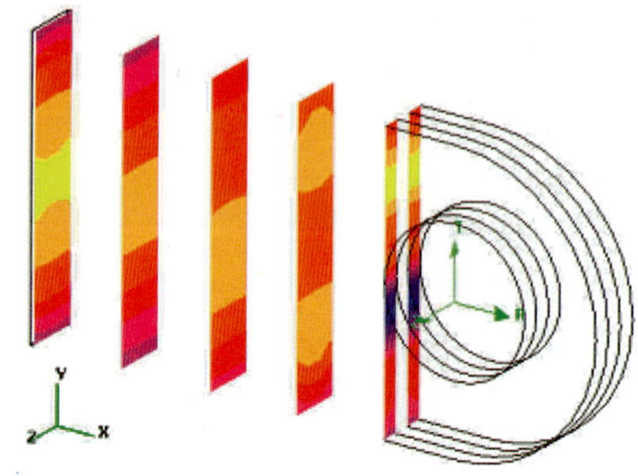

●图 5-43U 形夹在给定的等 x 面上应力（von Mises）分布的透视图

●图 6-4 光闸眼镜

●图 6-10 电子样船外观图

●图 6-11 舱室三维效果图

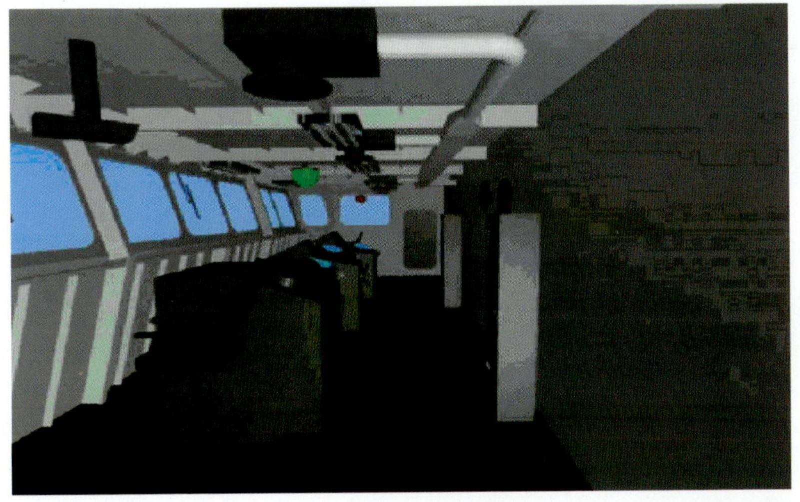

●图 6-12 电子样船驾驶室

●图 6-13 电子样船舱段结构图

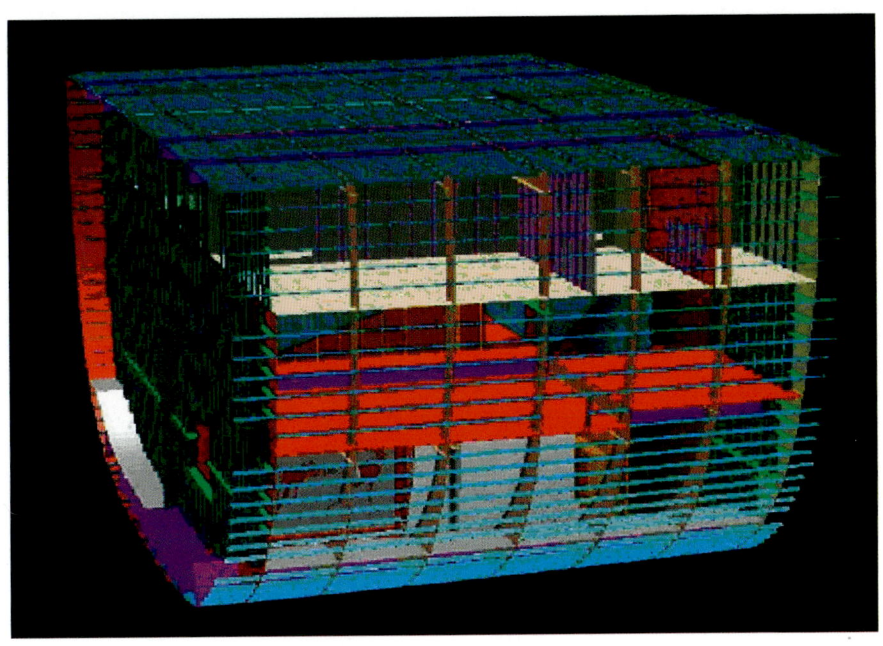

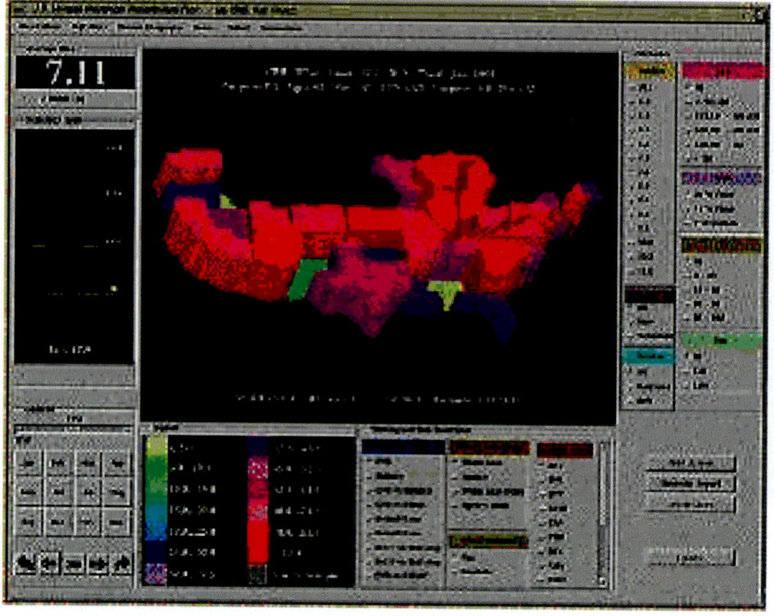

●图 7-2 AVS/Express 可视化示例

●图 7-3 MSC.Patran 的界面

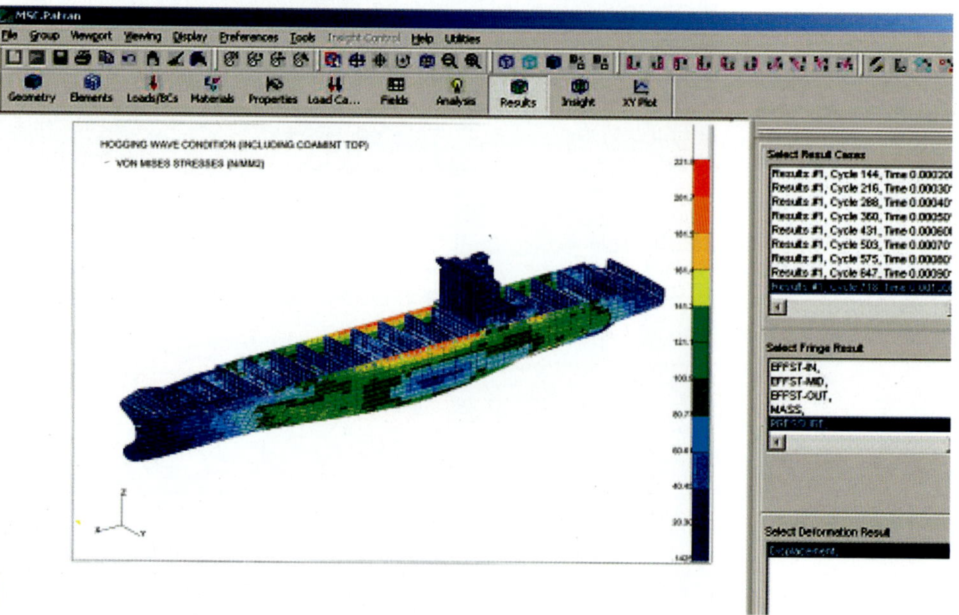